大きい活字の

四字熟語辞典

新星出版社

はじめに

本辞典では、中国の古典に残る、故事来歴を持つ四字熟語を中心に、わが国独自の二字熟語を組み合わせた成語、「華燭之典」「犬馬之労」など、助詞の「の」を漢字の「之」で表したものなど、広義に解釈した四字熟語を掲載しました。さらに、故事来歴や語源の明らかな語句を中心とした二字・三字熟語もあわせて収録しました。

実用に供することを第一義に考え、日常生活で多く活用されている熟語はもちろん、現代社会の教養として欠かせない語句を厳選収録し、見出し語すべてに実用的な用例を挙げました。また、意味や場面から引ける「社会生活実用索引」、うろ覚えでも下の熟語から引ける「下二字索引」をつけて、活用の便を図ってあります。

読者の方々が、本書を通して四字熟語に親しみ、日常生活やビジネスの場で豊かな言語生活を営まれることを願ってやみません。

編者

この辞典の利用の手引き

見出し語について

本書には、新聞、雑誌、文学作品などでよく見受けられる熟語、総数約二〇〇〇語が掲載されています。見出し語としては、四字熟語九〇四語、二・三字熟語九九語が精選収録されており、学生、社会人の教養として必要十分な項目数となっています。見出し語の並び方は五十音順としました。読み方は音読みを原則としましたが、一般に訓読みが用いられるものは、本文中に訓読みを掲載してあります。

解説について

解説文は語義をわかりやすく示すことを第一義としました。また、常用漢字以外の漢字と固有名詞、読み間違えやすい用語の読み方が、ルビではなく、（　）内にひらがなで掲載されており、非常に読みやすい本文となっています。

●主な用途…見出し語の用途・意味を簡潔に表し、活用の便を図りました。

【故事】故事成語のもととなっている話のほか、故事来歴が明らかな語句の由来をわかりやすく掲載しました。

【注】書き誤り、読み誤りなど、間違えやすい例を紹介しました。

【表現】見出し語を使った代表的な表現例を掲載しました。

用例 スピーチや会話、手紙やレポートなどの文章に実際に活用できることを主眼として、全項目に実用的な用例を挙げました。

出典 中国の漢籍を中心にして、書名は『　』で、詩や文章は作者名を示すとともに、作品名を「　」でくくって掲載しました。

類義 見出し語と同義、または類義の熟語を掲載しました。

対義 見出し語と対義、または反意の熟語を掲載しました。

＊【表現】と**用例**の中では、見出し語の「之」は「の」と表記してあります。

●…本書巻頭には冠婚葬祭やビジネスの場ですぐ活用できる【社会生活実用索引】と、うろ覚えの熟語を下二字から検索できる【下二字索引】を掲載しました。

社会生活実用索引

訓話、スピーチ、手紙、文章などで活用しやすい四字熟語を精選して、本文の見出し語から抜粋しました。祝辞やビジネスの現場をはじめ、実生活での様々な状況に合わせた実用的な分類がされています。

＊複数の状況に対応するものは、対応する全項目に掲載してあります。
＊本文の全項目が掲載されているわけではありません。

【結婚式・祝辞】

合縁奇縁［あいえんきえん］……34
鴛鴦之契［えんおうのちぎり］……90
華燭之典［かしょくのてん］……105
月下氷人［げっかひょうじん］……162
才色兼備［さいしょくけんび］……198
純情可憐［じゅんじょうかれん］……243
千秋万歳［せんしゅうばんざい］……287
前途有望［ぜんとゆうぼう］……291
前途洋洋［ぜんとようよう］……292
大安吉日［たいあんきちじつ］……308
大願成就［たいがんじょうじゅ］……309
沈魚落雁［ちんぎょらくがん］……336
天真爛漫［てんしんらんまん］……346
八面玲瓏［はちめんれいろう］……384
眉目秀麗［びもくしゅうれい］……398
比翼連理［ひよくれんり］……404
品行方正［ひんこうほうせい］……405
夫唱婦随［ふしょうふずい］……417
明眸皓歯［めいぼうこうし］……448
容姿端麗［ようしたんれい］……467

【ビジネス・朝礼の訓話】

殷鑑不遠［いんかんふえん］……78
合従連衡［がっしょうれんこう］……108
奇貨可居［きかかきょ］……125

旗幟鮮明［きしせんめい］……129
泣斬馬謖［きゅうざんばしょく］……134
旧套墨守［きゅうとうぼくしゅ］……137
金科玉条［きんかぎょくじょう］……148
金城鉄壁［きんじょうてっぺき］……150
群雄割拠［ぐんゆうかっきょ］……158
鶏口牛後［けいこうぎゅうご］……160
犬馬之労［けんばのろう］……167
綱紀粛正［こうきしゅくせい］……170
巧遅拙速［こうちせっそく］……175
股肱之臣［ここうのしん］……184
三顧之礼［さんこのれい］……201
三者鼎立［さんしゃていりつ］……202
叱咤激励［しったげきれい］……221
弱肉強食［じゃくにくきょうしょく］……228
出処進退［しゅっしょしんたい］……241
上意下達［じょういかたつ］……245
信賞必罰［しんしょうひつばつ］……262
新陳代謝［しんちんたいしゃ］……265
積善余慶［せきぜん(の)よけい］……279
千客万来［せんきゃくばんらい］……282
先見之明［せんけんのめい］……283
創業守成［そうぎょうしゅせい］……299
泰山鴻毛［たいざんこうもう］……313
他山之石［たざんのいし］……318
多士済済［たしせいせい］……318
昼夜兼行［ちゅうやけんこう］……329
独立独歩［どくりつどっぽ］……359
図南之翼［となんのつばさ］……361
吐哺握髪［とほあくはつ］……362
内憂外患［ないゆうがいかん］……365
南船北馬［なんせんほくば］……367
日進月歩［にっしんげっぽ］……369
年功序列［ねんこうじょれつ］……371
敗軍之将［はいぐんのしょう］……373
背水之陣［はいすいのじん］……374
薄利多売［はくりたばい］……382
八面六臂［はちめんろっぴ］……385
発憤忘食［はっぷんぼうしょく］……386
抜本塞源［ばっぽんそくげん］……387
万死一生［ばんしいっしょう］……390
繁文縟礼［はんぶんじょくれい］……392
百尺竿頭［ひゃくせきかんとう］……398
百戦錬磨［ひゃくせんれんま］……399
風林火山［ふうりんかざん］……409
明鏡止水［めいきょうしすい］……447
優勝劣敗［ゆうしょうれっぱい］……461
油断大敵［ゆだんたいてき］……464
用行舎蔵［ようこうしゃぞう］……466
立身出世［りっしんしゅっせ］……472
良禽択木［りょうきんたくぼく］……475

論功行賞［ろんこうこうしょう］…483

【人間関係について語る】

●恋愛・夫婦

合縁奇縁［あいえんきえん］…34
鴛鴦之契［えんおうのちぎり］…90
偕老同穴［かいろうどうけつ］…101
華燭之典［かしょくのてん］…105
琴瑟相和［きんしつそうわ］…150
糟糠之妻［そうこうのつま］…299
相思相愛［そうしそうあい］…300
朝雲暮雨［ちょううんぼう］…329
破鏡重円［はきょうじゅうえん］…376
破鏡不照［はきょうふしょう］…376
比翼連理［ひよくれんり］…404
覆水不返［ふくすいふへん］…413
夫唱婦随［ふしょうふずい］…417

●仲間・友情

意気投合［いきとうごう］…45
一蓮托生［いちれんたくしょう］…60
一宿一飯［いっしゅくいっぱん］…67
一心同体［いっしんどうたい］…69
益者三友［えきしゃさんゆう］…88
肝胆相照［かんたんそうしょう］…119
管鮑之交［かんぽうのまじわり］…123
傾蓋知己［けいがいのちき］…158
情意投合［じょういとうごう］…246
唇歯輔車［しんしほしゃ］…261
水魚之交［すいぎょのまじわり］…269
切磋琢磨［せっさたくま］…280
相即不離［そうそくふり］…303
大同団結［だいどうだんけつ］…317
竹馬之友［ちくばのとも］…326
同気相求［どうきそうきゅう］…351
同床異夢［どうしょういむ］…352
同病相憐［どうびょうそうれん］…354
二人三脚［ににんさんきゃく］…370
莫逆之友［ばくぎゃくのとも］…378
刎頸之交［ふんけいのまじわり］…422
離合集散［りごうしゅうさん］…471
和気藹藹［わきあいあい］…483

●親子・家族一家

一族郎党［いちぞくろうとう］…54
一家団欒［いっかだんらん］…62
倚門之望［いもんのぼう］…77
温清定省［おんせいていせい］…95
過庭之訓［かていのおしえ］…109
掌中之珠［しょうちゅうのたま］…252

反哺之孝［はんぽのこう］……393
風樹之歎［ふうじゅのたん］……407
父子相伝［ふしそうでん］……415

【人生・思考について語る】

●日常・暮らし

一汁一菜［いちじゅういっさい］…53
閑雲野鶴［かんうんやかく］……112
行住坐臥［ぎょうじゅうざが］……140
行雲流水［こううんりゅうすい］…168
山中暦日［さんちゅうれきじつ］…204
自給自足［じきゅうじそく］……210
常住坐臥［じょうじゅうざが］……248
晴耕雨読［せいこううどく］……274
粗衣粗食［そいそしょく］……297
悠悠自適［ゆうゆうじてき］……464

●権力・富・宝

一攫千金［いっかくせんきん］……61
栄耀栄華［えいようえいが］……87
和氏之璧［かしのへき］……104
活殺自在［かっさつじざい］……108
金殿玉楼［きんでんぎょくろう］…152
豪華絢爛［ごうかけんらん］……168
生殺与奪［せいさつよだつ］……274
贅沢三昧［ぜいたくざんまい］……276
万乗之君［ばんじょうのきみ］……391
三日天下［みっかてんか］……436
門前成市［もんぜんせいし］……456

●危難・病気・死

阿鼻叫喚［あびきょうかん］……38
一病息災［いちびょうそくさい］…56
一触即発［いっしょくそくはつ］…67
遠水近火［えんすいきんか］……91
佳人薄命［かじんはくめい］……106
危機一髪［ききいっぱつ］……126
危急存亡［ききゅうそんぼう］……126
気息奄奄［きそくえんえん］……131
九死一生［きゅうしいっしょう］…135
窮鼠嚙猫［きゅうそごうびょう］…136
孤立無援［こりつむえん］……192
五里霧中［ごりむちゅう］……193
死中求活［しちゅうきゅうかつ］…219
疾風勁草［しっぷうけいそう］……222
四百四病［しひゃくしびょう］……225
四面楚歌［しめんそか］……227
焦眉之急［しょうびのきゅう］……253
唇亡歯寒［しんぼうしかん］……267
絶体絶命［ぜったいぜつめい］……281

前途多難［ぜんとたなん］……291
俎上之肉［そじょうのにく］……306
多事多難［たじたなん］……319
轍鮒之急［てっぷのきゅう］……341
屠所之羊［としょのひつじ］……360
土崩瓦解［どほうがかい］……363
半死半生［はんしはんしょう］……390
美人薄命［びじんはくめい］……395
風前之灯［ふうぜんのともしび］……408
負薪之憂［ふしんのうれい］……417
蒲柳之質［ほりゅうのしつ］……434
無病息災［むびょうそくさい］……443
薬石無効［やくせきむこう］……457
累卵之危［るいらんのき］……479
老少不定［ろうしょうふじょう］……481

●戦術・準備

一罰百戒［いちばつひゃっかい］……55
一粒万倍［いちりゅうまんばい］……60
遠交近攻［えんこうきんこう］……91
合従連衡［がっしょうれんこう］……108
気宇壮大［きうそうだい］……124
奇貨可居［きかかきょ］……125
窮余一策［きゅうよ(の)いっさく］……138
共存共栄［きょうぞんきょうえい］……141
虚虚実実［きょきょじつじつ］……143
機略縦横［きりゃくじゅうおう］……146
金城湯池［きんじょうとうち］……151
三十六計［さんじゅうろっけい］……203
時期尚早［じきしょうそう］……209
柔能制剛［じゅうのうせいごう］……236
熟慮断行［じゅくりょだんこう］……238
初志貫徹［しょしかんてつ］……255
人海戦術［じんかいせんじゅつ］……258
深謀遠慮［しんぼうえんりょ］……267
青雲之志［せいうんのこころざし］……272
是是非非［ぜぜひひ］……279
雪中松柏［せっちゅう(の)しょうはく］……281
先手必勝［せんてひっしょう］……290
速戦即決［そくせんそっけつ］……304
即断即決［そくだんそっけつ］……305
樽俎折衝［そんそせっしょう］……307
適材適所［てきざいてきしょ］……339
鉄心石腸［てっしんせきちょう］……340
党利党略［とうりとうりゃく］……355
図南之翼［となんのつばさ］……361
背水之陣［はいすいのじん］……374
抜本塞源［ばっぽんそくげん］……387
風林火山［ふうりんかざん］……409

用意周到 [よういしゅうとう]……465
論功行賞 [ろんこうこうしょう]…483

●学芸・知識

一芸一能 [いちげいいちのう]……49
一知半解 [いっちはんかい]……70
韋編三絶 [いへんさんぜつ]……75
温故知新 [おんこちしん]……94
下学上達 [かがくじょうたつ]……102
格物致知 [かくぶつちち]……103
花鳥諷詠 [かちょうふうえい]……106
汗牛充棟 [かんぎゅうじゅうとう]…114
曲学阿世 [きょくがくあせい]……143
蛍雪之功 [けいせつのこう]……160
拳拳服膺 [けんけんふくよう]……164
口耳之学 [こうじのがく]……173
高論卓説 [こうろんたくせつ]……180
古人糟魄 [こじん(の)そうはく]……188
座右之銘 [ざゆうのめい]……200
四書五経 [ししょごきょう]……215
七歩之才 [しちほのさい]……219
熟読玩味 [じゅくどくがんみ]……238
人口膾炙 [じんこうかいしゃ]……259
騒人墨客 [そうじんぼっかく]……302
泰山北斗 [たいざんほくと]……313
断簡零墨 [だんかんれいぼく]……323
彫心鏤骨 [ちょうしんるこつ]……331
道聴塗説 [どうちょうとせつ]……353
独学孤陋 [どくがくころう]……357
読書百遍 [どくしょひゃっぺん]…357
博引旁証 [はくいんぼうしょう]…377
博学多才 [はくがくたさい]……377
博覧強記 [はくらんきょうき]……382
風流韻事 [ふうりゅういんじ]……409
不易流行 [ふえきりゅうこう]……410
文人墨客 [ぶんじんぼっかく]……424
明窓浄机 [めいそうじょうき]……447
孟母三遷 [もうぼさんせん]……453
孟母断機 [もうぼだんき]……453
余韻嫋嫋 [よいんじょうじょう]…465
洛陽紙価 [らくよう(の)しか]……469
魯魚之誤 [ろぎょのあやまり]……482

【世界・物事について語る】

●風景・自然

一望千里 [いちぼうせんり]……57
花鳥風月 [かちょうふうげつ]……107
広大無辺 [こうだいむへん]……175
三寒四温 [さんかんしおん]……200
山紫水明 [さんしすいめい]……202

春日遅遅［しゅんじつちち］……242
深山幽谷［しんざんゆうこく］……260
水天彷彿［すいてんほうふつ］……270
長汀曲浦［ちょうていきょくほ］…332
天空海闊［てんくうかいかつ］……344
白砂青松［はくしゃせいしょう］…379
風光明媚［ふうこうめいび］……406
暮色蒼然［ぼしょくそうぜん］……434
柳暗花明［りゅうあんかめい］……473

●無常・変転・時間

一場春夢［いちじょう(の)しゅんむ］…53
有為転変［ういてんぺん］……80
烏兎怱怱［うとそうそう］……83
栄枯盛衰［えいこせいすい］……86
邯鄲之夢［かんたんのゆめ］……120
槿花一朝［きんかいっちょう］……148
空空漠漠［くうくうばくばく］……152
古往今来［こおうこんらい］……181
今昔之感［こんじゃくのかん］……195
色即是空［しきそくぜくう］……210
十年一日［じゅうねんいちじつ］…235
十年一昔［じゅうねんひとむかし］…236
盛者必衰［じょうしゃひっすい］…247
生者必滅［しょうじゃひつめつ］…248
諸行無常［しょぎょうむじょう］…254
生寄死帰［せいきしき］……273
千古不易［せんこふえき］……284
滄海桑田［そうかいそうでん］……298
則天去私［そくてんきょし］……305
天壌無窮［てんじょうむきゅう］…345
天長地久［てんちょうちきゅう］…348
南柯之夢［なんかのゆめ］……366
万古不易［ばんこふえき］……389
未来永劫［みらいえいごう］……438

●幸不幸・長所短所

一陽来復［いちようらいふく］……59
一利一害［いちりいちがい］……59
一長一短［いっちょういったん］…71
一得一失［いっとくいっしつ］……73
運否天賦［うんぷてんぷ］……86
毀誉褒貶［きよほうへん］……146
好事多魔［こうじたま］……172
塞翁之馬［さいおうのうま］……196
両刃之剣［りょうばのつるぎ］……477

●利益・幸運

一挙両得［いっきょりょうとく］…64
一刻千金［いっこくせんきん］……65
一石二鳥［いっせきにちょう］……70

索

鷸蚌之争［いつぼうのあらそい］…74
旱天慈雨［かんてん(の)じう］……121
漁夫之利［ぎょふのり］……145
千載一遇［せんざいいちぐう］…285
武運長久［ぶうんちょうきゅう］…410
盲亀浮木［もうきふぼく］……452

●無理・無駄

夏炉冬扇［かろとうせん］……111
宋襄之仁［そうじょうのじん］…301
対牛弾琴［たいぎゅうだんきん］…311
無用之用［むようのよう］……444
無理算段［むりさんだん］……446
無理難題［むりなんだい］……446

●平和・善政

安寧秩序［あんねいちつじょ］…41
救世済民［きゅうせいさいみん］…135
五風十雨［ごふうじゅうう］……191
鼓腹撃壌［こふくげきじょう］……192
先憂後楽［せんゆうこうらく］……294
千里同風［せんりどうふう］……295
天下泰平［てんかたいへい］……343
撥乱反正［はつらんはんせい］……387
平穏無事［へいおんぶじ］……426

【感情・経験を語る】

●喜び・満足

羽化登仙［うかとうせん］……81
円満具足［えんまんぐそく］……92
呵呵大笑［かかたいしょう］……103
感慨無量［かんがいむりょう］……112
歓天喜地［かんてんきち］……120
喜色満面［きしょくまんめん］……130
恐悦至極［きょうえつしごく］……138
欣喜雀躍［きんきじゃくやく］……149
大願成就［たいがんじょうじゅ］…309
破顔一笑［はがんいっしょう］……375

●意気込み・覚悟

意気軒昂［いきけんこう］……43
意気衝天［いきしょうてん］……44
意気揚揚［いきようよう］……45
一念発起［いちねんほっき］……55
一擲千金［いってきせんきん］……72
気炎万丈［きえんばんじょう］……125
起死回生［きしかいせい］……128
緊褌一番［きんこんいちばん］……149
乾坤一擲［けんこんいってき］……165
捲土重来［けんどちょうらい］……165

心機一転［しんきいってん］……258
心頭滅却［しんとうめっきゃく］…266
精神一到［せいしんいっとう］……275
背水之陣［はいすいのじん］……374
万死一生［ばんしいっしょう］……390
不惜身命［ふしゃくしんみょう］…416
名誉挽回［めいよばんかい］……449

●苦難・忍耐

愛別離苦［あいべつりく］……35
意気消沈［いきしょうちん］……43
意気阻喪［いきそそう］……44
隠忍自重［いんにんじちょう］……79
臥薪嘗胆［がしんしょうたん］……105
韓信匍匐［かんしんほふく］……117
艱難辛苦［かんなんしんく］……121
堅忍不抜［けんにんふばつ］……166
思案投首［しあんなげくび］……206
四苦八苦［しくはっく］……211
七難八苦［しちなんはっく］……218
櫛風沐雨［しっぷうもくう］……224
自暴自棄［じぼうじき］……226
切歯扼腕［せっしやくわん］……280
断腸之思［だんちょうのおもい］…324
塗炭之苦［とたんのくるしみ］……360
難行苦行［なんぎょうくぎょう］…366
悲歌慷慨［ひかこうがい］……394
髀肉之嘆［ひにくのたん］……397
悲憤慷慨［ひふんこうがい］……397
茫然自失［ぼうぜんじしつ］……431

●疑念・迷い

右顧左眄［うこさべん］……82
疑心暗鬼［ぎしんあんき］……130
狐疑逡巡［こぎしゅんじゅん］……182
周章狼狽［しゅうしょうろうばい］…233
首鼠両端［しゅそりょうたん］……240
多岐亡羊［たきぼうよう］……317
遅疑逡巡［ちぎしゅんじゅん］……326
杯中蛇影［はいちゅう(の)だえい］…374
半信半疑［はんしんはんぎ］……392
風声鶴唳［ふうせいかくれい］……407
亡羊之嘆［ぼうようのたん］……433

【ほめる】

●容姿・外観をほめる

威風堂堂［いふうどうどう］……75
解語之花［かいごのはな］……98
眼光炯炯［がんこうけいけい］……114
錦上添花［きんじょうてんか］……151

索

光彩陸離〔こうさいりくり〕……172
才色兼備〔さいしょくけんび〕……198
純情可憐〔じゅんじょうかれん〕…243
沈魚落雁〔ちんぎょらくがん〕……336
泥中之蓮〔でいちゅうのはす〕……338
眉目秀麗〔びもくしゅうれい〕……398
明眸皓歯〔めいぼうこうし〕……448
容姿端麗〔ようしたんれい〕……467
容貌魁偉〔ようぼうかいい〕……468

●性格・心根をほめる

円転滑脱〔えんてんかつだつ〕……92
温厚篤実〔おんこうとくじつ〕……94
鬼面仏心〔きめんぶっしん〕……133
剛毅木訥〔ごうきぼくとつ〕……171
光風霽月〔こうふうせいげつ〕……177
質実剛健〔しつじつごうけん〕……220
洒洒落落〔しゃしゃらくらく〕……230
自由奔放〔じゆうほんぽう〕……237
純真無垢〔じゅんしんむく〕……243
春風駘蕩〔しゅんぷうたいとう〕…244
清廉潔白〔せいれんけっぱく〕……278
天衣無縫〔てんいむほう〕……342
天真爛漫〔てんしんらんまん〕……346
八面玲瓏〔はちめんれいろう〕……384
品行方正〔ひんこうほうせい〕……405
無欲恬淡〔むよくてんたん〕……445

●実力・才能をほめる

一日之長〔いちじつのちょう〕……52
一騎当千〔いっきとうせん〕……63
鎧袖一触〔がいしゅういっしょく〕…99
蓋世之才〔がいせいのさい〕……100
快刀乱麻〔かいとうらんま〕……100
寛仁大度〔かんじんたいど〕……116
鶏群一鶴〔けいぐん(の)いっかく〕…159
国士無双〔こくしむそう〕……183
古今無双〔ここんむそう〕……185
才気煥発〔さいきかんぱつ〕……197
才色兼備〔さいしょくけんび〕……198
斬新奇抜〔ざんしんきばつ〕……203
七歩之才〔しちほのさい〕……219
自由闊達〔じゆうかったつ〕……231
少壮気鋭〔しょうそうきえい〕……252
新進気鋭〔しんしんきえい〕……263
千軍万馬〔せんぐんばんば〕……283
先見之明〔せんけんのめい〕……283
前途有望〔ぜんとゆうぼう〕……291
前途洋洋〔ぜんとようよう〕……292
大器晩成〔たいきばんせい〕……310
胆大心小〔たんだいしんしょう〕…324

智勇兼備［ちゆうけんび］……328
知略縦横［ちりゃくじゅうおう］…336
桃李成蹊［とうりせいけい］……355
呑舟之魚［どんしゅうのうお］……364
嚢中之錐［のうちゅうのきり］……373
博学多才［はくがくたさい］……377
抜山蓋世［ばつざんがいせい］……385
飛耳長目［ひじちょうもく］……394
百戦錬磨［ひゃくせんれんま］……399
文武両道［ぶんぶりょうどう］……425
免許皆伝［めんきょかいでん］……450
磊磊落落［らいらいらくらく］……469

●態度・活躍をほめる

一諾千金［いちだくせんきん］……54
一視同仁［いっしどうじん］……66
雲烟過眼［うんえんかがん］……85
旗幟鮮明［きしせんめい］……129
虚心坦懐［きょしんたんかい］……145
言行一致［げんこういっち］……164
公平無私［こうへいむし］……177
豪放磊落［ごうほうらいらく］……178
公明正大［こうめいせいだい］……178
克己復礼［こっきふくれい］……189
三面六臂［さんめんろっぴ］……206
獅子奮迅［ししふんじん］……214
実践躬行［じっせんきゅうこう］…221
縦横無尽［じゅうおうむじん］……231
誠心誠意［せいしんせいい］……275
率先垂範［そっせんすいはん］……307
泰然自若［たいぜんじじゃく］……315
大胆不敵［だいたんふてき］……316
八面六臂［はちめんろっぴ］……385
貧者一灯［ひんじゃ(の)いっとう］…406
不言実行［ふげんじっこう］……414
面目躍如［めんもくやくじょ］……452
有言実行［ゆうげんじっこう］……460
勇猛果敢［ゆうもうかかん］……463
臨機応変［りんきおうへん］……478

●努力・精神力をほめる

悪戦苦闘［あくせんくとう］……37
一意専心［いちいせんしん］……48
一所懸命［いっしょけんめい］……68
一心不乱［いっしんふらん］……69
汗馬之労［かんばのろう］……122
苦心惨憺［くしんさんたん］……155
苦節十年［くせつじゅうねん］……156
孤軍奮闘［こぐんふんとう］……184
刻苦勉励［こっくべんれい］……190
七転八起［しちてんはっき］……217

切磋琢磨［せっさたくま］……280
点滴穿石［てんてきせんせき］……348
東奔西走［とうほんせいそう］……354
駑馬十駕［どばじゅうが］……361
発憤忘食［はっぷんぼうしょく］……386
百尺竿頭［ひゃくせきかんとう］……398
不撓不屈［ふとうふくつ］……419
粉骨砕身［ふんこつさいしん］……423
奮励努力［ふんれいどりょく］……425
無二無三［むにむさん］……442
面壁九年［めんぺきくねん］……451
勇往邁進［ゆうおうまいしん］……459
粒粒辛苦［りゅうりゅうしんく］……474

●言葉・理屈をほめる

一字千金［いちじせんきん］……51
音吐朗朗［おんとろうろう］……95
天衣無縫［てんいむほう］……342
当意即妙［とういそくみょう］……351
融通無碍［ゆうずうむげ］……462
理路整然［りろせいぜん］……477

【けなす】

●性格・心根をけなす

意志薄弱［いしはくじゃく］……47
得手勝手［えてかって］……89
頑迷固陋［がんめいころう］……123
極悪非道［ごくあくひどう］……182
四角四面［しかくしめん］……208
小心翼翼［しょうしんよくよく］……251
人面獣心［じんめんじゅうしん］……268
直情径行［ちょくじょうけいこう］……334
尾生之信［びせいのしん］……396

●無能ぶりをけなす

烏合之衆［うごうのしゅう］……81
有象無象［うぞうむぞう］……82
眼高手低［がんこうしゅてい］……115
呉下阿蒙［ごか(の)あもう］……181
尸位素餐［しいそさん］……207
伴食宰相［ばんしょくさいしょう］……391
匹夫之勇［ひっぷのゆう］……396
暴虎馮河［ぼうこひょうが］……430
無為徒食［むいとしょく］……438
無芸大食［むげいたいしょく］……440
有名無実［ゆうめいむじつ］……463

●態度・行動を批判する

悪因悪果［あくいんあっか］……36
悪事千里［あくじせんり］……36

阿諛追従［あゆついしょう］……39
唯唯諾諾［いいだくだく］……42
因果応報［いんがおうほう］……77
慇懃無礼［いんぎんぶれい］……78
右往左往［うおうさおう］……80
依怙贔屓［えこひいき］……88
邯鄲之歩［かんたんのほ］……119
玩物喪志［がんぶつそうし］……122
拱手傍観［きょうしゅぼうかん］……140
君子豹変［くんしひょうへん］……157
軽挙妄動［けいきょもうどう］……159
軽佻浮薄［けいちょうふはく］……161
傲岸不遜［ごうがんふそん］……169
厚顔無恥［こうがんむち］……170
言語道断［ごんごどうだん］……194
自業自得［じごうじとく］……212
自縄自縛［じじょうじばく］……214
杓子定規［しゃくしじょうぎ］……228
小人閑居［しょうじんかんきょ］……250
私利私欲［しりしよく］……256
吹毛求疵［すいもうきゅうし］……271
井底之蛙［せいていのあ］……276
跳梁跋扈［ちょうりょうばっこ］……333
天罰覿面［てんばつてきめん］……349
田夫野人［でんぷやじん］……350
独断専行［どくだんせんこう］……358
白眼青眼［はくがんせいがん］……378
薄志弱行［はくしじゃっこう］……379
馬耳東風［ばじとうふう］……383
八方美人［はっぽうびじん］……386
二股膏薬［ふたまたこうやく］……418
付和雷同［ふわらいどう］……422
傍若無人［ぼうじゃくぶじん］……430
三日坊主［みっかぼうず］……437
無理往生［むりおうじょう］……445
面従腹背［めんじゅうふくはい］……451
夜郎自大［やろうじだい］……457
優柔不断［ゆうじゅうふだん］……461
乱臣賊子［らんしんぞくし］……470
遼東之豕［りょうとうのいのこ］……476
冷眼傍観［れいがんぼうかん］……480

●愚策・悪計を批判する

因循姑息［いんじゅんこそく］……79
屋上架屋［おくじょうかおく］……93
旧態依然［きゅうたいいぜん］……136
旧套墨守［きゅうとうぼくしゅ］……137
空中楼閣［くうちゅう(の)ろうかく］……154
空理空論［くうりくうろん］……154
苦肉之計［くにくのけい］……157
大器小用［たいきしょうよう］……310

朝三暮四 [ちょうさんぼし]……330
朝令暮改 [ちょうれいぼかい]……334
本末転倒 [ほんまつてんとう]……435
無為無策 [むいむさく]……439

●言葉・理屈をけなす

悪口雑言 [あっこうぞうごん]……38
蛙鳴蟬噪 [あめいせんそう]……39
一言居士 [いちげんこじ]……50
郢書燕説 [えいしょえんせつ]……87
外交辞令 [がいこうじれい]……98
我田引水 [がでんいんすい]……109
佶屈聱牙 [きっくつごうが]……132
狂言綺語 [きょうげんきご]……139
牽強付会 [けんきょうふかい]……163
堅白同異 [けんぱくどうい]……166
巧言令色 [こうげんれいしょく]……171
舌先三寸 [したさきさんずん]……217
社交辞令 [しゃこうじれい]……229
針小棒大 [しんしょうぼうだい]……262
千篇一律 [せんぺんいちりつ]……293
漱石枕流 [そうせきちんりゅう]……302
大言壮語 [たいげんそうご]……312
道聴塗説 [どうちょうとせつ]……353
罵詈雑言 [ばりぞうごん]……388
美辞麗句 [びじれいく]……395
無知蒙昧 [むちもうまい]……441
流言蜚語 [りゅうげんひご]……473

下二字索引

下二字の熟語から引ける索引です。何となく覚えている四字熟語を下の言葉から検索するのに最適です。

＊「愛別離苦」や「薬九層倍」など、語構成を上下二字で区切れない語句も、下二字から引くようになっています。

＊「之」が入っている四字熟語は、「之」の下の漢字から検索できます。

あ↓[井底]之蛙……276
あいあい↓[和気]藹藹……483
あいじん↓[敬天]愛人……161
あいらく↓[喜怒]哀楽……132
あくはつ↓[吐哺]握髪……362
あせい↓[曲学]阿世……143
あっか↓[悪因]悪果……36
あもう↓[呉下]阿蒙……181
あやまり↓[魯魚]之誤……482
あらそい↓[鷸蚌]之争……74
あらそい↓[蝸角]之争……102
あんき↓[疑心]暗鬼……130
いきおい↓[騎虎]之勢……128
いきおい↓[脱兎]之勢……321
いきおい↓[破竹]之勢……384
いきょく↓[同工]異曲……352
いし↓[他山]之石……318
いぜん↓[旧態]依然……136
いぞく↓[同声]異俗……353
いちえ↓[一期]一会……50
いちがい↓[一利]一害……59
いちぐう↓[千載]一遇……285
いちじつ↓[十年]一日……235
いちのう↓[一芸]一能……49
いちばん↓[開口]一番……97
いちばん↓[緊褌]一番……149
いちもう↓[九牛]一毛……134
いちゆう↓[一喜]一憂……62
いちりつ↓[千篇]一律……293
いっかく↓[鶏群]一鶴……159
いっかん↓[終始]一貫……232
いっかん↓[首尾]一貫……242

いっけつ↓［衆議］一決……232
いっけん↓［百聞］一見……400
いっさい↓［一汁］一菜……53
いっさく↓［窮余］一策……138
いっしつ↓［一得］一失……73
いっしつ↓［千慮］一失……295
いっしょう↓［一顰］一笑……73
いっしょう↓［九死］一生……135
いっしょう↓［破顔］一笑……375
いっしょう↓［万死］一生……390
いっしょく↓［鎧袖］一触……99
いっしん↓［頂門］一針……333
いっせい↓［大喝］一声……309
いっせき↓［一朝］一夕……71
いっせん↓［紫電］一閃……224
いったい↓［一進］一退……68
いったい↓［渾然］一体……195
いったい↓［三位］一体……205
いったい↓［表裏］一体……404
いったん↓［一長］一短……71
いっち↓［言行］一致……164
いっち↓［祭政］一致……199
いっち↓［満場］一致……435
いっちょう↓［槿花］一朝……148
いってき↓［乾坤］一擲……165
いってん↓［心機］一転……258
いっとう↓［精神］一到……275
いっとう↓［貧者］一灯……406
いっとく↓［愚者］一得……155
いっぱつ↓［危機］一髪……126
いっぱん↓［一宿］一飯……67
いっぺん↓［武骨］一辺……415
いぬ↓［喪家］之狗……298
いのこ↓［遼東］之豕……476
いむ↓［同床］異夢……352
いらく↓［寂滅］為楽……229
いんじ↓［風流］韻事……409
いんすい↓［我田］引水……109
うお↓［呑舟］之魚……364
うどく↓［晴耕］雨読……274
うま↓［塞翁］之馬……196
うらうら↓［津津］浦浦……337
うれい↓［負薪］之憂……417
えいが↓［栄耀］栄華……87
えいごう↓［未来］永劫……438
えど↓［厭離］穢土……96
えん↓［多生］之縁……320
えんえん↓［気息］奄奄……131
えんせつ↓［郢書］燕説……87
えんりょ↓［深謀］遠慮……267
おうじょう↓［無理］往生……445
おうへん↓［臨機］応変……478
おうほう↓［因果］応報……77
おくそく↓［揣摩］臆測……227
おしえ↓［過庭］之訓……109
おつばく↓［甲論］乙駁……179
おの↓［蟷螂］之斧……356
おもい↓［断腸］之思……324
おり↓［九十九］折……338
かいい↓［容貌］魁偉……468
かいかつ↓［天空］海闊……344
がいかん↓［内憂］外患……365
かいき↓［複雑］怪奇……412
がいこう↓［善隣］外交……296

がいごう→［内柔］外剛……364
かいしゃ→［人口］膾炙……259
かいせい→［起死］回生……128
がいせい→［抜山］蓋世……385
かいでん→［免許］皆伝……450
かいびゃく→［天地］開闢…346
かいほう→［門戸］開放……455
かいらん→［風俗］壊乱……408
かおく→［屋上］架屋……93
がかい→［土崩］瓦解……363
かかん→［勇猛］果敢……463
かがん→［雲烟］過眼……85
かきょ→［奇貨］可居……125
がく→［口耳］之学……173
がくがく→［侃侃］諤諤……113
かくれい→［風声］鶴唳……407
かざん→［風林］火山……409
かせい→［一気］呵成……63
かせい→［百年］河清……400
かたつ→［上意］下達……245
かっきょ→［群雄］割拠……158
かっさい→［拍手］喝采……380
かったつ→［自由］闊達……231
かつだつ→［円転］滑脱……92
かって→［得手］勝手……89
かめい→［柳暗］花明……473
かれん→［純情］可憐……243
かん→［今昔］之感……195
かん→［伯仲］之間……380
かんきょ→［小人］閑居……250
かんさい→［和魂］漢才……484
かんし→［衆人］環視……234
かんしょう→［内政］干渉…365
かんそう→［無味］乾燥……443
かんてつ→［初志］貫徹……255
かんとう→［百尺］竿頭……398
かんぱつ→［才気］煥発……197
かんばん→［一枚］看板……57
がんみ→［熟読］玩味……238
かんめい→［直截］簡明……335
き→［浩然］之気……174
き→［累卵］之危……479
きえい→［少壮］気鋭……252
きえい→［新進］気鋭……263
きえん→［合縁］奇縁……34
きご→［狂言］綺語……139
きち→［歓天］喜地……120
きちじつ→［大安］吉日……308
きちにち→［黄道］吉日……176
きとう→［加持］祈禱……104
きばつ→［斬新］奇抜……203
きぼつ→［神出］鬼没……261
きみ→［万乗］之君……391
きゅう→［焦眉］之急……253
きゅう→［轍鮒］之急……341
きゅうかつ→［死中］求活…219
ぎゅうご→［鶏口］牛後……160
きゅうこう→［実践］躬行…221
きゅうし→［吹毛］求疵……271
きゅうだい→［閑話］休題…124
きゅうはい→［三拝］九拝…205
きょうえい→［共存］共栄…141
きょうおん→［空谷］跫音…153
きょうかん→［阿鼻］叫喚…38

きょうき→[博覧]強記……382
きょうきょう→[戦戦]兢兢……289
きょうし→[反面]教師……393
きょうしょく→[弱肉]強食……228
きょうへい→[富国]強兵……414
ぎょくじょう→[金科]玉条……148
きょくせつ→[紆余]曲折……84
きょくちょく→[理非]曲直……472
きょくほ→[長汀]曲浦……332
ぎょくろう→[金殿]玉楼……152
きょし→[則天]去私……305
きり→[嚢中]之錐……373
きんか→[遠水]近火……91
きんげん→[恐惶]謹言……139
きんこう→[遠交]近攻……91
くうけん→[徒手]空拳……359
くうろん→[空理]空論……154
くぎょう→[難行]苦行……366
ぐそく→[円満]具足……92
くちゃ→[無茶]苦茶……441
くとう→[悪戦]苦闘……37
くとう→[鶏鳴]狗盗……162
くにく→[羊頭]狗肉……467
くねん→[面壁]九年……451
くふう→[創意]工夫……297
くるしみ→[塗炭]之苦……360
くんし→[梁上]君子……476
けい→[苦肉]之計……157
けいけい→[眼光]炯炯……114
けいこう→[直情]径行……334
けいそう→[疾風]勁草……222
けいてい→[四海]兄弟……207
げきじょう→[鼓腹]撃壌……192
げきれい→[叱咤]激励……221
けっさい→[精進]潔斎……250
けっさん→[粉飾]決算……423
けっぱく→[清廉]潔白……278
げっぽ→[日進]月歩……369
けんご→[志操]堅固……216
けんこう→[意気]軒昂……43
けんこう→[昼夜]兼行……329
けんしょう→[破邪]顕正……383
けんび→[才色]兼備……198
けんび→[智勇]兼備……328
けんめい→[一所]懸命……68
けんらん→[豪華]絢爛……168
こう→[一簣]之功……64
こう→[蛍雪]之功……160
こう→[反哺]之孝……393
ごういつ→[知行]合一……327
ごうが→[佶屈]聱牙……132
こうがい→[悲歌]慷慨……394
こうがい→[悲憤]慷慨……397
ごうけん→[質実]剛健……220
ごうごう→[喧喧]囂囂……163
こうし→[明眸]皓歯……448
こうじゅ→[焚書]坑儒……424
こうしょ→[大所]高所……315
こうしょう→[論功]行賞……483
ごうびょう→[窮鼠]噛猫……136
こうみ→[左見]右見……363
こうめん→[蓬頭]垢面……432
こうもう→[泰山]鴻毛……313
こうやく→[二股]膏薬……418

こうらく→[先憂]後楽……294
こうりょく→[不可]抗力……411
こうろ→[人生]行路……264
こうろん→[放言]高論……429
ごきょう→[四書]五経……215
こくこく→[時時]刻刻……212
こくし→[弾丸]黒子……323
ごご→[三三]五五……201
こころざし→[青雲]之志……272
こじ→[一言]居士……50
こじつ→[有職]故実……462
こそく→[因循]姑息……79
こどく→[鰥寡]孤独……113
こどく→[天涯]孤独……343
ごれつ→[四分]五裂……225
ころう→[頑迷]固陋……123
ころう→[独学]孤陋……357
こんこう→[玉石]混淆……144
こんこう→[神仏]混淆……266
こんぜ→[昨非]今是……199
こんぱい→[疲労]困憊……405
こんらい→[古往]今来……181
さ→[霄壌]之差……249
さい→[蓋世]之才……100
さい→[七歩]之才……219
さいさい→[年年]歳歳……372
さいし→[再三]再四……197
さいしょう→[伴食]宰相……391
さいしん→[粉骨]砕身……423
さいど→[衆生]済度……239
さいみん→[救世]済民……135
さおう→[右往]左往……80
ざが→[行住]坐臥……140
ざが→[常住]坐臥……248
さくご→[試行]錯誤……211
さくご→[時代]錯誤……216
さくせつ→[盤根]錯節……389
さつじん→[寸鉄]殺人……272
さはん→[日常]茶飯……369
さべん→[右顧]左眄……82
さんきゃく→[二人]三脚……370
さんずん→[舌先]三寸……217
さんぜつ→[韋編]三絶……75
さんせん→[孟母]三遷……453
さんたん→[苦心]惨憺……155
さんだん→[無理]算段……446
さんと→[冷汗]三斗……479
ざんまい→[贅沢]三昧……276
さんもん→[二束]三文……368
さんゆう→[益者]三友……88
じう→[旱天]慈雨……121
しおん→[三寒]四温……200
しか→[洛陽]紙価……469
しかん→[唇亡]歯寒……267
しき→[生寄]死帰……273
しぎ→[不可]思議……411
じき→[自暴]自棄……226
しごく→[恐悦]至極……138
じざい→[活殺]自在……108
じざい→[自由]自在……233
じざい→[変幻]自在……427
じさん→[自画]自賛……208
じしつ→[茫然]自失……431
じじゃく→[泰然]自若……315

しじゅう→［一部］始終……56
じじょう→［名詮］自性……437
しすい→［明鏡］止水……447
じそく→［自給］自足……210
じそん→［独立］自尊……358
じだい→［夜郎］自大……457
しちけん→［竹林］七賢……327
じちょう→［隠忍］自重……79
しつ→［蒲柳］之質……434
じっこう→［不言］実行……414
じっこう→［有言］実行……460
じつじつ→［虚虚］実実……143
じてい→［蓋棺］事定……96
じてき→［悠悠］自適……464
じとく→［自業］自得……212
じばく→［自縄］自縛……214
しびょう→［四百］四病……225
しめん→［四角］四面……208
しゃくしゃく→［余裕］綽綽……468
しゃくま→［寸善］尺魔……271
じゃくやく→［欣喜］雀躍……149
じゃくら→［門前］雀羅……455
しゃくりょう→［情状］酌量……249
じゃせつ→［異端］邪説……48
しゃそ→［城狐］社鼠……246
しゃぞう→［用行］舎蔵……466
しゃだつ→［滑稽］洒脱……190
じゃっこう→［薄志］弱行……379
しゅう→［烏合］之衆……81
じゅうう→［五風］十雨……191
じゅうえん→［破鏡］重円……376
じゅうおう→［機略］縦横……146
じゅうおう→［知略］縦横……336
じゅうが→［駑馬］十駕……361
しゅうさん→［離合］集散……471
しゅうしゅう→［鬼哭］啾啾……127
じゅうしん→［人面］獣心……268
しゅうとう→［用意］周到……465
じゅうとう→［汗牛］充棟……114
じゅうねん→［苦節］十年……156
じゅうりん→［人権］蹂躙……259
しゅうれい→［眉目］秀麗……398
しゅくせい→［綱紀］粛正……170
しゅじょう→［一切］衆生……65
しゅせい→［創業］守成……299
しゅだん→［常套］手段……253
じゅっすう→［権謀］術数……167
しゅっせ→［立身］出世……472
しゅてい→［眼高］手低……115
しゅんじゅん→［狐疑］逡巡……182
しゅんじゅん→［遅疑］逡巡……326
じゅんじょう→［規矩］準縄……127
しゅんむ→［一場］春夢……53
しょう→［敗軍］之将……373
じょう→［惻隠］之情……304
しょうい→［大同］小異……316
じょうい→［尊皇］攘夷……308
じょうき→［明窓］浄机……447
じょうぎ→［杓子］定規……228
じょうじゅ→［大願］成就……309
しょうじょう→［六根］清浄……482
じょうじょう→［余韻］嫋嫋……465
しょうそう→［時期］尚早……209
じょうたつ→［下学］上達……102

しょうたん↓[臥薪]嘗胆……105
しょうちん↓[意気]消沈……43
しょうてん↓[意気]衝天……44
しょうてん↓[旭日]昇天……144
しょうてん↓[怒髪]衝天……362
じょうど↓[極楽]浄土……183
じょうど↓[欣求]浄土……193
しょうはく↓[雪中]松柏……281
しょうめい↓[正真]正銘……251
しょうよう↓[大器]小用……310
じょうり↓[会者]定離……89
しよく↓[私利]私欲……256
じょくれい↓[繁文]縟礼……392
しょせい↓[白面]書生……381
じょれつ↓[年功]序列……371
じれい↓[外交]辞令……98
じれい↓[社交]辞令……229
しん↓[移木]之信……76
しん↓[股肱]之臣……184
しん↓[尾生]之信……396
じん↓[宋襄]之仁……301
じん↓[背水]之陣……374
しんえん↓[意馬]心猿……74
しんく↓[艱難]辛苦……121
しんく↓[粒粒]辛苦……474
しんしょう↓[胆大]心小……324
しんしん↓[興味]津津……142
しんたい↓[出処]進退……241
しんちょう↓[意味]深長……76
しんみょう↓[不惜]身命……416
しんめい↓[天地]神明……347
じんらい↓[疾風]迅雷……223
すいはん↓[率先]垂範……307
すいめい↓[山紫]水明……202
せいい↓[誠心]誠意……275
せいがん↓[白眼]青眼……378
せいけい↓[桃李]成蹊……355
せいげつ↓[光風]霽月……177
せいごう↓[柔能]制剛……236
せいし↓[門前]成市……456
せいしょう↓[白砂]青松……379
せいすい↓[栄枯]盛衰……86
せいせい↓[多士]済済……318
せいぜん↓[理路]整然……477
せいそう↓[東奔]西走……354
せいぞん↓[適者]生存……339
せいだい↓[公明]正大……178
せいほう↓[百花]斉放……401
せいもく↓[相碁]井目……34
せかい↓[三千]世界……204
せきく↓[片言]隻句……428
せきちょう↓[鉄心]石腸……340
ぜくう↓[色即]是空……210
せっか↓[電光]石火……345
ぜつご↓[空前]絶後……153
せっしょう↓[樽俎]折衝……307
せっそく↓[巧遅]拙速……175
せっちゅう↓[和洋]折衷……485
ぜっとう↓[抱腹]絶倒……432
ぜっぺき↓[断崖]絶壁……322
ぜつめい↓[絶体]絶命……281
せんきん↓[一字]千金……51
せんきん↓[一諾]千金……54
せんきん↓[一攫]千金……61

せんきん→[一刻]千金……65
せんきん→[一擲]千金……72
せんこう→[独断]専行……358
せんしゅう→[一日]千秋…52
せんじゅつ→[人海]戦術…258
せんしん→[一意]専心……48
せんせき→[点滴]穿石……348
せんそう→[蛙鳴]蟬噪……39
せんたく→[取捨]選択……239
ぜんにょ→[善男]善女……292
ぜんのう→[全知]全能……290
せんばん→[遺憾]千万……42
せんばん→[笑止]千万……247
せんめい→[旗幟]鮮明……129
せんり→[悪事]千里……36
せんり→[一望]千里……57
せんり→[一瀉]千里……66
ぜんれい→[全身]全霊……288
そうあい→[相思]相愛……300
そうい→[満身]創痍……436
そうきゅう→[同気]相求…351
そうく→[長身]痩軀……331
そうご→[大言]壮語……312
ぞうごん→[悪口]雑言……38
ぞうごん→[罵詈]雑言……388
そうさい→[冠婚]葬祭……116
そうし→[玩物]喪志……122
そうしょう→[肝胆]相照…119
そうぜん→[古色]蒼然……187
そうぜん→[物情]騒然……419
そうぜん→[暮色]蒼然……434
そうそう→[烏兎]怱怱……83
そうだい→[気宇]壮大……124
そうでん→[滄海]桑田……298
そうでん→[父子]相伝……415
そうばい→[薬九]層倍……156
そうはく→[古人]糟魄……188
そうめい→[百家]争鳴……402
そうよう→[隔靴]掻痒……107
そうれん→[同病]相憐……354
そうわ→[琴瑟]相和……150
そか→[四面]楚歌……227
そくげん→[抜本]塞源……387
そくさい→[一病]息災……56
そくさい→[無病]息災……443
ぞくし→[乱臣]賊子……470
そくはつ→[一触]即発……67
そくみょう→[当意]即妙…351
そさん→[尸位]素餐……207
そしょく→[粗衣]粗食……297
そそう→[意気]阻喪……44
そっけつ→[速戦]即決……304
そっけつ→[即断]即決……305
そんそん→[子子]孫孫……213
そんぼう→[危急]存亡……126
だいじ→[後生]大事……186
たいしゃ→[新陳]代謝……265
たいしょう→[呵呵]大笑…103
たいしょく→[無芸]大食…440
たいすい→[一衣]帯水……49
たいてき→[油断]大敵……464
たいてん→[不倶]戴天……413
たいど→[寛仁]大度……116
たいとう→[春風]駘蕩……244

だいひ→[大慈]大悲……314
たいへい→[天下]泰平……343
だえい→[杯中]蛇影……374
たくいつ→[二者]択一……368
たくしょう→[一蓮]托生……60
たくせつ→[高論]卓説……180
だくだく→[唯唯]諾諾……42
たくぼく→[良禽]択木……475
たくま→[切磋]琢磨……280
たこん→[多情]多恨……320
たさい→[博学]多才……377
だじん→[一網]打尽……58
たたん→[多事]多端……319
だったい→[換骨]奪胎……115
たなん→[前途]多難……291
たなん→[多事]多難……319
たばい→[薄利]多売……382
だび→[竜頭]蛇尾……474
たびょう→[才子]多病……198
たま→[好事]多魔……172
たま→[掌中]之珠……252
たん→[髀肉]之嘆……397
たん→[風樹]之歎……407
たん→[亡羊]之嘆……433
たんかい→[虚心]坦懐……145
だんき→[孟母]断機……453
だんきん→[対牛]弾琴……311
だんけつ→[大同]団結……317
だんこう→[熟慮]断行……238
たんたん→[虎視]眈眈……185
たんでん→[臍下]丹田……273
だんらん→[一家]団欒……62
たんれい→[容姿]端麗……467
ちい→[天変]地異……350
ちき→[傾蓋]知己……158
ちきゅう→[天長]地久……348
ちぎり→[鴛鴦]之契……90
ちしん→[温故]知新……94
ちち→[格物]致知……103
ちち→[春日]遅遅……242
ちつじょ→[安寧]秩序……41
ちゅうきゅう→[苛斂]誅求……111
ちょう→[一日]之長……52
ちょう→[百薬]之長……401
ちょうあく→[勧善]懲悪……117
ちょうきゅう→[武運]長久……410
ちょうだ→[蜿蜿]長蛇……90
ちょうもく→[飛耳]長目……394
ぢょうや→[無明]長夜……444
ちょうらい→[捲土]重来……165
ちょくにゅう→[単刀]直入……325
ちょっか→[急転]直下……137
ちんりゅう→[漱石]枕流……302
ついしょう→[阿諛]追従……39
つばさ→[図南]之翼……361
つま→[糟糠]之妻……299
つるぎ→[両刃]之剣……477
ていせい→[温凊]定省……87
ていとう→[平身]低頭……427
ていりつ→[三者]鼎立……202
てきしょ→[適材]適所……339
てきめん→[効果]覿面……169
てきめん→[天罰]覿面……349
てくだ→[手練]手管……342

てってい→[大悟]徹底……312
てつび→[徹頭]徹尾……340
てっぺき→[金城]鉄壁……150
てん→[華燭]之典……105
てん→[壺中]之天……189
てんか→[錦上]添花……151
てんか→[三日]天下……436
てんがい→[奇想]天外……131
てんけつ→[起承]転結……129
てんしょう→[輪廻]転生……478
でんしん→[以心]伝心……47
てんせい→[画竜]点睛……110
てんたん→[無欲]恬淡……445
てんとう→[主客]転倒……237
てんとう→[本末]転倒……435
てんぱい→[造次]顚沛……301
てんぷ→[運否]天賦……86
てんぺん→[有為]転変……80
といろ→[十人]十色……235
どうい→[堅白]同異……166
どうおん→[異口]同音……46
どうけつ→[偕老]同穴……101
とうげん→[武陵]桃源……421
とうごう→[意気]投合……45
とうごう→[情意]投合……246
どうしゅう→[呉越]同舟……180
どうじん→[一視]同仁……66
どうじん→[和光]同塵……484
とうせん→[悪木]盗泉……37
とうせん→[一騎]当千……63
とうせん→[羽化]登仙……81
とうせん→[夏炉]冬扇……111
とうた→[自然]淘汰……215
どうたい→[一心]同体……69
どうだん→[言語]道断……194
とうち→[金城]湯池……151
どうち→[驚天]動地……141
どうち→[震天]動地……265
どうちゃく→[自家]撞着……209
どうどう→[威風]堂堂……75
とうふう→[馬耳]東風……383
どうふう→[千里]同風……295
とうりゃく→[党利]党略……355
とくしつ→[利害]得失……471
とくじつ→[温厚]篤実……94
どくそん→[唯我]独尊……458
としょく→[無為]徒食……438
とせつ→[道聴]塗説……353
どっぽ→[独立]独歩……359
どとう→[狂瀾]怒濤……142
どとう→[疾風]怒濤……223
とも→[竹馬]之友……326
とも→[莫逆]之友……378
ともしび→[風前]之灯……408
どりょく→[奮励]努力……425
ないごう→[外柔]内剛……99
なげくび→[思案]投首……206
なんだい→[無理]難題……446
なんにょ→[老若]男女……481
にく→[俎上]之肉……306
にくりん→[酒池]肉林……240
にちょう→[一石]二鳥……70
ねんじゅう→[年百]年中……372
はいはん→[二律]背反……370

はくじつ→[青天]白日……277
はくじゃく→[意志]薄弱…47
はくちゅう→[勢力]伯仲…278
はくはく→[明明]白白…449
ばくばく→[空空]漠漠…152
はくめい→[佳人]薄命…106
はくめい→[美人]薄命…395
はじ→[会稽]之恥……97
ばしょく→[牛飲]馬食…133
ばしょく→[泣斬]馬謖…134
はす→[泥中]之蓮……338
はちもく→[傍目]八目…93
はっき→[七転]八起…217
はっく→[四苦]八苦…211
はっく→[七難]八苦…218
はっく→[十中]八九…222
ばっこ→[跳梁]跋扈……333
はっし→[丁丁]発止……332
はったつ→[四通]八達…220
ばっとう→[七転]八倒…218
はっぽう→[四方]八方…226
はな→[解語]之花……98
はぼう→[弊衣]破帽……426
ばんか→[千変]万化……293
はんかい→[一知]半解…70
ばんかい→[名誉]挽回…449
はんぎ→[半信]半疑……392
はんく→[一言]半句……51
ばんご→[千言]万語……284
ばんこう→[千思]万考…286
ばんざい→[千秋]万歳…287
はんし→[報本]反始……433
はんしょう→[半死]半生…391
ばんしょう→[森羅]万象…268
ばんじょう→[気炎]万丈…125
ばんじょう→[黄塵]万丈…174
ばんじょう→[波瀾]万丈…388
はんせい→[撥乱]反正…387
ばんせい→[大器]晩成…310
はんそく→[輾転]反側…349
ばんたい→[千姿]万態…287
ばんば→[千軍]万馬……283
ばんべつ→[千差]万別…286
ばんらい→[千客]万来…282
ばんり→[鵬程]万里……431
ひ→[燎原]之火……475
び→[有終]之美……460
ひいき→[依怙]贔屓……88
びいき→[判官]贔屓……429
びか→[白璧]微瑕……381
ひご→[流言]蜚語……473
ひさい→[浅学]非才……282
びじん→[八方]美人……386
びぞく→[醇風]美俗……244
ひつじ→[屠所]之羊……360
ひっしょう→[先手]必勝…290
ひっすい→[盛者]必衰…247
ひつばつ→[信賞]必罰…262
ひつめつ→[生者]必滅…248
ひどう→[極悪]非道……182
ひとむかし→[十年]一昔…236
ひひ→[是是]非非……279
ひやく→[暗中]飛躍……40
ひゃくしゅつ→[議論]百出…147

索

ひゃくしょう→[百戦]百勝……399
ひゃくちゅう→[百発]百中……403
ひゃっかい→[一罰]百戒……55
ひゃっぺん→[読書]百遍……357
ひょうが→[暴虎]馮河……430
ひょうじん→[月下]氷人……162
ひょうへん→[君子]豹変……157
ふうえい→[花鳥]諷詠……106
ふうげつ→[花鳥]風月……107
ふうはつ→[談論]風発……325
ふえ→[金剛]不壊……194
ふえき→[千古]不易……284
ふえき→[万古]不易……389
ふえん→[殷鑑]不遠……78
ふかい→[牽強]付会……163
ふかく→[前後]不覚……285
ふきゅう→[不眠]不休……420
ふくつ→[不撓]不屈……419
ふくはい→[面従]腹背……451
ふくよう→[拳拳]服膺……164
ふくれい→[克己]復礼……189
ふし→[不老]不死……421
ぶじ→[平穏]無事……426
ふしゅつ→[門外]不出……454
ふじょ→[相互]扶助……300
ふしょう→[破鏡]不照……376
ふじょう→[老少]不定……481
ぶしょう→[不承]不承……416
ぶじん→[傍若]無人……430
ふずい→[夫唱]婦随……417
ふせい→[人事]不省……260
ふそ→[網目]不疎……454
ふそん→[傲岸]不遜……169
ふだん→[優柔]不断……461
ぶっしん→[鬼面]仏心……133
ぶっしん→[多情]仏心……321
ふてき→[大胆]不敵……316
ふとう→[不偏]不党……420
ふはく→[軽佻]浮薄……161
ふばつ→[堅忍]不抜……166
ふへん→[覆水]不返……413
ふぼく→[盲亀]浮木……452
ふめつ→[霊魂]不滅……480
ふらく→[難攻]不落……367
ふらん→[一心]不乱……69
ふり→[相即]不離……303
ふり→[不即]不離……418
ぶれい→[慇懃]無礼……78
ふんじん→[獅子]奮迅……214
ふんとう→[孤軍]奮闘……184
ふんぷん→[諸説]紛紛……255
ふんべつ→[思慮]分別……257
へいあん→[一路]平安……61
へき→[和氏]之璧……104
へきがん→[紅毛]碧眼……179
へきれき→[青天]霹靂……277
へん→[滄桑]之変……303
へんげ→[妖怪]変化……466
べんれい→[刻苦]勉励……190
ほ→[邯鄲]之歩……119
ぼう→[倚門]之望……77
ぼう→[朝雲]暮雨……329
ぼうかん→[拱手]傍観……140
ぼうかん→[冷眼]傍観……480

ほうこう→［滅私］奉公……450
ぼうしょう→［博引］旁証……377
ほうしょく→［暖衣］飽食……322
ぼうしょく→［発憤］忘食……386
ぼうしょく→［暴飲］暴食……428
ぼうず→［三日］坊主……437
ほうせい→［品行］方正……405
ぼうだい→［針小］棒大……262
ほうとう→［伝家］宝刀……344
ほうふつ→［水天］彷彿……270
ほうへん→［毀誉］褒貶……146
ぼうよう→［多岐］亡羊……317
ぼかい→［朝令］暮改……334
ぼくしゅ→［旧套］墨守……137
ほくと→［泰山］北斗……313
ぼくとつ→［剛毅］木訥……171
ほくば→［南船］北馬……367
ほくふう→［胡馬］北風……191
ぼし→［朝三］暮四……330
ほしゃ→［唇歯］輔車……261
ほしん→［明哲］保身……448
ぼっかく→［騒人］墨客……302
ぼっかく→［文人］墨客……424
ほっき→［一念］発起……55
ほふく→［韓信］匍匐……117
ほまれ→［出藍］之誉……241
ほんぽう→［自由］奔放……237
ほんぽう→［不羈］奔放……412
まいしん→［勇往］邁進……459
まじわり→［管鮑］之交……123
まじわり→［水魚］之交……269
まじわり→［刎頸］之交……422
まっせつ→［枝葉］末節……254
まんばい→［一粒］万倍……60
まんぱん→［順風］満帆……245
まんめん→［喜色］満面……130
まんめん→［得意］満面……356
みしょう→［拈華］微笑……371
みそ→［手前］味噌……341
みとう→［人跡］未踏……264
みとう→［前人］未踏……288
みもん→［前代］未聞……289
みんぴ→［官尊］民卑……118
むえん→［孤立］無援……192
むかん→［無位］無冠……439
むきゅう→［天壌］無窮……345
むく→［純真］無垢……243
むげ→［融通］無碍……462
むけい→［荒唐］無稽……176
むけつ→［完全］無欠……118
むけつ→［金甌］無欠……147
むこう→［薬石］無効……457
むこん→［事実］無根……213
むさく→［無為］無策……439
むさん→［無二］無三……442
むし→［公平］無私……177
むし→［酔生］夢死……270
むしょう→［雲散］霧消……85
むじつ→［有名］無実……463
むじょう→［諸行］無常……254
むじん→［縦横］無尽……231
むそう→［国士］無双……183
むそう→［古今］無双……185
むそう→［無念］無想……442

むぞう→[有象]無象……82
むち→[厚顔]無恥……170
むちゅう→[五里]霧中……193
むちゅう→[無我]夢中……440
むに→[遮二]無二……230
むに→[唯一]無二……458
むへん→[広大]無辺……175
むほう→[天衣]無縫……342
むや→[有耶]無耶……84
むよう→[天地]無用……347
むよう→[問答]無用……456
むりょう→[感慨]無量……112
むりょう→[千万]無量……294
めい→[座右]之銘……200
めい→[先見]之明……283
めいどう→[大山]鳴動……314
めいび→[風光]明媚……406
めいぶん→[大義]名分……311
めっきゃく→[心頭]滅却……266
めつれつ→[支離]滅裂……257
もうしん→[猪突]猛進……335
もうどう→[軽挙]妄動……159
もうまい→[無知]蒙昧……441
もうりょう→[魑魅]魍魎……328
もうろう→[意識]朦朧……46
もうろう→[酔眼]朦朧……269
もくう→[櫛風]沐雨……224
もくよく→[斎戒]沐浴……196
もこ→[曖昧]模糊……35
もさく→[暗中]模索……41
もっこう→[沈思]黙考……337
やかく→[閑雲]野鶴……112
やくじょ→[面目]躍如……452
やくわん→[切歯]扼腕……280
やこう→[百鬼]夜行……403
やじん→[田夫]野人……350
やません→[海千]山千……83
ゆう→[匹夫]之勇……396
ゆうこう→[善隣]友好……296
ゆうこく→[深山]幽谷……260
ゆうぼう→[前途]有望……291
ゆめ→[邯鄲]之夢……120
ゆめ→[南柯]之夢……366
よう→[無用]之用……444
ようさい→[和魂]洋才……485
ようよう→[意気]揚揚……45
ようよう→[前途]洋洋……292
よくよく→[小心]翼翼……251
よけい→[積善]余慶……279
よだつ→[生殺]与奪……274
よふね→[白河]夜船……256
らいどう→[付和]雷同……422
らいふく→[一陽]来復……59
らいらく→[豪放]磊落……178
らいれき→[故事]来歴……187
らくがん→[沈魚]落雁……336
らくじつ→[孤城]落日……186
らくらく→[洒洒]落落……230
らくらく→[磊磊]落落……469
らんしん→[怪力]乱神……101
らんぞう→[粗製]濫造……306
らんま→[快刀]乱麻……100
らんまん→[天真]爛漫……346
り→[漁夫]之利……145

りか↓〔瓜田〕李下……110
りく↓〔愛別〕離苦……35
りくり↓〔光彩〕陸離……172
りし↓〔張三〕李四……330
りつめい↓〔安心〕立命……40
りゅうこう↓〔不易〕流行……410
りゅうすい↓〔行雲〕流水……168
りょうぜん↓〔一目〕瞭然……58
りょうぞく↓〔公序〕良俗……173
りょうたん↓〔首鼠〕両端……240
りょうだん↓〔一刀〕両断……72
りょうどう↓〔文武〕両道……425
りょうとく↓〔一挙〕両得……64
りょうらん↓〔百花〕繚乱……402
りんりん↓〔勇気〕凜凜……459
るこつ↓〔彫心〕鏤骨……331
れい↓〔三顧〕之礼……201
れいく↓〔美辞〕麗句……395
れいしょく↓〔巧言〕令色……171
れいぼく↓〔断簡〕零墨……323
れいろう↓〔八面〕玲瓏……384
れきじつ↓〔山中〕暦日……204
れつじつ↓〔秋霜〕烈日……234
れっぱい↓〔優勝〕劣敗……461
れんこう↓〔合従〕連衡……108
れんま↓〔百戦〕錬磨……399
れんり↓〔比翼〕連理……404
ろう↓〔汗馬〕之労……122
ろう↓〔犬馬〕之労……167
ろう↓〔薪水〕之労……263
ろうかく↓〔空中〕楼閣……154
ろうぜき↓〔杯盤〕狼藉……375
ろうぜき↓〔落花〕狼藉……470
ろうとう↓〔一族〕郎党……54
ろうばい↓〔周章〕狼狽……233
ろうろう↓〔音吐〕朗朗……95
ろっけい↓〔三十〕六計……203
ろっぴ↓〔三面〕六臂……206
ろっぴ↓〔八面〕六臂……385
ろっぷ↓〔五臓〕六腑……188

編集協力　オフィス海

索

四字熟語

あ

合縁奇縁

あいえんきえん

●主な用途
●男女間の不思議な縁を表現する

人と人との相性、巡り合わせは不思議な縁によるものだということ。男女のかかわりをいうことが多い。「縁」は仏教語で、間接的原因（直接的原因は「因」）をさし、転じて人と人とのつながりを意味する。「合縁」は「愛縁」「相縁」、「奇縁」は「機縁」とも書く。縁は異なもの味なもの、袖振り合うも多生の縁と同義。

用例➡お二人の出会いは、まさに**合縁奇縁**、不思議な運命の導きによるものでした。

➡この二十年間の結婚生活を思い返してみると、**合縁奇縁**ということを感じずにはいられない。

相碁井目

あいごせいもく

●主な用途
●人の実力は様々であることを表す

囲碁でも、人によって実力は様々である。転じて、何をするにも実力差はあるものだということ。「相碁」は、囲碁で腕前が同程度であること。「井目」は、碁盤の上に記された九つの点。力量に差がある人の対局ではハンディをつけるために、この九つの点にあらかじめ石を置いておくことから、「井目」は、実力に差があること。「碁」は「棋」とも書く。

【注】「―正目」は誤り。

用例➡国内のチームとはいい勝負をするのに、海外が相手だとまるで歯が立たないのだから、**相碁井目**とはよくいったものだ。

あいべつりく
愛別離苦

●主な用途
●愛する人との別れの苦しみを表す

親子・兄弟・夫婦など愛する人と生別・死別する苦しみ。字義で区切ると、「愛別離—苦」となり、愛する者との別離の悲しみ、苦しみの意。仏教でいう「四苦八苦」の一つ。四苦は生老病死、八苦はその四つに、愛別離苦、怨憎会苦（おんぞうえく）、求不得苦（ぐふとくく）、五陰盛苦（ごおんじょうく）を加えたもの。

用例 ➡親にとってわが子との**愛別離苦**ほどつらいことはありません。

➡**愛別離苦**は避けられないことだが、せめてあと十年は生きていてほしかった。

出典 『大般涅槃経《だいはつねはんぎょう》』一二

あいまいもこ
曖昧模糊

●主な用途
●不明確な内容や表現を形容する

物事の真相や内容がぼんやりして明白でないこと。あやふやなさま。「曖昧」も「模糊」も内容がとらえにくくはっきりしないこと。「模糊」は「糢糊」とも書く。

用例 ➡彼は具体的な話になると、**曖昧模糊**とした表現をしてごまかそうとする。

➡昨晩は酔っぱらっていて、帰り道の記憶が**曖昧模糊**としているので、はっきりした証言はできません。

出典 『後漢書《ごかんじょ》』蔡邕伝《さいようでん》

類義 五里霧中《ごりむちゅう》／朦朧模糊《もうろうもこ》

対義 明明白白《めいめいはくはく》

あ

あくいんあっか

悪因悪果

●主な用途
●悪事が悪い結果を導くさまを表す

悪い原因には悪い結果が伴うということ。悪い行いには、必ずそれに応じた悪い報いや結果がはね返ってくるという意味。行いを慎めという教え。「悪因」は悪い結果を招く原因、「悪果」は悪い結果。

用例 ⬇酒にタバコに夜更かし、長年の不摂生がたたり、**悪因悪果**と申しましょうか、入院することになりました。

⬇同僚から信頼されなくなったのも、**悪因悪果**、日頃の彼の言動によるものだ。

類義 因果応報《いんがおうほう》／自業自得《じごうじとく》

対義 善因善果《ぜんいんぜんか》

あくじせんり

悪事千里

●主な用途
●悪い噂は広がるのが早いことをいう

「悪事千里を行く(走る)」の略。悪事や悪評は、千里も離れた遠方の地までもすぐに知れ渡るという意。悪い噂(うわさ)は、どんなに隠そうとしてもあっという間に世間に広まってしまうということ。これに対して、よい評判は広がりにくいという意で「好事門(かど)を出(い)でず」という。

用例 ⬇**悪事千里**を行くというが、昨夜の件をもう全員が知っているとは驚きだ。

⬇彼の不名誉な事件は、**悪事千里**のごとく郷里へも知れ渡ってしまった。

出典 『北夢瑣言《ほくむさげん》』六

あくせんくとう

悪戦苦闘

●主な用途
●苦しみつつ必死に努力する姿を表す

形勢不利な状況での死にものぐるいの戦い。転じて、もがき苦しみながらも、困難に立ち向かい努力することをいう。「悪戦」は不利な戦闘。「苦闘」は苦しい戦い。類語を重ねて意味を強めた成語。

用例➡パソコンを前に一週間、**悪戦苦闘**のかいあって、インターネットだけは使えるようになった。

➡**悪戦苦闘**の末、何とか取引だけは再開してもらえることになりました。

類義 苦界十年《くがいじゅうねん》／苦心惨憺《くしんさんたん》／千辛万苦《せんしんばんく》

対義 余裕綽綽《よゆうしゃくしゃく》

あくぼくとうせん

悪木盗泉

●主な用途
●悪事から離れることの大切さを説く

「渇すれども盗泉の水を飲まず、熱（あつ）けれども悪木の陰に息(いこ)わず」の略。悪い影響を与えるおそれがあるものから身を遠ざけること。悪事に染まることを戒める言葉。「悪木」は役に立たない木。「盗泉」は孔子(こうし)が通りがかったさい、名前がいけないと言って飲まなかったという泉。

用例➡**悪木盗泉**に近づけずです。不良グループのたまり場になっている場所へは、生徒の出入りを禁止すべきです。

出典 陸機《りくき》「猛虎行《もうここう》」

類義 瓜田之履《かでんのり》／李下瓜田《りかかでん》

悪口雑言《あっこうぞうごん》

●主な用途　●相手にひどい悪口を言うことを表す

口汚く人の悪口を言うこと。人を散々にののしること。また、その悪口やののしりの言葉。「雑言」には「様々な悪口」のほかに「乱暴な悪口」の意もある。通常「ぞうごん」と読むが、本来は「ぞうげん」。

【表現】悪口雑言の限りを尽くす

用例 ➡**悪口雑言**の限りを尽くすような部長の叱責は、はたで聞いていてもうんざりしてくるよ。

➡離婚調停の話し合いが、最後には互いに**悪口雑言**の応酬となってしまった。

類義 悪口罵詈《あっこうばり》／罵詈讒謗《ばりざんぼう》／罵詈雑言《ばりぞうごん》

阿鼻叫喚《あびきょうかん》

●主な用途　●泣き叫び助けを求めるさまをいう

悲惨な状況の中で人々が泣き叫んで救いを求める様子。被災地や戦地、事故現場のむごたらしいさまをたとえる。「阿鼻」は仏教の八大地獄の一つで父母殺しなどの大罪を犯した者が落ち、絶え間なく苦しみが続くという無間(むげん)地獄。「叫喚」は叫び喚(わめ)くこと。

用例 ➡住宅密集地で起きた大爆発により、あたりは**阿鼻叫喚**の惨状と化した。

➡原爆投下は、幾十万の市民を一瞬にして、**阿鼻叫喚**の地獄へつき落とした。

出典 『法華経《ほけきょう》』法師功徳品《ほうしくどくほん》

類義 阿鼻地獄《あびじごく》／阿鼻焦熱《あびしょうねつ》

あ

あめいせんそう

蛙鳴蟬噪

●主な用途
●中身のない議論や文章をたとえる

声高にやかましく騒ぐことのたとえ。また、長いだけで中身のない下手な文章や、騒がしいばかりで実りのない議論のことをいう。「蛙鳴」はカエルの鳴き声、「蟬噪」はセミの騒がしい鳴き声。

用例 ➡聞こえのよい言葉を並べた街頭演説だが、**蛙鳴蟬噪**で具体案が見えてこない。

➡論点がしぼれていなかったため、今日の企画会議は**蛙鳴蟬噪**に終始した。

出典 蘇軾《そしょく》・詩

類義 蛙鳴雀噪《あめいじゃくそう》／喧喧囂囂《けんけんごうごう》／蟬噪蛙鳴《せんそうあめい》／驢鳴《ろめい》犬吠《けんばい》

あゆついしょう

阿諛追従

●主な用途
●人にこびて機嫌を取る態度をいう

相手に気に入られようとして、機嫌を取って、お世辞を言ったり、こびへつらったりすること。また、こびへつらう言葉。「阿諛」は、お世辞を言って機嫌を取ること。「追従」は、人にこびへつらうこと。

【注】「追従」を「ついじゅう」と読むのは誤り。

用例 ➡上司に**阿諛追従**していれば出世できるなどと思ったら大間違いだぞ。

➡仕事とはいえ、得意先に**阿諛追従**してしまう自分が情けない。

類義 阿附迎合《あふげいごう》／阿諛曲従《あゆきょくしょう》／阿諛追随《あゆついずい》／阿《あ》諛便佞《ゆべんねい》／世辞追従《せじついしょう》

安心立命

あん しん りつ めい

●主な用途 ●何事にも動揺しない様子を表す

天命に身を任せて心静かにしていること。生死・安危・利害の欲望を断ち切り、いかなる場合にも心が落ち着いている境地。「安心」は仏教語で、信仰により到達する心の安らぎ。「あんじん」とも読む。「立命」は儒教語で、天から与えられたものをまっとうすること。「りゅうめい」「りゅうみょう」とも読む。

用例 ⬇日々煩悩に悩まされております私には、先生のいわれる**安心立命**の境地などほど遠いものです。

出典 天目高峯禅師《てんもくこうほうぜんじ》「示衆語《しゅうにしめすのご》」

類義 安心決定《あんしんけつじょう》

暗中飛躍

あん ちゅう ひ やく

●主な用途 ●密かな策略や裏工作の動きを表す

人に知られないように、策をめぐらして密かに活動すること。語義は暗闇(くらやみ)の中で飛び跳ねることで、「暗躍」はこの略。政界での裏工作や裏取引などにかかわる行為をさしていう場合が多く、大正から昭和初期に使われることが多かった。

用例 ⬇地元の政治家と特定の官僚が**暗中飛躍**して公共事業を裏で取り仕切るなどもってのほかだ。

⬇株主総会での突然の社長解任劇の背景には、専務の**暗中飛躍**があったらしい。

類義 裏面工作《りめんこうさく》

あ

あんちゅうもさく

暗中模索

●主な用途
●手探りであれこれ試すさまを表す

手掛かり、糸口がないままにいろいろと探し求めたり、見当もつかない中であれこれと考えたりすること。「暗中」は暗闇（くらやみ）の中の意で「闇中」とも書く。「模索」は手探りで物を探すことで、もとは「摸索」と書いた。

用例 ➡もう三年が過ぎようとしているのに、新商品の開発は**暗中模索**の状態です。

➡推理小説を執筆中で、うまいトリックを求めて**暗中模索**しています。

出典 『隋唐嘉話《ずいとうかわ》』中

類義 五里霧中《ごりむちゅう》

対義 明明白白《めいめいはくはく》

あんねいちつじょ

安寧秩序

●主な用途
●平和で秩序がある状態をいう

国や社会がよく治まり、平和で、秩序があること。「安寧」は世の中が穏やかに治まっていて不安がないこと。

【表現】安寧秩序を乱す

用例 ➡国の**安寧秩序**を乱したという理由で、抵抗運動の指導者が逮捕・投獄されたが、それがかえって民衆の暴動を引き起こした。

➡社会の**安寧秩序**を維持することも警察の目的の一つである。

➡戦中戦後の日本からすれば、現在の日本の**安寧秩序**は奇跡のように思える。

い

唯唯諾諾

いいだくだく

●主な用途

●人に逆らわずに従うさまを形容する

事の善悪や自分の判断にかかわらず、相手の意見にただ盲従すること。相手の言いなりになって行動する様子。「唯唯」は、即座に「はい」と答える声、「諾諾」は「かしこまりました」という言葉で、どちらも文句なしに他人の言葉に従う意を表す。

用例 ➡**唯唯諾諾**とした生き方をしていては、君が望んでいる将来は実現しないよ。

➡親のいうことに**唯唯諾諾**と従うのでなく、自分の主張を通すことも必要だ。

出典 『韓非子《かんぴし》』八姦《はちかん》

類義 百依百順《ひゃくいひゃくじゅん》／付和雷同《ふわらいどう》

遺憾千万

いかんせんばん

●主な用途

●きわめて残念な様子を表す

失敗したとき、心残りなことがあったとき、この上なく残念に思うさま。無念で、心残りな様子。「遺憾」は残念、くやしい、恨みを残すという意。「千万」は数が多いことから、この上もないという意味を添える語句。

【注】「遺感―」は誤り。

用例 ➡このたびの弊社の不祥事、申し開きの言葉もございません。誠に**遺憾千万**であり、心よりおわび申し上げます。

➡今大会では、皆様のご期待に添う成績が上げられず、**遺憾千万**に存じます。

類義 残念至極《ざんねんしごく》／無念千万《むねんせんばん》

意気軒昂

いきけんこう

●主な用途
●意気込みが大変盛んな様子をいう

勢いがよく、元気で威勢のよいこと。意気込みが盛んであるさま。「軒」と「意気」は気概、積極的な心持ち。「軒」と「昂」はともに高く上がることを表し、意気込みや心持ちが高揚してくるさまをいう。

用例

⬇社長の新人時代の体験談に励まされ、新入社員は**意気軒昂**として自分の仕事に戻った。

⬇腰痛が完治した祖父は、ますます**意気軒昂**で山歩きの会にまで入会した。

類義 意気衝天《いきしょうてん》／意気揚揚《いきようよう》

対義 意気消沈《いきしょうちん》／意気阻喪《いきそそう》

意気消沈

いきしょうちん

●主な用途
●やる気が衰えて沈む様子を形容する

意気込みが衰え、沈みこんでしまうこと。元気をなくし、がっかりしてしょげかえるさまをいう。「消沈」は衰え沈むこと。「銷沈」とも書く。「銷」は金属を溶かすことで、「消」と同じ意味に用いる。

用例

⬇九回裏の二アウト、勝利を確信していた矢先の逆転劇に、スタンドの生徒たちはみな**意気消沈**して声を失った。

⬇そんな失敗で**意気消沈**しているようでは、社会の荒波に耐えられないよ。

類義 意気阻喪《いきそそう》

対義 意気軒昂《いきけんこう》／意気衝天《いきしょうてん》／意気揚揚《いきようよう》

意気衝天

いきしょうてん

●主な用途
●気概に富んだ状態を表す

「意気天を衝(つ)く」とも読む。意気込みや気概がこの上なく盛んなさま。「衝天」は天を突き上げる意で、勢いの盛んなこと。

【注】「―昇天」は誤り。

用例⬇彼が興した会社は、**意気衝天**の勢いで、次々と新しい分野に乗り出しては成功している。

⬇連日連夜の練習を重ねることで自信を深めた選手たちは、**意気衝天**として試合に臨んだ。

類義 意気軒昂《いきけんこう》／意気揚揚《いきようよう》

対義 意気消沈《いきしょうちん》／意気阻喪《いきそそう》

意気阻喪

いきそそう

●主な用途
●やる気をなくしている状態を表す

意気込みが失せ、気概をなくしてしまうこと。気力がくじけて、すっかり元気をなくしてしまう様子をいう。「阻喪」は気力がくじけ、勢いがなくなること。「沮喪」とも書く。

用例⬇進退をかけて臨んだ試合だというのに、第一ラウンドでノックアウト負けを喫して、すっかり**意気阻喪**してしまった。

⬇二社や三社に断られたくらいで**意気阻喪**していたら営業はつとまらないぞ。百社回るくらいの意気込みで行け。

類義 意気消沈《いきしょうちん》

対義 意気軒昂《いきけんこう》／意気衝天《いきしょうてん》／意気揚揚《いきようよう》

意気投合《いきとうごう》

●主な用途
●思いが一致している状態を表す

お互いの心や気持ちが通じ合い、一体感を感じること。互いの考えや意見などがぴったりと一致して親しくなることをいう。「投合」は二つのものがぴったりと合うという意。

用例 ⬇初めて会った人なのに、共通の趣味の話題ですっかり**意気投合**した。⬇交際に反対だった父が、彼と一晩一緒に酒を飲み明かしたらすっかり**意気投合**して、今では「早く結婚しろ」などというようになった。

類義 意気相投《いきそうとう》／情意投合《じょういとうごう》

対義 犬猿之仲《けんえんのなか》

意気揚揚《いきようよう》

●主な用途
●自信に満ち誇らしげな様子をいう

威勢がよく得意そうな様子。気持ちが高揚し、自信にあふれ、いかにも誇らしげに振舞うさまをいう。「揚揚」は、誇らしげなさまをいう。

【注】「—洋洋」は誤り。

用例 ⬇圧倒的優位との下馬評の中、選手たちは**意気揚揚**と敵地に乗り込んだ。⬇彼は三キロの黒鯛（くろだい）を釣り上げて、**意気揚揚**と引き揚げていった。

出典 『史記《しき》』晏嬰伝《あんえいでん》

類義 意気軒昂《いきけんこう》／意気衝天《いきしょうてん》

対義 意気消沈《いきしょうちん》／意気阻喪《いきそそう》

いくどうおん
異口同音

●主な用途
●だれもが同じことを言う様子を表す

「口(くち)を異にし、音(おん)を同じゅうする」とも読む。大勢の人がまったく同じことを言う様子をいう。みんなの意見が一致すること。「異口」は多くの人の口で、「いこう」とも読む。「同音」は言葉が同じこと。

【注】「異句―」は誤り。

用例 ➡どの学者も**異口同音**にその研究結果に疑いを表明しています。

➡飛行場の建設案が浮上したが、住民はみな**異口同音**に反対した。

出典 『宋書《そうしょ》』庾炳之伝《ゆへいしでん》

類義 異口同辞《いくどうじ》／異口同声《いくどうせい》／異人同辞《いじんどうじ》

いしきもうろう
意識朦朧

●主な用途
●意識が薄れぼんやりした様子を表す

意識がかすんではっきりしない状態。自分が今どのような状況にあるのかを、しっかりとつかめない様子。「意識」は今自分が何をやり、どういう状況にあるかをはっきりわかっている心の状態。「朦朧」はぼんやりとかすんではっきりしないさま。

用例 ➡夕べは飲み過ぎて、**意識朦朧**としていたので、どうやって家に帰ったのかまったく覚えていない。

➡手術後の**意識朦朧**とした中でも、君が手を握っていてくれたのは覚えている。

出典 『論衡《ろんこう》』実知《じっち》

い

意志薄弱

いしはくじゃく

●主な用途
●やり通す意志が弱いことをいう

何かをしたいという積極的な意向や心持ちが弱く決断力に欠けること。また、自分の主張を持たず、人の意見に左右されやすいこと。「意志」は自分の目標を持った考え。「薄弱」は弱よわしいの意。

【注】「意思―」は誤り。

用例 ➡タバコや酒がからだに悪いことはわかっていても、**意志薄弱**でやめられない。

➡彼は幼いころから**意志薄弱**で、自分一人では何一つ決めることができない。

類義 薄志弱行《はくしじゃっこう》／優柔不断《ゆうじゅうふだん》

対義 意志強固《いしきょうこ》／意志堅固《いしけんご》

以心伝心

いしんでんしん

●主な用途
●語らずとも心が通じ合う様子を表す

「心(こころ)を以(もっ)て心に伝う」とも読む。言葉で説明しなくても、互いの気持ちが自然に通じ合うこと。本来は禅宗で、言葉や文字で表しきれない悟りや真理を師から弟子に心から心へと伝えることを意味する。

【表現】以心伝心の仲／以心伝心で通じる

用例 ➡僕ら兄弟は昔から、**以心伝心**で、考えていることがわかるんです。

➡長いことコンビを組んでいると、言葉はなくても**以心伝心**でわかるものです。

出典 『禅源諸詮集都序《ぜんげんしょせんしゅうとじょ》』上

類義 教外別伝《きょうげべつでん》／不立文字《ふりゅうもんじ》／維摩一黙《ゆいまいちもく》

異端邪説

いたんじゃせつ

●主な用途
●正統から外れた思想や学説を表す

正統から外れている、正しくない思想や学説のこと。自分の主張と異なる説や少数派の主張を批判していう場合によく用いられる。「異端」は社会やその時代において正統とされるものから外れていること。また、その思想、信仰、学説などもいう。「邪説」はよこしまな考え、正しくない説。

用例 ⬇今では常識となった地動説も、発表された当時は**異端邪説**と非難された。

⬇斬新なアイデアを**異端邪説**と切り捨ててしまうのは、あまりにも狭量にすぎる。

類義 異端異説《いたんいせつ》／異端邪宗《いたんじゃしゅう》／邪説異端《じゃせついたん》

一意専心

いちいせんしん

●主な用途
●一つのことに集中するさまを表す

「意を一（いつ）にして心を専（もっぱ）らにす」とも読む。他のことに心をうばわれず、一つのことにひたすら心を集中すること。「一意」も「専心」も一つのことだけに心を集中すること。心を集中して一つのことを行うこと。「専心一意」ともいう。

用例 ⬇この作品が完成するまでは、**一意専心**で、制作に打ち込みます。

⬇念願の部署に配属していただき、今後は**一意専心**、職務に励む所存です。

出典 『管子《かんし》』内業《ないぎょう》

類義 一心一意《いっしんいちい》／一心不乱《いっしんふらん》／専心専意《せんしんせんい》

一衣帯水

いち い たい すい

●主な用途

●非常に近い関係にあるもののたとえ

狭い川や海をへだてて近接している同士で、密接な関係にあること。「衣帯」は「おび」の意で語の構成は「一―衣帯―水」となる。

【故事】 中国隋（ずい）の文帝が、隣国の陳（ちん）の後主（こうしゅ）の悪政を見かねて「わが国と一筋の帯のような長江で仕切られているからといって、どうしてあの国の民衆を救わずにいられようか」と、陳に進攻した故事による。

用例 ⬇世界平和の第一歩は、**一衣帯水**の隣国との友好関係を深めることであろう。

出典 『南史《なんし》』陳後主紀《ちんこうしゅき》

類義 衣帯一江《いたいいっこう》／衣帯之水《いたいのみず》

一芸一能

いち げい いち のう

●主な用途

●一つのすぐれた技芸、能力をいう

一つの技芸、能力。また、特に一つの才能や芸能がすぐれていること。

用例 ⬇どの科目も平均して得点できる学生よりも、**一芸一能**に秀でた学生を育てたいと考えております。

⬇一芸入試を採用する大学が増えてきたが、本来目的としたはずの**一芸一能**の士の受験よりも、芸能人の合格が話題になることのほうが多い。

⬇生半可な気持ちでは、**一芸一能**にかける職人の道に進むことはできない。

対義 無才無芸《むさいむげい》／無能無芸《むのうむげい》

いちげんこじ
一言居士

●主な用途
●必ず一言言う人物を形容する

事あるごとに、必ず一言意見を言いたがる人のこと。「一言抉(こじ)る＝こじつける」をもじった言葉。多くはからかったり、けむたがったりする場合に用いられる。「居士」は学徳が高い人の敬称。仏教では在家で修行する男性をいい、男子の戒名にもつける。「一言」は「いちごん」とも読む。

用例 ⬇祖父は**一言居士**で、呼ばれもしないのに町内の集まりに顔を出して、何にでもひとくさり意見を述べていたそうだ。

⬇**一言居士**の彼のことだ。このまま黙っていられるはずがないよ。

いちごいちえ
一期一会

●主な用途
●一生に一度の機会や出会いを表す

一生に一度の出会いのこと。また、どの出会いでもただ一度の機会なのだから大切にすべきだという意。「どの茶会もこの人生に二度と訪れるものではないことを肝に銘じて行うべきである」という茶道の心得からきた言葉。「一期」は仏教語で、人が生まれてから死ぬまでの間、つまり一生をいう。

用例 ⬇人と知り合うことはもちろん、本、音楽、風景など、すべての物事との出会いも**一期一会**のものだと心得て、一瞬一瞬を大切に生きていきたいのです。

出典 『茶《さ》湯《とう》一《いち》会《え》集《しゅう》』

いち　ごん　はん　く

一言半句

●主な用途
●ほんの短い一言を形容する

ほんの少しの言葉。短い一言。多くは、「一言半句も〜ない」というように、下に打消しの言葉を伴って使われる。「一言」は「いちげん」とも読む。

用例➡高校生のころは、先生の言葉を**一言半句**も聞き漏らすまいと、真剣に授業を受けていたものです。

➡脚本家は、**一言半句**もゆるがせにせず、台本を何度も練り直していました。

類義　一言一句《いちごんいっく》／一言片句《いちごんへんく》／片言隻句《へんげんせきく》／片言《へんげん》隻語《せきご》／片言隻辞《へんげんせきじ》

対義　千言万語《せんげんばんご》

いち　じ　せん　きん

一字千金

●主な用途
●文字や文章の価値が高いことを表す

文字や文章が非常にすぐれていること。一字に千金の価値があるという意で、書や詩文をたたえるときに使われる。

【故事】秦（しん）の宰相呂不韋（りょふい）が、『呂氏春秋（りょししゅんじゅう）』を著したとき、出来栄えを自負し、都の門前に並べて「本書の文章を一字でも添削できる者には千金を与える」と、懸賞を出した故事による。

用例➡最優秀賞を受賞した書は、**一字千金**の重みを持つ名作といえましょう。

出典　『史記《しき》』呂不韋《りょふい》伝《でん》

類義　一言千金《いちごんせんきん》／一字百金《いちじひゃっきん》

いちじつせんしゅう
一日千秋

●主な用途
●切実に待ちこがれる状態を表す

一日が千年に感じられるほどに待ち遠しいこと。人や物事を切実に待ちこがれることのたとえ。「一日」は「いちにち」とも読む。「千秋」は千回の秋、つまり千年の意。

【表現】一日千秋の思い

用例 ⬇この一週間というもの、わが子の無事の知らせが届くのを**一日千秋**の思いで待ちこがれていました。

⬇登頂に成功されたあなたが、無事日本にお帰りになられる日を**一日千秋**の思いで待っております。

類義 一日三秋《いちじつさんしゅう》／一刻千秋《いっこくせんしゅう》

いちじつのちょう
一日之長

●主な用途
●人より少しすぐれている状態を表す

一日だけ先に生まれたこと。少し長く経験しているぶんだけ、技能や知識などが他の人よりいくらか勝っていること。年長者や経験者が自分の力を謙遜（けんそん）するときにも用いられる。「一日」は「いちにち」とも読む。

用例 ⬇ほかのことはともかく、剣を使いこなす技術においては、先に入門した彼のほうに**一日の長**がある。

⬇まあ**一日の長**というべきか、きみよりほんの少しだけこの地域の事情に通じているために、契約件数が多いということだ。

出典 『論語《ろんご》』先進《せんしん》

い

一汁一菜

いちじゅう いっさい

●主な用途
●質素な食事を形容する

汁物一品とおかず一品の食事。質素で粗末な食事のこと。「汁」は吸い物、「菜」はおかず。つつましい生活の形容としても使われる。

【表現】一汁一菜の暮らし

用例
⬇健康法は、乗り物に乗らないことと**一汁一菜**の食生活だといって、父は一時間以上かかる徒歩通勤を続けている。
⬇戦後の混乱期に結婚し、お金もなく文字通り**一汁一菜**の暮らしでしたが、あなたとの生活は本当に楽しいものでした。

類義 節《せつ》衣《い》縮食《しゅくしょく》／粗《そ》衣《い》粗《そ》食《しょく》

対義 三汁七菜《さんじゅうしちさい》／食前方丈《しょくぜんほうじょう》／炊金饌玉《すいきんせんぎょく》

一場春夢

いちじょう(の)しゅんむ

●主な用途
●人のはかない栄華をたとえる

人生、物事のはかないことのたとえ。人の世の栄華は短い春の夜に見る夢と同じで、きわめてはかないものだという意。「一場」はその場限り、ほんの短い間のこと。

用例
⬇大英帝国の栄華も、日本の奇跡的な経済成長も、世界史の中ではしょせん**一場の春夢**にすぎない出来事だったということだ。
⬇私は立志伝中の人物などともてはやされていますが、この年になると、人生など**一場の春夢**のようなものに思えます。

出典 盧《ろ》延譲《えんじょう》『哭李郢端公《りえいたんこうをこくす》』詩

類義 一炊《いっすい》之《の》夢《ゆめ》／邯鄲《かんたん》之《の》夢《ゆめ》

いち ぞく ろう とう
一族郎党

●主な用途
●血族、従者、関係者全員を表す

血がつながっている家族、親族と、その家来や従者。また有力者と、そのまわりにいて利益を同じくする関係者全員。「郎党」は家臣。「ろうどう」とも読み、「郎等」とも書く。

【表現】一族郎党を引き連れる

用例 ⬇戦いに敗れた城主は、城を追われ、**一族郎党**を引き連れて隣国へと逃走した。

⬇巨大コングロマリットの会長職は、**一族郎党**を率いなければならないばかりか、世界経済にも大きな責任を負っている。

⬇**一族郎党**の結集がこの繁栄を生んだ。

類義 一家眷属《いっかけんぞく》

いち だく せん きん
一諾千金

●主な用途
●約束を必ず守ることを形容する

ひとたび承諾した約束は千金に値する重みがある。転じて、約束を絶対に破らないこと。

【故事】中国楚(そ)の項羽(こうう)の部下、季布(きふ)は、一度承知したことは必ず守る人物として信頼されており、「千金（黄金百斤）を得るより、季布の一諾を得るほうが価値がある」といわれたという故事による。

用例 ⬇**一諾千金**っていうじゃないか。約束はきちんと守ってくれよ。

出典 『史記《しき》』季布伝《きふでん》

類義 季布一諾《きふのいちだく》

対義 軽諾寡信《けいだくかしん》

一念発起《いちねんほっき》

●主な用途
●成しとげようと決心することをいう

あることを成しとげようと決意すること。何かを契機に、それまでの考えや生活を改め、再出発を期すときに用いられる。もとは仏教語で、「一念発起菩提心(ぼだいしん)」の略。仏道に入り悟りを開こうと修行する決心が生まれること。

【表現】一念発起する

用例
⬇大学卒業後は会社勤めをしていたが、**一念発起**して弁護士を目指すことにした。
⬇兄は子どもの誕生を機に**一念発起**し、真面目に仕事をするようになった。

類義 一心発起《いっしんほっき》／感奮興起《かんぷんこうき》

一罰百戒《いちばつひゃっかい》

●主な用途
●見せしめのための処罰をいう

ただ一人の罪や過失を罰することで、他の多くの人の戒めとすること。同じ過失や罪を犯さないように、他の多くの人々に対する戒め。たった一人を罰することで、見せしめの効果を期待することにいう。

【表現】一罰百戒の効果をねらう

用例
⬇自分の昼食代を交際費として計上することが半ば慣例化しており、目立ち過ぎた彼が**一罰百戒**の意味で解雇された。
⬇空港での大麻不法所持による海外大物俳優の逮捕は、**一罰百戒**をねらってのものだと報道されている。

い

いちびょうそくさい
一病息災

●主な用途
●持病があるほうが長生きすること

まったくの健康体でいる人よりも、一つぐらい持病のある人のほうが、健康に気をつけるのでかえって長生きするものだということ。「息災」は仏教語で、仏の力によって病気や災難を消滅させることをいう。

用例 ➡痛風が快方に向かい退院されたとのこと、**一病息災**といいますから、おからだを大切にして長生きしてくださいね。
➡幼いころからぜん息がちで薬が欠かせない身ですが、**一病息災**、そのほかにはたいした病気もしないでこれました。

類義 無病息災《むびょうそくさい》

いちぶしじゅう
一部始終

●主な用途
●物事の最初から最後までを表す

物事の最初から終わりまで。事件や事態のきっかけから経緯、結果まで、こまごまとしたこと全部。「一部」は一冊の書物の意。もともとは書物の最初から終わりまでということ。

用例 ➡同じ不祥事を繰り返さないために、なんであんな手違いが起きたのか、君が知る**一部始終**を話してくれ。
➡商品ができあがるまでの**一部始終**を、みなさんに見学していただきました。
➡クーデター計画の**一部始終**は、政府の情報機関が把握していた。

類義 一伍一什《いちごいちじゅう》

一望千里《いちぼうせんり》

●主な用途
●広々と見渡せるさまを形容する

見晴らしがきき、一目で千里のかなたまで見渡せること。山頂や平原などで、広々と見渡せる美しい景色。「一望」は一目で見渡すこと。「里」は尺貫法の単位で三六町。約三・九二七キロメートル。

【表現】一望千里の絶景

用例 ➡山頂に立つと、**一望千里**の緑の樹海が広がっていた。

➡小高い丘の上から眺めると、まさに**一望千里**、映画で見た通りのヒマワリ畑がえんえんと続いていました。

類義 一望千頃《いちぼうせんけい》／一望無垠《いちぼうむぎん》／天涯一望《てんがいいちぼう》

一枚看板《いちまいかんばん》

●主な用途
●大勢の中の中心人物を形容する

大勢の中で中心となる人物。ほかに代わりのない、かけがえのないもの。また、一着しかない衣服。歌舞伎(かぶき)で重要な役者の名前を、ほかの役者と区別して一枚の看板に書いたことから、一枚看板にされるような人気のある名優のことをいう。

用例 ➡彼はヒットメーカーとも呼ばれるほどで、まさに商品企画部の**一枚看板**なんだ。他の部署に回すわけにはいかないよ。

➡今回の興業では、彼女が文字通り**一枚看板**なのだから、今さら降板させるわけにはいかない。

いちもうだじん

一網打尽

●主な用途
●悪人を一度に捕らえることを表す

多くの悪人や犯人たちを、ひとまとめにして一人残らず捕らえつくすこと。もとは、網をひとうちするだけで、そのあたりの魚や鳥獣を全部捕らえるという意から。「打尽」は捕りつくすこと。

【表現】一網打尽にする

用例➡警察の地道な内偵により、紙幣の偽造グループが**一網打尽**にされた。

➡暴走族を**一網打尽**にしようと、警察では百人体制で周辺の警備にあたった。

出典『宋史《そうし》』范純仁伝《はんじゅんじんでん》

類義一網無遺《いちもうむい》

いちもくりょうぜん

一目瞭然

●主な用途
●一目ではっきりわかる状態を表す

ただ一目見ただけで、はっきりとわかること。ぱっと見るだけでもわかるほど、明らかなこと。「一目」はちょっと見ること。「瞭然」は明らかで疑う余地のないことで、「了然」とも書く。

用例➡どんなに精巧な模写でも、彼にならー**目瞭然**で贋作(がんさく)とわかるだろう。

➡あの子の話が嘘(うそ)であることは**一目瞭然**なのに、なぜ先生はかばうのだろう。

出典『朱子語類《しゅしごるい》』一三七

類義一目即了《いちもくそくりょう》

いちようらいふく
一陽来復

●主な用途
●悪運のあとに幸運がくる状態を表す

悪いことが続いたあとに、よいことが起こること。易では陰がきわまって陽に復する意で、陰暦十一月、冬至のあとは日が長くなること。転じて逆境のあとに運が開けること。「一陽」は一つの陽気、明るい気配。「来復」は一度去ったものが再び戻ってくること。

用例 ⬇消費の冷え込みが原因の経営不振が続いていたが、新商品の売れ行きが好調で、**一陽来復**の兆しが見えてきた。

⬇つらい冬の日々も、**一陽来復**を信じて努力を続ければ、必ず春がめぐってくる。

出典 『易経《えききょう》』復卦《ふくか》

いちりいちがい
一利一害

●主な用途
●利益も損害もある状態を表す

益もあるが、害もあるということ。同じくらいの利益と損害があること。また、新しい利益を追求することよりも、今すでにある害悪を取り去ったほうがよいという意味でも使われる。「一利あれば一害あり」の省略形。

用例 ⬇今までの提案はいずれも**一利一害**で、すべての問題点を解決できるものではない。

⬇社内禁煙で確かに空気はとてもきれいになったが、**一利あれば一害あり**で仕事を中断して屋上へタバコを吸いに出る社員が多くて困るよ。

類義 一長一短《いっちょういったん》／一得一失《いっとくいっしつ》

いちりゅうまんばい

一粒万倍

●主な用途

●少しのものから多くの利を得ること

畑にまいた一粒の種から、万倍もの収穫が得られることから、わずかなものから多くの利益や成果を得られること。転じて、少なく小さなものでも粗末にしてはならないという戒めにも使われる。もとは仏教語で、一つの善行が多くのよい報いを生むという意。

用例 ⬇小口のお客様にも誠意をもってこたえていけば、やがては**一粒万倍**、大きな注文となって返ってくるものです。

⬇コピー用紙一枚といっても**一粒万倍**、経費は無駄にしてはいけません。

出典 『報恩経《ほうおんきょう》』四

いちれんたくしょう

一蓮托生

●主な用途

●運命をともにする状態や決意を表す

仏教語で、死後、極楽浄土で同じ蓮華(れんげ)の上に生まれ変わること。転じて、結果や物事のよしあしにかかわらず、とにかく行動や運命をともにすること。悪い結末に結びつくときに多く用いられる。「托生」は生を託すことで、「託生」とも書く。

【注】「一連―」は誤り。

用例 ⬇専務が失脚すると、同じ派閥の部長も**一蓮托生**で左遷されてしまった。

⬇悪いことはできないね。こうなったら**一蓮托生**だ、みんなそろって頭をまるめることにしよう。

いちろへいあん
一路平安

●主な用途
●旅の道中の無事を祈っていう

道中ずっとつつがなく、無事でありますようにという意味。これから旅立つ人に対して、道中の平穏無事を祈るときなどにいう。「一路」の「一」はすべての意で、道中のすべてということ。また船での旅立ちにはよく「一路順風」を用いる。「順風」は追い風の意。

用例 ⬇はじめての海外旅行に行く孫の**一路平安**を祈って、お守りを買った。
⬇海外旅行先でパスポートをなくし、**一路平安**というわけにはいかなかった。

出典 『紅楼夢《こうろうむ》』一四

類義 一路順風《いちろじゅんぷう》

いっかくせんきん
一攫千金

●主な用途
●労せず大きな利益を得る状態を表す

たいした苦労もしないで一度に大金を手に入れること。ちょっとしたことで労せずして巨利を得ること。「一攫」はひとつかみの意。

【注】「一獲―」と書くのは本来は誤り。

【表現】一攫千金をねらう／一攫千金の夢

用例 ⬇不況にあえぐ日本では、**一攫千金**を夢みて、宝くじ発売日ともなると売り場の前に長い行列ができます。
⬇**一攫千金**のチャンスだという新事業への勧誘があったが、ネズミ講まがいのシステムにうさんくささを感じた。

類義 一攫万金《いっかくばんきん》

いっかだんらん
一家団欒

●主な用途
●家族が仲よく過ごすさまを形容する

家族全員が同じ場所に集まり、楽しく語り合って時を過ごすこと。「団」「欒」はともに丸いこと。「団欒」は月などが丸いことをいい、転じて、丸く輪になって座ること、親しい者が集まってなごやかに過ごすことをいう。

【表現】一家団欒のひととき

用例 ⬇年に一度、お正月には**一家団欒**のひとときを過ごすことにしている。

⬇新雑誌のコンセプトは、夫婦共稼ぎ家庭の、新しい**一家団欒**の形を提案するというものです。

類義 親子団欒《おやこだんらん》／家族団欒《かぞくだんらん》

いっきいちゆう
一喜一憂

●主な用途
●喜んだり悲しんだりする様子を表す

状況が変わるたびに、喜んだり心配したりすること。めまぐるしく変化する状況に振り回されて、気持ちが落ち着かないこと。「一」は、あるいは、一方で、の意。

【表現】一喜一憂する

用例 ⬇**一喜一憂**しながら夢中で息子の柔道の試合を観戦した。

⬇恋をすると、相手の何気ない一言やしぐさにも**一喜一憂**してしまい、自分を見失いがちだ。

類義 一憂一喜《いちゆういっき》／一笑一顰《いっしょういっぴん》／一顰一笑《いっぴんいっしょう》

対義 泰然自若《たいぜんじじゃく》

いっかせい

一気呵成

●主な用途

●物事を一気に仕上げることをいう

物事をひと息に成しとげること。特に、詩や文章などを一気に書き上げること。「一気」は一呼吸、ひと息の意。「呵」は息を吐き出すこと。

【注】「呵成」を「あせい」と読むのは誤り。

用例 ➡締め切り前日から、**一気呵成**の早業で仕上げたはずなのに、この論文のみごとな出来栄えはどうだ。

➡ディフェンス陣のすきを見つけたら、**一気呵成**に攻め込んでいこう。

出典 『詩藪《しそう》』内編五

類義 一瀉千里《いっしゃせんり》

いっきとうせん

一騎当千

●主な用途

●すぐれた能力を持つ人物を形容する

「一騎、千に当たる」とも読む。一人で千人の敵に立ち向かえるほどの実力。転じて、飛び抜けてすぐれた能力を有すること。「一騎」は馬に乗った武者一人。「当千」は「とうぜん」とも読み、千人に相当(対抗)するという意。

【表現】一騎当千の兵（つわもの）

用例 ➡転属願いが受理され、第一営業部に配属されてからの彼の活躍は、まさに**一騎当千**というべき成績をあげている。

➡創設された企画営業部の構成メンバーは**一騎当千**のつわものばかりだ。

類義 一人当千《いちにんとうせん》

いっきのこう

一簣之功

●主な用途
●仕事を完成させる最後の努力を表す

最後の努力、完成間際のひとふんばり。また何かを成しとげるための一つ一つの努力。「一簣」は土を入れて運ぶもっこ一杯の土。高い山を築くにも最後のもっこ一杯の土を欠いては完成しないという意味の「九仞(じん)の功を一簣に虧(か=欠)く」という言葉から。

【表現】一簣の功を欠く

用例 ➡開通まであと一月、**一簣の功**を欠くことがないよう、最後まで気を抜かないでがんばってもらいたい。

出典 『書経《しょきょう》』旅獒《りょごう》

対義 九仞一簣《きゅうじんいっき》／功虧一簣《こうきいっき》

いっきょりょうとく

一挙両得

●主な用途
●一度に二つのものを得ることを表す

一つ何かをすることで、二つの利益を手に入れること。多くは少ない労力で多くの利益が得られる場合にいう。「一挙」は一つの動作、一回の仕事の意。

用例 ➡趣味でやっている焼き物に値段がつくなんて、**一挙両得**の気分です。

➡スイミングスクールに通いはじめてから体力がつき、その上、ウエストも細くなって、まさに**一挙両得**でした。

出典 『東観漢記《とうかんかんき》』耿弇伝《こうえんでん》

類義 一挙両全《いっきょりょうぜん》／一石二鳥《いっせきにちょう》

対義 一挙両失《いっきょりょうしつ》

いっこくせんきん

一刻千金

●主な用途

●時間の貴重さをたとえる

わずかなその時間が千金にも値するほどに貴重であることをいう。楽しい時間や大切な時が過ぎることを惜しむ気持ちを表す。中国北宋(ほくそう)の詩人蘇軾(そしょく)が「春宵一刻値千金(しゅんしょういっこくあたいせんきん)」と詠んだことによる。

用例⬇遠距離恋愛の恋人と会えるひとときは、**一刻千金**の貴重な時間です。

⬇余命半年、**一刻千金**の思いで家族と過ごしたいと主人は申しております。

出典 蘇軾《そしょく》「春夜《しゅんや》」詩

類義 一日千秋《いちじつせんしゅう》／一刻千秋《いっこくせんしゅう》／千金一刻《せんきんいっこく》

いっさいしゅじょう

一切衆生

●主な用途

●命があるあらゆるものをいう

生きとし生けるもの。「一切」はあらゆるもの、すべての意で、「衆生」はこの世の生命あるもののすべてをいう。仏教語で、すべての生き物、特に人間をさしていう。

用例⬇観世音菩薩(かんぜおんぼさつ)は、**一切衆生**の求めに応じて救いの手をさしのべてくださるありがたい菩薩です。

⬇植物、動物、人間、**一切衆生**が調和をとりながら暮らしていた地球が、環境破壊によって危機にさらされている。

出典 『法華経《ほけきょう》』譬喩品《ひゆぼん》

類義 一切有情《いっさいうじょう》

い

一視同仁《いっしどうじん》

●主な用途
●人を公平に慈しむ態度を表す

すべての人を平等に見て、同じように愛を施したり、待遇したりすること。差別待遇をしない態度をいう。「一視」はわけへだてなく同じように見ること。「同仁」は同じように思いやり、慈しむこと。

用例 ⬇教育者は、教え子に**一視同仁**の気持ちで接することが大切だ。

⬇裁判官の職について以来、被告に対しても**一視同仁**を心がけてきました。

出典 韓愈《かんゆ》「原人《げんじん》」

類義 一視之仁《いっしのじん》／怨親平等《おんしんびょうどう》／同仁一視《どうじんいっし》

対義 依怙贔屓《えこひいき》

一瀉千里《いっしゃせんり》

●主な用途
●物事がスムーズに進むことのたとえ

物事が非常に速く進むこと。また、弁舌や文章がすらすらとよどみないことのたとえ。「瀉」は水が流れ出すこと。いったん流れ出した川の水は、一気に千里の距離を流れ下ることからいう。

用例 ⬇十分に取材を重ねて、自分なりに考えつくしたテーマなので、一章から終章まで**一瀉千里**に書き上げることができた。

⬇彼女は**一瀉千里**にしゃべりまくるため、話についていくのがたいへんです。

出典 『福恵全書《ふくけいぜんしょ》』二九

類義 一気呵成《いっきかせい》／一瀉百里《いっしゃひゃくり》

いっしゅく いっ ぱん

一宿一飯

●主な用途

●他人の世話になることのたとえ

旅の途中に食事をふるまってもらったり、一晩泊めてもらったりして、ちょっとした好意をかけてもらうこと。「一宿」は一晩泊めてもらうこと。「一飯」は一食ふるまってもらうこと。

【表現】一宿一飯の恩義

用例 ➡異国の地での**一宿一飯**の恩義は、一生忘れられないものだ。

➡困ったときはお互いさま、**一宿一飯**の恩義だなんて考えないでいいから、元気で旅を続けてください。

類義 一飯之恩《いっぱんのおん》／一飯之報《いっぱんのむくい》

いっしょく そく はつ

一触即発

●主な用途

●爆発しそうな切迫した状況を表す

ちょっと触れただけですぐに爆発してしまいそうな、きわめて危険な状況。辛うじて保たれている均衡が今にも破れそうな、緊迫した状態に用いる。

【表現】一触即発の状況

用例 ➡犯人が人質の解放に応じたため、**一触即発**の危機はまぬかれた。

➡停戦に向けての和平交渉が決裂し、かえって**一触即発**の事態を迎えてしまった。

出典 李開先《りかいせん》「原性堂記《げんせいどうき》」

類義 一髪千鈞《いっぱつせんきん》／危機一髪《ききいっぱつ》／刀光剣影《とうこうけんえい》／累卵之危《るいらんのき》

いっしょけんめい

一所懸命

●主な用途

●命をかけて打ち込むさまをいう

命がけで物事に取り組むこと。目標に向かって精いっぱいの努力を重ねる様子。日本で封建時代に、武士が主君から賜わった一か所の領地を命をかけて守り、生活のよすがとしたことによる。現在では「一生懸命」とほぼ同じ意に用いられる。

【表現】一所懸命に努力する

用例 ⬇**一所懸命**に仕事に打ち込む彼に、心から敬意を表します。

⬇甲子園出場を目指し、野球部一同、**一所懸命**がんばっています。

類義 一意専心《いちいせんしん》／一生懸命《いっしょうけんめい》／一心不乱《いっしんふらん》

いっしんいったい

一進一退

●主な用途

●進んだり後退したりすることを表す

進んだり、後戻りしたりすること。病状や情勢などがよくなったり悪くなったりする様子をいう。ここでの「一〜一…」は、「あるいは〜あるいは…」の意。

用例 ⬇手術後も父の病状は、**一進一退**を繰り返しており、予断を許しません。

⬇景気は**一進一退**が続いていて、なかなか上向きにならない。

⬇政府軍と反乱軍による**一進一退**の緊迫した内戦が続く中、多くの難民が国外へ逃れようと国境地帯に押し寄せてきた。

出典 『管子《かんし》』覇言《はげん》

いっしんどうたい
一心同体

●主な用途
●心もからだも一つになることをいう

　複数の人間が、心を一つにしてあたかも一人であるかのように固いきずなで結ばれていること。複数の人間の考えや行動が、ぴったりと一致している様子にもいう。強い信頼関係を持った夫婦など、愛し合う者同士の関係にいうことも多い。

用例⬇長年連れ添った仲のよい夫婦は、まさしく**一心同体**といえるでしょう。

⬇社員全員が**一心同体**となって一つの目標にまい進できたことが、今回のプロジェクト成功の秘密です。

類義 異体同心《いたいどうしん》／寸歩不離《すんぽふり》

いっしんふらん
一心不乱

●主な用途
●一つのことに集中するさまの形容

　一つのことに集中して、他のことに心を奪われないこと。ひたすら何かに熱中している様子にもいう。仏教語としては、心を乱さずに念仏を唱えることなどにいう。

【表現】一心不乱に打ち込む

用例⬇母は息子の無事を祈って、**一心不乱**に題目を唱え続けた。

⬇遊んでばかりいた息子が大学進学を決心し、高校三年になると**一心不乱**に受験勉強を始めた。

出典『阿弥陀経《あみだきょう》』

類義 一意専心《いちいせんしん》／一身一意《いっしんいちい》

いっせきにちょう

一石二鳥

●主な用途
●思いがけない利益を得る状態を表す

一つの行為で、二つの利益、効果を得ること。英語のことわざ、To kill two birds with one stone. の訳で、一つの石を投げて、二羽の鳥を同時に捕まえる意。

用例 ➡先輩と後輩の社員を二人一組で営業に回らせれば、実地教育と指導力の養成という**一石二鳥**の効果がある。
➡健康と環境によいし、節約ができる。禁煙が**一石二鳥**にも三鳥にもなることはわかっているが、タバコはやめられない。

類義 一挙両全《いっきょりょうぜん》／一挙両得《いっきょりょうとく》

対義 一挙両失《いっきょりょうしつ》

いっちはんかい

一知半解

●主な用途
●十分に理解していない状態を表す

知識が十分に自分のものになっていないこと。なまかじり。半可通。一つの事柄について知ってはいるが理解は半分しかしていないという意味。

用例 ➡**一知半解**のくせに、すべてを知っているかのような顔でテレビに出て発言する評論家が何と多いことだろう。
➡私など**一知半解**もいいところで、とても恥ずかしくて専門家の方々を前に自説を披露することなどできません。

出典 『滄浪詩話《そうろうしわ》』詩弁《しべん》

類義 言者不知《げんしゃふち》／半知半解《はんちはんかい》

いっちょう いっ せき
一朝一夕

●主な用途
●わずかの時間をたとえていう

非常に短い間、わずかな期間のたとえ。ひと朝、ひと晩のような短い時間の意から。多くは下に打ち消しの言葉がきて「一朝一夕にはいかない」のように用いられる。

用例 ➡長年の習慣を変えるのは、**一朝一夕**にはいかないだろう。

➡彼の成功は、**一朝一夕**に成しとげられたものではない。

➡影響の大きさを考えると、**一朝一夕**に結論を出すことは差し控えたい。

出典 『易経《えききょう》』坤卦《こんか》・文言伝《ぶんげんでん》

類義 一日一夕《いったんいっせき》

いっちょう いっ たん
一長一短

●主な用途
●よい点と悪い点があることをいう

よい面もあり悪い面もあること。「長」は長所、「短」は短所。「一～一…」は「ある面は～ある面は…」の意。帯に短し襷（たすき）に長しと同義。

用例 ➡電気自動車の開発は、わが社にとっても**一長一短**で、難しい問題です。

➡校則や規則で生徒を縛ることは**一長一短**で、かえって生徒の自主性に任せたほうがよい場合も多いのです。

➡いずれの案にも**一長一短**があり、採用には至りませんでした。

類義 一利一害《いちりいちがい》／一短一長《いったんいっちょう》／一得一失《いっとくいっしつ》

いってきせんきん

一擲千金

●主な用途
●思い切りのよい行動力を表す

一度に大金を使うこと。物事を思い切りよく実行すること。勝負事で大金をかけたり、仕事で大事業に乗り出すときなどにいう。「一擲」は一度に投げ出す意。一振りのサイコロに惜しげもなく大金をかける意から。

用例 ⬇万馬券を当てた金で、ラスベガスに行き**一擲千金**の豪遊をした。

⬇この会社を再建するのは容易なことではない。腹を決め、**一擲千金**の思い切った改革をしなければとてもおぼつかない。

出典 呉象之《ごしょうし》「少年行《しょうねんこう》」

類義 一擲百万《いってきひゃくまん》

いっとうりょうだん

一刀両断

●主な用途
●決断力のよさを形容する

物事や問題を速やかに決断、処理すること。物を一太刀(ひとたち)で真っ二つに切ることから、物事を思い切りよく決断することにいう。「両断」は「両段」とも書く。

【表現】一刀両断のもとに~する

用例 ⬇彼のアドバイスには、難題を**一刀両断**のもとに解決する力があった。

⬇豊富なキャリアを持つ敏腕弁護士といえども、離婚調停だけは**一刀両断**とはいかないものだ。

出典 『朱子語類《しゅしごるい》』四四

類義 一剣両断《いっけんりょうだん》／快刀乱麻《かいとうらんま》

一得一失

いっとくいっしつ

●主な用途
●物事には両面があることをいう

一つの利益があれば、その一方では損失があるということ。また、片方にはよいが、片方にはよくないこと。こちらを立てればあちらが立たず。

用例 ➡文明の発達には、**一得一失**があり、利便性や快適さを実現した反面で、環境破壊や貧富の格差の拡大などの問題も引き起こしている。

➡新規出店は、**一得一失**で、収益も多かったが、労力も大きかった。

出典 『無門関《むもんかん》』

類義 一利一害《いちりいちがい》／一失一得《いっしついっとく》／一長一短《いっちょういったん》

一顰一笑

いっぴんいっしょう

●主な用途
●顔に出る表情の動きを表す

顔を少ししかめたり笑ったりすること。顔に出るちょっとした感情の変化をいう。「一」はちょっと、少しの意。「顰」は「嚬」とも書き、不快感で顔をしかめること。

用例 ➡インタビューの相手が喜怒哀楽を表に出さない人なので、**一顰一笑**をうかがうのに必死でした。

➡もう十年以上もお側に仕えておりますから、先生の**一顰一笑**でどんなことがお望みなのかがわかるようになりました。

出典 『韓非子《かんぴし》』内儲説《ないちょせつ》・上

類義 一喜一憂《いっきいちゆう》／一笑一顰《いっしょういっぴん》

いつぼうのあらそい

鷸蚌之争

●主な用途
●無益な争いをたとえる

二者が争っているうちに、第三者に利益を横取りされるような無益な争いのこと。「鷸」はしぎ。「蚌」はどぶ貝（一説にはまぐり）。

【故事】水鳥のしぎがどぶ貝の肉を食べようとしてくちばしをはさまれ、両者が争っているうちに、そこにやってきた漁夫に両者とも捕らえられたという故事からいう。

用例➡長男と次男がケーキの大きさでけんかをしている間に、三男に全部食べられてしまうとは、まさしく**鷸蚌の争い**だな。

出典『戦国策《せんごくさく》』燕策《えんさく》

類義　漁夫之利《ぎょふのり》

いばしんえん

意馬心猿

●主な用途
●煩悩を抑えきれない様子のたとえ

強い煩悩（ぼんのう）や欲情によって、心が乱され静まらないこと。「意」も心の意で、人間の煩悩を暴れる馬や騒ぎ立てる野猿にたとえていった仏教語。

用例➡彼女のことを想うと、**意馬心猿**の毎日で、勉強にも身が入りません。

➡**意馬心猿**のままに放蕩（ほうとう）を続けていた兄が、入院したとたん、妙に悟ったような振る舞いをしはじめた。

出典『維摩詰経講経文《ゆいまきっきょうこうきょうもん》』

類義　心猿意馬《しんえんいば》

対義　虚心坦懐《きょしんたんかい》／明鏡止水《めいきょうしすい》

いふうどうどう
威風堂堂

●主な用途
●威勢がよく立派なさまを形容する

外見、態度、雰囲気などが、威厳に満ちていて立派なこと。気品にあふれていて堂々としている様子。「威風」は威厳があるさま。「堂堂」は雄大で立派なさま。

用例 ⬇世界選手権ですばらしい成績を上げて凱旋（がいせん）した選手団が、日の丸の小旗が振られるなか、**威風堂堂**の行進を続けています。

⬇普段はどこにでもいそうな普通の人なのに、いったん舞台に上がると、**威風堂堂**と輝いて見える。

類義 威風凜凜《いふうりんりん》／威武堂堂《いぶどうどう》／耀武揚威《ようぶようい》

いへんさんぜつ
韋編三絶

●主な用途
●勉学に熱心なことをたとえる

「韋編三たび絶つ」とも読む。書物を繰り返し読むこと。読書や学問に熱心なたとえ。「韋編」は書籍の綴（と）じ紐（ひも）のこと。「三絶」は何度も断ち切れること。

【故事】孔子（こうし）が『易経（えききょう）』を愛読し、何度も繰り返して読むうちに、その綴じ紐が三度も切れたという故事から。

用例 ⬇夏目漱石の『こころ』を**韋編三絶**するほど愛読しました。

⬇読書百遍というが、**韋編三絶**するほど読めば、難解な哲学書も理解できるかな。

出典 『史記《しき》』孔子世家《こうしせいか》

移木之信

いぼくのしん

●主な用途
●約束を実行に移すことをいう

約束を確実に実行すること。特に政治家は民衆を欺かず、法と政治が信用できることを示すべきであるという戒め。

【故事】中国秦（しん）の商鞅（しょうおう）が国民の信を得ようと、南門の大木を北門に移す者には賞金を与えると布令し、半信半疑で移した者に布令通りに本当に賞金を出して、民衆の信頼を得たという故事による。

用例 ➡**移木の信**が守られるように、有権者は最後まで見届けなくてはならない。

出典 『史記《しき》』商君伝《しょうくんでん》

類義 徙木之信《しぼくのしん》

意味深長

いみしんちょう

●主な用途
●別の意味が含まれていることを表す

行動や言葉に奥深い意味や含みが隠されていること。また、裏に別の意味が含まれていること。「意味深」などと略して用いる。「深長」は意味が深くて含みがある様子。

【注】「―慎重」は誤り。

用例 ➡新大統領が、就任会見でふと漏らした**意味深長**な一言が、週末の株式相場に大きな影響を与えた。
➡私が発言し終えると、彼は**意味深長**な笑みを送ってきた。

出典 『四書集注《ししょしっちゅう》』「論語序説《ろんごじょせつ》」

類義 意在言外《いざいげんがい》／微言大義《びげんたいぎ》

倚門之望

いもんのぼう

●主な用途　●母親の深い愛情を形容する

子の帰りを待ちわびる母の思いのたとえ。母親のわが子に対する強い愛情をいう。「倚門」は門に寄りかかる意。

【故事】中国春秋時代、王孫賈（おうそんか）の母親が、家の門に寄りかかって賈が帰るのを待ち望んだという故事から。

用例⬇留学した子どもからの便りに、**倚門の望**がつのります。

⬇母の**倚門の望**もむなしく、子どもたちは都会へ出たきりだ。

出典『戦国策《せんごくさく》』斉策《せいさく》

類義 倚門倚閭《いもんいりょ》／倚閭之望《いりょのぼう》

因果応報

いんがおうほう

●主な用途　●行為の善悪に応じた報いを表す

行いの善悪に応じて、その報いがあるということ。もとは仏教語で、前世の行いによって現世で報いがあるという意。現在では悪いことに対して使われることが多い。「因」は因縁の意で、原因。「果」は果報の意で、原因によって生じた結果や報い。

用例⬇遊んでばかりでは、入試に失敗するのは当たり前。**因果応報**というものだ。

⬇浮気ばかりしていた彼が、**因果応報**、あの歳で離婚届を突きつけられるとはね。

類義 悪因悪果《あくいんあっか》／悪因苦果《あくいんくか》／前因後果《ぜんいんこうか》／善因《ぜんいん》善果《ぜんか》

いんかんふえん

殷鑑不遠

●主な用途
●戒めの例は近くにあることをいう

一般に「殷鑑(いんかん)遠(とお)からず」と訓読を用いる。身近で起きた他人の失敗を自分の戒めとせよという意。学ぶべき例は遠くに求めなくても近くにあるというたとえ。「殷」は古代中国の国名。「鑑」は鏡、手本の意。殷王朝が戒めとすべき手本は、遠くに求めなくても、前代の夏王朝が暴政によって滅亡した例にあるという故事から。

用例 ⬇**殷鑑遠からず**、前社長の経営戦略の失敗を反面教師にすべきなのです。

出典 『詩経《しきょう》』大雅《たいが》・蕩《とう》

類義 商鑑不遠《しょうかんふえん》

いんぎんぶれい

慇懃無礼

●主な用途
●うわべだけ丁寧であることをいう

態度や言葉など、応対が丁寧すぎるのは、かえって嫌みになるということ。また、表面上は礼儀正しいが、心の中では尊大で相手を見下しているように感じられること。「慇懃」はきわめて礼儀正しいの意。

用例 ⬇フロント係の**慇懃無礼**な態度に腹が立ち、支配人を呼びつけたら、輪をかけた**慇懃無礼**ぶりであきれはててしまった。⬇本人に悪気はないと思うのだが、言葉づかいが丁寧すぎると**慇懃無礼**に感じられることがある。

類義 慇懃尾籠《いんぎんびろう》

い

因循姑息《いんじゅんこそく》

●主な用途

●その場しのぎに終始することを表す

古い習慣にこだわってその場しのぎに終始するさま。新しい試みに消極的で迷っていること。「因循」は「因(よ)り循(したが)う」で、古い習慣に頼り、従うこと。「姑息」は「姑(しばら)く息をつく」から、一時しのぎの間に合わせのこと。

用例 ⬇**因循姑息**な方策では、日本経済の再生は不可能に近い。

⬇昨年と同じキャンペーンを行うという部長の考えは、堅実というよりむしろ**因循姑息**で同調できません。

類義 因循苟且《いんじゅんこうしょ》／優柔不断《ゆうじゅうふだん》

隠忍自重《いんにんじちょう》

●主な用途

●辛さにじっと堪えるさまをいう

怒りや辛さ、苦しさをこらえてしのび、軽々しい行動をとらないこと。「隠忍」は心の苦しみを表に出さず、じっと堪えしのぶこと。「自重」は自らの行いを慎み、軽々しい行動をしないこと。

【注】「陰忍——」は誤り。

用例 ⬇先方の言い方には腹も立とうが、一番の得意先なので**隠忍自重**してほしい。

⬇今は苦境に立たされているが、しばらくは**隠忍自重**して、再起の時を待つ。

類義 自戒自重《じかいじちょう》／忍之一字《にんのいちじ》

対義 軽挙妄動《けいきょもうどう》

有為転変

ういてんぺん

主な用途
●常に変化し無常である世の中を表す

この世は移り変わりが激しく、はかないものだということ。世の中の無常をいうことが多い。「有為」は、いろは歌の「ういの奥山」の「うい」で、因縁によって生じる現象という意味の仏教語。「転変」は移り変わること。「ういてんべん」とも読む。

【表現】有為転変は世の定め

用例 ➡**有為転変**の世の中とはいえ、あの大企業が倒産してしまうとはねえ。
➡大流行した健康器具も、まさに**有為転変**、今ではだれも見向きもしない。

類義 有為無常《ういむじょう》／諸行無常《しょぎょうむじょう》

右往左往

うおうさおう

主な用途
●混乱して動き回る状態を形容する

うろたえて混乱する様子。まごつき。あわてて右へ行ったり左へ行ったりするような、秩序のない状態をいう。「往」は行くの意。「左」は「ざ」とも読む。古くは副詞として「右往左往に」とも用いられた。

用例 ➡突然の地震と火災報知機の警報に驚き、バーゲン会場にいた人々は非常口を求めて**右往左往**した。
➡あとは合否の判定を待つだけだ。今さら**右往左往**しても始まらない。

類義 左往右往《さおううおう》／周章狼狽《しゅうしょうろうばい》

対義 泰然自若《たいぜんじじゃく》／冷静沈着《れいせいちんちゃく》

うかとうせん
羽化登仙

●主な用途
●酒に酔ったときの心地よさのたとえ

酒に酔うなどして、天にも昇るよい気持ちになることのたとえ。人に羽が生え、仙人となって天に登るという中国の神仙思想からいう。「羽化」は羽がはえて空を飛ぶ仙人になること。「登仙」は天に登って仙人になること。

【表現】羽化登仙の心地

用例⬇東京ではめったに手に入らない地酒と、地元ならではの料理を存分にいただき、**羽化登仙**の心持ちです。

⬇愛し合う二人は、ただ見つめ合うだけで**羽化登仙**の世界に浸ることができた。

出典 蘇軾《そしょく》「前赤壁賦《ぜんせきへきのふ》」

うごうのしゅう
烏合之衆

●主な用途
●規律やまとまりのない集団を表す

規律がなく統率されていない烏(からす)の群れのような群衆や軍勢のこと。規律、統制、目標などのない集まり。寄せ集め。

【故事】中国後漢の耿弇(こうえん)が、戦意を喪失している兵士たちに向かい「精鋭を繰り出して烏合の衆を踏みにじるのだから、枯れ木を砕き朽ち木を折るようなものだ」と奮い立たせた故事による。

用例⬇指導者は確かに優秀だが、選手はろくに経験もない**烏合の衆**のチームだ。

出典『後漢書《ごかんじょ》』耿弇伝《こうえんでん》

類義 烏集之衆《うしゅうのしゅう》／獣聚鳥散《じゅうしゅうちょうさん》

右顧左眄
うこさべん

●主な用途
●他を気にして決断が鈍るさまを表す

周囲の評判や人の思惑を気にして決断をためらうこと。判断ができないで迷うこと。右を見たり左を見たりして、まわりの様子をうかがうばかりで、なかなか決断しない様子をいう。「顧」は振り返って見ること。「眄」は横目、流し目で見ること。

用例 ➡今後は**右顧左眄**することなく、自分が信じた道を突き進んでいきたい。
➡自分の考えを持たず、上役や部下の評価を気にして、**右顧左眄**している上司には、部下はついてこない。

類義 右顧左顧《うこさこ》／左顧右眄《さこうべん》／左眄右顧《さべんうこ》

有象無象
うぞうむぞう

●主な用途
●くだらない人や物の集まりを表す

価値のないつまらない人や物。数は多くとも、役に立たず、くだらないものをさしていう。もとは、仏教語の「有相無相（うそうむそう）」で、世の中の有形・無形を問わぬ一切のもののこと。

【注】「有像無像」は誤り。

用例 ➡周囲の**有象無象**のいうことなど気にせず、自分の作風に自信を持ちなさい。
➡まったく肩書ばかり立派なこの連中は**有象無象**の集まりで、公益よりも私腹を肥やすことばかり考えている。

類義 有相無相《うそうむそう》／森羅万象《しんらばんしょう》

烏兎怱怱

うと　そう　そう

●主な用途
●月日の経過が非常に早いさまを表す

月日のたつのが早いさま。中国の伝説で、太陽には三本足の烏（からす）がすみ、月には兎（うさぎ）がすむとされることから、「烏兎」で太陽と月、転じて「月日・歳月」の意。「怱怱」はあわて急ぐ意。「兎」は「兔」、「怱怱」は「匆匆」とも書く。

用例 ⬇泣き虫で甘えん坊だった息子が、今ではもう大学生。**烏兎怱怱**とは申しますが、子の成長の何と早いことでしょう。

⬇留学を機に日本を離れてから、もう七年、誠に**烏兎怱怱**の感があります。

類義 烏飛兎走《うひとそう》／露往霜来《ろおうそうらい》

海千山千

うみ　せん　やま　せん

●主な用途
●世間を知りつくした悪賢い人を表す

せちがらい世の中で、長年の間に様々な苦労を経験し、物事の裏も表も知りつくしたずる賢い人。したたかで抜け目のない人を警戒していう言葉。海に千年、山に千年すんだ蛇は、竜になるという伝説から転じた。

用例 ⬇**海千山千**の商売人相手だから、心して交渉に臨まないと、圧倒されてしまう。

⬇あそこの探偵事務所は**海千山千**のつわものぞろいで、どんな依頼でも必ず成功させるという評判だ。

類義 海千河千《うみせんかわせん》／千軍万馬《せんぐんばんば》／百戦錬磨《ひゃくせんれんま》／飽経風霜《ほうけいふうそう》

うやむや
有耶無耶

●主な用途
●物事がはっきりしない様子を表す

「有りや無しや」とも読む。あるのかないのか、はっきりしないこと。転じて、ぼんやりとしてあいまいで、いいかげんなさま。態度や結果などが明白でない様子を表す。「耶」は疑問の意を表す助字。

用例 ➡今回の不祥事の原因は、そもそも責任の所在を**有耶無耶**にしている組織自体のあり方にあるといえます。

➡結婚するのかしないのかはっきりしてください。**有耶無耶**なままで娘と交際させるわけにはいきません。

類義 曖昧模糊《あいまいもこ》

うよきょくせつ
紆余曲折

●主な用途
●事情が複雑なさまを表す

曲がりくねっていること。転じて、事情が込み入り複雑化していること。また、事の成りゆきが複雑で面倒なこと。人の浮き沈みや幸不幸、物事の成否などについていう。「紆余」は、川や丘が曲がりくねっていること。「迂余」とも書く。「曲折」は、折れ曲がること。

用例 ➡デビューまでには**紆余曲折**がありましたが、私を育ててくれた事務所の社長には感謝の気持ちでいっぱいです。

➡**紆余曲折**の末、二人こうして夫婦になることができました。

類義 曲折浮沈《きょくせつふちん》／二転三転《にてんさんてん》／複雑多岐《ふくざつたき》

うんえんかがん
雲烟過眼

●主な用途
●物事に執着しないさまをたとえる

雲や霞(かすみ)がたちまち目の前を過ぎ去るように、心にとめない、気にしないこと。物事にこだわらず、あっさりしているさま。「烟」はけむり、かすみ、もやで、「煙」とも書く。「過眼」は目の前を通り過ぎること。

用例 ⬇小さな失敗など、いつまでもくよくよせず、**雲烟過眼**で忘れたほうがよい。

⬇**雲烟過眼**に過ごすことが、老後の生活には必要だと思いますよ。

出典 蘇軾《そしょく》「王君宝絵堂記《おうくんほうかいどうき》」

類義 烟雲過眼《えんうんかがん》／虚静恬淡《きょせいてんたん》／行雲流水《こううんりゅうすい》／無欲《むよく》恬淡《てんたん》

うんさんむしょう
雲散霧消

●主な用途
●跡かたもなく消える様子を表す

雲が散り、霧が晴れて消え去るように、跡かたもなく消えること。このことから、わだかまっていた思いや悩みがふっ切れて、すっきりした気持ちになることについてもいう。

用例 ⬇ここのところ、株価が少し上向いているからといって、景気への不安感が**雲散霧消**したわけではない。

⬇お互いに腹を割ってじっくりと話し合えたので、これまでのわだかまりが**雲散霧消**しました。

類義 雲散鳥没《うんさんちょうぼつ》／雲消霧散《うんしょうむさん》／煙散霧消《えんさんむしょう》

対義 雲合霧集《うんごうむしゅう》

うんぷてんぷ
運否天賦

●主な用途
●運を天に任せて事を行うさまを表す

運・不運は、天によって定められるということ。幸運に恵まれるか、不運な目にあうかは、すべて天の定めによるのだから、人の力ではどうにもならないという意。また、運を天に任せて事を行うことをいう。「運否」は運のあるなし。幸運と悲運。「うんぴ」とも読む。「天賦」は天から与えられたもの。

用例 ➡実力差はほとんどないのだから、試合の勝敗は**運否天賦**と思って、始めから全力でぶつかっていきなさい。

➡勝負は**運否天賦**。負けたからって、いちいち落ち込んじゃいられない。

えいこせいすい
栄枯盛衰

●主な用途
●隆盛と衰退を繰り返す世を形容する

栄えたり衰えたりすること。繁栄と衰退を繰り返すこと。また世のはかなさをいう。「栄枯」は草木が茂ったり枯れたりするさま。「盛衰」は物事が盛んになることと衰えること。

【表現】栄枯盛衰は世の習い　同意の語を重ねて、意味を強調した言葉。

用例 ➡銀座で飲み歩いていた彼が、今では明日の食費にも事欠くとは。**栄枯盛衰**。現実は厳しいね。

➡あの大きな木は、長い間この町の人々の**栄枯盛衰**をずっと見守ってきた。

類義 栄枯浮沈《えいこふちん》／盛者必衰《じょうしゃひっすい》／盛衰興亡《せいすいこうぼう》

郢書燕説《えいしょえんせつ》

●主な用途
●こじつけて説明することをたとえる

言葉や物事をこじつけて、いかにも理屈に合うようにもっともらしく説明すること。

【故事】楚（そ）の国の都、郢の人が、燕国の大臣への手紙を口述筆記していたとき、暗かったため部屋の灯火を挙げろという意でいった「挙燭（きょしょく）」という言葉が手紙に入ってしまった。燕の大臣は、それを「明（賢人）を登用せよ」と解釈して王に進言し、よく治まったという故事による。

用例 ➡そんな弁明では、だれが聞いても**郢書燕説**もはなはだしいと、憤慨するだろう。

出典 『韓非子《かんぴし》』外儲説《がいちょせつ》・左上

栄耀栄華《えいようえいが》

●主な用途
●派手で贅沢を尽くすさまを形容する

富み栄えて、贅沢（ぜいたく）を尽くすこと。また、富や権勢をほしいままにして、おごり高ぶること。「栄耀」は、「えよう」とも読み、栄え輝くことから転じて、たいへんな名誉や贅沢をいう。「栄華」は、草木が栄え茂る意から、権力や富貴をきわめ、はでやかな生活をすること。

【表現】栄耀栄華をきわめる

用例 ➡次週からは、**栄耀栄華**をきわめた藤原三代の物語を放送いたします。

➡一代で財をなし、**栄耀栄華**を誇った会長の孤独を理解する者はいなかった。

えきしゃさんゆう
益者三友

●主な用途
●有益な友人の三つのタイプをいう

つきあってためになる友人の三タイプ。「益者」は有益な人物。「三友」は正直に直言してくれる友人、誠実な友人、博識な友人をいう。孔子が唱えた、友人を選ぶときの心得を述べた言葉。「益者三友、……直(なお)きを友とし、諒(まこと)を友とし、多聞(たもん)を友とするは益なり」から。

用例 ⬇博識だし、耳の痛いことも言ってくれるし、信頼できる誠実な仲間たち。私にとって、あの三人はまさに**益者三友**です。

出典 『論語《ろんご》』季氏《きし》

対義 損者三友《そんしゃさんゆう》

えこひいき
依怙贔屓

●主な用途
●一方だけに便宜を図る態度を表す

自分の気に入った人や関係のある者だけに特に目をかけ、助けること。「依怙」は本来頼りにする意だが、わが国では不公平の意にも使う。「贔屓」は盛んに力を出すこと。転じて、特に目をかけて引き立てること、後援すること。もとは「ひき」と読み、「贔屭」とも書く。

用例 ⬇教師は**依怙贔屓**することなく、どの子にも平等に声を掛けることが大切です。
⬇新しい上司は**依怙贔屓**があからさまで、職場の雰囲気が悪くなってしまった。

類義 依怙偏執《えこへんしゅう》

えしゃじょうり

会者定離

●主な用途
●会う者は必ず別れる世の無常をいう

会った者は、必ずいつかは離ればなれになること。仏教語で、人生の無常やこの世のはかなさを説いた語。「定」は必ずの意。類似のことわざに「会うは別れの始め」がある。「生者必滅　会者定離」と並べて世のはかなさをいう。

用例 ➡だれであれ、いつかは別れる定めと思うと**会者定離**を感じずにはいられない。
➡**会者定離**の習いとはいうが、多くの友人がいるこの町を離れるのは辛い。

出典 『遺教経《ゆいきょうぎょう》』

類義 生者必滅《しょうじゃひつめつ》

えてかって

得手勝手

●主な用途
●わがままに振る舞う様子を表す

他人の気持ちや立場を考えず、自分の都合だけで自分本位に振る舞うこと。わがまま。「得手」は本来得意とするものの意。「勝手」は自分一人の判断で行動する意。

用例 ➡今日一日は集団での移動になりますから、注意事項をよく守り、**得手勝手**な行動は慎んでください。
➡全員で相談して決めた約束だったのに、後になってリーダーの都合でルールを変更するなんて、**得手勝手**がすぎる。

類義 勝手気儘《かってきまま》／勝手放題《かってほうだい》／自分勝手《じぶんかって》／傍若《ぼうじゃく》無人《ぶじん》

えんえんちょうだ

蜿蜿長蛇

●主な用途

●行列などが長く続くさまをたとえる

行列などが、長い大きな蛇のように、うねうねと長く続いている様子。「蜿蜿」は、蛇が曲がり這(は)う様子を表し、うねうねとして長く続くさま。「蜒蜒」「蜿蜒」「延延」とも書く。「長蛇」は長くて大きな蛇。転じて、一列に長く続くもののたとえ。

用例 ⬇入場券を手に入れようとする人たちの**蜿蜿長蛇**の列は、どこまでも続いていた。

⬇あのラーメン屋の味には定評があり、連日**蜿蜿長蛇**の列が途切れることがない。

出典 『楚辞《そじ》』離騒《りそう》

類義 紆余委蛇《うよいだ》

えんおうのちぎり

鴛鴦之契

●主な用途

●夫婦の堅い心のきずなをたとえる

夫婦の堅く結ばれた心のきずな。夫婦仲がとてもよいこと。また、仲のよい夫婦になるという約束。「鴛鴦」はおしどりのこと。「鴛」は雄、「鴦」は雌で、常に雌雄一緒にいることから、仲のよい夫婦を「おしどり夫婦」という。「契」は、ちぎり、約束。結婚披露宴の媒酌人の挨拶(あいさつ)でよく使われる。

用例 ⬇新郎新婦が、本日ここに幾久しく**鴛鴦の契り**を結ばれましたこと、心よりお慶び申し上げます。

出典 『捜神記《そうしんき》』一一

類義 鴛鴦交頸《えんおうこうけい》／鴛鴦之偶《えんおうのぐう》／比翼連理《ひよくれんり》

え

えん　こう　きん　こう

遠交近攻

●主な用途
●遠国と結び近国を撃つ政策をいう

遠くの国と親しくして、近くの国を攻める外交政策。友好関係を結んだ遠くの国に、背後から牽制(けんせい)させ、近くの国を挟み撃ちにして攻めること。中国戦国時代、范雎(はんしょ)という策士が秦(しん)の昭王(しょうおう)に進言した外交政策で、秦はこの策を用いて勢力を拡張した。

用例⬇戦国時代の豪族には、隣国とは争いを繰り返しながら、直接に利害関係のない遠国の豪族とは婚姻関係を結ぶなど**遠交近攻**策をとっていた例も多い。

出典『史記《しき》』范雎伝《はんしょでん》

えん　すい　きん　か

遠水近火

●主な用途
●遠くのものは急場では使えないこと

遠方にあるものは急場の役には立たないということ。「遠水は近火を救わず」の略で、いくら大量の水があっても遠く離れたところにあるのでは、近くの火事を消すことはできないという意。遠い親戚より近くの他人と同義。

用例⬇いくら彼がコンピュータに詳しいといっても、休暇で旅行中では**遠水近火**というものですよ。我々だけで明日までに復旧なんて無理ですね。

⬇ハワイに永住したら、娘が急病でも、**遠水近火**で助けてやれなくなる。

出典『韓非子《かんぴし》』説林《ぜいりん》・上

円転滑脱

えんてんかつだつ

●主な用途

●スムーズに事が運ぶさまを形容する

すらすらと物事を処理していくさま。言動がなめらかでスムーズな様子。また、対応がうまく、人と争わないで物事を運ぶこと。「円転」は転がること。転じて、角が立たずに移り動くさま。また自由自在なこと。「滑脱」は、とどこおらず自在に変化すること。

用例 ⬇どんな人とも**円転滑脱**に接する社長の気質が、社員にも好影響を及ぼした。

⬇当選には、情勢の分析から街頭演説のスケジュールまで、複雑な選挙活動を**円転滑脱**に進めた秘書の力が大きかった。

類義 円滑洒脱《えんかつしゃだつ》

円満具足

えんまんぐそく

●主な用途

●すべてが満ち足りているさまを表す

何の不足もないこと。十分満ち足りていて、不満のないこと。「円満」はすべて満ちて欠けたところのないこと。転じて、まったく不満がなく、穏やかなさま。「具足」は十分備わっていること。「円満」「具足」と、同意の語を重ねることにより、意味を強調した語。

用例 ⬇妻は園芸が趣味で、今朝も**円満具足**の面持ちで、自らが丹誠込めて育てた木々を眺めて歩いていました。

⬇老後は長年連れ添った妻と二人で田舎に移り、**円満具足**の日々を過ごしたいと願っております。

おかめはちもく

傍目八目

●主な用途
●第三者のほうが正確に判断できる意

当事者よりも、周囲で見ている第三者のほうが、物事の真相や情勢、損得などを客観的に正確に判断できるということ。囲碁から出た言葉で、囲碁を傍(かたわ)らで観戦している者は、対局者より八目も先の手が読めるという意からいう。「傍目」は他人の行為を脇(わき)から見ることで、「岡目」とも書く。

用例 ➡傍目八目というが、確かに他の部署からの評価、意見は、部内の者には見えないわが部の問題点を鋭く指摘している。
➡男女の仲も、**傍目八目**で、脇から見ている方が相性がよくわかるものだ。

おくじょうかおく

屋上架屋

●主な用途
●無駄な重複をすることをたとえる

「屋上屋(おくじょうおく)を架(か)す」とも読む。屋根がすでにあるのにその上にさらに屋根をつける意から、余計なこと、無駄なことをすること。また、独創性がない人真似、二番煎(せん)じのものについてもいう。

用例 ➡申請書の書き方につきましては、**屋上架屋**になりますが、担当者から再度ご説明いたします。
➡主任に課長、チーフと**屋上架屋**のごとく役職が増え命令系統がはっきりしない。

出典 『世説新語《せせつしんご》』文学《ぶんがく》

類義 屋下架屋《おくかかおく》／画蛇添足《がだてんそく》

温厚篤実《おんこうとくじつ》

●主な用途
●誠実で情の深い人物を形容する

穏やかで、情が深く、誠実味にあふれていること。「温厚」は穏やかで優しく、情が厚いこと。「篤実」は誠実で情に厚いこと。

【表現】温厚篤実な人柄

用例 ⬇**温厚篤実**な彼が、声を荒立てて怒るとは、よほど腹にすえかねるような事情があったに違いない。

⬇当時から、先生は**温厚篤実**なお人柄で、クラスはもちろん、全校生徒からしたわれていました。

出典 『易経《えききょう》』大畜卦《だいちくか》

類義 温柔敦厚《おんじゅうとんこう》／温良篤厚《おんりょうとっこう》／篤実温厚《とくじつおんこう》

温故知新《おんこちしん》

●主な用途
●昔のことを学び新しいことを知る意

「故（ふる）きを温（たず）ねて新しきを知る」とも読む。以前に習ったことを復習したり、古い昔のことを研究したりすることで、新しい知識を得ること。孔子が師の資格として説いた言葉。

用例 ⬇十年前に読んだ本をいま読み返してみると、**温故知新**というが、当時より、ずっと深い意味が理解できた。

⬇進むべき道に迷ったら、**温故知新**で、先人の書き残した書物を読むことにしております。

出典 『論語《ろんご》』為政《いせい》

おん せい てい せい

温清定省

●主な用途

●子が親に孝行する心がけを表す

親に孝養を尽くすこと。「温」は温かく、「凊」は涼しくの意。「定」は寝具を整え安眠に心を配ること。「省」はかえりみる意で、機嫌をうかがうということ。親が心地よく過ごせるように、身のまわりの世話に心を配ること。

【注】「温凊」を「温清」と書くのは誤り。

用例⬇彼女は夫の両親にも**温清定省**の心配りを忘れない。

⬇子を持って、初めて親の苦労がわかった。これからは**温清定省**を心掛けたい。

出典『礼記《らいき》』曲礼《きょくらい》

類義扇枕温衾《せんちんおんきん》／冬温夏凊《とうおんかせい》

おん と ろう ろう

音吐朗朗

●主な用途

●声量が豊かでさわやかな声を表す

声量が豊かで、発音が明瞭なこと。また、高らかに響き渡る、すがすがしい声。「音吐」は声の出し方のこと。「朗朗」は声が高くて大きく、澄んではっきりしていること。

用例⬇人間国宝である先生の**音吐朗朗**たる詩吟、心にしみわたりました。

⬇**音吐朗朗**とした彼の主張は、マイクを通さなくても広い会場に力強く響き渡り、聴衆の大きな共感を得た。

⬇生徒会長の演説は、**音吐朗朗**として、とても高校生とは思えないものだった。

類義音吐晴朗《おんとせいろう》

おんりえど 厭離穢土

●主な用途
●汚れた俗世間を捨てることを表す

仏教語で、穢(けが)れた俗世を嫌い、離れること。「えんり」とも読む。「厭離」は厭(いと)い離れること。「穢土」は汚れた世の中。浄土を欣(よろこ)び求める意の「欣求浄土(ごんぐじょうど)」と対で「厭離穢土　欣求浄土」の形で使われる事が多い。

用例⬇厳しいビジネスの世界を離れた今、これからは田舎で**厭離穢土**の生活をしたい。
⬇あまりに純真な心根を持っていた彼は、**厭離穢土**の心境から出家した。

出典『往生要集《おうじょうようしゅう》』序

対義安楽浄土《あんらくじょうど》／厭穢欣浄《おんえごんじょう》／欣求浄土《ごんぐじょうど》

がいかんじてい 蓋棺事定

●主な用途
●人の評価は死後に決まることを表す

人の本当の評価は、死んだ後にはじめて決まるということ。「蓋棺」は、遺体を収めた棺桶の蓋をすること。「事定」は価値が定まること。「棺を蓋(おお)いて事(こと)定(さだ)まる」とも読む。

用例⬇存命中に世間から認められないといって、作品に価値がないわけではない。**蓋棺事定**というじゃないか。
⬇庶民から名宰相として高い支持を得ているようだけれど、**蓋棺事定**というだろう。まだ本当の評価などわからないよ。

出典杜甫《とほ》・詩

かい けい の はじ

会稽之恥

●主な用途

●他人から受けた手ひどい恥辱を表す

戦いに敗れて受けた恥。また、人から受けた忘れがたい辱(はずかし)めや屈辱。

【故事】中国、越王の勾践(こうせん)は呉王の夫差(ふさ)に会稽山(かいけいざん)で敗れ、屈辱的な条件で和睦(わぼく)した。勾践はその恨みを忘れず、臥薪嘗胆(がしんしょうたん)の苦しみに耐え、ついに夫差を破り恥をすすいだという故事による。

【表現】会稽の恥をすすぐ

用例 ➡対抗戦八連敗に終止符を打つ圧勝で、**会稽の恥**をすすぐことができた。

出典 『史記《しき》』越世家《えつせいか》

かい こう いち ばん

開口一番

●主な用途

●口を開いてすぐにという意味を表す

話を始めるやいなや。口を開くとすぐさま。「開口」は口を開く意で、話しはじめること。状況や相手の事情に構わず、前置きもなしにとにかく自分の言いたいことから話しはじめる様子をいう。

用例 ➡上京していた大学生の息子が久しぶりに実家に帰ってきてね。晩飯の席に着くなり、**開口一番**、仕送りの増額を求めてきたのにはあきれてしまったよ。

➡社長が今日の役員会で、**開口一番**、「無事、孫が生まれました」だって。よほどうれしかったんだね。

外交辞令《がいこうじれい》

●主な用途

●口先だけのお世辞やお愛想のたとえ

相手によい印象を与えるため、儀礼的に用いる言葉遣いのこと。お愛想やお世辞のこと。「外交」は他国とのつきあいや交渉。「辞令」は他人と応対する言葉遣い、挨拶の意。外交の席で用いる儀礼的な言葉遣いからいう。

用例 ⬇「楽しかったわ」なんて**外交辞令**は、もうやめてくれよ。つまらなかったのなら、はっきりそう言えばいいじゃないか。

⬇彼に何を聞いても、返ってくるのは**外交辞令**ばかり。いったい本音はどこにあるのか、私にはまったくわからない。

類義 社交辞令《しゃこうじれい》

解語之花《かいごのはな》

●主な用途

●言葉がわかる花のような美人を表す

美女のたとえ。人の言葉を理解する花の意。

【故事】中国、唐の玄宗(げんそう)皇帝が蓮(はす)の花を賞賛しながら、かたわらの楊貴妃(ようきひ)をさして「池の蓮の花の美しさも、この言葉を解する花には及ぶまい」と言ったという故事から。

用例 ⬇今日の花嫁は、まさしく**解語の花**で、みんなは思わず見とれてしまった。

⬇彼女はまさに**解語の花**、同性の私たちですら、うっとり見とれてしまうほどの美人です。

出典 『開元天宝遺事《かいげんてんぽういじ》』

鎧袖一触

がいしゅういっしょく

●主な用途　●相手を簡単に打ち負かすことをいう

やすやすと敵を打ち負かすこと。「鎧袖」は鎧(よろい)の袖(そで)。「一触」はほんの少し触れること。鎧の袖がちょっと触れただけでも、相手を倒してしまうという誇張表現。

【表現】鎧袖一触する／鎧袖一触の大勝利

用例 ⬇当時の軍備を考えると、大砲は隣国を**鎧袖一触**するほどの大発明だった。

⬇わが校野球部は、地区大会では敵なしで、**鎧袖一触**、決勝戦までコールド勝ちで勝ち進んだ。

出典 『日本外史《にほんがいし》』二一

対義 実力伯仲《じつりょくはくちゅう》／勢力伯仲《せいりょくはくちゅう》

外柔内剛

がいじゅうないごう

●主な用途　●外見と内面が違う人物を形容する

見かけは柔和で穏やかに見えるが、内面には強い意志を持っていること。見た目は弱々しいが、気は強くて頑固だという意でも用いる。「柔」は穏やか、おとなしい、柔和。「剛」はしっかりしている、気が強い、剛胆の意。

【表現】外柔内剛だ／外柔内剛のタイプ

用例 ⬇彼を説得するには骨が折れるぞ。穏やかに見えても**外柔内剛**の気質だからね。

⬇彼女は**外柔内剛**で、芯が強い女性だ。

出典 『晋書《しんじょ》』甘卓伝《かんたくでん》

類義 外円内方《がいえんないほう》／外柔中剛《がいじゅうちゅうごう》／内剛外柔《ないごうがいじゅう》

対義 外剛内柔《がいごうないじゅう》／内柔外剛《ないじゅうがいごう》

蓋世之才

がいせいのさい

●主な用途
●並外れてすぐれた才能を形容する

気力にあふれ、世の中を覆い圧倒するほどにすぐれた才能。また、それを持つ人物。「蓋世」は世を蓋(おお)う意。

用例 ⬇長引く不況と暗い世相、政治の世界では鬱屈した雰囲気を打破してくれる**蓋世の才**の出現が待たれている。

⬇王は、金に糸目をつけず、大陸全土から**蓋世の才**を求めようとしたが、以前の悪評がたたって才能ある人材は集まらなかった。

出典 蘇軾《そしょく》「留侯論《りゅうこうろん》」

類義 蓋世之材《がいせいのざい》

快刀乱麻

かいとうらんま

●主な用途
●巧みな問題解決や難局の打開を表す

こじれた物事を手際よく解決すること、またその様子。「快刀」は切れ味鋭い刀、「乱麻」はもつれた麻。「快刀、乱麻を断つ」の略で、もつれた事態をスパッと解決する意。

【注】「怪刀—」「快投—」「—乱魔」は誤り。

【表現】快刀乱麻を断つ／快刀乱麻の大活躍

用例 ⬇名探偵の**快刀乱麻**を断つ推理により、犯人のアリバイ工作が崩れさった。

⬇新社長が**快刀乱麻**の経営手腕を発揮して、会社はみごとに立ち直った。

出典 『北斉書《ほくせいしょ》』文宣帝紀《ぶんせんていき》

類義 一刀両断《いっとうりょうだん》

か

かい りき らん しん
怪力乱神

●主な用途
●超常現象や神秘的なことを表す

人知でははかることのできない不思議なこと。「怪」は不思議な現象。「乱」は倫理を乱すこと。「力」は武勇や暴力のこと。「神」は鬼神。超常現象や神秘的なことについての言及を避け、現実から目をそらさなかった孔子の態度を「子(し)は怪力乱神を語らず」と伝える『論語』の言葉より。「力」は「りょく」とも読む。

用例➡私は教師として、超能力や超常現象など、一群の**怪力乱神**に類する話題は、教壇の上で取り上げるべきものではないと心得ております。

出典『論語《ろんご》』述而《じゅつじ》

かい ろう どう けつ
偕老同穴

●主な用途
●夫婦仲のよい幸福な生活をたとえる

夫婦の愛情が深く、仲むつまじいこと。幸福な結婚生活を続け、夫婦が生涯添いとげること。「偕老」はともに老いる、「同穴」は死後も同じ墓穴に葬られるという意。結婚披露宴のスピーチでよく用いられる言葉。

用例➡ただいまお二人が神前にて、**偕老同穴**の契りを結ばれました。

➡新郎新婦ともに、いつまでも健康で、**偕老同穴**をまっとうされますよう、心よりお祈り申し上げます。

出典『詩経《しきょう》』

類義琴瑟相和《きんしつそうわ》／琴瑟調和《きんしつちょうわ》／比翼連理《ひよくれんり》

かがくじょうたつ
下学上達

●主な用途
●基本から学び奥義に至ることを表す

「下学（かがく）して上達（じょうたつ）す」とも読む。身近なことから学んで、次第に高度で奥深い真理に達すること。また、初歩から次第に進歩向上してゆくこと。「下学」は初歩的で身近なことを学ぶこと、また自分より身分、年齢、見識が下の者からも学ぶこと。「上達」は高遠な真理に通じること。

用例➡学生には**下学上達**の姿勢が必要だ。
➡**下学上達**の要領で地道に努力を続けた者が、一番の高みに進むでしょう。

出典『論語《ろんご》』憲問《けんもん》

類義下学之功《かがくのこう》

かかくのあらそい
蝸角之争

●主な用途
●ささいなつまらない争いをたとえる

小さなつまらぬ争い、小国同士の戦争のたとえ。「蝸角」はかたつむりの角で、きわめて狭い世界のたとえ。「蝸牛角上（かぎゅうかくじょう）の争い」の略。

【故事】かたつむりの左の角の上にある触（しょく）氏の国と右の角の上にある蛮（ばん）氏の国が領地を争ったという故事から。

用例➡猫の額ほどの小さな土地をめぐって、血を分けた兄弟が**蝸角の争い**をしているなんて、人から見たらお笑いぐさだよ。

出典『荘子《そうじ》』則陽《そくよう》

類義蝸牛角上《かぎゅうかくじょう》／蛮触之争《ばんしょくのあらそい》

呵呵大笑
かかたいしょう

●主な用途
●声高に大きな声で笑うさまを表す

声高く大いに笑うこと。「呵呵」はからからと声高く笑うこと。「大笑」は大いに笑うことで、「だいしょう」とも読む。

【表現】呵呵大笑する

【注】「可可―」は誤り。

用例 ⬇部下からの知らせで、今年度の営業目標の達成を確信した課長は、あたりをはばからず**呵呵大笑**した。

⬇親父は底抜けに明るい人柄で、私たちの悩み事や失敗を聞いても**呵呵大笑**して元気づけてくれたものだ。

出典 『景徳伝灯録《けいとくでんとうろく》』八

格物致知
かくぶつちち

●主な用途
●道理をきわめ知識を深めること

物事の道理や本質を深く追求して、知識や学問を深めること。『大学』の語で、大きくは二説ある。宋(そう)の朱熹(しゅき)は、個々の事物の道理をきわめることで自分の知識が最大になると解釈する。一方、明(みん)の王陽明(おうようめい)は、自分の心の道理を明らかにすることが、物事の善悪を正し、真理にいたる道であると解釈している。

用例 ⬇学問の道を進むからには、**格物致知**の精神で努力を重ねなければならない。

出典 『大学《だいがく》』

類義 格物究理《かくぶつきゅうり》／格物窮理《かくぶつきゅうり》／致知格物《ちちかくぶつ》

かじきとう
加持祈禱

●主な用途
●行者が神仏に祈ることをいう

病気や災難から逃れられるよう、神仏に一心に祈ること。密教の行者が護摩を焚(た)くなどして祈ることをいう場合が多い。「加持」は、仏が不可思議な力で一切の生物を守ること。転じて、真言密教で仏の加護によって災いを払い除き、願をかけて祈ることをいう。「祈禱」は神仏に祈ること。

用例➡**加持祈禱**する行者の、鬼のような形相が目に焼き付いて離れない。

➡八回目にして司法試験に合格することができたのを、母は**加持祈禱**して厄払いをしてもらったおかげだという。

かしのへき
和氏之璧

●主な用途
●世にもまれな宝物をたとえる

中国古代の有名な宝石。世にまれな宝物のこと。「和氏」は人名で、中国楚(そ)の卞和(べんか)のこと。「璧」は玉で「たま」とも読む。

【故事】 中国楚の卞和が山中で見つけた宝玉を厲王(れいおう)に献じたが、ただの石と鑑定され左足を切られた。次代の武王に献上したところ、同じように右足を切られた。そののち、文王がこの玉を磨かせてみると、天下の宝玉であったという故事から。

用例➡これは**和氏の璧**のような宝の発見だ。

出典『韓非子《かんびし》』和氏《かし》

類義隋珠和璧《ずいしゅかへき》／卞和泣璧《べんかきゅうへき》／卞和之璧《べんかのへき》

かしょくのてん

華燭之典

●主な用途

●結婚式をほめたたえていう

結婚式。婚礼。他人の結婚式の美称として使われる。「華燭」は華やかな灯火や美しい装飾を施されたろうそく。転じて、結婚式のこと。「典」は儀式の意。

用例 ↓**華燭の典**を挙げられました両名に、盛大な拍手をお願いいたします。

↓このたびは、ご子息様の**華燭の典**にお招きいただきまして、誠に光栄に存じます。

↓**華燭の典**を挙げられましたこと、心からお祝い申し上げます。

類義 華《か》燭《しょく》之《の》式《しき》

がしんしょうたん

臥薪嘗胆

●主な用途

●目的達成のため苦心するさまを表す

「薪(たきぎ)に臥(ふ)し胆(きも)を嘗(な)む」とも読む。目的達成のために、時機を待ち、苦難に耐えること。

【故事】中国春秋時代、呉王夫差(ふさ)は父の仇(かたき)である越王勾践(こうせん)を討つため、薪の上に寝起きして恨みを新たにし、志を果たした。敗れた勾践は、胆を嘗めて屈辱を忘れず、ついに夫差を破ったという。

用例 ↓去年は補欠にも入れなかったが、**臥薪嘗胆**、努力の結果、正選手に選ばれた。

出典 『史記《しき》』越世家《えつせいか》

類義 越王之胆《えつおうのたん》／坐薪懸胆《ざしんけんたん》

佳人薄命

かじんはくめい

●主な用途
●美人には薄幸短命が多いことを表す

美しい女性は、とかく幸が薄かったり短命であったりするということ。「佳人」は美しい女性。「薄命」は運命に恵まれないこと。不幸、不運の意だが、のちに短命の意味にもとられるようになった。

用例 ⬇**佳人薄命**、彼女のあまりに早すぎる死は国中に涙の雨を降らせた。

⬇**佳人薄命**の言葉通り、彼女は数奇な運命にもてあそばれ、決して幸福とはいえない一生を送ることとなる。

出典 蘇軾《そしょく》「薄命佳人《はくめいかじん》」詩

類義 才子多病《さいしたびょう》／美人薄命《びじんはくめい》

花鳥諷詠

かちょうふうえい

●主な用途
●自然や人間を無心に詠むことを表す

自然や人間界の現象を、見たまま客観的に詠(えい)ずること。目にした自然界や人間の姿を、素直な気持ちで詩歌に詠(よ)むことをいう。「花鳥」は、花と鳥。また、花を見、鳥の声を聞く風雅な心。「諷詠」は詩歌を詠むこと。昭和二(一九二七)年、正岡子規(まさおかしき)の理念を受け継いだ高浜虚子(たかはまきょし)の造語で、ホトトギス派の基本理念であり、俳壇に大きな影響を与えた。

用例 ⬇私たちの会では、俳句の本道が**花鳥諷詠**にあるとする人は少数派で、恋愛や都会の日常生活を詠む人のほうが多い。

か

花鳥風月
かちょうふうげつ

●主な用途
●美しい自然の風物やその観賞を表す

自然の美しい風景や風物。また、美しい自然を鑑賞することや、自然を題材に詩歌を作ったり、絵を描いたりすること。花、鳥、風、月は、いずれも古来より日本人が美を感じてきた自然の景物で、詩歌や日本画の題材ともされてきた。

用例
⬇ぎすぎすした都会を離れ、田舎で**花鳥風月**を友として暮らすのが夢です。
⬇祖父は書画骨董(こっとう)に俳句が趣味で、隠居してからは、**花鳥風月**に遊ぶ浮世離れした生活を続けている。

類義 琴歌酒賦《きんかしゅふ》／春花秋月《しゅんかしゅうげつ》／風流韻事《ふうりゅういんじ》

隔靴掻痒
かっかそうよう

●主な用途
●思いにそわない歯がゆさを形容する

「靴(くつ)を隔(へだ)てて痒(かゆ)きを掻(か)く」とも読む。思い通りに物事が進まず、もどかしくていらいらすること。はがゆくじれったい様子をいう。

用例
⬇ホームステイ先では、英語で自分の気持ちをうまく伝えることができず、**隔靴掻痒**の思いがしました。
⬇遠回しな回答、核心から逃げてばかりの説明では**隔靴掻痒**の感がいなめない。

出典 『無門関《むもんかん》』序《じょ》

類義 隔靴爬痒《かっかはよう》／掉棒打星《とうぼうだせい》

対義 麻姑掻痒《まこそうよう》

かっさつじざい

活殺自在

●主な用途

●相手の生死を自由にすることを表す

生かすも殺すも、思いのままであること。自分の思い通りに相手を動かして操ることが可能な状態をいう。「活殺」は生かすことと殺すこと。「自在」は、束縛や支障がまったくなく、思いのままであること。

用例 ➡メーンバンクからすれば、わが社など**活殺自在**、役員人事だって向こうの言いなりになるしかない状況だ。

➡**活殺自在**の権力をほしいままにしていた会長だが、寄る年波には勝てず、息子に実権を譲ったとのことだ。

類義 生殺与奪《せいさつよだつ》

がっしょうれんこう

合従連衡

●主な用途

●巧みな計略や駆け引きをたとえる

状況に応じて、協力したり敵対したりすること。巧みな策略や外交上の駆け引きのこと。「従」は縦(たて)で南北、「縦」とも書く。「衡」は横で東西の意。

【故事】 中国戦国時代に、西の強国秦(しん)に対抗して南北に並んだ六か国が連盟する外交政策(合従)を採ったが、また、その六か国がそれぞれ個別に秦と東西に同盟を結んで(連衡)国の存続をはかったという故事から。

用例 ➡政治の世界では**合従連衡**は茶飯事だ。

出典 『史記《しき》』孟軻伝《もうかでん》

類義 合従連横《がっしょうれんおう》/縦横之言《じゅうおうのげん》/蘇張之弁《そちょうのべん》

過庭之訓

かていのおしえ

●主な用途
●家庭での日常的な教育や教えを表す

父の教え。家庭での教育。「過庭」は庭を通り過ぎること。「訓」は教え。略して「庭訓（ていきん）」ともいう。

【故事】孔子（こうし）が、庭を通り過ぎた子どもの鯉（り）を呼び止めて、詩や礼を学ぶことの大切さを教えた故事から。

【注】「家庭―」は誤り。

用例 ➡父からはよく「人の身になって考えろ」ということをいわれました。その**過庭の訓**のためでしょうか、福祉関係の仕事に就きたいと思うようになりました。

出典 『論語《ろんご》』季氏《きし》

我田引水

がでんいんすい

●主な用途
●自分に都合よく進めることを表す

「我が田に水を引く」とも読む。自分の田にだけ水を引いてくるような行為のこと。転じて、自分の利益になるように発言したり、取り計らったりすること。また、物事を自分の都合に合うように無理に解釈すること。

用例 ➡村長の意見は、うわべは公平なものに思われるが、内情を知っている者からしたら、**我田引水**としかとれない。

➡**我田引水**のきらいはありますが、わが卓球部のように、運動部といっても上下関係を感じさせない部活もあります。

類義 牽強付会《けんきょうふかい》

瓜田李下
かでんりか

●主な用途
●疑われる行為は慎めとの戒めをいう

人に疑われるような、まぎらわしいことはするなという戒め。「瓜田に履（くつ）を納（い）れず、李下に冠（かんむり）を正さず」の略。瓜（うり）畑で靴を履（は）き直せば瓜泥棒と、李（すもも）の木の下で冠を直そうとすれば李泥棒だと疑われる。人から怪しまれるような行為は控えよという意。

用例 ➡お店でポケットに手を入れたり、持っている紙袋を開いたりするのは、まさに**瓜田李下**の振る舞いです。

出典 古楽府《こがふ》「君子行《くんしこう》」

類義 悪木盗泉《あくぼくとうせん》／瓜田之履《かでんのくつ》／李下之冠《りかのかんむり》

画竜点睛
がりょうてんせい

●主な用途
●物事の最も肝要な部分をたとえる

物事の最も重要な部分。最後の仕上げ。「画竜点睛を欠く」の形で、最後の一点のミスのために全体が台無しになったり、出来映えを損なったりすること。「睛」はひとみ。

【故事】梁（りょう）の画家、張僧繇（ちょうそうよう）が寺の壁に睛（ひとみ）を入れずに竜を描いたが、人々に請われて最後に睛を入れたところ竜は天に昇ったという故事から。

【注】「―点晴」は誤り。

用例 ➡最後の見直しを怠ったことが、**画竜点睛**を欠く結果となってしまった。

出典 『歴代名画記《れきだいめいがき》』

かれんちゅうきゅう

苛斂誅求

●主な用途

●税金を厳しく取り立てることをいう

税金などを厳しく取り立てること。「苛」はむごい、「斂」はしぼるようにして集める、「誅」は責めるの意。「苛斂」も「誅求」も税金を情け容赦なくしぼり取るさまをいう。略して「苛求」ともいう。

用例 ➡藩の財政を立て直すために、年貢の取り立ては**苛斂誅求**をきわめ、姥(うば)捨てや口減らしが横行したといいます。

➡古今東西を問わず、いつの世でも**苛斂誅求**に苦しめられるのは真面目に働いている庶民である。

類義 頭会箕斂《とうかいきれん》

かろとうせん

夏炉冬扇

●主な用途

●季節外れの役に立たないものを表す

夏の囲炉裏(いろり)と冬の扇(おうぎ)。季節外れで役に立たない物事のたとえ。無用となった物や人物、意見などにいう。ものは使いようの意もある。「炉」は「鑪」とも書く。

用例 ➡苦労して原書を読んで論文を仕上げたあとで日本語訳が出版され、私にとっては**夏炉冬扇**というところです。

➡どんな目論見があるのか知らないが、五年前のベストセラーを今店頭に並べるとは、**夏炉冬扇**もいいところだ。

出典 『論衡《ろんこう》』逢遇《ほうぐう》

類義 冬扇夏炉《とうせんかろ》／六菖十菊《りくしょうじゅうぎく》

閑雲野鶴《かんうんやかく》

●主な用途
●自由気ままで束縛のない境遇を表す

のんびり気ままに自然に親しみながら暮らすこと。悠々自適な生活。「閑雲」は静かに空にただよう雲。「野鶴」は野に遊ぶ鶴（つる）。「閑雲」は「間雲」とも書く。

用例 ➡顔立ちはそっくりな兄弟なのに、兄はニューヨークで事業に専念する毎日、弟は北海道の山野で**閑雲野鶴**の日々を過ごすという、両極端な人生を送っている。

➡引退後は長野の山奥で**閑雲野鶴**の生活を送りたいと思っております。

出典 『全唐詩話《ぜんとうしわ》』僧貫休《そうかんきゅう》

類義 間雲孤鶴《かんうんこかく》／孤雲野鶴《こうんやかく》／悠悠自適《ゆうゆうじてき》

感慨無量《かんがいむりょう》

●主な用途
●深く身にしみて感じ入る様子を表す

はかりしれないほどの思いを、胸いっぱいにしみじみと感じること。「言葉にならないほど深く感動しています」という意。「感慨」は心に深く、身に染みて感じ入ること。「無量」は量ることができないほど多いという意。略して「感無量」ともいう。

用例 ➡幼いころに生き別れた兄とこうして再会できるとは、誠に**感慨無量**です。

➡当初の計画から二十余年、着工から八年、ようやく完成した美術館を、彼は**感慨無量**の面持ちで見上げた。

類義 感慨一入《かんがいひとしお》

鰥寡孤独《かんかこどく》

●主な用途
●身寄りがなく寂しい暮らしを表す

身寄りのない人。また、孤独で寂しい暮らし。「鰥」は老いて妻のいない男、男やもめ、「寡」は老いて夫のいない女、未亡人、「孤」は幼くして親のいない子ども、「独」は老いて子のない者の意。

用例 ⬇**鰥寡孤独**な人でも安心して過ごせる福祉国家を目指すべきだ。

⬇幼年時代からの**鰥寡孤独**の日々を思えば、こうして家族とともに生きていける今の暮らしに不満があろうはずがない。

出典 『孟子《もうし》』梁恵王《りょうけいおう》

類義 形単影隻《けいたんえいせき》／天涯孤独《てんがいこどく》

侃侃諤諤《かんかんがくがく》

●主な用途
●剛直に私論を主張するさまを表す

遠慮なしに自分の考えを主張し、盛んに論議するさま。「侃侃」は気質が強く正しいこと。一説に、和らぎ楽しむさま。「諤諤」は遠慮せずに正しいことをずばりと言うこと。略して「侃諤」ともいう。「喧喧囂囂（けんけんごうごう）」とよく混同されるが別意なので注意。

【注】「喧喧諤諤」は右記二つの混用による誤り。

用例 ⬇議会ではダム建設をめぐり、賛成派と反対派が**侃侃諤諤**の論議を交わした。

⬇会社の経営方針について、会長と社長が**侃侃諤諤**やりあったらしい。

類義 議論百出《ぎろんひゃくしゅつ》／百家争鳴《ひゃっかそうめい》

かんぎゅう じゅう とう
汗牛充棟

●主な用途
●蔵書が驚くほど多いことをたとえる

蔵書が非常に多いことのたとえ。「汗牛」は、書物を荷車で引かせると牛が汗をかくほど多いの意。「充棟」は、書物を積み上げると家の棟木(むなぎ)に届くほど多いという意。

用例　➡先生の書斎は、シェークスピアの著作と研究書で、**汗牛充棟**の趣があった。
➡祖父の遺言によって、**汗牛充棟**の蔵書を図書館に寄贈した。
➡**汗牛充棟**の書架の整理だけでも、一か月や二か月はかかりそうだ。

出典　柳宗元《りゅうそうげん》「陸文通先生墓表《りくぶんつうせんせいぼひょう》」

類義　載籍浩瀚《さいせきこうかん》／擁書万巻《ようしょばんかん》

がん こう けい けい
眼光炯炯

●主な用途
●眼が鋭く光り輝くさまを形容する

眼が鋭く光り、物事の真相を見抜いているようなさま。「眼光」は目の光や洞察力。「炯炯」はきらきらと光り輝くさま。「眼光炯炯として人を射る」という成句で使われることも多く、この場合、きらきら光る鋭い眼で人を圧倒するという意。

用例　➡彼は一見温厚そうに見えるが、時折見せる**眼光炯炯**とした表情から察すると、よほどの切れ者であるに違いない。
➡リングに上がったチャンピオンは**眼光炯炯**、挑戦者をすくみ上がらせた。

類義　双眸炯炯《そうぼうけいけい》

か

眼高手低《がんこうしゅてい》

●主な用途
●批評はうまいが創造力は劣ること

見る目は持っていて、批評力にすぐれていても、実際の技術や能力が低いこと。また、望みや理想は高いが、実力が伴わないこと。芸術活動などで、うまく批評はするが、自分で創り出す能力はない人物などにいう。

用例 ➡彼はフランスに絵画留学したということで、テレビや雑誌で他人の絵の批評をしているが、彼自身は**眼高手低**のようだ。
➡高い理想やすぐれた教育理論を持っている教師でも、子どもがついてこなければ**眼高手低**である。

類義 志大才疏《しだいさいそ》

換骨奪胎《かんこつだったい》

●主な用途
●人の作品を元に作り直すことを表す

「骨を換え、胎(たい)を奪う」とも読む。骨を取り換え、胎盤、子宮を奪い取って使う意。古いものに新しい工夫をこらして作り替えること。本来は先人の詩文の骨組みを借りてそこに自分の創意を加えて独自のものを作る意。現在では、焼き直しという意味で批判的に用いられることも多い。

用例 ➡アメリカ現代文学の**換骨奪胎**にすぎない作品が、独創性を理由に評価されるのは納得がいかない。

出典 『冷斎夜話《れいさいやわ》』一

類義 奪胎換骨《だったいかんこつ》／点鉄成金《てんてつせいきん》

かんこんそうさい

冠婚葬祭

●主な用途
●婚礼や葬儀など慶弔儀式一般を表す

四大礼式のことで、「冠」は元服・成人式、「婚」は婚礼、「葬」は葬儀、「祭」は祖先の祭り。転じて慶弔の儀式一般をさす。「冠婚」は「冠昏」、「葬祭」は「喪祭」とも書く。

用例
⬇この礼服は、**冠婚葬祭**、いずれにも着て行くことができるので助かっている。
⬇子どもたちがみな結婚して独立したので、**冠婚葬祭**ぐらいでしか全員が顔を合わす機会がなくなってしまった。
⬇**冠婚葬祭**のやり方も土地土地によって随分違うものだ。

出典　『礼記《らいき》』礼運《れいうん》

かんじんたいど

寛仁大度

●主な用途
●寛大で情けの深い人を形容する

心が広く、情に厚くて度量が大きいこと。人を受け入れる心が大きいこと。「寛仁」は寛大で情が深いこと。「大度」は度量が大きく、小事にこだわらないこと。

用例
⬇部下の意見を取り上げたり、少々の失敗をカバーしてくれるような**寛仁大度**な上司の下で働くことが理想である。
⬇反乱軍の兵士たちを放免し、家族の元に返した王の**寛仁大度**に、国中の者が感動して涙を流した。

出典　『漢書《かんじょ》』高帝紀《こうていき》

類義　豁達大度《かったつたいど》／寛洪大量《かんこうたいりょう》

かん しん ほ ふく

韓信匍匐

●主な用途

●目的のため苦労に耐えよという教え

大きな目的のためには、一時の恥や苦労には耐えしのぶのがよいということ。「韓信」は中国の名将。「匍匐」はうつぶせになって進むこと。「韓信の股(また)くぐり」で知られる。

【故事】韓信が若いころ、淮陰(わいいん)の若者にけんかを売られたが、大きな志のため無用の争いを避け、相手の股の下をくぐるという屈辱に耐えた。その後、漢の劉邦に仕えて漢王朝建国に大きな功績をあげた故事から。

用例 ➡新人のうちはこき使われるだろうが、**韓信匍匐**の気持ちを持つことが大切だ。

出典 『史記《しき》』淮陰侯伝《わいいんこうでん》

かん ぜん ちょう あく

勧善懲悪

●主な用途

●善を勧め悪を懲らしめることをいう

善行を勧(すす)め、悪事を懲(こ)らしめること。よいことを奨励し、悪いことをした者を懲らしめる儒教的道徳の表現。「勧善」は、よい行いを勧めること。「懲悪」は、悪い行いを懲らしめること。

用例 ➡洋の東西を問わず、子ども向けの物語では、**勧善懲悪**をテーマにした、わかりやすい話が多い。

➡**勧善懲悪**は確かに正しいことだとは思うが、それほど単純ではない現実では、柔軟な考えを持つことが必要である。

出典 『春秋左氏伝《しゅんじゅうさしでん》』成公《せいこう》一四年《ねん》

完全無欠《かんぜんむけつ》

●主な用途

●まったく欠点のない完璧さをいう

まったく欠点のないこと。完璧（かんぺき）で、非の打ち所がないこと。「完全」も「無欠」も、欠点・不足がないの意で、同義の言葉を重ねて意味を強めている。

用例 ⬇長所も短所もある人間にこそ、味があり深みがあると思います。彼のように**完全無欠**だと、どこかなじめなくて、うちとけることができません。

⬇今回の大会で優勝した彼女のよどみない演技は、優美で、私に言わせれば**完全無欠**そのものの出来栄えでした。

類義 円満具足《えんまんぐそく》／完美無欠《かんびむけつ》／十全十美《じゅうぜんじゅうび》

官尊民卑《かんそんみんぴ》

●主な用途

●役人を尊び民間を卑しむことを表す

政府、役人、官営事業を尊いものとし、民間の組織や人民を卑しいものとして見下すこと。「官」は、政府や官庁、役人。「民」は、民間、また民間人のこと。

用例 ⬇不況下で庶民は苦しい生活を強いられているなか、公務員には従来通りのボーナスとは、**官尊民卑**もはなはだしい。

⬇役所の職員に、たいへん横柄な態度を取られたとき、現代の日本にも**官尊民卑**の気風が残っていると感じた。

⬇国家主導の殖産興業や官による規制が**官尊民卑**の風潮を助長している。

かん たん そう しょう

肝胆相照

●主な用途
●深く理解し合っている関係を表す

「肝胆相(あい)照らす」とも読む。お互いに深く理解し心底打ち解けあっている間柄。意気投合できる親しい友人関係。「肝胆」は肝臓と胆のう。転じて腹の底、胸のうち。

用例 ➡**肝胆相照**の間柄の彼女だからこそ、他の人からは聞くことができない苦言を率直に言ってくれるのだと思う。

➡高校時代はたんなるクラスメートの一人だった彼だが、大学で同じサークルに入って以来、**肝胆相照**の仲となった。

➡**肝胆相照らす**友人とはいえ、息子の就職の世話を頼むことなどできない。

かん たん の ほ

邯鄲之歩

●主な用途
●人を真似て自分の本分まで失うこと

人の真似をしたところ、真似ようとしたものが身につかないばかりか、自分本来のものも忘れてしまうこと。「歩」は「あゆみ」とも読む。

【故事】中国戦国時代、田舎町の青年が趙(ちょう)の邯鄲にあこがれ、そこの歩き方を真似たが、習得できなかったうえ、自分の歩き方も忘れて腹ばいで帰ったという故事から。

用例 ➡人の絵の真似ばかりでは、自分の持ち味が消えて**邯鄲の歩**となってしまう。

出典 『荘子《そうじ》』秋水《しゅうすい》

類義 邯鄲学歩《かんたんがくほ》

かんたんのゆめ

邯鄲之夢

●主な用途
●人生の栄華のはかなさをたとえる

栄耀栄華のはかないことのたとえ。

【故事】中国唐(とう)の盧生(ろせい)という若者が旅の途中、趙(ちょう)の邯鄲で、呂翁(りょおう)という道士から枕(まくら)を借りて寝たところ、栄華をきわめて一生を終わる夢を見た。しかし目が覚めると、それは宿の主人が炊いていた粟(あわ)がまだ煮えていないほどのわずかの間だったという故事から。

用例 ⬇人生は**邯鄲の夢**にすぎないなどと気取る前に、現実を見つめることが大切だ。

出典 沈既済《しんきせい》『枕中記《ちんちゅうき》』

類義 一炊之夢《いっすいのゆめ》／邯鄲之枕《かんたんのまくら》／盧生之夢《ろせいのゆめ》

かんてんきち

歓天喜地

●主な用途
●たいへんな喜びようを形容する

「天に歓(よろこ)び地に喜ぶ」とも読む。天を仰いでは歓び、地にうつむいては喜ぶ。大喜びすること。「歓喜」を「天地」で割った熟語。

用例 ⬇ずっと片思いだった相手と交際を始めてからというもの、彼の様子はまさしく**歓天喜地**、見ているこちらまでほほえましくなってしまう。

⬇地元の弱小野球チームが、苦戦の末に県大会で二十年ぶりの優勝を果たし、町はまさに**歓天喜地**のありさまだ。

出典 『水滸伝《すいこでん》』二

類義 狂喜乱舞《きょうきらんぶ》／欣喜雀躍《きんきじゃくやく》／手舞足踏《しゅぶそくとう》

かんてん(の)じう

旱天慈雨

●主な用途

●困っているときの救いをたとえる

苦しみ困っているときにもたらされる救いや援助のたとえ。また、待ち望んでいたことが実現すること。旱天(日照り)続きの水不足で困っているときの、天からの恵みの雨の意。「旱天」は「干天」とも書く。闇夜(やみよ)に提灯。地獄で仏と同義。

用例 ➡もう倒産かとあきらめかけていた矢先の大量注文だ。まさに**旱天の慈雨**、あれがなかったら、路頭に迷っていたよ。

➡景気低迷の中、新経済政策が**旱天の慈雨**となるかに国民の期待が集まった。

類義 大旱慈雨《だいかんじう》

かんなんしんく

艱難辛苦

●主な用途

●困難にあい苦しむことを強調する

ひどい困難やつらい目にあって、苦しみ悩むこと。たいへんな苦労をすること。「艱難」は、困難、苦しみ、悩むこと。「辛苦」も、つらい目にあって苦しむことで、同義の語を重ねて意味を強めた熟語。

用例 ➡この子には、どんな**艱難辛苦**にも立ち向かえる、強い人間に成長して欲しい。

➡長年の**艱難辛苦**の末、ようやく自分の店を軌道に乗せることができた。

➡若いときの**艱難辛苦**は、必ずや成長の糧となってくれることでしょう。

類義 艱難苦労《かんなんくろう》／千辛万苦《せんしんばんく》／粒粒辛苦《りゅうりゅうしんく》

かんばのろう

汗馬之労

●主な用途

●奔走する苦労やその功績をたとえる

　汗水流してかけずり回る苦労。「汗馬」は馬に汗をかかせる意で、もともとは馬に乗って戦場を駆けめぐり戦うこと。

【表現】汗馬の労をとる

用例⬇チームのオーナーは盛大な優勝祝賀会を催して、選手一人ひとりの**汗馬の労**をねぎらった。

⬇契約成立のために、**汗馬の労**をとらせていただいた甲斐がありました。

⬇母校のための**汗馬の労**は惜しみません。

出典『韓非子《かんぴし》』五蠹《ごと》

類義汗馬功労《かんばこうろう》／汗馬之功《かんばのこう》／犬馬之労《けんばのろう》

がんぶつそうし

玩物喪志

●主な用途

●物に熱中し志を見失うさまを表す

　「物を玩（もてあそ）べば志を喪（うしな）う」とも読む。目先の楽しみに心奪われて、志を見失う意。細かなことにとらわれて、本来の志や学問の本質を見失うこと。「玩」はもてあそぶ、むさぼる意。「喪」は失う意。

用例⬇何事にも興味を持つのは悪いことではないが、夢中になりすぎて**玩物喪志**にならないよう気をつけなさい。

⬇受験勉強そっちのけで参考書集めが趣味とは。**玩物喪志**もはなはだしい。

出典『書経《しょきょう》』旅獒《りょごう》

類義玩人喪徳《がんじんそうとく》

かんぽうのまじわり

管鮑之交

●主な用途
●利害を超えた厚い友情をたとえる

互いに信じ合い理解し合った親密な交際。

【故事】中国斉（せい）の宰相、管仲（かんちゅう）と、鮑叔牙（ほうしゅくが）は若いころから仲がよかった。貧乏だった管仲はよく鮑叔牙に負担をかけたが、鮑叔牙は彼を弁護し援助し続けた。その後出世した管仲は「我を生む者は父母、我を知る者は鮑叔牙なり」と述懐し、生涯無二の親友として交わったという。

用例 ➡彼とは**管鮑の交わり**だと思っている。

出典 『史記《しき》』管晏伝《かんあんでん》

類義 金蘭之契《きんらんのけい》／膠漆之交《こうしつのまじわり》／水魚之交《すいぎょのまじわり》／莫《ばく》逆之友《ぎゃくのとも》／刎頸之交《ふんけいのまじわり》

がんめいころう

頑迷固陋

●主な用途
●頑固で道理に暗いさまを強調する

頭が古くて柔軟さがないため、視野が狭く、正しい判断ができないこと。「頑迷」は、かたくなで道理に暗いこと。「固陋」は頑固で見識が狭いこと。「迷」は「冥」とも書く。

用例 ➡**頑迷固陋**の幹部たちだけで、経営方針の見直しをしようとしても、打開策が出るとは考えられない。

➡いつまでも**頑迷固陋**な態度のままでは、時代の流れにはついていけない。

➡手書きでなければ手紙でないとは、**頑迷固陋**にもほどがある。

類義 頑冥不霊《がんめいふれい》／狷介固陋《けんかいころう》／墨守成規《ぼくしゅせいき》

閑話休題
かんわきゅうだい

●主な用途 ●外れた話題を本筋に戻すさいに使う

前置きやおしゃべりを打ち切って、話の本題に入ること。また、横道にそれた話を本筋に戻すときに使う語。それはさておき。「閑話」は、無駄話で、「間話」とも書く。「休題」は、話をやめる意。文章の中でよく使う。

用例 ↓つい余談で、大いに盛り上がってしまいましたが、**閑話休題**。本日の議題に移らさせていただきます。

↓宇宙のロマンを語り合うのは、たいへんすばらしいことですが、時間がないので、**閑話休題**、授業に戻りましょう。

出典 『水滸伝《すいこでん》』一〇

気宇壮大
きうそうだい

●主な用途 ●度量、計画が大きいことを表す

度量・構想・計画などの規模が並外れて大きいさま。度量が大きく、志が立派であるさま。「気宇」は心の広さ、心がまえ、度量。「壮大」は大きくて立派な様子。

用例 ↓世界の高峰を制覇し尽くすという、登山家としての**気宇壮大**な夢も、一歩ずつではありますが、着実に実現に向かって進みはじめています。

↓彼女の志の高さは知っていたが、今回役員会に提出された**気宇壮大**な事業計画には度肝を抜かれた。

類義 気宇軒昂《きうけんこう》／気宇広大《きうこうだい》／気宇雄豪《きうゆうごう》

き

気炎万丈

きえんばんじょう

●主な用途

●意気盛んなさまや活発な議論を表す

非常に意気盛んであること。「気炎」は燃え上がる炎。転じて、盛んな意気の意。「丈」は、長さの単位で一丈は約三メートル。そこから「万丈」は非常に高いこと。「気炎」は、「気焔」とも書き、「気炎を上げる」などと使う。

【表現】気炎万丈の議論

用例 ➡わが校のサッカー部は圧倒的な大差で決勝まで進んだため、選手も関係者も優勝を信じて**気炎万丈**だった。

➡二酸化炭素の排出問題をめぐって、環境保護団体と自動車業界の代表団が、**気炎万丈**の議論を戦わせた。

奇貨可居

きかかきょ

●主な用途

●好機を上手に利用することを表す

一般に「奇貨居(お)く可(べ)し」の訓読を用いる。好機はうまく利用しなければならないというたとえ。値打ちのある珍品をとっておいて、値上がりしてから売ること。「奇貨」は珍しい品物。「居」は蓄える。

【故事】中国戦国時代末、豪商呂不韋(りょふい)が、趙(ちょう)の人質であった秦(しん)の子楚(しそ)を将来役に立つと思い援助した。のち子楚は秦の王となり、呂不韋はその大臣となったという故事から。

用例 ➡**奇貨居く可し**。掛け軸が高く売れたぞ。

出典 『史記《しき》』呂不韋伝《りょふいでん》

き

ききいっぱつ
危機一髪

●主な用途 ●危険な状態を脱したときにいう

とても危険な瀬戸際(せとぎわ)。ほんのわずかな差で危機に陥りそうなさま。多くは、危険をまぬかれたときに用いる。儒学の衰えを「其(そ)の危(あやう)きこと一髪(いっぱつ)の千鈞(せんきん)を引くが如(ごと)し」(千鈞の重さを一本の髪の毛で引くような危ない状態)と表現したことから。「鈞」は重さの単位。

【注】「─一発」は誤り。

用例 ➡車にひかれそうだった子どもを、**危機一髪**で通行人が助けた。

出典 韓愈《かんゆ》「与孟尚書書《もうしょうしょにあたうるのしょ》」

類義 一触即発《いっしょくそくはつ》／一髪千鈞《いっぱつせんきん》

ききゅうそんぼう
危急存亡

●主な用途 ●生死の瀬戸際の状態を表す

危険が迫り、生き残れるかどうかの瀬戸際にあること。国家や会社など、集団の危機について用いる。中国三国時代、蜀(しょく)の諸葛亮(しょかつりょう)が、魏(ぎ)との戦いに備え、主の劉禅(りゅうぜん)に出陣を要請した上奏文にある語。

【表現】危急存亡の秋(とき)。「秋」は収穫期の意で、大切な時期を表す。

用例 ➡不況で観光客が激減し、今はわが旅館にとってまさに**危急存亡**の秋だ。

出典 諸葛亮《しょかつりょう》「前出師表《ぜんすいしのひょう》」

類義 生死存亡《せいしそんぼう》

きくじゅんじょう

規矩準縄

●主な用途

●物事や行為の規準や法則を表す

物事や行為の基準となるもの。規則や法則、手本のこと。「規」はコンパス、「矩」はものさし。また、「準」は水盛り（水平をはかる器・水準器）、「縄」はすみなわ（直線を引く道具）の意で、「規矩」、「準縄」はともに規則・法則を表す。同義語を重ねて、意味を強調した成語。

用例 ⬇あの苦しい不況時にも、社訓を**規矩準縄**に、全社上げて奮励努力したことが、今日の業績向上につながったのです。

⬇先生のお言葉を**規矩準縄**とし、社会に出てからも努力を続けてまいります。

出典 『孟子《もうし》』離婁《りろう》・上

きこくしゅうしゅう

鬼哭啾啾

●主な用途

●鬼気迫る気配が漂うさまを形容する

悲惨な死に方をした、浮かばれない者たちの霊魂が、恨めしげに泣くこと。またその泣き声が響き渡る様子。転じて、戦場の跡などに鬼気迫る気配が漂うさま。「鬼哭」は、死者の霊が声を上げて泣き悲しむこと。またその泣き声。「啾啾」は、しくしくと、か細く尾を引いて泣く声のありさまを表す。

用例 ⬇夕刻に訪れた古戦場跡には、**鬼哭啾啾**たる気配が漂っていた。

⬇美しい島に残る戦争のつめあとは、**鬼哭啾啾**として私の心を揺さぶった。

出典 杜甫《とほ》「兵車行《へいしゃこう》」

き

騎虎之勢

きこのいきおい

●主な用途
●勢いがついて突き進む様子を表す

物事にはずみがつき、途中でやめようにも、突き進むしかないこと。「騎虎」は虎(とら)に乗ること。虎の背に乗ると、激しい動きで降りられず、降りれば食われてしまうため、身を任せるしかないという意味から。

用例 ⬇調査資料は膨大な数にのぼり、真相究明には困難をきわめたが、全員が一丸となって**騎虎の勢い**で事件を解決した。

⬇膨大な市の予算をつぎ込み、**騎虎の勢い**で進む庁舎建設をだれも阻止できない。

出典 『隋書《ずいしょ》』独孤皇后伝《どっここうごうでん》

類義 騎獣之勢《きじゅうのいきおい》／旭日昇天《きょくじつしょうてん》／破竹之勢《はちくのいきおい》

起死回生

きしかいせい

●主な用途
●絶望的な状態が持ち直す様子を表す

「死より起(た)たしめ生(せい)に回(かい)らしむ」とも読む。瀕死(ひんし)の状態のもの、滅亡寸前のものを再び生き返らせること。悪い状態が劇的によくなること。

【表現】起死回生の一手

用例 ⬇業績不振が続く会社では、**起死回生**を図って、営業方針の大転換が行われた。

⬇三点差で負けていた九回裏二死満塁。四番バッターがまさしく**起死回生**の逆転サヨナラ本塁打を放った。

出典 『太平広記《たいへいこうき》』『女仙伝《じょせんでん》』

類義 回生起死《かいせいきし》／起死回骸《きしかいがい》／起死再生《きしさいせい》

旗幟鮮明
きしせんめい

●主な用途
●主義や立場が明らかな様子を表す

旗色が鮮やかで、印がはっきりしていること。転じて、態度・立場・主義・思想などがはっきりしていること。「旗幟」は、戦場で敵味方の区別をつけるために掲げる軍旗やのぼりのことで、転じて態度や主義主張を表す。

用例 ➡今度の選挙に出馬した野党の新人候補は、実に**旗幟鮮明**な人物だ。

➡新しい規約に賛成か反対かを全員が**旗幟鮮明**にしてから議論を進め、その上で多数決によって決めたいと思います。

類義 確乎不動《かっこふどう》／確乎不抜《かっこふばつ》

対義 右顧左眄《うこさべん》／付和雷同《ふわらいどう》

起承転結
きしょうてんけつ

●主な用途
●筋道だった文章や事柄をたとえる

漢詩の絶句（中国古典詩体）の構成法の一つ。「起句」で内容を起こし、「承句」でこれを受け、「転句」で詩意を一転させ、「結句」で全体を結ぶ。連歌・俳諧（はいかい）・散文のほか、四コマ漫画の構成にも利用される。また、一般に物事や文章の順序、組み立てをさす。

用例 ➡よい演説のコツといえば、まず**起承転結**がはっきりしていて短いことだね。

➡生徒たちが書いてきた文章は、どれも**起承転結**が整っておらず、つたない。作文指導を強化する必要があるようだ。

類義 起承転合《きしょうてんごう》

き

きしょくまんめん

喜色満面

●主な用途
●喜びが顔中に表れた様子をたとえる

「喜色面（おもて）に満（み）つ」とも読む。喜びの表情が顔中に満ちあふれている様子。顔全体でうれしさを表現しているさま。「色」は顔色の意で、表情や様子を表す。「満面」は顔全体、顔中の意。喜びをたとえたり、喜んでいる人を形容するときなどに用いる。

用例⬇兄は念願かなってようやく買ってもらったパソコンに向かい、**喜色満面**の笑みで電源を入れた。

⬇母は、やっと決まった姉の結婚を**喜色満面**で友達に話しはじめた。

類義 喜笑顔開《きしょうがんかい》／春風満面《しゅんぷうまんめん》／得意満面《とくいまんめん》

ぎしんあんき

疑心暗鬼

●主な用途
●何でもないことまで疑う状態を表す

「疑心暗鬼を生ず」の略。疑う心は、実際にはいない暗がりの鬼を生むということ。一度疑いはじめると、何でもないことにまで不安や恐ろしさを感じたり、人に根拠のない嫌疑をかけたりする意。「暗鬼」は暗がりにひそむ鬼の意。「暗」は「闇」とも書く。

用例⬇内部告発による不正経理の発覚で、同僚はみな**疑心暗鬼**に陥った。

⬇一度契約に失敗しているからって、何に対しても**疑心暗鬼**になってはだめだよ。

出典 呂本中《りょほんちゅう》『師友雑志《しゆうざっし》』

類義 草木皆兵《そうもくかいへい》／杯中蛇影《はいちゅうのだえい》

き

きそう　てんがい

奇想天外

●主な用途　●思いもよらない奇抜な発想を表す

「奇想、天外より落つ」の略。普通では思いつかないような奇抜なアイデアがわくこと。また、奇抜な発想。「奇想」は奇抜な考え。「天外」は天の外の意で、非常に高く、また遠い場所。思いもよらぬ奇抜な考えが、天から降ってきたという意から生まれた表現。

用例 ➡昨今の科学の進歩は、百年前には**奇想天外**だった考えを現実のものにした。
➡ミステリー大賞の作品は、**奇想天外**なトリックで驚かせてくれました。

類義 斬新《ざんしん》奇抜《きばつ》

対義 平平凡凡《へいへいぼんぼん》

きそく　えんえん

気息奄奄

●主な用途　●今にも滅びそうな状態を形容する

息も絶え絶えで、弱々しい様子。命も消えんばかりで、今にも滅びそうな状態のたとえ。「気息」は息、息づかい、呼吸の意。「奄」はおおう、ふさぐの意。「奄奄」は、息が絶え絶えである様子。人や組織などが弱っている状態に対していう。

用例 ➡事故現場から、数名が**気息奄奄**の状態で救出され、救急車に運ばれた。
➡駅前にできた大型店に客を取られ、わが商店街は**気息奄奄**たるありさまだ。

出典 李密《りみつ》「陳情表《ちんじょうのひょう》」

類義 残息奄奄《ざんそくえんえん》／半死半生《はんしはんしょう》

きっくつごうが
佶屈聱牙

●主な用途
●文章が難解な様子を表す

文章が難しく理解しにくいこと。「佶屈」はかがんで伸びないさま。転じて、文字や文章が難解なこと。「聱」は言葉が耳に入らないこと、「牙」は上下の歯のかみ合わせが悪いことから、「聱牙」は文章や話がごつごつとしてわかりにくいことの意。「佶屈」は「詰屈」「詰詘」「詰倔」とも書く。

用例 ⬇私の授業では、学生たちに難解な文章に慣れてほしいために、あえて**佶屈聱牙**な作品をとりあげて講義している。

出典 韓愈《かんゆ》「進学解《しんがくかい》」

類義 佶屈晦渋《きっくつかいじゅう》／鉤章棘句《こうしょうきょくく》

きどあいらく
喜怒哀楽

●主な用途
●喜び・怒り・悲しみ・楽しみを表す

喜び・怒り・悲しみ・楽しみ。人間が持つ様々な感情全般のこと。人生を象徴する言葉としても用いられる。出典には、「喜怒哀楽の未だ発せざる、之(これ)を中(ちゅう)と謂(い)う」とある。

【表現】喜怒哀楽をともにする／喜怒哀楽を表に出す

用例 ⬇彼とは、高校時代から、厳しかった野球部で**喜怒哀楽**をともにしてきた仲だ。
⬇母は、昔から**喜怒哀楽**をあまり表に出さないので、冷たい人と思われがちだ。

出典 『中庸《ちゅうよう》』一

きめん ぶっしん

鬼面仏心

●主な用途
●表面は怖いがやさしい人を形容する

外見は怖そうに見えるが、内面はとても優しく穏やかであること。また、そのような人。「鬼面」は鬼の顔、鬼の面の意。「仏心」は仏のように慈愛深い心の意。鬼のような怖そうな顔をしていながら、仏のような優しい心を持っている意。

用例 ⬇祖父はあの通りの仏頂面ですが、**鬼面仏心**、心の温かい人です。

⬇怒鳴ってばかりいる怖い先輩が、ケガをした捨て犬の面倒をみてあげてたんだって。案外**鬼面仏心**な人なのかもね。

対義 人面獣心《じんめんじゅうしん》

ぎゅういん ば しょく

牛飲馬食

●主な用途
●大いに飲み食いする様子を形容する

見境なく飲み食いすること。人並み外れた量を飲食すること。「牛飲」は牛が水を飲む意。「馬食」は馬がえさを食べるように大食いする意。度外れて大量に飲み食いする様子を重ねて表した表現。

用例 ⬇忘年会、新年会の連続で調子に乗ってしまった。**牛飲馬食**で、たった一か月で体重が六キロも増えてしまったんだ。

⬇いくら相手先の接待とはいえ、高級料亭で**牛飲馬食**するとは、よほどの大物なのか、それともただの大食らいなのか。

類義 鯨飲馬食《げいいんばしょく》／痛飲大食《つういんたいしょく》／暴飲暴食《ぼういんぼうしょく》

き

きゅうぎゅう(の)いちもう

九牛一毛

●主な用途
●ごく一部分であることをたとえる

多くの中のほんのわずかな部分。ごく少数のもののたとえ。「九」は多数の意で、「九牛」は多数の牛の意。「一毛」は一本の毛。多くの牛の中の一頭の牛の一本の毛という意から、多数の中のごくわずかな一部分、とるに足らないささいなことを表す。

用例 ➡先輩には**九牛の一毛**の仕事でも、新入社員には手強い仕事になりそうだ。

➡壁の小さな傷を**九牛の一毛**と侮るな。事件解明の手がかりになるかもしれんぞ。

出典 『漢書《かんじょ》』司馬遷伝《しばせんでん》

類義 滄海一粟《そうかいのいちぞく》／滄海一滴《そうかいのいってき》／大海一滴《たいかいのいってき》

きゅうざんばしょく

泣斬馬謖

●主な用途
●規律を保つための処分をたとえる

一般に「泣いて馬謖を斬(き)る」と訓読を用いる。信頼していた部下が規律を破ったとき、私情を捨て、厳正な処分を下して全体の規律を保つこと。秩序維持や目的遂行のためには私情を捨てることのたとえ。

【故事】中国三国時代、信頼して登用した馬謖(ばしょく)が命令に背いて戦いに敗れたとき、軍師の諸葛亮(しょかつりょう)は、心ならずも彼を処刑した故事から。

用例 ➡**泣いて馬謖を斬る**思いで、腹心の部下を更迭せざるをえなかった。

出典 『三国志《さんごくし》』蜀志《しょくし》・馬謖伝《ばしょくでん》

きゅうし いっしょう

九死一生

●主な用途
●危険から命拾いすることを表す

九分(ぶ)の死の可能性に、一分の生の可能性の意。九分通り助からない、危険な状態から何とか抜け出し、命拾いすること。また、危機的な状況を辛うじて脱すること。

【表現】九死に一生を得る

用例 ➡数台の車をまき込む大事故だったが、病院への搬送が迅速だったおかげで、運転手は**九死に一生**を得ることができた。

➡大震災で**九死に一生**を得た著者が、地震直後の悲惨な状況から今日の復興までの体験をつづった作品です。

類義 十《じっ》死《し》一生《いっしょう》／万《ばん》死《し》一生《いっしょう》

きゅうせい さいみん

救世済民

●主な用途
●世の人々を助けることを表す

世の中を救い、悩み苦しんでいる人々を助けること。「救世」は乱れた世の中をよくすること。特に宗教の力を借りて、人々を苦しみや不幸の多い世から救うこと。「済民」は人民の難儀を救うこと。「救」と「済」はどちらも救う、救助する意。

【注】「―斉民」は誤り。

用例 ➡強い意志を貫いて国難を排除した前王は、**救世済民**の人といわれている。

➡神父様の**救世済民**の志に敬服いたしました。私にもお手伝いさせてください。

類義 経《けい》世《せい》済《さい》民《みん》

きゅう　そ　ごう　びょう

窮鼠嚙猫

●主な用途
●窮地に陥った弱者の反撃をたとえる

「窮鼠猫(ねこ)を嚙(か)む」とも読む。追いつめられて逃げ場を失った鼠(ねずみ)が、猫にかみつくという意。弱い立場の者でも絶体絶命の窮地に追いつめられれば、実力以上の力を発揮して、強い者に痛手を与えたり、勝利したりすることもあるというたとえ。

用例 ➡**窮鼠嚙猫**で、追いつめられた人間は何をしでかすかわからんぞ。
➡あの弱小チームが県内随一の強豪チームを打ち破るとは、まさに**窮鼠嚙猫**だ。

出典 『塩鉄論《えんてつろん》』詔聖《しょうせい》

類義 窮鼠嚙狸《きゅうそごうり》／禽困覆車《きんこんふくしゃ》

きゅうたい　い　ぜん

旧態依然

●主な用途
●物事が古いままの様子を形容する

物事の状態や体制などが古いままで変わらないこと。進歩や改善のあとがまったく見えないさま。「旧態」は昔のままの古い状態、ありさま。「依然」は前のままで変わらないこと。もとのままであること。

【注】「旧体―」は誤り。

用例 ➡生産量の大幅アップには、**旧態依然**とした工場のシステム改革が急務だ。
➡久しぶりに故郷に帰り、**旧態依然**とした町並みを散歩していると、なぜかえもいわれぬ安らぎを感じるのだった。

類義 十年一日《じゅうねんいちじつ》

きゅうてん ちょっか

急転直下

●主な用途
●事態が急変するさまを形容する

方向が急に変わって、真下に落ちるという意から、事態、形勢が急に変化すること。また、突然物事や事件などが決着に向かうこと。「急転」は事の成りゆきが急に変わること。「直下」はまっすぐに落ちるという意。

用例 ➡手がかりもなく事件解決は遠いと思われていたが、一つの重要な目撃証言をきっかけに、**急転直下**、犯人逮捕が実現した。

➡資金が足りず、出店はあきらめていたが、思いがけず祖父の遺産が入り、**急転直下**、開店にこぎつけられた。

類義 一落千丈《いちらくせんじょう》

きゅうとう ぼくしゅ

旧套墨守

●主な用途
●古い方法にこだわる様子を形容する

昔からの方法・形式を頑固に守り通すこと。また、古い習慣やしきたりにこだわり、融通のきかないこと。「墨守」は固く守ること。「旧套」は昔のままの古い形式。

【故事】中国戦国時代、魯(ろ)の思想家、墨子(ぼくし)が、楚(そ)国から城を守り抜いたという故事から。

用例 ➡君が提出した新プロジェクト構想は、頭が固い**旧套墨守**の取締役たちをも納得させたよ。

類義 旧習墨守《きゅうしゅうぼくしゅ》／刻舟求剣《こくしゅうきゅうけん》／墨守成規《ぼくしゅせいき》

対義 吐故納新《とこのうしん》

き

窮余一策

きゅうよ(の)いっさく

●主な用途
●苦しまぎれの最後の手段を表す

追い詰められて困り果て、苦しまぎれに使う最後の手段、計略。困り切ってどうしようもない状態のときに思いついた、一つの企て。「窮余」は苦しまぎれの意。「一策」は一つの手段や策略、計略のこと。

用例 ➡経営不振が続く会社は、**窮余の一策**として、外資系企業との合併を決めた。とりあえず、倒産はまぬかれるようだ。

➡看板女優の突然の降板を受け、**窮余の一策**とはいえ、無名の新人を起用するとは、演出家も大胆なことをするものだ。

類義 苦肉之計《くにくのけい》／苦肉之策《くにくのさく》／非常手段《ひじょうしゅだん》

恐悦至極

きょうえつしごく

●主な用途
●自分の喜びを謙遜して表現する

恐れ慎みつつ、大喜びすること。かしこまって喜ぶこと。人から受けた恩恵や援助などに対して自分の喜びを表す儀礼的な言葉で、主に手紙文で用いられる。「恐悦」は「恭悦」とも書く。

【表現】恐悦至極に存じます

用例 ➡叔父上様、このたびは私どもの初産の祝いに、誠に結構なものをお贈りいただき、**恐悦至極**に存じます。

➡社長から営業成績を表彰されたときの、支店長の喜びよう、**恐悦至極**の体(てい)とはあんな様子をいうんだろうな。

狂言綺語

きょうげん　き　ご

●主な用途
●虚構や文飾の多い小説をいう

道理にかなわない言葉や、うわべを巧みに飾り立てた言葉の意。転じて、文飾の多い小説、物語、戯曲などをややさげすんでいう語。また、仏教では、虚飾し、真実を偽る言葉として十悪の一つとされる。「狂言」は道理に合わない言葉。「綺語」は巧みに飾り立てた言葉の意。「綺語」は「きぎょ」とも読む。

用例 ⬇あの作家の小説は、**狂言綺語**がやたらと目につき、あまり好きになれないよ。

⬇話題の政治家として注目を集めているが、彼の主張は**狂言綺語**に過ぎない。

出典 白居易《はくきょい》「香山寺《こうざんじ》白氏《はくし》洛中集記《らくちゅうしゅうのき》」

恐惶謹言

きょうこう　きん　げん

●主な用途
●慎んで申し上げるさまを表す

恐れ慎んで申し上げるという意。「候文（そうろうぶん）」の手紙の結びに用いる挨拶（あいさつ）。「恐」「惶」はともに恐れるの意で、「恐惶」は恐れ慎むこと。「謹言」は慎んでいうの意で、「謹啓」で始まる手紙の結びに書くこともある。

用例 ⬇厳しくて有名な常務に結果報告する課長は、まさに**恐惶謹言**の体（てい）だ。

⬇明治の文豪の書簡には、多く「**恐惶謹言**」で結んだものを見つけることができる。

出典 『庭訓往来《ていきんおうらい》』

類義 恐恐謹言《きょうきょうきんげん》／恐懼再拝《きょうくさいはい》／恐惶敬白《きょうこうけいはく》

き

ぎょうじゅう ざ が

行住坐臥

●主な用途

●日常の暮らしや行動を表す

普段の行動や日常の立ち居振る舞い。転じて、日常、普段の意。「行」は歩き行くこと、「住」は止まること、「坐」は座ること、「臥」はふせて寝ること。仏教では、この四つの立ち居振る舞いを四威儀(しいぎ)といい、それぞれが戒律にのっとった作法を持つ。

用例 ➡自分の**行住坐臥**には気を使ってきました。それが長命の秘訣(ひけつ)かもしれません。

➡日本有数の研究者となった今でも、彼は**行住坐臥**、現場で指導に当たっている。

類義 行住進退《ぎょうじゅうしんたい》／常住坐臥《じょうじゅうざが》／日常坐臥《にちじょうざが》

きょうしゅ ぼう かん

拱手傍観

●主な用途

●何もせずに見ている様子を表す

手出しをせず、ただかたわらで見ていること。高みの見物を決め込むこと。「拱手」は古代中国の敬礼の一つで、両手を胸の前で合わせてお辞儀をし、相手に敬意を表す動作。転じて、手を組んで何もしないこと。「拱手」は「こうしゅ」とも読む。「傍観」はかかわらずにはたで見ていること。

用例 ➡アルバイトとはいっても、会社の繁忙期に**拱手傍観**してはいられないよ。

➡けんかを始めた弟たちを見て、僕はああまたかと、**拱手傍観**を決め込んだ。

類義 袖手傍観《しゅうしゅぼうかん》／無為無策《むいむさく》／冷眼傍観《れいがんぼうかん》

き

共存共栄
きょうぞん きょうえい

●主な用途
●助け合ってともに栄える状態を表す

ともに生存し、ともに繁栄すること。二つ以上のものが、利害の対立を越えて相手を認め、ともに助け合い、協力し合って、繁栄していくことをいう。「共存」は「きょうそん」とも読む。

用例⬇この不況の時代、同業者が結束して**共存共栄**を図っていくことが大切だろう。
⬇彼は、国際協力のボランティアとして紛争地域に派遣され、多民族の**共存共栄**に力を注いでいるところです。

類義　共存同栄《きょうそんどうえい》

対義　弱肉強食《じゃくにくきょうしょく》／不倶戴天《ふぐたいてん》

驚天動地
きょうてん どうち

●主な用途
●世間を大いに驚かせることをいう

「天（てん）を驚（おどろ）かし、地（ち）を動（うご）かす」とも読む。世の中を大いに驚かせること。また、その出来事や事件のこと。出典は中唐の詩人、白居易（はくきょい）が李白（りはく）の詩文を評し、その墓の前で「曽（かつ）て驚天動地の文有り」とよんだ詩から。

【表現】驚天動地の大事件

用例⬇国王主催の昼食会に、一匹の猿が迷い込んだものだからさあたいへん、**驚天動地**の大騒ぎ。

出典　白居易《はくきょい》「李白墓《りはくのはか》」詩

類義　撼天動地《かんてんどうち》／驚天駭地《きょうてんがいち》／震地動天《しんちどうてん》

きょうみしんしん
興味津津

●主な用途
●興味が尽きない様子を形容する

　ある事柄に対して非常に関心があるさま。物事に対する興味が次々とあふれ出てきて、尽きることがない様子。「津」はしたたり落ちる液体の意で、「津津」は、あとからあとから絶えずわき出てきて、あふれるばかりに多いさまをいう。

【注】「―深深」は誤り。

用例 ➡優勝決定戦の試合の模様を、全国民が**興味津津**で見守った。
➡アイドル歌手が初挑戦する芝居の初日、**興味津津**な観客が大勢つめかけた。

対義 興味《きょうみ》索然《さくぜん》

きょうらんどとう
狂瀾怒濤

●主な用途
●荒れ狂う状態をたとえる

　激しく荒れ狂う大波。逆まく波のように、物事の秩序が乱れて手のつけようがない状態。「瀾」も「濤」も大きな波の意で、「狂瀾」も「怒濤」も、荒れ狂う大波のこと。類語を重ねて意味を強調した成語。世の中の情勢について多く用いる。

用例 ➡クーデターにより、国民は一気に**狂瀾怒濤**のまっただ中に投げ込まれた。
➡彼とは、会社発足から今日までの**狂瀾怒濤**の時代を、ともに生きてきた仲だ。

類義 疾風怒濤《しっぷうどとう》／暴風怒濤《ぼうふうどとう》

対義 天下泰平《てんかたいへい》／平穏無事《へいおんぶじ》

き

虚虚実実

きょ きょ じつ じつ

●主な用途
●策略をつくして戦う様子を形容する

互いに、堅く守られている箇所は避けて、相手のすきや弱点をねらい、計略や策謀の限りをつくして戦い合うこと。「虚」は備えのすき、「実」は堅い備えのこと。「虚」「実」を重ねて語意を強めた言葉。また、商売や交渉の場で、あらゆる手段を使って駆け引きしたり、腹の内を探り合ったりすることにも用いる。

【表現】虚虚実実の攻防

用例 ➡経済摩擦に関する交渉の場では、**虚虚実実**の攻防が繰り広げられた。
➡有望選手の獲得には、スカウトマン同士の**虚虚実実**の駆け引きが行われる。

曲学阿世

きょく がく あ せい

●主な用途
●真理を曲げ迎合することをたとえる

「学を曲げて世に阿(おもね)る」とも読む。学問のあるべき正しい態度を曲げて世の中に迎合し、人気を得ようとすること。真理を曲げて、世の中や時の権力者に媚(こ)びへつらうこと。前漢(ぜんかん)の老学者、轅固生(えんこせい)が、後輩学者の公孫弘(こうそんこう)をさとしたときの言葉に基づく。

用例 ➡講義そっちのけで、テレビ出演に熱心な教授を、**曲学阿世**の徒と陰口をたたく人も多い。

出典 『史記《しき》』儒林伝《じゅりんでん》

類義 阿世曲学《あせいきょくがく》

旭日昇天
きょくじつしょうてん

●主な用途
●勢いが盛んな様子をたとえる

　朝日が勢いよく空に昇ること。また、昇る朝日のように勢いが盛んな様子。「旭日」は朝日のこと。「昇天」は天に昇ること。

【表現】旭日昇天の勢い

用例
⬇地元の高校野球部は、予選から準決勝まで、**旭日昇天**の勢いで勝ち進み、初出場とは思えない活躍を見せた。
⬇今は**旭日昇天**のわが社だが、インターネットの普及が頭打ちになったら、これまでのような成長は見込めないことを覚悟しておかなければならない。

類義 旭日東天《きょくじつとうてん》／破竹之勢《はちくのいきおい》

玉石混淆
ぎょくせきこんこう

●主な用途
●よい悪いが入り混じる状態を表す

　すぐれたものとつまらないもの、よいものと悪いもの、賢者と愚者が入り混じっていること。価値のあるものとないものが混じり合い、良し悪しの区別がつきにくいことをいう。「玉」は宝石、「石」は石ころ。「混」も「淆」も混じり合うという意。「混淆」は「混交」とも書く。

用例
⬇雑誌の投稿欄に送られてくる手紙は、**玉石混淆**で選別に時間がかかるものだ。
⬇バーゲンの品物は**玉石混淆**なので、定評のあるブランド品しか買いません。

出典 『抱朴子《ほうぼくし》』外篇《がいへん》

類義 玉石雑糅《ぎょくせきざつじゅう》／玉石同架《ぎょくせきどうか》／玉石同匱《ぎょくせきどうき》

虚心坦懐《きょしんたんかい》

●主な用途
●心にわだかまりがない様子を表す

心に何のわだかまりもなく、落ち着いていて素直なこと。先入観を持たず、心を開いていること。またその様子。「虚心」はわだかまりのない素直な心。「坦懐」は心が穏やかで、大らかなこと。

用例 ➡けんか別れとなって二十数年、旧友との再会には、とても緊張したが、**虚心坦懐**に話すことができてほっとしたよ。

➡生徒たちの悩みは、人生の先輩として**虚心坦懐**に聞いてあげることが大切だ。

類義 虚心平気《きょしんへいき》／光風霽月《こうふうせいげつ》／明鏡止水《めいきょうしすい》

対義 意馬心猿《いばしんえん》／玩物喪志《がんぶつそうし》／疑心暗鬼《ぎしんあんき》

漁夫之利《ぎょふのり》

●主な用途
●第三者による横取りをたとえる

二者が争っているすきにつけこんで、第三者が苦労せずに利益を得ること。「漁夫」は漁師。「夫」は「父」とも書く。

【故事】しぎとどぶ貝（一説にはまぐり）が争っている間に、通りかかった漁師が両者をとらえてしまったという故事から。

【表現】漁夫の利を得る

用例 ➡木の実をとり合ってけんかを始めたサルたちをしり目に、シマリスはちゃっかり木の実を独り占め。**漁夫の利**を得た。

出典 『戦国策《せんごくさく》』燕策《えんさく》

類義 鷸蚌之争《いつぼうのあらそい》／犬兎之争《けんとのあらそい》／田父之功《でんぷのこう》

毀誉褒貶《きよほうへん》

●主な用途 ●ほめたりけなしたりする様子を表す

ほめることとそしること。ほめ言葉と悪口の意。よくも悪くも、様々にとりざたされる世間の評判。「毀」と「貶」はともにそしることやけなすこと。「誉」と「褒」はともにほめること。「毀・誉」と「褒・貶」それぞれ二つの同意語を交互に反復させて、意味を強調した成語。

【表現】毀誉褒貶相半ばする

用例 ➡やり手社長に対する経済界の評価は、**毀誉褒貶**相半ばしている。

➡周囲の**毀誉褒貶**に左右されないで信念を貫く姿勢が好感を呼び、知事は高い支持率を維持している。

機略縦横《きりゃくじゅうおう》

●主な用途 ●巧みに計略をめぐらすことを表す

時期や状況に応じて適切なはかりごとをめぐらすこと。計略を自由自在にめぐらし、それを運用・実行すること。「機略」は時期や状況に応じた巧みな計略、はかりごとの意。「縦横」は勝手気まま、自由自在の意。

用例 ➡日本のヨットチームは、ベテランキャプテンの、**機略縦横**な舵(かじ)取りで、みごと決勝進出にこぎつけた。

➡戦闘地域での人命救助には、厚い正義感や困難に立ち向かう勇気、そして**機略縦横**に動ける機敏さが必要だ。

類義 機知縦横《きちじゅうおう》

き

議論百出

ぎろんひゃくしゅつ

●主な用途
●盛んに議論が交わされることを表す

活発な議論が交わされること。様々な意見が数多く出て、盛んに論じられること。「議論」は互いに自分の意見を述べ、戦わすこと。「百」は数が多い意で、「百出」は次から次へと数多く現れ出るさま。

用例➡刑法改正問題は**議論百出**のため、諮問委員会の設置と、審議続行が決定された。
➡工場の廃棄物処理問題については、住民同士でも**議論百出**したが、施設移転を訴えることで何とかまとまった。

類義 侃侃諤諤《かんかんがくがく》／議論沸騰《ぎろんふっとう》／甲論乙駁《こうろんおつばく》

対義 衆議一決《しゅうぎいっけつ》／衆口一致《しゅうこういっち》

金甌無欠

きんおうむけつ

●主な用途
●完全で欠点がない状態を表す

「金甌(きんおう)欠くること無し」とも読む。完全で欠点のないこと。国家が外国の侵略を受けたことがなく、強固であること。「甌」はかめ。「金甌」は、まったく傷のない黄金のかめの意で、一度も侵略されたことのない独立国家や天子の位のたとえ。

【表現】金甌無欠を誇る

用例➡**金甌無欠**を誇ったローマ帝国だったが、政争、反乱が相次ぎ、東ローマ帝国と西ローマ帝国に分裂してしまった。

出典『南史《なんし》』朱异伝《しゅいでん》

類義 完全無欠《かんぜんむけつ》／十全十美《じゅうぜんじゅうび》

きんかいっちょう

槿花一朝

●主な用途
●つかのまの栄華をたとえる

つかのまの栄華、はかない命の意。「槿花」はむくげの花。「一朝」はわずかな時。むくげの花が朝咲いて、夕暮れには散ることから、それを人生のはかなさにたとえた言葉。また、「小人、槿花の心」(つまらぬ人の心はむくげの花のように移ろいやすい)として、人の心の変わりやすさにもたとえる。

【注】「僅花―」は誤り。

用例 ➡たとえ**槿花一朝**の夢であれ、デビューのチャンスにかけてみたいんだ。

出典 白居易《はくきょい》「放言《ほうげん》」詩

類義 槿花一日《きんかいちじつ》

きんかぎょくじょう

金科玉条

●主な用途
●大切な法律や信条をたとえる

黄金や珠玉のようにすぐれていて尊い法律や規則の意。絶対的なものとして人が尊び、敬い、守るべき規則や法律のこと。「金」「玉」は価値の高い大切なもの。「科」「条」は法律や規則などの条文の意。また、「金科玉条のごとく守る」などのように使って、単に守ることに固執し、融通がきかないとする、否定的な意味に用いることもある。

用例 ➡彼女は、崇拝する演出家の演劇論を**金科玉条**とし、女優道をきわめていった。

出典 『文選《もんぜん》』揚雄《ようゆう》「劇秦美新《げきしんびしん》」

類義 金科玉律《きんかぎょくりつ》／金律金科《きんりつきんか》

欣喜雀躍

きんきじゃくやく

●主な用途
●非常に喜んでいる様子を形容する

大喜びすること。有頂天になること。「欣喜」は大喜びすること。「雀躍」は雀のように跳ね回ること。雀が枝先などで跳ね回るさまが、喜びにあふれているように見えることから。

用例 ⬇兄は司法試験合格の知らせに**欣喜雀躍**し、思わず僕に抱きついたのだった。

⬇病院で娘の誕生を知った父は、**欣喜雀躍**のあまり、本当に踊り出してしまった。

出典 『春秋左氏伝《しゅんじゅうさしでん》』哀公《あいこう》二〇年《ねん》(欣喜《きんき》)、『荘子《そうじ》』在宥《ざいゆう》(雀躍《じゃくやく》)

類義 有頂天外《うちょうてんがい》／歓天喜地《かんてんきち》／驚喜雀躍《きょうきじゃくやく》／狂喜乱舞《きょうきらんぶ》／手舞足踏《しゅぶそくとう》

緊褌一番

きんこんいちばん

●主な用途
●大事の前の心構えをたとえる

決意を堅くして、物事に取り組むこと。大きな事に当たるときに、心を大いに引き締めること。気合いを入れて事に当たるさま。「緊褌」は褌（ふんどし）をきつく締めること。「一番」はここ一番の勝負、思い切った試みの意。大事の前の心構えをいったもの。「褌を引き締める」という表現でも使われる。

用例 ⬇**緊褌一番**、選手全員が一丸となって勝利をもぎとろう。

⬇今度の出店の結果が、欧州進出成功のカギになる。ここは大勝負と心得て、**緊褌一番**、がんばってくれたまえ。

き

琴瑟相和《きんしつそうわ》

●主な用途
●仲むつまじい間柄をたとえる

「琴瑟相（あい）和す」とも読む。夫婦仲がとてもよいこと。「琴」の弦が五弦か七弦なのに対し、「瑟」は普通二十五弦もある大きな琴。「琴」と「瑟」を合奏すると音色がよく調和することから、夫婦の仲のよさを表した言葉。兄弟や友人同士などに用いることもある。

用例 ➡お二方は、ご結婚以来三十年、**琴瑟相和す**御夫婦でいらっしゃいます。

➡**琴瑟相和**と申しまして、夫婦生活にはハーモニーが大切であります。

出典 『詩経《しきょう》』小雅《しょうが》「常棣《じょうてい》」

類義 鴛鴦之契《えんおうのちぎり》／琴瑟和同《きんしつわどう》／比翼連理《ひよくれんり》

金城鉄壁《きんじょうてっぺき》

●主な用途
●非常に堅固な守りを形容する

鉄などの金属で造った堅固な城壁。転じて、きわめて守りが堅く、つけ入るすきがないこと。「金」は金属の総称で、「金城」は、金属で造った城。「鉄壁」は、鉄で造った城壁の意。

【注】「—鉄壁」は誤り。

用例 ➡わがサッカーチームのディフェンス陣は、**金城鉄壁**の守りを誇っている。

➡新システムは、コンピュータウィルスに対して**金城鉄壁**のガードをしています。

出典 徐積《じょせき》「倪復和《げいふくにわす》」詩

類義 金城湯池《きんじょうとうち》／堅塞固塁《けんさいこるい》／堅城鉄壁《けんじょうてっぺき》／難《なん》攻不落《こうふらく》／南山不落《なんざんふらく》

き

きんじょうてんか
錦上添花

●主な用途
●美しいものが重なる様子を表す

「錦上花を添（そ）う」とも読む。美しいものの上にさらに美しいものを加えること。「錦」は美しい絹織物のことで、「花」とともに華やかで美しいものを表す。美しい錦の上にさらに美しい花を添えるという意。また、よいことやめでたいことが重なること。

【注】「―添加」は誤り。

用例 ➡披露宴会場に新郎の文学賞受賞という、**錦上添花**の朗報が飛び込んだ。
➡主演女優賞の授与を往年の大女優が行い、**錦上花を添う**演出となった。

出典 王安石《おうあんせき》「即事《そくじ》」詩

きんじょうとうち
金城湯池

●主な用途
●他から攻めきれない堅い守りを表す

非常に守りの堅いこと。外からつけ入るすきがなく、攻めにくい堅固な備えのたとえ。「金城」は金属で造った城。「湯池」は熱湯をたたえた堀の意。

【注】「―湯地」は誤り。

用例 ➡この選挙区は保守の**金城湯池**だが、革新勢力に追い風が吹いている今度の選挙ばかりは、どう転ぶかわからない。
➡峻嶺にそびえ建つこの城は、まさに**金城湯池**の要塞（ようさい）である。

出典 『漢書《かんじょ》』蒯通伝《かいとうでん》

類義 金城鉄壁《きんじょうてっぺき》／湯池鉄城《とうちてつじょう》／難攻不落《なんこうふらく》

金殿玉楼
きん でん ぎょく ろう

●主な用途
●美しく立派な建物をたとえる

黄金や宝石で飾ったきらびやかな御殿。美しく立派な建物。「金殿」は黄金で造られた立派な御殿。「玉楼」は宝玉で飾られた立派な建物。「殿」「楼」ともに立派な建物を表す。

用例 ⬇テレビ取材で訪れた実業家の自宅は、**金殿玉楼**のごとき立派な屋敷だった。

⬇**金殿玉楼**は昔の話、王侯貴族じゃあるまいし、政治家が豪華な家を建てたりしたら笑われますよ。

⬇**金殿玉楼**とまでは言わないが、せめて一戸建てに住みたいなあ。

出典 李商隠《りしょういん》「送宮人入道詩《きゅうじんのにゅうどうをおくるのし》」詩

空空漠漠
くう くう ばく ばく

●主な用途
●限りなく広い様子を形容する

さえぎるもののない、果てしなく広大なさま。漠然としていて、とらえどころがない様子。「空漠」は、何もなくて広々としていること。また、つかみどころがなく、要領をえないこと。「空漠」を分け、それぞれを繰り返すことで、さらに意味を強調した成語。

用例 ⬇小高い丘の草むらに寝そべり、遠くの山々を眺めては、**空空漠漠**の思いにふけるのだった。

⬇**空空漠漠**としていた構想も、検討を重ねるうち、徐々に形になってきた。

類義 空空寂寂《くうくうじゃくじゃく》

くうこく(の)きょうおん
空谷跫音

●主な用途
●思いがけない喜びをたとえる

里から離れた無人の谷で聞く人の足音の意で、思いがけない喜びや非常に珍しいことのたとえ。「空谷」は人気(ひとけ)のない寂しい谷。「跫音」は足音の意。孤立しているときに賛同者を得た場合などにも用いる。

用例⬇三十年間も音信不通だった友人からの手紙は、まさに**空谷の跫音**であった。

⬇唯一私に賛同してくれた彼の存在は、**空谷の跫音**そのものだった。

出典『荘子《そうじ》』徐無鬼《じょむき》

類義跫音空谷《きょうおんくうこく》/空谷之音《くうこくのおん》/空谷跫然《くうこくのきょうぜん》/空谷足音《くうこくのそくおん》

くうぜんぜつご
空前絶後

●主な用途
●非常に珍しい様子を形容する

「前(まえ)に空(むな)しく後(あと)を絶(た)つ」とも読む。過去には一度も例がなく、将来にも起こりえないと思われること。非常に珍しいこと。「空前」はそれ以前に例がないこと。「絶後」は今後も起こりえないこと。

用例⬇五打席連続本塁打という記録は**空前絶後**の大記録になるだろう。

⬇百億円を超える高収益を生んだ映画が**空前絶後**の作品といわれたが、今ではそれを超える作品が次々と出てきている。

出典呉道元《ごどうげん》『宣和画譜《せんながふ》』二

類義曠前空後《こうぜんくうご》/曠前絶後《こうぜんぜつご》/前代未聞《ぜんだいみもん》

空中楼閣

くうちゅう(の)ろうかく

●主な用途
●現実性に乏しい空論をたとえる

空想的で現実味のない考え。実現不可能な空論。「楼閣」は二階建て以上の高層の建物。空中に高層の建物を建てるように、土台がなく、根拠のないこと。もとは蜃気楼(しんきろう)のことで、空中に地上のものが反射して、浮かんだように見える建物を表した。

用例 ➡単なる**空中の楼閣**に終わらせないよう、具体的な数値を交えた議論が必要だ。
➡先方の計画はどうも**空中の楼閣**のきらいがあり、今一つ乗る気になれんよ。

出典 『間情偶寄《かんじょうぐうき》』結構《けっこう》

類義 空中楼台《くうちゅうろうだい》/空理空論《くうりくうろん》/砂《さ》上楼閣《じょうのろうかく》

空理空論

くうりくうろん

●主な用途
●現実に即さない理論・議論をいう

実情や現実を考慮していないために、実際の役には立ちそうもない理論や議論のこと。「空理」「空論」はともに、筋道は立っているが、現実に即していない観念的な理論や議論を意味する。

用例 ➡改革を唱える彼の主張は、ともすれば**空理空論**に陥りがちだ。
➡販促会議での発言は、いずれも**空理空論**に終始しており、実現可能な具体策は、何一つとして決まっていない。

類義 按図索駿《あんずさくしゅん》/机上之論《きじょうのろん》/空中楼閣《くうちゅうろうかく》/砂《さ》上楼閣《じょうのろうかく》/紙上談兵《しじょうだんぺい》

愚者一得

ぐしゃ(の)いっとく

●主な用途
●「愚か者の名案」を表す謙遜表現

「愚者も千慮（せんりょ）に必ず一得有り」の略。愚かな者でも、たまにはよい知恵を出すということ。自分の考えを述べるさいに、謙遜（けんそん）の表現として用いることが多い。

【注】「―一徳」は誤り。

用例⬇門外漢の意見ですが、**愚者の一得**ということもありますので、お聞きください。
⬇彼は「**愚者の一得**ですが」と前置きして、画期的なアイデアを話しはじめた。

出典『史記《しき》』淮陰侯伝《わいいんこうでん》

類義千慮一得《せんりょのいっとく》

対義千慮一失《せんりょのいっしつ》／知者一失《ちしゃのいっしつ》

苦心惨憺

くしんさんたん

●主な用途
●苦労・努力を重ねる様子を表す

物事を成しとげるために、あれこれと工夫を凝らし、心を砕いて苦労すること。努力を重ねて目的を達成すること。「惨憺」は心を砕くという意味で、「惨澹」とも書く。

用例⬇会場の飾りつけからプログラムまで、**苦心惨憺**して設定したパーティだったのに、参加者は思ったほど多くなかった。
⬇**苦心惨憺**の末に書き上げた研究論文が専門雑誌に掲載され、学会にセンセーションを巻き起こした。

類義悪戦苦闘《あくせんくとう》／焦唇乾舌《しょうしんかんぜつ》／彫心鏤骨《ちょうしんるこつ》／粒《りゅう》粒辛苦《りゅうしんく》

薬九層倍
くすりくそうばい

●主な用途
●非常な割高感があるときに使う表現

もうけが大きいこと。暴利をむさぼることのたとえ。医薬品の値段は、原価の九倍もするというほど高く設定してあるために、もうけが非常に大きいことからいう。語構成は「薬—九層倍」。

用例 ➡あの店は主人が欲深で**薬九層倍**の商売をしているが、そうそういつまでも客がだまされているはずがない。
➡通信販売でダイエット関連の食品を試し買いしたのだが、あとで調べてみると**薬九層倍**の商品だったようだ。

類義 花《はな》八《はっ》層《そう》倍《ばい》

苦節十年
くせつじゅうねん

●主な用途
●成功を期した長年の辛抱を形容する

たとえ逆境にあっても苦労・苦心を重ねて長い年月を耐えしのび、置かれた状況に負けないこと。節度を失わず、成功を心に期して堅い志を貫くこと。「十年」は長い年月の意。

【表現】苦節十年を経る

用例 ➡**苦節十年**の苦労話を売り物にデビューするのは演歌歌手と相場が決まっていたが、最近はそうでもないらしい。
➡幼いころからの「ペンで身を立てたい」という彼女の夢は、**苦節十年**を経てかなえられ、ついに文学賞を受賞した。

類義 会稽《かいけい》之《の》恥《はじ》／臥《が》薪《しん》嘗《しょう》胆《たん》

くにくのけい

苦肉之計

●主な用途

●苦しまぎれに編み出した策をいう

自らの損害も覚悟して、苦しまぎれに考えた手段や方法のこと。「苦肉」は、自分の肉体を傷つけ苦痛を与えるという意味。出典では、敵を欺くために自分から傷を負い、敵陣に逃亡して情勢をさぐろうとする計画をいう。「計」は「はかりごと」とも読む。

用例⬇約束事がぶつかってしまい、スケジュール調整に努めてはみたのだが、結局**苦肉の計**で「親戚(しんせき)の不幸」という常套手段を使ってしまった。

出典『三国志演義《さんごくしえんぎ》』四六

類義窮余一策《きゅうよのいっさく》／苦肉之策《くにくのさく》

くんしひょうへん

君子豹変

●主な用途

●変わり身が早い無節操な人物を表す

もともとは、君子は自分の失敗を認めて、すぐに改めるというよい意味で使われていたが、現在では、主張や態度が突然に変わること、またそれを非難する語として用いることが多い。「君子」は高い教養や徳を備えた人。「豹変」は秋に豹の斑紋(はんもん)が鮮明になることから、鮮やかに変化するさま。

用例⬇社長が交代すると、専務は**君子豹変**したかのように、威張りだした。

出典『易経《えききょう》』革卦《かくか》

類義大人虎変《たいじんこへん》

対義小人革面《しょうじんかくめん》

く

ぐん ゆう かっ きょ

群雄割拠

●主な用途

●多くの実力者が競い合うことをいう

複数の実力者が各地に勢力地盤を持ち、対抗して競い合うこと。またその状態。現在では同等の力を持った者同士がお互いにしのぎを削って争うようなときに用いられる。「雄」は英雄、「割拠」は各人が土地を分かち取り、そこに本拠を構えるという意味。

用例 ⬇大手がまだ参入していない**群雄割拠**の今、わが社にもチャンスがあるはずだ。

⬇イタリアのプロサッカー界は各地方に強豪チームが散らばっていて、さながら**群雄割拠**の様相を呈している。

類義 治乱興亡《ちらんこうぼう》

けい がい(の)ち き

傾蓋知己

●主な用途

●初対面で親しくなることを形容する

一度会っただけで旧知のように親しくなること。またそのような仲。「傾蓋」は車の幌（ほろ）を傾ける意で、車を止めて親しく語り合うこと。「知己」は友人や親しい人。

【故事】孔子が、道端で偶然出会った程子（ていし）と、車を止め蓋（かさ）を傾けて親しく語り合ったという故事から。

【注】「—知已」「—知巳」は誤り。

用例 ⬇祖母は気さくな人柄で、だれとでもすぐに**傾蓋の知己**になってしまう。

出典 『史記《しき》』鄒陽伝《すうようでん》

類義 程孔傾蓋《ていこうけいがい》

けいきょもうどう
軽挙妄動

●主な用途
●分別のない軽率な行動を表す

事の是非をわきまえずに軽はずみな行動をすること。「軽挙」は軽々しい振る舞い、「妄動」は分別なく、でたらめに行動するの意。

【注】「―盲動」は誤り。

用例 ➡学生最後の夏休みとはいえ、卒業が決まるまでは**軽挙妄動**は慎みたい。

➡会社のブランドを各社員が背負っているということを自覚すれば、おのずと**軽挙妄動**に走ることはなくなる。

出典 『日本政記《にほんせいき》』

類義 軽慮浅謀《けいりょせんぼう》／軽佻浮薄《けいちょうふはく》

対義 熟慮断行《じゅくりょだんこう》

けいぐん(の)いっかく
鶏群一鶴

●主な用途
●大勢の中でも一際光る存在をいう

凡庸な人々の中にいる、一人だけ傑出した優秀な人物。「鶏群」は鶏の群れで、これといった取り柄のない人々の集まりの意。「一鶴」は一羽の鶴で、秀でた人、目立つ人の意。掃溜(はきだめ)に鶴(つる)と同義。

用例 ➡中学に入学した当初から、彼はクラスでも**鶏群の一鶴**と注目されていた。

➡新人の中で、**鶏群の一鶴**と称されていた彼だが、半年後の今では、すっかりその評価を下げてしまった感がある。

出典 『晋書《しんじょ》』嵇紹伝《けいしょうでん》

類義 群鶏一鶴《ぐんけいいっかく》／鶏群孤鶴《けいぐんこかく》／嚢中之錐《のうちゅうのきり》

け

鶏口牛後《けいこうぎゅうご》

●主な用途
●組織のトップであれという教え

「寧(むし)ろ鶏口と為るも牛後と為る勿(なか)れ」の略。大組織の末端にいるより、小組織でも先頭に立つほうがよいというたとえ。

【故事】中国戦国時代、雄弁家の蘇秦(そしん)が韓(かん)王に、大国の秦(しん)に臣従せず、小国であっても一国の王であれと説き、六か国が合従(がっしょう)して秦に対抗するべきだと勧めた故事による。合従は連合の意。

用例➡親父には口を酸っぱくして**鶏口牛後**の気構えを説かれたものだ。

出典『史記《しき》』蘇秦伝《そしんでん》

類義鶏尸牛従《けいしぎゅうしょう》

蛍雪之功《けいせつのこう》

●主な用途
●苦学をたとえる代表的な表現

苦労して学問に励むこと。苦学をたとえる代表的な語。「蛍雪」は蛍の光と雪明かりの意。

【故事】明かりの油も買えないような貧乏な車胤(しゃいん)が蛍を集めた光で、また孫康(そんこう)が窓辺の雪明かりで読書に励んだという故事による。

用例➡両親を早くに亡くした彼だが、**蛍雪の功**の甲斐(かい)あってみごと国立大学医学部に進学した。

出典『晋書《しんじょ》』車胤伝《しゃいんでん》・孫康伝《そんこうでん》

類義苦学力行《くがくりっこう》／蛍窓雪案《けいそうせつあん》／懸頭刺股《けんとうしこ》／車胤《しゃいん》聚蛍《しゅうけい》／雪窓蛍机《せっそうけいき》／孫康映雪《そんこうえいせつ》

けいちょうふはく
軽佻浮薄

●主な用途 ●行いがいい加減なことを形容する

言動が軽はずみで浮ついていること。「軽佻」は軽々しくて浮ついている様子。「浮薄」も同様に落ち着きがなく、移り気な様子を意味する。確固とした自分の考えを持たずに、時流や周囲の意見に乗って、深く考えずに発言したり行動したりすることをいう。

用例 ⬇物事をことさら重く考えるより、軽く受け流そうという**軽佻浮薄**な時代の空気を感じる。
⬇ついつい若者受けする物言いをしてしまう自分の**軽佻浮薄**ぶりに腹が立つ。

類義 軽佻佞巧《けいちょうねいこう》／軽佻浮華《けいちょうふか》／鼻先思案《はなさきしあん》

けいてんあいじん
敬天愛人

●主な用途 ●学問の最終目的をさし示す表現

「天を敬し人を愛す」とも読む。いかにすぐれた人間でも自然の摂理や天の配剤にはかなわない。だから常に天を恐れ敬い、人を等しく敬愛する謙虚な心を持つようにとの意。西郷隆盛が座右の銘とした「道は天地自然のものなれば、講学の道は敬天愛人を目的とし、修身克己(こっき)を以て終始すべし」という言葉が有名。

用例 ⬇**敬天愛人**を具現した彼女の生涯は、没後百年を経た今でも語り継がれている。

出典 西郷隆盛《さいごうたかもり》『南洲遺訓《なんしゅういくん》』

類義 敬天愛民《けいてんあいみん》

けいめいくとう
鶏鳴狗盗

●主な用途
●くだらない技芸でも役立つという意

卑しい特技や技能、それを持つ人。また、くだらない技能や人でも使い途があるということ。「鶏鳴」は鶏の鳴き真似、「狗盗」は狗(いぬ)の真似をして盗みを働くという意味。

【故事】中国戦国時代、秦(しん)の昭王(しょうおう)に捕らえられた斉(せい)の孟嘗君(もうしょうくん)が、犬の真似が上手な部下と、鶏の鳴き真似が上手な部下の働きで、無事に脱出したという故事から。

用例 ➡**鶏鳴狗盗**ですが、私の隠し芸でよろしければ、ご披露しましょう。

出典 『史記《しき》』孟嘗君伝《もうしょうくんでん》

げっかひょうじん
月下氷人

●主な用途
●中国故事にちなんだ仲人の別称

男女の仲を取り持つ人。仲人、媒酌人。

【故事】中国唐の韋固(いこ)が月明かりの下で老人に未来の花嫁を予言され、十四年後にその通りになった『続幽怪録(ぞくゆうかいろく)』にある「月下老人」の故事と、東晋(とうしん)の令孤策(れいこさく)が氷上で氷の下の人と話す夢を見たことを占師の索紞(さくたん)が「仲人になる前兆だ」と告げた『晋書(しんじょ)』索紞伝にある「氷上人」の故事をふまえた合成語。

用例 ➡親友のため柄にもなく**月下氷人**の真似事をしてみたが、ひどく緊張した。

け

けんきょうふかい

牽強付会

●主な用途
●合理的とは思えない説明を形容する

道理に合わないことを自分に都合がよいように無理矢理こじつけること。また、無理に自説を通すこと。「牽強」は綱を引いて引き寄せること。「付会」は関係や脈絡がないものを一つにすることで、「附会」「傅会」とも書く。どちらも強引なつじつま合わせを表す。

用例
➡専務のいうところのリストラの必要性は、**牽強付会**な理屈に思えてならない。
➡**牽強付会**の説が通るはずもなく、彼の提案は却下された。

出典 『朱子全書《しゅしぜんしょ》』学《がく》
類義 我田引水《がでんいんすい》／漱石枕流《そうせきちんりゅう》

けんけんごうごう

喧喧囂囂

●主な用途
●わいわいと騒がしいさまを表現する

多くの人がやかましく騒ぎたてるさま。「喧」は、喧噪、わいわいとやかましいさま。「騒ぎで収拾がつかないこと。「囂囂」も音声が騒がしい様子。「侃侃諤諤（かんかんがくがく）」は正々堂々と議論を戦わすことで別意。

【注】よく誤用されるが、「喧喧諤諤（けんけんがくがく）」という熟語はない。

用例
➡自治会の集まりは祭りの費用をめぐって**喧喧囂囂**の騒ぎとなり、各家庭の負担額の面で意見がまとまらなかった。
➡議会を傍聴したが、あの**喧喧囂囂**とした議場を見ると、ばかばかしくなる。

け

拳拳服膺

けんけんふくよう

●主な用途

●教えに常に留意していることをいう

人の言葉や教えを常に心に刻み、決して忘れないこと。「拳拳」は両手で捧(ささ)げもつように大切にすること。「服」は身につける、「膺」は胸のことで、心に刻みつけて、決しておろそかにしない意。

用例 ➡亡き母が生前に語っていたことを**拳拳服膺**して生きていきます。

➡平和の実現に一生を捧げた先生の教えを**拳拳服膺**して、今後もよりいっそうの努力を続けていくつもりです。

出典 『中庸《ちゅうよう》』八

類義 彫心鏤骨《ちょうしんるこつ》／銘肌鏤骨《めいきるこつ》／銘心鏤骨《めいしんるこつ》

言行一致

げんこういっち

●主な用途

●言葉と行動に矛盾がないことをいう

言うことと行うことが一致していること。言葉と行動が一致して、つじつまが合うこと。「言行」は、言葉と行動。口で言うことと実際の行いが一致して矛盾のないことをいう。

用例 ➡彼は**言行一致**がモットーだそうだが、実力が伴わないため、モットーが生かされていない。

➡世の中で一番、**言行一致**が求められている職業は政治家だろうが、一番それが守られていない職業も政治家といえる。

類義 形名参同《けいめいさんどう》／有言実行《ゆうげんじっこう》

対義 言行相反《げんこうそうはん》／口是心非《こうぜしんぴ》

けんこんいってき

乾坤一擲

●主な用途
●大勝負に込める気持ちをいう

運命をかけた大勝負。また、大勝負にうって出る気持ち、気概。「乾坤」は天地、「一擲」はサイコロの一振りの意。天下をサイコロの一振りにかけるような、思い切った勝負。

【故事】中国秦の劉邦(りゅうほう)は部下の進言を入れて、休戦中の項羽(こうう)を急襲し、天下をとった。これを唐の詩人韓愈《かんゆ》(かんゆ)が「真に一擲を成して乾坤を賭(と)せしむ」と詠じた故事から。

用例 ➡**乾坤一擲**のフリーキックが決まった。

出典 韓愈《かんゆ》「過鴻溝《こうこうをすぐ》」詩

類義 一六勝負《いちろくしょうぶ》／一擲千金《いってきせんきん》／孤注一擲《こちゅういってき》

けんどちょうらい

捲土重来

●主な用途
●敗者復活を期す気概をいう

一度敗れた者が、再び勢いを得て巻き返してくること。「捲土」は「巻土」とも書き、土煙を巻き上げる様子。「重来」は重ねてやってくるという意。「重来」は「じゅうらい」とも読む。

【故事】中国唐の杜牧(とぼく)が劉邦(りゅうほう)に敗れた項羽(こうう)の死を惜しみ「江東の子弟才俊(さいしゅん)多し　捲土重来未(いま)だ知るべからず」と詠んだことから。

用例 ➡甲子園では、**捲土重来**を期して相手校の校歌を聴いている高校球児が多い。

出典 杜牧《とぼく》「題烏江亭《うこうていにだいす》」詩

対義 一蹶不振《いっけつふしん》

けんにんふばつ

堅忍不抜

●主な用途

●意志堅固で忍耐強いことを形容する

困難に屈せず、堅い意志で我慢強く耐えしのび、意志を貫徹すること。「堅忍」は意志強固で、忍耐強いこと。「不抜」は堅くて抜けないこと、心が動揺しないことを表す。

用例 ➡素質だけじゃない。**堅忍不抜**の信念があったからこそ、彼は超一流の選手と呼ばれるまでに成長したんだ。

➡音楽家として彼が大成したのは、もちろん彼自身の**堅忍不抜**の精神の賜物だが、彼女の支えも見逃してはならない。

出典 蘇軾《そしょく》「鼂錯論《ちょうそろん》」

類義 確乎不抜《かっこふばつ》／堅忍持久《けんにんじきゅう》／志操堅固《しそうけんご》

けんぱくどうい

堅白同異

●主な用途

●無理矢理のこじつけ、言い訳をいう

「堅白同異の弁」の略。詭弁（きべん）、強弁、こじつけ。中国戦国時代、公孫竜（こうそんりゅう）の「堅くて白い石というが、目で見ると白さはわかるが堅さはわからない。手で触れば堅さはわかるが、色はわからない。だから堅くて白い石というものはない」という論理による。「白馬非馬（はくばひば）」とともに、公孫竜の弄（ろう）した詭弁として有名。

用例 ➡事故を起こした責任を逃れるために、彼は**堅白同異**の弁をまくし立てた。

出典 『公孫竜子《こうそんりゅうし》』堅白論《けんぱくろん》

類義 堅石白馬《けんせきはくば》／堅白異同《けんぱくいどう》／白馬非馬《はくばひば》

けん ば の ろう

犬馬之労

●主な用途　●自分の尽力、努力を謙遜する表現

犬や馬程度のつまらない働きのこと。自分や身内の力をへりくだっていう言葉で、主人や目上の人、または他人のために力をつくして働くことを謙遜(けんそん)していう語。

【注】他人の行為に用いるのは失礼に当たる。

【表現】犬馬の労をとる

用例 ⬇父は**犬馬の労**を惜しまず、会社に人生を捧(ささ)げ尽くすように働き続けた。

⬇尊敬する先輩のためならば、**犬馬の労**をとることもいとわぬ覚悟です。

出典 『韓非子《かんぴし》』五蠹《ごと》

類義 汗馬之労《かんばのろう》／犬馬之報《けんばのほう》

けん ぼう じゅっ すう

権謀術数

●主な用途　●人をあざむくための謀略をいう

巧みに種々の計略をめぐらして、人をあざむくこと。そのはかりごと、たくらみ。「権謀」はその場の変化に応じた策略。「術数」ははかりごとやたくらみの意味。

用例 ⬇一見のんきに見えるわが社の取締役会だが、水面下では次期社長の座をねらって**権謀術数**が渦巻く駆け引きが行われているという噂(うわさ)だ。

⬇彼女は**権謀術数**の限りをつくし、現在の地位を築き上げた。

出典 朱熹《しゅき》『大学章句序《だいがくしょうくじょ》』

類義 奸智術策《かんちじゅっさく》／権謀術策《けんぼうじゅっさく》

行雲流水

こううんりゅうすい

●主な用途
●自然のままの気持ち、生き方をいう

自然の流れに逆らわず、よどみなく移り変わること。物事に執着しないで成りゆきに任せて行動、生活すること。また、そのような心境。「行雲」は空に浮かび漂う雲、「流水」は川を流れる水で、それらのように自然に移り変わり、一か所にとどまらぬこと。諸国を修行してまわる禅僧のたとえにも用いる。

用例⬇こせこせした雑事に煩わされずに、**行雲流水**の如く生きてみたいものだ。

出典『宋史《そうし》』蘇軾伝《そしょくでん》

類義一所不住《いっしょふじゅう》

対義定雲止水《ていうんしすい》

豪華絢爛

ごうかけんらん

●主な用途
●眼を奪われるような美しさを表す

色彩や姿形が華やかで、光り輝くように美しいこと。「豪華」は外見が華やかで贅沢（ぜいたく）なさま。「絢爛」は織物の模様がきらびやかで美しいさま。

用例⬇有名作家に特注したという**豪華絢爛**な着物を着た女優が、パーティ会場の注目を一身に集めた。
⬇宮殿の**豪華絢爛**たる造作は、かつてこの地を統治した国王一族の栄耀栄華（えいようえいが）を彷彿（ほうふつ）とさせるものだった。

類義絢爛華麗《けんらんかれい》／絢爛豪華《けんらんごうか》／綾羅錦繍《りょうらきんしゅう》

こ

こう　か　てき　めん

効果覿面

●主な用途
●効き目がはっきり現れることをいう

ある事柄の効果や結果が、ただちにはっきりした形で現れることをいう。「覿」は目の前にする。「覿面」は、目の当たりにはっきりと見るという意味。

用例 ➡裏のわんぱく坊主は何度言ってもうちの庭に忍び込むのをやめなくて困ってたんだけど、雷親父の異名をとったおじいちゃんにしかってもらったら**効果覿面**、次の日から姿を見せなくなったわ。

➡テレビコマーシャルはさすがに**効果覿面**だね。売り上げが三倍に伸びたよ。

類義 天罰《てんばつ》覿面《てきめん》

ごう　がん　ふ　そん

傲岸不遜

●主な用途
●おごりたかぶった態度、人をいう

威張っていて人を見下すような言動。おごりたかぶっていて謙虚でない態度。「傲岸」はおごりたかぶること。「不遜」は謙虚さがなく思い上がった態度。

用例 ➡就任したとたん、今までへつらっていた相手にも**傲岸不遜**な態度で接するものだから、新社長は周囲から信望を失っているようです。

➡同僚はおろか上司にまで**傲岸不遜**な態度をとるとは、いくら優秀だからって彼は組織の一員としては失格だね。

類義 傲岸《ごうがん》不《ふ》屈《くつ》／傲岸《ごうがん》無礼《ぶれい》／傲慢《ごうまん》無礼《ぶれい》

厚顔無恥《こうがんむち》

●主な用途
●厚かましく恥知らずなさまをいう

厚かましくて恥知らずなこと。「厚顔」は、文字通り面(つら)の皮が厚い、厚かましいこと。「無恥」は恥を恥とも思わないこと。

【注】「—無知」は誤り。

用例 ⬇ここまで決定的な収賄の証人や状況証拠がそろっているのに、まだ罪を認めないとは**厚顔無恥**もきわまれりだ。

⬇友人はみな私の発明品だと知っているのに、それを自分のものとして特許申請するなんて、**厚顔無恥**とは彼のことだ。

出典 孔稚珪《こうちけい》「北山移文《ほくざんいぶん》」

類義 寡廉鮮恥《かれんせんち》／無恥厚顔《むちこうがん》

綱紀粛正《こうきしゅくせい》

●主な用途
●規律を正し引き締めることをいう

国家や組織の乱れた規律や風紀を厳しく正すこと。政治家や官僚についていうことが多い。「綱紀」は大きな綱と小さな綱、転じて、国家統治の基になる法と細則。「粛正」は厳しく正す、戒め正すこと。

【注】「—粛清」は誤り。

用例 ⬇社の空気が緩み、ミスが続発したため、社長は**綱紀粛正**を厳しく行った。

⬇独裁者は、反乱を起こした市民を、**綱紀粛正**の名を借りて、一方的に鎮圧した。犠牲者は数万人に上ると見られる。

対義 綱紀廃弛《こうきはいし》

ごうきぼくとつ
剛毅木訥

●主な用途
●意志が強く飾り気のないことをいう

強い意志を持ち、飾り気がなく無口なさま。「剛毅」は意志が強く物事に屈しないさま。「木訥」は無口で言葉を飾らないさまで、「朴訥」「朴吶」とも書く。

用例 ⬇兄は**剛毅木訥**な人柄で、思っていることを口に出さないタイプなので誤解されやすいのですが、信頼のおける人間であることは保証いたします。

⬇今どきの若者には珍しく、**剛毅木訥**で見所のある兄弟たちだ。

出典 『論語《ろんご》』子路《しろ》

対義 巧言令色《こうげんれいしょく》

こうげんれいしょく
巧言令色

●主な用途
●人にこびてとりつくろうさまをいう

言葉を飾り、こびへつらって相手の機嫌をとること。出典には、「巧言令色鮮矣仁（こうげんれいしょくすくなしじん）」とあり、このままの形で成語として用いられることも多い。孔子は、言葉だけのお愛想は、最高の徳である仁に欠けるものであると批判している。〝仁〟は思いやり、いつくしみ。

用例 ⬇**巧言令色**では真の友人は得られない。

⬇彼は人を見る目があるから、**巧言令色**なあの男を信用しているはずがない。

出典 『論語《ろんご》』学而《がくじ》

対義 剛毅木訥《ごうきぼくとつ》

こうさいりくり

光彩陸離

●主な用途

●光り輝く美しさを形容する

まばゆいばかりに美しく輝く様子。光が入り交じって目もくらむばかりに美しいさま。「光彩」は美しく輝く光、また、鮮やかないろどりで、「光采」とも書く。「陸離」は光がきらきらと飛び跳ねるように入り乱れるさま。

【表現】光彩陸離たる新緑の季節

用例 ⬇生け花展は、コーディネーターによるみごとなライティングと演出によって、**光彩陸離**たる趣であった。

⬇豪華な衣装を身にまとったスターの**光彩陸離**たる姿に一同は陶然として声も出なかった。

こうじたま

好事多魔

●主な用途

●好調時には邪魔が多いことをいう

一般に「好事魔(ま)多し」と訓読を用いる。よいこと、うまくいきそうに思えることには、とかく邪魔が入りやすいものだということ。「多魔」は「多磨」とも書く。

用例 ⬇**好事魔多し**、好調なときほどこの言葉を忘れずに不測の事態に備えるようにしよう。

⬇他社を圧してクライアントに好評だったわが社の企画だが、**好事魔多し**、クライアント自体が倒産してしまった。

出典 『西廂記《せいしょうき》』一

類義 鬼瞰之禍《きかんのわざわい》／好事多阻《こうじたそ》／寸善尺魔《すんぜんしゃくま》

口耳之学
こうじのがく

●主な用途
●薄っぺらで受け売りの学問を表す

人に聞いた知識をそのまま別の人に話し伝えるような、底の浅い学問をいう。受け売りで身についていない学問のこと。耳から入って口から出る学問。

用例 ⬇彼の説は薄っぺらで、**口耳の学**にすぎないことがすぐわかってしまう。

⬇**口耳の学**の輩(やから)が多いから、一見、正鵠(せいこく)を射ているかのような俗説が短期間に広まるのであろう。

出典 『荀子《じゅんし》』勧学《かんがく》

類義 口耳講説《こうじこうせつ》／口耳四寸《こうじよんすん》／耳食之学《じしょくのがく》／小《しょう》人之学《じんのがく》／道聴塗説《どうちょうとせつ》

公序良俗
こうじょりょうぞく

●主な用途
●社会を維持するための規範を表す

社会の秩序と善良な習慣。社会を維持していくための規範。「公序」は公共の秩序、「良俗」は社会の一般的道徳観念、よい習慣。法律は公序良俗の理念に基づいて立法・適用されるものであり、これに反する法律は無効とされる。犯罪は、公序良俗に反するがゆえに違法とされる。

【表現】公序良俗に反する

用例 ⬇**公序良俗**を乱すとして、殺人を克明に描写した本が大問題となっている。

⬇少年のしたことは**公序良俗**に反する行為だから厳しく罰すべきである。

こう じん ばん じょう

黄塵万丈

●主な用途
●土煙が高く舞い上がっている状態

風で黄色い土煙がもうもうと空高く舞い上がっている様子。また砂煙が空高く舞い上がる戦場の形容。「黄塵」は、黄色い土煙。「丈」は長さの単位で約三メートル。「万丈」で非常に高いことを形容する。

用例 ⬇サハラ砂漠を旅したときのいちばんの思い出は、炎天下、**黄塵万丈**の風に翻弄(ほんろう)されながら、砂に埋もれた車を掘り出すはめになったことだ。

⬇象の大群が、乾期で干上がった大地の中を**黄塵万丈**の土煙を上げて移動しているのを見物できた。

こう ぜん の き

浩然之気

●主な用途
●ゆったりとした気持ちを形容する

何ものにもとらわれない、豊かでのびのびとした気持ち。何も恥じることのない公明正大な勇気ある精神。「浩然」は広く豊かなさま。孟子(もうし)によれば、天地間に充満している非常に盛んな気を「浩然之気」といい、これを取り入れると、道義心に満ち何物にも屈しない勇気を持った人間になるという。

【表現】浩然の気を養う

用例 ⬇リフレッシュ休暇の旅は、**浩然の気**を養うのによい機会だったようだ。

出典 『孟子《もうし》』公孫丑《こうそんちゅう》・上

類義 正大之気《せいだいのき》

こう だい む へん

広大無辺

●主な用途
●果てしない広がりを表現する

「広大にして辺(かぎり)無し」とも読む。広く大きく、果てしないこと。どこまでも広いこと。「広大」は「宏大」「洪大」とも書く。

用例 ➡天体望遠鏡で星々をながめながら、**広大無辺**であろう宇宙に想いをめぐらしていると、心までゆったりしてくる。

➡**広大無辺**の大空を、自分の翼(つばさ)でどこまでも飛んでいけたら、どんなにすばらしいことだろう。

➡臨死体験者によると、死後の世界には人間の想像など及びもつかないほどの**広大無辺**な時空が広がっているという。

こう ち せっ そく

巧遅拙速

●主な用途
●速い仕事が必要とされるときにいう

「巧遅は拙速に如(し)かず」の略。上手で遅いより、下手でも速いほうがよい。丁寧で時間がかかるより、雑でも速いほうがよいということ。もともと兵法の語で、戦術の巧拙についていった言葉。

用例 ➡「**巧遅拙速**」と「急がば回れ」は相反する言葉だ。

➡明日の式典に間に合わないことには話にならないのだから、**巧遅拙速**でもとにかく全体のセッティングを終わらせることに全力を傾けてほしい。

出典 『孫子《そんし》』作戦《さくせん》

黄道吉日

こう どう きち にち

●主な用途

●日柄のよい日をいう

陰陽道（おんみょうどう）で、何ごとをするのも吉とされる日。転じて一般に、よい日柄をいう。「黄道」は地球から見た、太陽が運行する天空上の軌道。「吉日」は「きちじつ」「きつじつ」「きつにち」とも読む。略して「黄道日（こうどうじつ）」ともいう。

用例 ↓私自身は縁起をかつがない主義だったが、結婚式は妻になる人の主張に従って**黄道吉日**を選んだ。

↓会社設立に当たっては、節目となる日が**黄道吉日**になるようにして事を進めた。

類義 吉日良辰《きちじつりょうしん》／大安吉日《たいあんきちじつ》

荒唐無稽

こう とう む けい

●主な用途

●でたらめで根拠のないことをいう

考えや発言に根拠がなく、でたらめなこと。話にならないほどばかげていること。「荒唐」は言葉や考えなどによりどころがないこと。「無稽」は根拠のないこと。「荒唐之言」と「無稽之言」の合成語。

用例 ↓かつてＳＦ小説は**荒唐無稽**な作り話とさげすまれ、文学の一部とは認められていなかったものである。今日の隆盛からすれば、今昔の感がある。

↓彼が語る**荒唐無稽**な話には、不思議と真実味がある。

類義 荒誕無稽《こうたんむけい》／荒唐不稽《こうとうふけい》／妄誕無稽《もうたんむけい》

こう ふう せい げつ

光風霽月

●主な用途
●わだかまりのないことを形容する

心が澄み切っていてわだかまりがないこと。物事に執着しない、さわやかな様子。「光風」は光の中をさわやかに吹き渡る風。「霽」は晴れるの意で、「霽月」は雨上がりに出る澄み切った空の月。

用例 ➡彼と話していると、**光風霽月**な人柄がこちらにも伝わってきて、すがすがしい気分になります。

➡プロジェクトの成否は来年にならないとわかりませんが、全力をつくした今は**光風霽月**の心境であります。

出典 『宋史《そうし》』周敦頤《しゅうとんい》伝《でん》

こう へい む し

公平無私

●主な用途
●私心がなく平等なさまをいう

個人的な感情や利害を交えず、公平に判断して行動すること。「無私」は私心がないことで、自分個人の気持ちや私欲を判断にさしはさまない意。

用例 ➡裁判官は、原告、被告、どちらにもかたよらない**公平無私**な立場から、判決を下すべきである。

➡若いみなさんには、実社会で**公平無私**に徹することがどんなに難しいことか、想像もつかないかもしれません。

出典 『韓詩外伝《かんしがいでん》』七

類義 公正無私《こうせいむし》／公明正大《こうめいせいだい》／無私無偏《むしむへん》

ごう ほう らい らく
豪放磊落

●主な用途
●大らかで小事にかまわない人をいう

気持ちが大らかで、小さなことにこだわらないこと。また、そのような人。「豪放」「磊落」はともに、心が広く、小さなことにこだわらない意。

用例 ➡彼は**豪放磊落**を装ってはいるが、その言動の端々には計算高くて神経質な気質が見え隠れする。

➡彼は本当に**豪放磊落**な人物だね。ぜひわが営業部で活躍してもらいたいと考えている。

類義 天空海闊《てんくうかいかつ》／幕天席地《ばくてんせきち》／磊磊落落《らいらいらくらく》

対義 小心翼翼《しょうしんよくよく》

こう めい せい だい
公明正大

●主な用途
●公平で隠し事のないことをいう

公平で私心がなく、やましい不正や隠し事がないこと。またそのさま。「公明」は、公平で私意のないこと。「正大」は、正しくつつみ隠しがなく堂々としていること。出典には、「聖人の心事、光明正大にして」とあり、聖人の心のあり方を形容している。

用例 ➡有権者は、**公明正大**な人を選んで投票しなくてはいけない。

➡記者会見での**公明正大**な社長の態度が、会社のイメージアップに貢献した。

出典 顧棟高《ことうこう》『春秋大事表《しゅんじゅうだいじひょう》』読春秋偶筆《しゅんじゅうをよみてたまたまひっす》

類義 公正無私《こうせいむし》／心地光明《しんちこうめい》／中正無私《ちゅうせいむし》

こうもうへきがん
紅毛碧眼

●主な用途
●西洋人のことをさした言葉

赤茶色の髪の毛（紅毛）と青い眼（碧眼）。西洋人のこと。江戸時代、ポルトガル人、スペイン人は「南蛮人」、髪の毛が赤いオランダ人は「紅毛人」と呼ばれていた。したがって当時「紅毛碧眼」といえば主にオランダ人をさしたが、後に広く西洋人をさすようになった。今日ではほとんど用いられない語。

用例　⬇初めて**紅毛碧眼**を見た日本人は、眼や髪の色にさぞかし驚いたことだろう。

⬇**紅毛碧眼**の西洋人が行き交う出島には、独特の雰囲気があった。

類義　紫髯緑眼《しぜんりょくがん》／碧眼紅毛《へきがんこうもう》

こうろんおつばく
甲論乙駁

●主な用途
●対立意見がまとまらないことをいう

互いが自分の意見を主張し合うばかりで議論がまとまらないこと。まちまちな意見が出て結論がなかなか出ないこと。甲が論じると、乙がそれに反駁するという意。

用例　⬇司会の手際が悪かったために、会議が**甲論乙駁**となり、決定は次回以降に持ち越された。

⬇**甲論乙駁**を延々と繰り返してもどうしようもない。お互いに少しは歩み寄りの姿勢も必要だ。

類義　議論百出《ぎろんひゃくしゅつ》／議論沸騰《ぎろんふっとう》／諸説紛紛《しょせつふんぷん》

対義　衆議一決《しゅうぎいっけつ》／満場一致《まんじょういっち》

こ

こうろんたくせつ

高論卓説

●主な用途　●すぐれた意見や議論のことをいう

高い見識による卓越した意見や論議。すぐれた理論、論説。「高論」は、高尚な議論。「卓説」は、人よりすぐれた意見。他人の意見などを敬っていう。「卓」は、他から抜きん出てすぐれていること。

用例 ➡時代の先を読む彼の**高論卓説**には、いつも感服させられる。今日の新聞でも来年度の見通しを書いていたが、さすがに目のつけ所が他の論者とは違う。

➡識者の**高論卓説**を聞いたうえで、私たちに何ができるかを考えよう。

類義 高論名説《こうろんめいせつ》／名論卓説《めいろんたくせつ》

ごえつどうしゅう

呉越同舟

●主な用途　●敵同士が同じ場所にいることをいう

仲の悪い者同士や敵味方が、同じ場所に居合わせること。本来は、仲の悪い者同士でも同じ災難にあったり利害が一致したりすれば、助け合うというたとえ。

【故事】呉(ご)と越(えつ)はしばしば戦いを繰り広げたが、憎しみ合う両国の人でも、乗り合わせた舟が転覆しそうになれば、恨みも忘れて助け合うだろうという孫子の言葉から。

用例 ➡飛行機は一便しかないから、**呉越同舟**せざるをえない。

出典 『孫子《そんし》』九地《きゅうち》

類義 楚越同舟《そえつどうしゅう》／同舟共済《どうしゅうきょうさい》

こ

古往今来

こおうこんらい

主な用途
●有史以来、今に至るまでをいう

昔から今に至るまで。古今。「古往」は昔。「今来」は今に至るまで。今まで。「今来」は「きんらい」とも読む。

用例 ⬇**古往今来**、歴史は戦いの連続であった。逆説的だが「戦争はなくならない」と認めることが、戦争をなくすための実際的な方策を考える第一歩かもしれない。

⬇**古往今来**、世代間の断絶がこれほど大きい時代もなかったでしょう。意志疎通にすら困難を感じることもしばしばです。

出典 『文選《もんぜん》』潘岳《はんがく》「西征賦《せいせいのふ》」

類義 往古来今《おうこらいこん》／今来古往《こんらいこおう》

呉下阿蒙

ご か(の)あ もう

主な用途
●進歩のない人物をたとえていう

進歩のないつまらない人物。また学問のない人物。

【故事】 中国三国(さんごく)時代、呉(ご)の魯粛(ろしゅく)が呂蒙(りょもう)を久しぶりに訪問したとき、その学問の進歩ぶりに感心して、「あなたは呉下の阿蒙(呉にいたときの蒙さん)ではない」と言った故事による。「阿」は、親しい人を呼ぶときにつける語。

用例 ⬇君は同じ間違いを繰り返しているね。それでは、**呉下の阿蒙**と思われてもしょうがないよ。

出典 『三国志《さんごくし》』呉志《ごし》・呂蒙伝《りょもうでん》・注

こぎ しゅんじゅん

狐疑逡巡

●主な用途
●疑ってぐずぐずためらうことをいう

あれこれ考えて、決心がつきかねること。いつまでもためらって、ぐずぐずすること。狐(きつね)は疑り深く慎重であるといわれることから、「狐疑」は、疑うあまりに、迷って決心がつかないさま。「逡巡」は、ためらう意。「逡循」とも書く。

用例 ➡誘いを受けたときに**狐疑逡巡**したために、千載一遇(せんざいいちぐう)のチャンスを逸してしまった。

➡会社のトップが**狐疑逡巡**していたのでは、経営方針が打ち出せるわけがない。

類義 右顧左眄《うこさべん》／遅疑逡巡《ちぎしゅんじゅん》

ごく あく ひ どう

極悪非道

●主な用途
●非常に悪質な事件人物をさしていう

きわめて悪質で、人の道に外れていること。血も涙もないような冷酷な性質。並外れて悪質な物事にいう。「極悪」は悪逆きわまりないこと。「非道」は道理や人の道に外れていること。

用例 ➡衝動的な犯行に見せかけた、きわめて計画的な犯罪だ。犯人は**極悪非道**であり、情状酌量の余地はまったくない。

➡週刊誌のキャンペーン報道が発端となり、高齢者を食い物にする**極悪非道**な商法が国会で問題となった。

類義 悪逆非道《あくぎゃくひどう》／悪逆無道《あくぎゃくむどう》／大逆無道《たいぎゃくむどう》

こくしむそう
国士無双

●主な用途
●並ぶ者がない傑出した人物をいう

国中に並ぶ者がないほどすぐれた人物、偉大な人材。「国士」は国を背負って立つほどの技量の持ち主。「無双」は二つとないこと。

【故事】中国漢の大将軍、韓信(かんしん)がまだ無名のとき、友人の蕭何(しょうか)が漢の高祖、劉邦(りゅうほう)に彼を推挙したときの言葉から。

用例 ⬇生涯無敗の宮本武蔵(むさし)こそ、**国士無双**の名に値するただ一人の剣豪であると思います。

出典 『史記《しき》』淮陰侯伝《わいいんこうでん》

類義 古今無双《ここんむそう》／天下無双《てんかむそう》

ごくらくじょうど
極楽浄土

●主な用途
●仏教で、安楽な理想の世界をいう

この上なく幸せな状態。またそういう気持ちになる場所のたとえ。阿弥陀仏(あみだぶつ)がいるという苦しみのない死後の世界。西方十万億土の彼方にあり、まったく苦しみのない安楽な理想の世界であるという。

用例 ⬇**極楽浄土**もかくやと思われるすばらしい景色である。

⬇難病に苦しんだ夫も、**極楽浄土**にたどりつき、阿弥陀様のもとでやっと安楽に過ごせるようになったことと思います。

類義 安養宝国《あんようほうこく》／九品浄土《くほんじょうど》／極楽世界《ごくらくせかい》／西方浄土《さいほうじょうど》／寂光浄土《じゃっこうじょうど》／十万億土《じゅうまんおくど》

孤《こ》軍《ぐん》奮《ふん》闘《とう》

●主な用途
●一人で困難に立ち向かうさまを表す

孤立した軍勢が、全力で敵と戦うこと。転じて、援助するもののない中で、一人で困難な状況に立ち向かって全力を尽くすこと。「孤軍」は、味方から孤立した軍勢。

用例⬇特定派閥に属さず**孤軍奮闘**している彼を何とか応援したい。
⬇剣道大会での勝ち抜き戦、同僚が全敗した中で、彼の**孤軍奮闘**ぶりはみごとだったね。あれよあれよという間に、全員なぎ倒して優勝してしまったんだから。

出典『後漢書《ごかんじょ》』呂布伝《りょふでん》

類義僑軍孤進《きょうぐんこしん》／孤立無援《こりつむえん》／四面楚歌《しめんそか》

股《こ》肱《こう》之《の》臣《しん》

●主な用途
●信頼のおける部下のことをいう

主君の手足となって働く腹心の部下。最も頼りになる部下。側近。「股肱」はからだのもとひじ。人が動くときにかなめとなる部分。転じて、手足となって働いてくれる部下。なくてはならない大切なもののたとえ。

用例⬇信望厚い社長の下には、いわば**股肱の臣**といえる社員が集まっている。
⬇大臣の秘書は昔からの**股肱の臣**で、最も信頼されている人物だ。

出典『史記《しき》』太史公自序《たいしこうじじょ》

類義股肱之良《ここうのりょう》／股掌之臣《こしょうのしん》／腹心之臣《ふくしんのしん》

対義身中之虫《しんちゅうのむし》／乱臣賊子《らんしんぞくし》

ここんむそう
古今無双

●主な用途
●匹敵するものがないことを表す

昔から今までに匹敵するものがないこと。史上最高の意。「双」は匹敵する、並ぶという意で、「無双」で匹敵するものがない、並ぶものがないこと。

用例 ⬇**古今無双**の相撲取り、双葉山(ふたばやま)の連勝記録は不滅のものだ。⬇長いこと歌舞伎(かぶき)に通ってきたが、これほど情感の出せる女形は見たことがない。**古今無双**といっても過言ではないだろう。

類義 海内無双《かいだいむそう》／古今独歩《ここんどっぽ》／古今無比《ここんむひ》／古今《ここん》無類《むるい》

こしたんたん
虎視眈眈

●主な用途
●じっとねらっている様子をたとえる

つけ込むすきをねらって、辛抱強く機会をうかがっているさま。虎(とら)が獲物をじっと見下ろしながら、飛びかかる機会をねらっている様子から。「虎視」は虎が獲物をねらって鋭い目で見ること。「眈眈」はにらむ、見下ろす意。

用例 ⬇彼は何人かと共謀して、**虎視眈眈**と会社乗っ取りをねらっていた。⬇派閥内の力関係を計算しながら、現幹事長は次期党首の座を得ようと**虎視眈眈**、根回しに余念がない。

出典 『易経《えききょう》』頤卦《いか》

ごしょうだいじ
後生大事

●主な用途
●物を大事にすることをいう

熱心に勤め励むこと。非常に大切にすること。つまらない物を大切に保管するという意味に使われ、相手をさげすんで用いる場合も多い。もとは仏教語で、来世の安楽を願い、心を込めて仏道に励むこと。「後生」は来世。また来世で極楽に生まれ変わること。

用例 ⬇会長も、交通事故の大怪我から一命をとりとめて以来、**後生大事**、病院で読経をあげる毎日だそうだ。

⬇祖母は戦時中の物がなかった時代が忘れられないと、古着や包装紙を**後生大事**にタンスの奥にしまい込んでいる。

こじょうらくじつ
孤城落日

●主な用途
●勢いが衰え衰退する状態を表す

勢いが衰えたうえ助けるものもなく、衰退の一途をたどるさま。また、心細い気持ちのたとえ。孤立して援軍のない城が、沈む夕日に照らされている情景。「孤城」は援軍がないまま敵に囲まれた城。「落日」は夕日。

用例 ⬇名門企業も新規事業に失敗し、銀行にも見放されて**孤城落日**の体(てい)だ。

⬇職探しに疲れ果てて座り込んだ公園のベンチ、冬枯れの木々に**孤城落日**のわが身を見る思いがした。

出典 王維《おうい》「送韋評事《いひょうじをおくる》」詩

類義 孤城落月《こじょうらくげつ》／孤立無援《こりつむえん》

こしょくそうぜん
古色蒼然

●主な用途
●古びた趣のあるさまをいう

非常に古びた様子。長い年月を経て、いかにも古めかしく趣のあるさま。「古色」は年を経て古びたものの色や風合い。「蒼然」は古くなって色あせたさま。

【表現】古色蒼然たる趣

用例 ⬇都市開発で生まれ変わったかに見える駅前のビル街だが、一歩路地裏に入ると**古色蒼然**たる家並みが現れる。
⬇この器は、使い込むほどに**古色蒼然**とした味わいが出てくる。

出典 謝肇淛《しゃちょうせい》『五雑俎《ござっそ》』人部《じんぶ》三

類義 古色古香《こしょくここう》

こじらいれき
故事来歴

●主な用途
●物事の由来や歴史をいう

古くから伝わっている物事の由来、歴史。「故事」は昔から伝わるいわれや話。「来歴」は由来や経歴。「故事」は「古事」とも書く。

【表現】故事来歴に通じる

用例 ⬇これはみごとな書ですな。さぞや由緒のあるものでしょう。よろしければ**故事来歴**をお聞かせ願えませんか。
⬇この地方に残る珍しい風習の**故事来歴**を調べたところ、意外と古く、その始まりは何と平安時代までさかのぼることがわかりました。

類義 書言故事《しょげんこじ》

古人糟魄

こじん(の)そうはく

●主な用途

●書物は昔の聖人の残りかすという意

昔の聖人や賢人の精神の本質や真髄に照らせば、書物の言葉はかすにすぎないという意。「糟魄」は酒のしぼりかす、酒かすのことで、「糟粕」とも書く。

【表現】古人の糟魄を嘗(な)める

用例 ➡源氏物語研究の第一人者などと申しましても、私はしょせん**古人の糟魄**を嘗めているにすぎません。

➡**古人の糟魄**と承知しているが、少しでも古の聖人に近づきたいと書物を読む。

出典 『荘子《そうじ》』天道《てんどう》

類義 聖人糟粕《せいじんそうはく》

五臓六腑

ござう ろっぷ

●主な用途

●体内のすべての臓器をいう

はらわた、内臓。体内のすべて。また心の中。もとは漢方の語。「五臓」は、心臓・肺臓・脾臓(ひぞう)・肝臓・腎臓(じんぞう)。転じて、全身の意。「六腑」は大腸・小腸・胃・胆・膀胱(ぼうこう)・三焦(さんしょう)。三焦は消化や排泄(はいせつ)をつかさどる器官。

【表現】五臓六腑にしみわたる

用例 ➡プロジェクトがようやく完成し、ともに苦労した同僚と乾杯したビールが**五臓六腑**にしみわたった。

➡彼とは**五臓六腑**をさらけ出す仲だ。

出典 『漢書《かんじょ》』芸文志《げいもんし》

こちゅうのてん
壺中之天

●主な用途
●俗世界を離れた別世界をたとえる

俗世界を離れた別天地のこと。また、酒に酔って俗世を忘れること。「壺中」は壺（つぼ）の中、「天」は世界のこと。

【故事】中国後漢時代、費長房（ひちょうぼう）という役人が、ある夜薬売りの老人が壺の中に姿を消すのを見た。費長房がその老人に頼んで壺の中に入れてもらうと、そこには豪華な宮殿があり、中においしい酒とごちそうが並ぶ別天地であったという故事による。

用例 ➡この島は**壺中の天**のようなところだ。

出典 『後漢書《ごかんじょ》』方術伝《ほうじゅつでん》

類義 一壺之天《いっこのてん》／壺中天地《こちゅうてんち》

こっきふくれい
克己復礼

●主な用途
●己に打ち勝ち規範に従うことを表す

「己に克（か）ちて礼に復（かえ）る」とも読む。私情や私欲を抑えて、社会の規範や礼儀に従った行動をすること。「克己」は、自分の欲望に打ち勝つこと。また、わが身を慎むこと。「復礼」は「礼に復る」で、礼の道に立ちかえり、従うことをいう。

用例 ➡いくら子どもに**克己復礼**を言葉で言い聞かせても、大人が自ら行動して見本を見せなければ無駄だ。

➡あんなに自分勝手だった彼女が、いつの間にか**克己復礼**を学んだようだ。

出典 『論語《ろんご》』顔淵《がんえん》

刻苦勉励
こっくべんれい

●主な用途 ●苦労して勉学や仕事に励むこと

心身を苦しめるほど、勉学や仕事に励むこと。ひたすら努力を積み重ねること。「刻苦」は身を刻むように、非常に苦労すること。「勉励」は、ひたすら励むこと。

用例⬇息子は、自分の実力では難しい大学への入学を目指し、**刻苦勉励**してみごと志望校に合格した。

⬇困難を覚悟で三年前に設立した会社だったが、社長を始め、社員一同が**刻苦勉励**したかいがあって、ようやく業績が安定しつつある。

類義 刻苦精励《こっくせいれい》

滑稽洒脱
こっけいしゃだつ

●主な用途 ●面白くて洒落ているさまを形容する

知力にあふれ、機知に富んだ話し方ができ、性格に俗気がなくさっぱりとしているさま。「滑稽」は機知に富んだ言葉が、滑らかに出てくるさま。「洒脱」は俗気がなく、さっぱりしているさま。

【表現】滑稽洒脱な会話

用例⬇彼は**滑稽洒脱**で嫌みがないので、テレビの番組でも重宝されているようだ。

⬇叔母は**滑稽洒脱**な人柄で周囲に人が絶えないが、少女時代は口べたで、純情可憐(かれん)な乙女だったらしい。

類義 軽妙洒脱《けいみょうしゃだつ》

こ

胡馬北風
こばほくふう

●主な用途
●望郷の念が強いことをたとえる

故郷を懐かしみ、忘れがたく思うこと。望郷の念が強いこと。「胡馬」は中国北方の胡で生まれた馬。胡馬はどこにいても、北風が吹くとその風を運んでくる方角にある故郷を懐かしむ、ということから。

用例⬇異国の地に嫁(か)して二十余年、年とともに**胡馬北風**の思いがつのる。

⬇スーパーでふと手にとったリンゴに、故郷のリンゴ畑が思い出された。**胡馬北風**とはこういう気持ちをいうのだろう。

出典『文選《もんぜん》』「古詩十九首《こしじゅうきゅうしゅ》」

類義越鳥南枝《えっちょうなんし》／狐死首丘《こししゅきゅう》／池魚故淵《ちぎょこえん》

五風十雨
ごふうじゅうう

●主な用途
●平穏無事であることをたとえる

五日に一度風が吹き、十日に一度雨が降るという意から、天候が穏やかで農作に適していること。転じて、世の中が平穏無事であることをいう。

用例⬇**五風十雨**のこの地は、老後を晴耕雨読で過ごすのに適している。そう思って今土地を探しているところだ。

⬇ことあるごとに民族間の紛争が起こるこの地方では、**五風十雨**など望むべくもないのだろうか。

出典『論衡《ろんこう》』是応《ぜおう》

類義十風五雨《じゅうふうごう》

鼓腹撃壌
こ ふく げき じょう

●主な用途
●平和で無事な世界であることをいう

「腹を鼓し壌（つち）を撃つ」とも読む。よい政治が行われ、人々が平和で豊かに暮らしていること。太平の世の形容。「鼓腹」は、満腹で腹つづみを打つこと。「撃壌」は、足で地面を踏みならして踊る意。

【故事】中国の伝説上の聖天子・堯（ぎょう）が街へ出たとき、老人が腹つづみを打ち土を踏み鳴らし、泰平の世をたたえる歌をうたっているのを見て、安心したという故事による。

用例 ⬇今の国情は**鼓腹撃壌**といえるでしょう。

出典 『十八史略《じゅうはっしりゃく》』五帝《ごてい》

類義 含哺《がんぽ》鼓腹《こふく》／撃壌之歌《げきじょうのうた》

孤立無援
こ りつ む えん

●主な用途
●一人で助けがない状態を表す

ひとりぼっちで助けがないこと。頼る仲間がまったくないさま。「無援」は「援（たすけ）無し」で、援助や助けがないこと。

【注】「弧立―」「―無縁」は誤り。

用例 ⬇会議で全員の提案をこきおろして敵に回し、**孤立無援**の闘いをするはめになってしまった。後悔しきりである。
⬇初志貫徹、たとえ**孤立無援**になったとしても、いったんやるといったことは、成しとげるつもりです。

類義 孤軍奮闘《こぐんふんとう》／孤城落日《こじょうらくじつ》／四面楚歌《しめんそか》／無《む》援孤立《えんこりつ》

ごりむちゅう
五里霧中

●主な用途
●手がかりがつかめない状態を表す

状況がまったくつかめず、方針が立たないたとえ。また、事情がはっきりしないまま手探りで行動すること。

【故事】中国後漢時代、張楷（ちょうかい）という道士が、五里四方を霧で閉ざして人の方向感覚を狂わせる「五里霧」という仙術に巧みであったという故事による。

【注】「—夢中」は誤り。

用例 ⬇壮大なプロジェクトで、どこから取りかかるか、まだ**五里霧中**の状態だ。

出典 『後漢書《ごかんじょ》』張楷伝《ちょうかいでん》

類義 曖昧模糊《あいまいもこ》／暗中模索《あんちゅうもさく》

ごんぐじょうど
欣求浄土

●主な用途
●死後、極楽浄土を求めることをいう

死後、極楽浄土に往生する（生まれ変わる）ことを願うこと。浄土宗の基本的思想を表す言葉。「欣求」は、喜んで求めること。「浄土」は現世の苦悩とは無縁の極楽の世界。

用例 ⬇祖母が朝晩仏壇に手を合わせ、**欣求浄土**の誓願を唱えていたのを思い出す。⬇子どもの死や夫の浮気に苦しんだ彼女は、**欣求浄土**の誓願を立てて仏道に入り、ようやく心の平安を得たらしい。

出典 『往生要集《おうじょうようしゅう》』上

類義 安楽浄土《あんらくじょうど》／厭穢欣浄《おんえごんじょう》

対義 厭離穢土《おんりえど》

こ

こんごうふえ

金剛不壊

●主な用途

●志を変えないことをたとえる

きわめて固く、決して壊れないこと。転じて、志を堅く守って変えないことのたとえ。「金剛」は金剛石。ダイヤモンド。「不壊」は非常に堅くて壊れないこと。

【表現】金剛不壊の志

用例 ➡漫画家になれるのは、**金剛不壊**の志を持つ人だけです。好きな絵を描いて暮らせるなどと気楽に考えている人は決して成功しません。

➡日本一の商人になるという彼の決意は、**金剛不壊**のものであった。

類義 金剛堅固《こんごうけんご》／不壊金剛《ふえこんごう》

ごんごどうだん

言語道断

●主な用途

●あまりにひどい行為をさしていう

言葉にはいい表せないほどひどいこと。とんでもないこと。もとは仏教語で、「仏教の究極の真理は言葉では言い表せない」という意味だが、現在では悪い意味に使うことが多い。「言語」は言葉で表現すること。「道断」は、言う道を断たれること。論外なこと。

【注】「―同断」は誤り。

用例 ➡警官が犯罪を犯すとは**言語道断**だ。

➡一時間も遅れたうえに謝りもしないなんて**言語道断**よ。彼女とは絶交だわ。

出典 『維摩経《ゆいまきょう》』阿閦仏品《あしゅくぶつぼん》

類義 言語道過《ごんごどうか》

こ

こんじゃく の かん

今昔之感

●主な用途
●今昔の違いを実感する気持ちをいう

昔と今のあまりの違いに、驚いたり胸を打たれたりすること。また、昔と今を比べて、世の中の様子や自らの境遇が、いかに移り変わったことかを感慨深く思うこと。「昔」は「せき」とも読む。

用例 ⬇この町は生まれ故郷だけれど、駅前の高層ビル群や、整備された繁華街に昔日の面影はない。確かに三十年が過ぎ去ったんだなあと、**今昔の感**を禁じえない。

⬇結婚当時、あれほど黒々としていた君の髪が、こんなに真っ白になるなんて、**今昔の感**に堪えないよ。

こんぜん いったい

渾然一体

●主な用途
●異質なものが溶け合うことを表す

別々のもの、いくつかの異質なものが一つに溶け合って一体となり、区別がつかなくなること。「渾然」は「混然」とも書く。

用例 ⬇僕は夕暮れ時に東京タワーに上るのが好きなんだ。建物や高速道路その他すべての建造物が**渾然一体**となって、この大都市は昼とはまったく別の表情を見せてくれるんだよ。

⬇寄せ集めの合唱団だったが、いろいろな声が**渾然一体**となってすばらしいハーモニーを生み出していた。

出典 『淮南子《えなんじ》』精神訓《せいしんくん》

さい おう の うま

塞翁之馬

●主な用途
●幸不幸は定めがたいことをいう

「人間万事塞翁が馬」ともいう。出来事の吉凶、人間の幸不幸はあとになってみないと定まらないものだという教え。

【故事】「塞翁」は要塞近くに住む老人の意。老人の馬が逃げたが、駿馬(しゅんめ)をつれて帰ってきた。その馬に乗った息子が落馬して骨折し足が不自由になってしまったが、そのため徴兵をまぬかれたという故事による。

用例 ⬇遅刻したために、その事故にあわずにすんだ。**塞翁の馬**とはこのことだ。

出典 『淮南子《えなんじ》』人間訓《じんかんくん》

類義 禍福糾纆《かふくきゅうぼく》／塞翁失馬《さいおうしつば》

さい かい もく よく

斎戒沐浴

●主な用途
●心を清めからだを洗うことを表す

神仏に祈ったり神聖な儀式に臨んだりする前に、飲食や行動を慎み、からだを洗い清めること。「斎戒」は心を清めること。「沐浴」は髪やからだを洗い清めること。

【注】「斉戒―」は誤り。

【表現】斎戒沐浴して神仏に祈る

用例 ⬇母親は病に冒された息子のために、**斎戒沐浴**して快癒を祈った。
⬇神官は儀式の前に**斎戒沐浴**をして身を清めなければならない。

出典 『孟子《もうし》』離婁《りろう》・下

類義 精進潔斎《しょうじんけっさい》／沐浴斎戒《もくよくさいかい》

さいきかんぱつ

才気煥発

●主な用途

●才能が輝き表に出ることを表す

発言や文章に才能のきらめきがあること。光り輝くような才能で抜きん出ていること。「才気」はすぐれた才能、頭のはたらき。「煥」は火があかあかと輝くさまで、「煥発」で、その輝きが外に現れること。

用例 ➡現在外交官として文字通り世界を股(また)にかけて活躍する彼女ですが、幼いころから**才気煥発**で、大きくなったら何になるのか注目の的でした。

➡現代的な情趣を漂わせた彼女の**才気煥発**な短歌にみなが感心した。

類義 才気横溢《さいきおういつ》

さいさんさいし

再三再四

●主な用途

●何度も繰り返すことをいう

何度も何度も。たびたび。しばしば。「再三」は二度も三度も同じ事を繰り返すという意味で、単独でも用いられる。「再三再四」は「再三」を強調した表現。

【表現】再三再四注意する

用例 ➡**再三再四**注意しているにもかかわらず、彼の授業態度は改まらない。

➡ゴミの出し方が悪い人がこのマンションに何人かいるようだ。管理人が**再三再四**張り紙を出して厳守を呼びかけても、いっこうに効き目がない。

出典 『紅楼夢《こうろうむ》』二七

才子多病

さいしたびょう

●主な用途
●才能ある人は病弱であることをいう

才能のある人物は、とかくからだが弱く、病気がちなものであるということ。「才子」は才知のあるすぐれた人。

用例 ➡彼は偉大な業績を残すだろうと思われたが、**才子多病**というやつで、志なかばにして病に倒れてしまった。幸い彼の才能を受け継いだ子どもたちが彼の仕事を完成させるらしい。

➡**才子多病**というが、彼には当てはまらないね。あれほど才気煥発でありながら、風邪一つひかないらしいよ。

類義 佳人薄命《かじんはくめい》／美人薄命《びじんはくめい》

才色兼備

さいしょくけんび

●主な用途
●才能と美が備わっていることをいう

「才、色兼ね備（そな）う」とも読む。特に女性がすぐれた才能と美しい容姿を兼ね備えているときに使う。「才」は才知・才能、「色」は容色、器量のこと。「兼備」は兼ね備えること。「才色」は「さいしき」「さいそく」とも読む。

【注】「—兼美」は誤り。

用例 ➡彼女のような**才色兼備**の女性を妻にできる男は幸せ者だなあ。

➡**才色兼備**を絵に描いたような彼女だが、残念なことに料理だけはからきし駄目らしい。ひどいものを食べさせられたよ。

類義 才貌両全《さいぼうりょうぜん》／秀外恵中《しゅうがいけいちゅう》

さ

さい せい いっ ち
祭政一致

●主な用途
●祭事と政治の一体化をさしていう

神を祭ることと政治が一体化している政治形態。「祭政」は祭礼を行うことと政治をすること。

用例 ⬇古代社会では、**祭政一致**が一般的な形態であった。たとえば、邪馬台国の卑弥呼(ひみこ)は、宗教的な権威と政治的な権力を一手に握っていたと見られる。

⬇アフリカの一部族では呪(うらな)い師によって医療行為や政(まつりごと)も行われ、**祭政一致**の形態が見受けられる。

類義 政教一致《せいきょういっち》

対義 祭政分離《さいせいぶんり》／政教分離《せいきょうぶんり》

さく ひ こん ぜ
昨非今是

●主な用途
●心境が改まったことを形容する

昨日までは悪いと思っていたことが、今日はよいと思うようになること。境遇が一変すること。昨日までの過ちに気づくこと。「非」は誤りを示し、「是」は正しいことをいう。

用例 ⬇嘘(うそ)はいけないことと思っていたが、**昨非今是**で人を傷つけまいとする優しさからつく嘘もあることを知った。

⬇会社人間だった私だが、**昨非今是**、会社が自分に何をしてくれるだろう、温かい家庭があってこその人生だと気づいた。

出典 陶潜《とうせん》「帰去来辞《ききょらいのじ》」

類義 今是昨非《こんぜさくひ》

ざゆうのめい

座右之銘

●主な用途
●生きる上の信条となる金言をいう

常に自分のかたわらにおき、日常の戒めとする格言。「座右」は座席の右。転じて、かたわら、そば、身近の意。「銘」は自分の戒めとする語句。「座右」は「ざう」とも読む。

用例 ⬇「初心忘るべからず」を**座右の銘**としております。
⬇面接での質問の定番、「**座右の銘**を述べよ」に備えて言葉を用意して臨んだ。
⬇**座右の銘**はと聞くと、人それぞれで、蘊蓄(うんちく)ある言葉を用意している。

出典 崔瑗《さいえん》『座右銘《ざゆうめい》』注

類義 座左之銘《ざさのめい》

さんかんしおん

三寒四温

●主な用途
●晩冬から初春にかけての気候を形容

冬に三日間ほど寒い日が続いたあと、次の四日間ほどは暖かい日が続き、これが繰り返される気象現象のこと。また、少しずつ春めいてくる気候をいう。もと中国東北部や朝鮮半島北部一帯の冬の気候をいった言葉だが、日本の気候についてもいわれる。

用例 ⬇**三寒四温**のころは服装に気をつけて風邪を予防していないと、年寄りにはそれこそ命とりにもなりかねない。
⬇骨まで寒さがしみ込む二月は出歩くのがつらいが、三月は**三寒四温**で春めいた陽気の日もあってほっとする。

さ

さんこのれい
三顧之礼

●主な用途
●礼をつくして人材を招くことを表す

礼をつくしてすぐれた人材を招くこと。特に目上の者が目下の者を手厚く迎えること。

【故事】中国三国時代、蜀（しょく）の劉備（りゅうび）が諸葛亮（しょかつりょう）の草庵（そうあん）を自ら三度も訪ねて礼をつくし、軍師に迎え入れたという故事による。

用例 ➡校長先生に**三顧の礼**で迎えられたので、新米教師の私は恐縮してしまった。
➡**三顧の礼**をつくして招いた選手が、思惑通りの活躍をしている。

出典 諸葛亮《しょかつりょう》「前出師表《ぜんすいしのひょう》」

類義 三徴七辟《さんちょうしちへき》／早廬三顧《そうろさんこ》

さんさんごご
三三五五

●主な用途
●人や物が点在するさまを表現する

数人ずつが連れ立って行くこと。また、人や家、物があちらこちらに散らばっている様子。ばらばらと。ちらほらと。あちらに三つ、こちらに五つというように点在する意。

【表現】三三五五集まる

用例 ➡ブラスバンド部の部室には放課後になると、部員が**三三五五**集まってくる。そしてだれが号令をかけるでもなく練習が始まる。
➡日曜日の中央公園は、天気さえ良ければ毎週、家族連れが**三三五五**車座になり、ランチを楽しんでいる。

さんしすいめい

山紫水明

●主な用途　●清澄な自然美をたたえる

清らかで美しい自然の景観をいう。山は陽光に照らされて紫色にかすみ、流れる川の水は澄みきっているの意。京都東山と賀茂川の美しさをめでた頼山陽の詩に由来する。

【表現】山紫水明の地

用例⬇日本では都会から少し離れれば、**山紫水明**が広がっています。

⬇**山紫水明**の温泉宿という触れ込みに誘われて行ってみたが、看板が林立する観光地で、がっかりして帰ってきた。

出典 頼山陽《らいさんよう》「題自画山水《みずからさんすいをえがくにだいす》」詩

類義 山清水秀《さんせいすいしゅう》／山明水秀《さんめいすいしゅう》／水紫山明《すいしさんめい》

さんしゃていりつ

三者鼎立

●主な用途　●一対一でなく三者間の争いをいう

力の拮抗(きっこう)する三者が、互いに張り合って並び立ち、対立するさま。三つどもえ。煮炊きや祭祀(さいし)に使う鼎(かなえ)には三本の足があり、この三本の足でバランスをとり、立っていることからできた言葉。

用例⬇市長選は、現職市長、前市長、環境保護運動の追い風を受けた新人女性候補と、**三者鼎立**の戦いとなった。

⬇わが家はおばあちゃんとお母さん、お姉ちゃんが**三者鼎立**する女系家族だ。

出典『三国志《さんごくし》』呉志《ごし》・陸凱伝《りくがいでん》

類義 三足鼎立《さんそくていりつ》／三分鼎立《さんぶんていりつ》

三十六計
さんじゅうろっけい

●主な用途
●番外編ともいえる必勝の極意を表す

逃げて身の安全をはかるのがどんな計略にも勝る最上策であるという意。転じて、面倒なことになりそうなときは、逃げるのが一番よいの意。もとは中国古代の兵法で、三十六ある計略やかけひきの意。「三十六計、走(にぐ)るを上計と為(な)す」「三十六計逃ぐるに如(し)かず」などの略。

用例　➡夫婦げんかを穏便に収拾させる極意は、**三十六計**逃げるにしかずとはよくいったものだ。

出典　『南斉書《なんせいしょ》』王敬則伝《おうけいそくでん》

類義　三十六策《さんじゅうろくさく》

斬新奇抜
ざんしんきばつ

●主な用途
●意匠が驚くほど新しいことをいう

着想や趣向に思いもよらないほどの新しさや独自性があること。新奇珍妙で風変わりなこと。「斬新」は際立って新しい内容や考え。「奇抜」は普通では思いもよらないこと。

【注】「漸新―」は誤り。

用例　➡彼女は、**斬新奇抜**な色使いを売り物にしたデザイナーだ。

➡ゲーム・デザイナーという職業において、**斬新奇抜**な発想を次々生み出せるのはせいぜい三十代前半までで、四十歳を過ぎたら限界というのはよく聞く話だ。

類義　奇想天外《きそうてんがい》

三千世界

さんぜんせかい

主な用途 ●宇宙や世界全体の規模を形容する

広い世間、広い世界、この世のすべて。仏教でいう宇宙全体のこと。須弥山(しゅみせん)を中心に日・月・四大州・梵天(ぼんてん)・六欲天などを含むものを一世界とし、この一世界が千集まったものを小千世界、小千世界を千合わせて中千世界、中千世界を千合わせて大千世界という。千が三つ重なるので三千大世界(略して三千世界)ということからいう。

用例 ⬇**三千世界**で一番好きなことは食べることだと彼は言い切った。

⬇夫からの昔の手紙に、「**三千世界**で一番好きな人」と書いてあった。

山中暦日

さんちゅうれきじつ

主な用途 ●山野でののどかな暮らしぶりをいう

深い山の中で、俗世間から離れて静かな生活を送ること。「山中暦日無し」の略。人里離れた山中で暮らせば、のんびりして月日のたつのも忘れるという意。「暦日」はこよみで定められた日月のこと。

用例 ⬇**山中暦日**の生活を送るのが夢だと夫は言うが、霞(かすみ)を食べて生きていけるわけじゃなし、夢は夢に過ぎない。

⬇思いもかけない失業の憂き目にあったが、当分は田舎に帰省し親に食べさせてもらって**山中暦日**の生活を決めこもう。

出典 太上隠者《たいじょういんじゃ》「答人《ひとにこたうる》」詩

さんぱいきゅうはい

三拝九拝

●主な用途

●ぺこぺこお辞儀して頼むさまをいう

三拝の礼と九拝の礼。人にものを頼むとき、何度も繰り返し頭を下げてお辞儀をすること。頼まれる人があまり乗り気ではないのに、何とか引き受けてくれるよう懸命に頼むときに使う。手紙文などの末尾に記して、相手に敬意を表す語としても用いる。

用例⬇新しいマンションを建てたいので借家を立ち退いてくれと、**三拝九拝**して大家が頼みにきたのだが…。

⬇浮気して人を傷つけたくせに、今さら**三拝九拝**で復縁を迫ってきても無駄だ。

類義 三跪九叩《さんききゅうこう》／三跪九拝《さんききゅうはい》／平身低頭《へいしんていとう》

さんみいったい

三位一体

●主な用途

●切り離せない三者の関係を表現する

三つの別々のものが、緊密に結びついて協力し合い、一つに統一されること。三者が心を合わせて物事に当たること。父（創造主である神）と子（イエス・キリスト）と聖霊は、姿は異なるが一つの神の現れで同じものである、というキリスト教の説からきた言葉。

用例⬇学校と家庭と地域社会が**三位一体**となって子どもたちの非行を防止し、健やかに育成していきたい。

⬇本当に住みやすい家づくりを目指すときに、**三位一体**の働きをするのが、設計者と職人と、そして施主家族です。

さ

三面六臂《さんめんろっぴ》

●主な用途

●一人何役もの活躍をすることをいう

一つのからだに三つの顔と六本の腕を持っている仏像から転じて、一人で何人分もの働きをすることをいう。一人で多方面にわたって活躍をすること、その活躍ぶり。どんな分野でも得意にこなすこと。

用例 ➡地震後の避難所ではみんながおろおろするばかりだったが、**三面六臂**の働きをしたのはだれあろう、意外にも妹だった。

➡保育園で開かれた「夕涼み会」は、香菜ちゃんのお母さんの**三面六臂**の大活躍で、大成功に終わった。

類義 八面六臂《はちめんろっぴ》

思案投首《しあんなげくび》

●主な用途

●窮地に陥り打開策に悩む状態を形容

よい知恵や解決策が浮かばず、考えあぐねるさまをいう。思案に余る状態。困りきって首を傾けているさま。「投首」は首を傾ける、首をたれる状態を表す。

【表現】思案投首の状態

用例 ➡今月の給料日まであと十日もあるのに、通帳にはほとんど残金がなく、夫婦で**思案投首**というありさまだ。

➡世の中が不景気だからといって、来もしない注文を当てにしながら、**思案投首**していても、倒産するのを待っているようなものだ。

しいそさん
尸位素餐

●主な用途
●無能な上役の高給を非難していう

高い役職につきながら職務や責任を果たさないで高い禄(ろく)、給料を得ていること。「尸位」は祖先を祭るさいに血筋を引いた子孫が、神の身代り、形代(かたしろ)となって、神の祭られる高所につくこと。「素餐」は仕事をしないで食べる(給料をもらう)こと。

用例 ⬇平社員は毎日サービス残業、管理職は**尸位素餐**ときては、やってられない。
⬇彼は社長に昇進した後も、**尸位素餐**のそしりを受けまいと、しゃにむに働いた。

出典 『論衡《ろんこう》』量知《りょうち》

類義 尸素尸禄《しそしろく》／尸禄素餐《しろくそさん》／窃位素餐《せついそさん》

しかいけいてい
四海兄弟

●主な用途
●人類愛を目指す心を表現する

世界中の人みなが、礼儀と真心をもって接し、兄弟のように親しく愛し合うべきだということ。「四海」は四方の海、転じて世界中の意。「兄弟」は「きょうだい」とも読む。

用例 ⬇私が**四海兄弟**の精神の大切さを実感したのは、様々な人種の学生が集まっていたアメリカへ留学したときのことです。
⬇父は宗教に傾倒していたわけではなかったが、子どもたちに**四海兄弟**の心を教えてくれていた。

出典 『論語《ろんご》』顔淵《がんえん》

類義 四海一家《しかいいっか》／四海同胞《しかいどうほう》

しかくしめん
四角四面

●主な用途
●生真面目な人を形容する

何事にも同じ見方、考え方しかできないことを揶揄(やゆ)する言葉。真四角なこと。真面目すぎて面白みがなく、融通がきかないことのたとえ。杓子定規。

【表現】四角四面の考え方

用例 ⬇兄は中学生のときから同級生に「**四角四面**なやつ」といわれていました。
⬇昨日お見合いした相手は、**四角四面**で面白いことの一つも口にしない男性だったが、少なくとも悪人ではなさそうだ。

類義 謹厳実直《きんげんじっちょく》/杓子定規《しゃくしじょうぎ》

対義 変通自在《へんつうじざい》/無礙自在《むげじざい》/融通無碍《ゆうずうむげ》

じがじさん
自画自賛

●主な用途
●うぬぼれていることを形容する

自分で自分のことをほめそやすこと。「賛」とは、絵画に添え書きする詩や文章のこと。通例、他人に書いてもらうべき、絵の描き手の人徳や技量をたたえる内容を、自分で書いてしまうことから転じた。「賛」は「讃」とも書く。

用例 ⬇**自画自賛**とばかにされるかもしれないが、私のゴルフの腕前はちょっとしたものだ。
⬇姉の**自画自賛**が始まったので、弟は横を向いたままテレビを見ていた。

類義 一分自慢《いちぶじまん》/手前味噌《てまえみそ》

じかどうちゃく

自家撞着

●主な用途
●自分の中で矛盾することをいう

自己矛盾のこと。同じ人の発言や文章などが前後で一致せず、つじつまが合わないこと。「自家」は自分の家で自分自身のこと。「撞着」は突き当たる、矛盾すること。「撞著」とも書き、「どうじゃく」とも読む。

用例 ⬇大勢の人の前であがってしまい、話の内容が**自家撞着**に陥ってしまった。

⬇文章をまとめるとき、慣れないくせに格好をつけて難しく書こうとするものだから、よく**自家撞着**してしまう。

出典 『禅林類聚《ぜんりんるいじゅう》』看経門《かんきんもん》

類義 自己撞着《じこどうちゃく》／自己矛盾《じこむじゅん》／矛盾撞着《むじゅんどうちゃく》

じきしょうそう

時期尚早

●主な用途
●タイミングが早過ぎるときにいう

何かするには時期が早過ぎること。機がまだ熟していないこと。あせっている人を落ち着かせようとするときに使う。「時期尚(なお)早し」とも読む。まだ適当な時節、潮時、ころ合いではないことをいう。

【注】「時季――」「時機――」は誤り。

用例 ⬇この新しい企画を本会議に提出するのは**時期尚早**との上司の判断が出た。

⬇一歳をちょっと過ぎたくらいでは、赤ちゃんのおむつをはずすのはまだまだ**時期尚早**と、どの育児書にも書いてあるので安心した。

しきそくぜくう

色即是空

●主な用途

●仏教語で、現世のむなしさを表す

現世に存在するあらゆる事物や現象は実体ではなく、すべてが「空」で空しいものだということ。だから迷いや煩悩・執着を取り払い、心を自在の境地に解放せよという、仏教の重要な考えの一つ。「色」は感覚で知覚できるすべての事物、現象の意。「空」は、実体ではないということ。語構成は「色―即是―空」。

用例 ➡**色即是空**と達観してしまえば、テストの赤点くらいで落ち込むことはない。

出典 『般若心経《はんにゃしんぎょう》』

類義 一切皆空《いっさいかいくう》

対義 空即是色《くうそくぜしき》

じきゅうじそく

自給自足

●主な用途

●自前で事足りることをいう

食料や衣服など、生活に必要なものを自分自身で供給し、足りるようにすること。また、必要なものを自ら作り出すこと。「自給」は自分で給する。「自足」は自分で足りるようにすること。

用例 ➡**自給自足**の生活にあこがれて、田舎で暮らす人が増えてきた。

➡この村も昭和三十年代までは**自給自足**の暮らしをしていたが、国道が通り、大型スーパーが近所に開店してからは、何でも買ってくれればすむという消費型の生活が当たり前になった。

しくはっく
四苦八苦

●主な用途
●苦しい目にあうさまを形容する

非常に苦労すること。たいへんな苦しみ。人が直面するあらゆる苦しみをさす仏教語。「四苦」は生・老・病・死。「八苦」は四苦に愛別離苦（あいべつりく・愛するものと別れる苦しみ）・怨憎会苦（おんぞうえく・うらみ憎むものに会う苦しみ）・求不得苦（ぐふとくく・求めても得られない苦しみ）・五陰盛苦（ごおんじょうく・心身の苦しみ）の四苦を加えたもの。現在では軽い意味で用いられることも多い。

用例 ➡子育てに**四苦八苦**する親の苦労は、今も昔も変わらない。

類義 七難八苦《しちなんはっく》

しこうさくご
試行錯誤

●主な用途
●目標へ向かう試みの積み重ねをいう

試みと失敗を繰り返し重ねながら、次第に見通しを立てて解決策や適切な方法を探って、目的に近づくこと。「試行」は試しに行うこと。「錯誤」は誤り・間違い。「試行」を「思考」と書き誤らないこと。

用例 ➡大胆な発想と**試行錯誤**の末に、職人のように寿司を握るという画期的な「寿司ロボット」が開発された。

➡私たちが家電製品によって家事に携わる時間を短縮することができるのは、電気メーカーの開発技術者たちによる**試行錯誤**の賜物だ。

自業自得《じごうじとく》

●主な用途
●自分の行為や失敗の報いをいう

自分が行ったことの報いは自分が受けるということ。行い次第で善悪両方の報いがあるという仏教語だが、一般に悪い結果を招いたときに多く使われる。

用例⬇尊大な態度や言葉遣いがいじめられる原因なのだから、**自業自得**だとおっしゃりたいわけですか。

⬇会がお開きになってからも調子にのって飲んでいて、終電に間に合わなかったのだから、**自業自得**というものだ。

出典『正法念処経《しょうほうねんしょきょう》』一

類義自業自縛《じごうじばく》／自作自受《じさくじじゅ》／自縄自縛《じじょうじばく》

時時刻刻《じじこくこく》

●主な用途
●時が移り、事が進行するさまを形容

その時その時。時間の経過とともに物事が引き続いて起こることにいう。また、時間を追って。絶えず。つぎつぎと。時とともに、刻一刻と。「じじこっこく」とも読む。

用例⬇**時時刻刻**と変化する中東情勢に、世界中の政治家、経済学者は絶えず緊張をもって注目せざるをえない。

⬇今年のテレビドキュメンタリー・コンテストで金賞を射止めた番組は、自分のルーツを探すためにやって来た中国残留孤児が滞在した数日間を、**時時刻刻**と追った作品です。

し

子子孫孫
しし　そん　そん

●主な用途
●血筋が続く限りという意を表す

子孫代々。子孫・血筋の続くかぎり。末代までの意。「子孫」を重ねて強めた語。「孫孫」は「そんぞん」とも読む。

【表現】子子孫孫に語り継ぐ

用例
⬇相続税という制度によって、家の財産をそっくりそのまま**子子孫孫**に受け継ぐということは不可能になった。
⬇この掛け軸は、わが家に**子子孫孫**伝わる品なので、どれほどの値打ちのものなのかぜひ鑑定してもらいたい。
⬇村の神話が**子子孫孫**に語り継がれる。

出典　『書経《しょきょう》』梓材《しざい》

事実無根
じ　じつ　む　こん

●主な用途
●嫌疑の根拠がないときにいう

事実に基づいていない、根拠のない、いつわりの意。「無根」は根拠がないこと。主に、あらぬ疑いや無実の罪について用いられる。

用例
⬇だれが面白おかしく流している噂(うわさ)か知らないが、私が部費をこっそり使い込んだなんて、**事実無根**だ。
⬇強盗殺人の容疑で捕まった男は、**事実無根**の疑いであると、必死の形相で弁護士に無実を訴えた。
⬇**事実無根**の罪で投獄された人たちや、思想犯、政治犯の救済を支援するのが、当団体の主な活動です。

し

獅子奮迅

ししふんじん

●主な用途
●大いに意気が上がる様子を表す

猛烈に、激しく勇み立って突進するさま。「獅子」はライオン。「奮迅」は、激しく奮い立つこと。物事に対処するさいの意気込み、勢いがすさまじく強いことのたとえ。

【表現】獅子奮迅の活躍

用例 ➡本社営業部に配属されて以来、彼は**獅子奮迅**の働きで、営業チーム内でたちまち頭角を現した。
➡息子の所属する少年野球チームは地区大会を勝ち抜き、**獅子奮迅**の戦いぶりで全国大会の準決勝まで進んだ。

出典 『大般若経《だいはんにゃきょう》』五二

自縄自縛

じじょうじばく

●主な用途
●自らの首を締めるような言動をいう

自分の縄で自分をしばるという意から、自分の言動が自分をしばって、自由に振る舞えなくなること。自分がした行いや発言によって自分自身に災いを招き、苦しむことのたとえ。「縛」はしばる、縄をかける意。

用例 ➡うちのお母さんは何でも安請け合いするたちで、毎年学校のPTA役員を引き受けては**自縄自縛**に陥っている。
➡責任感が人一倍強い彼が、**自縄自縛**に陥って苦しんでいるのを、友人として見過ごすわけにはいかない。

類義 自業自得《じごうじとく》／自業自縛《じごうじばく》

ししょごきょう

四書五経

●主な用途

●規範となるような聖典をいう

中国の儒学、儒教の代表的な古典の総称で、聖人、賢人の教えや言行を記したもの。「四書」は儒学のよりどころとなる四種の書物で、『大学』『中庸（ちゅうよう）』『論語』『孟子（もうし）』。「五経」は儒教の教典のうち重要な『易経』『詩経』『書経』『礼記（らいき）』『春秋』の五種の書をいうが、時代によって異説もある。

用例➡世阿弥（ぜあみ）が書いた『風姿花伝（ふうしかでん）』は、**四書五経**のように大切に受け継がれてきた、能楽の聖典ともいえるものです。

しぜんとうた

自然淘汰

●主な用途

●適応したものが残ることをいう

自然界の生物は、生態的条件や環境に適応するものが子孫を残し続け、そうでないものは滅びるという法則をいう。長い間には劣ったものは消え、すぐれたものだけが選択されて生き残ること。「淘汰」は悪いものを捨て、よいものを選び分けること。ダーウィンが『種の起源』で進化論を展開したさいの用語に由来する。英語 natural selection の訳語。

用例➡テニス、サッカーといった人気の部活に新入生が殺到するが、夏休みには**自然淘汰**されて、ほどよい部員数に落ち着く。

類義 自然選択《しぜんせんたく》／弱肉強食《じゃくにくきょうしょく》／適者生存《てきしゃせいぞん》

しそうけんご

志操堅固

●主な用途
●決めたら迷わない堅い意志を表す

自分の志や考え、節操を守り続けて、変えないこと。「志操」は志（こころざし）と操（みさお）。「堅固」は、かたいこと。つまり、強い意志で物事を実行してゆくという意。

用例 ⬇**志操堅固**だった父は、自らの志に従った一生を送ったのだから幸せ者でした。

⬇**志操堅固**な人柄を反映してか、陶芸展に出品される彼の作品からは、地味ながら力強い生命力が感じられる。

類義 堅忍不抜《けんにんふばつ》／志節堅固《しせつけんご》／志操堅確《しそうけんかく》／雪中《せっちゅう》松柏《しょうはく》

対義 意志薄弱《いしはくじゃく》／薄志弱行《はくしじゃっこう》

じだいさくご

時代錯誤

●主な用途
●時代感覚がずれていることをいう

時代遅れ。状況が変化してしまったことに気づかず、昔のままのやり方、考え方をひたすら守り続けていること。時代遅れの考えや行動をさしていう。また、記述や描写の中に、その時代の社会・生活形式に合わないものがあること。英語 anachronism（アナクロニズム）の訳語。

用例 ⬇昨今では、新入社員の茶髪に眉（まゆ）をひそめるのも、もはや**時代錯誤**と感じられるほどだ。

⬇今どき「女に学問はいらない」なんて、**時代錯誤**もはなはだしい。

したさきさんずん

舌先三寸

●主な用途

●巧みなリップサービスを表現する

誠意や中身が伴っていない、口先だけの巧みな弁舌、話術をいう。うわべだけのうまい言葉で、相手をまるめ込むように上手にしゃべること。「舌三寸」ともいう。

用例 ⬇以前の苦い経験から、**舌先三寸**でうまい儲け話をもちかける人は、信用しないことにしています。

⬇彼は**舌先三寸**で世間を渡ってきたようなタイプの人だと、すぐにわかった。

⬇人がいい父は、口のうまい叔父に**舌先三寸**で丸め込まれてしまった。

出典 『史記《しき》』平原君《へいげんくん》・虞卿列伝《ぐけいれつでん》

しちてんはっき

七転八起

●主な用途

●めげない不屈の姿勢を形容する

「七転(ななころ)び八起(やお)き」が四字漢語に転じたもの。七回転んでも八回起き上がることから、何度失敗してもくじけたりめげたりすることなく、果敢に立ち直り奮起すること。浮き沈みの激しい人生を表す。「七転」は「七顚」とも書く。「七」「八」は、数の多さを表す。

用例 ⬇母は**七転八起**のがんばりで、家業の青果店をスーパーマーケットにした。

⬇彼の**七転八起**の人生は、小説に書けばベストセラーになるかもしれない。

類義 捲土重来《けんどちょうらい》／不撓不屈《ふとうふくつ》

しちてんばっとう
七転八倒

●主な用途
●苦しみのたうちまわるさまを表す

転んでは起き、起きてはまた転ぶことを繰り返す。肉体的な痛みや精神的な苦痛のために激しく身もだえし、のたうちまわって苦しむさまをいう。「七」「八」は数が多いことを表す。「しってんばっとう」「しちてんはっとう」とも読む。「七転」は「七顚」とも書く。

【表現】七転八倒の苦しみ

用例 ⬇お昼に食べたカキにあたったらしく、夜半から**七転八倒**の苦しみだった。
⬇手術後、麻酔が切れた途端に、**七転八倒**の苦しみが始まったんだよ。

出典 『朱子語類《しゅしごるい》』五一

しちなんはっく
七難八苦

●主な用途
●あまたの困難・苦しみをさす

人がこの世で出合うありとあらゆる苦痛や災難の意。多くの難儀や苦労を強調していう言葉。もと仏教語。「七難」は火難・水難・羅刹(らせつ)難・王難・鬼難・枷鎖(かさ)難・怨賊(おんぞく)難のこととされるが、諸説ある。「八苦」は「四苦八苦」を参照。

用例 ⬇若いうちは、自ら**七難八苦**を求めるような気概を持ってほしい。
⬇彼女は**七難八苦**を乗り越えてバレエ団のプリマまでのぼりつめたのに、結婚を機にあっさり引退してしまった。

類義 四苦八苦《しくはっく》／艱難辛苦《かんなんしんく》

しちほのさい
七歩之才

●主な用途
●文才をたたえるときのたとえ

すぐれた詩や文章を素早く作る才能。

【故事】 中国三国時代、魏(ぎ)の曹操(そうそう)の子、曹丕(そうひ)は、弟の曹植(そうしょく)の詩才を妬(ねた)んで「七歩歩く間に詩を作れ。できなければ死罪にする」と命じたが、曹植がたちどころに兄の無情を嘆く詩を作ったので、大いに恥じたという故事から。

用例 ➡彼女は**七歩の才**を発揮して、シナリオライターとして最近めきめき売り出してきた。

出典 『世説新語《せせつしんご》』文学《ぶんがく》

類義 七歩成詩《しちほせいし》／七歩八叉《しちほはっさ》／陳思七歩《ちんししちほ》

しちゅうきゅうかつ
死中求活

●主な用途
●ピンチから活路を求めることをいう

「死中に活を求む」とも読む。絶望的な状況、窮地の中で、必死に逃げ道を模索すること。また捨て身の覚悟で事に当たること。「死中」はほとんど死を待つしかない半死半生の、せっぱ詰まった状況。「活」は活路、生き延びる方策。

用例 ➡会社経営に行き詰まり、**死中求活**の策として親に資金援助を願い出た。
➡すぐ帰国しなければと、**死中求活**の思いで大使館に電話をした。

出典 『後漢書《ごかんじょ》』公孫述伝《こうそんじゅつでん》

類義 死中求生《しちゅうきゅうせい》

四通八達

しつうはったつ

●主な用途
●交通や情報の要衝を表す

四方八方に道路や運河、鉄道が広がって、交通あらゆる方面・方向に便利に道が通じ、交通網が充実していること。また、通信網も発達していること。転じて、都会などの往来の激しい、にぎやかな場所。

用例 ➡携帯電話や電子メールなど、**四通八達**した情報交換の手段を駆使して、現代の高校生は他校の生徒とも友達関係を築く。
➡ローマは古くから**四通八達**の地として栄えてきました。

出典 『晋書《しんじょ》』慕容徳載記《ぼようとくさいき》

類義 四達八通《したつはっつう》／四通五達《しつうごたつ》

質実剛健

しつじつごうけん

●主な用途
●質素で真面目、健康なことをいう

うわべを飾らないで、質素で真面目、また心身ともに健康で強くたくましい様子。「質実」は、飾り気がなく真面目なこと。「剛健」は、強く健やかであること。

【注】「―強健」は誤り。

用例 ➡明治時代に創設された私立男子校は、**質実剛健**を旨とする学校が多い。
➡**質実剛健**な男といえば聞こえはいいが、もう少し気をきかせられないものかと、彼はいつも周囲の人からなじられている。

類義 剛毅木訥《ごうきぼくとつ》

対義 巧言令色《こうげんれいしょく》

じっ せん きゅう こう

実践躬行

●主な用途
●有言実行とその大切さを形容する

理論や信条を観念や言葉に終わらせないで、自分で実際に行動すること。主義主張を口先で言うだけでなく、進んで態度で示すこと。また、それが大切だということ。「実践」は自分で実際に行うこと。「躬」には、わが身、自分自身、自らなどの意味があり、「躬行」は「実践」とほぼ同じ意味。

用例⬇春から配転してきた部長は、**実践躬行**の人ともっぱらの評判だ。
⬇経営者たるもの、**実践躬行**を示さないことには社員がついてこない。

類義 率先躬行《そっせんきゅうこう》／率先垂範《そっせんすいはん》／率先励行《そっせんれいこう》

しっ た げき れい

叱咤激励

●主な用途
●しかることで奮起させることをいう

激しくしかりとばしたり、強い言葉で力づけることで、人を奮い立たせること。「叱咤」は、しかること。「激励」は、激しく励ますこと。合わせて、しかることで相手を励ますという意。

用例⬇**叱咤激励**して選手をぐいぐい引っ張っていく監督の力量がなければ、スポーツ選手は強くならない。
⬇昨日の高校総体参加選手壮行会では、皆様に**叱咤激励**をいただきまして、誠にありがとうございました。

類義 啓発激励《けいはつげきれい》／鼓舞激励《こぶげきれい》／叱咤督励《しったとくれい》

じっちゅうはっく

十中八九

●主な用途

●ほとんど確実な予測についていう

ほぼ間違いなく。十のうち八、九の確率でという意だが、一般にほぼ間違いないと確信している場合に用いる。「十」は「じゅっ」「じゅう」とも読む。

用例 ➡あの大学はそもそも高望みだったのだから、合格発表を見に行くまでもなく、**十中八九**落ちていると思う。

➡電話でけんかしたあとだから、**十中八九**、彼女は待ち合わせの場所に現れないだろうと思っていた。

➡**十中八九**当たらない宝くじより、競馬にかけるほうがまだいいね。

しっぷうけいそう

疾風勁草

●主な用途

●逆境によって真価がわかるたとえ

「疾風に勁草を知る」の略。苦境や厳しい試練にあったとき、初めて意志や節操が堅固な人であることがわかるたとえ。「疾風」は激しく速く吹く風。はやて。「勁草」は茎が強くてしっかりしている草。そのさまから、節操が堅く、ふらふらしない人物をたとえる。

用例 ➡その本は、**疾風勁草**の人生を送った女性を描いた大河小説です。

➡おとなしいように見えても、**疾風勁草**、彼女の底力は尋常なものではない。

出典 『後漢書《ごかんじょ》』王覇伝《おうはでん》

類義 歳寒松柏《さいかんしょうはく》／雪中松柏《せっちゅうしょうはく》

疾風迅雷
しっぷうじんらい

●主な用途
●疾駆するように速く強い行動を表す

行動がすばやく、激しいさま。すさまじい速さでやりとげること。また、事態が急変すること。強い軍勢のすばやい攻撃ぶりなどをいう。「疾風」は速くてすさまじい風のこと。「迅雷」は激しい雷鳴の意。

用例➡秀吉の軍勢は、**疾風迅雷**の勢いで本能寺へとかけつけた。

➡経済界の情勢は**疾風迅雷**のごとくめまぐるしい動きを見せており、銀行と銀行の合併統合も目白押しである。

出典『礼記《らいき》』玉藻《ぎょくそう》

類義迅速果敢《じんそくかかん》／電光石火《でんこうせっか》

疾風怒濤
しっぷうどとう

●主な用途
●物事、人生の激動をたとえていう

物事がすばやく激しい勢いで押し寄せるさま。時代や社会状況が激動して大きく変わること。「疾風」は強くて速い風。「怒濤」は激しくうねり逆巻いて打ち寄せる大波。若いゲーテを中心として、十八世紀後半のドイツに興った文学革新運動、シュトゥルム・ウント・ドラング[Sturm und Drang＝嵐（あらし）と緊張]の訳語。

用例➡終戦直後の**疾風怒濤**の時代を知る者からすれば、現在の日本はとてつもなく平和なものに思えるのです。

類義狂瀾怒濤《きょうらんどとう》

しっぷうもくう

櫛風沐雨

●主な用途
●風雨にさらされるほどの苦難を表す

「風に櫛(くしけず)り　雨に沐(もく・ゆあみ)す」とも読む。「櫛」はくしで髪をとく、「沐」は髪を洗うの意。風雨にさらされるようなひどい苦労に耐えて、がんばること。また、苦難の道をたどることのたとえ。

用例 ➡若い日の父は、中国から引き揚げたあと、**櫛風沐雨**の生活を余儀なくされた。

➡異郷に取り残され、その国の言葉も満足に話せない状態では、男を待ちうけている**櫛風沐雨**の苦労は想像にかたくない。

出典 『晋書《しんじょ》』文帝紀《ぶんていき》

類義 櫛風浴雨《しっぷうよくう》／風櫛雨沐《ふうしつうもく》

しでんいっせん

紫電一閃

●主な用途
●稲妻のような一瞬のひらめきをいう

とぎすました刀の鋭い光が、一瞬きらりとひらめくこと。そこから、一瞬の変化をさす。また物事・事態がきわめて急激に変化すること。「紫電」は、するどい目の光、鋭く刀を振ったときにひらめく光のこと。「一閃」は、さっとひらめくこと。

用例 ➡その瞬間までは何でもない日常の光景だったのに、竜巻の出現で**紫電一閃**、あたりを恐怖が貫いた。

➡**紫電一閃**のあとには、戦いを挑んだ若い武芸者の骸(むくろ)が転がっていた。

類義 光芒一閃《こうぼういっせん》

四百四病

しひゃくしびょう

●主な用途
●あらゆる病気を総称していう

人間がかかるありとあらゆる病気を総称する言葉。仏教語。人間のからだは、地・水・火・風の四つの元素、四大(しだい)から成り立っており、その調和が乱れると、四大からそれぞれ百一の病気が生じる。四つの元素から合わせて四百四の病気が起こるとする説から。「四百四病の外(ほか)」というと、恋の病(やまい)、恋わずらいをいう。

用例 ↓人間には**四百四病**があるというくらいですから、まあ健康でいることのほうが珍しいと気楽に考えて、長年持病の痛風とつきあってまいりました。

四分五裂

しぶんごれつ

●主な用途
●分裂して秩序を失った状態をいう

秩序なく散り散りばらばらに分裂すること。四つに分け、五つに裂くの意。

【故事】中国戦国時代、六国が連合して秦(しん)に対抗する「合従(がっしょう)」策か、各国が秦と協同する「連衡(れんこう)」策かで外交戦が展開された。張儀(ちょうぎ)は秦のため、「各国に囲まれた魏(ぎ)は、連合しない国があればそこから侵攻されて四分五裂する」と魏に連衡策を説いた故事から。

用例 ↓社長亡きあと、会社は**四分五裂**した。

出典 『戦国策《せんごくさく》』魏策《ぎさく》

類義 四散五裂《しさんごれつ》／四分五割《しぶんごかつ》

自暴自棄

じぼうじき

●主な用途
●開き直ってやけになることをいう

物事が自分の思い通りにならず、失望のあまりやけになること。理性をなくして自分の身を持ち崩すこと。どうにでもなれと投げやりになること。やけくそ。捨てばち。「自暴者(自分で暴れて自分の身を損なう者)」と「自棄者(投げやりになって自分で自分を捨ててかえりみない者)」の合成語。

用例 ➡司法試験に落ちたからって、**自暴自棄**になってからだを壊さないでください。

➡彼女は選手生命をかけた試合に負け、**自暴自棄**になってしまった。

出典 『孟子《もうし》』離婁《りろう》・上

四方八方

しほうはっぽう

●主な用途
●周囲のあらゆる方向を表す

あちらこちら。周辺のあらゆる方向。ぐるり。まわり。「四方」は方角としての東・西・南・北をいう。「八方」はそれに加えて、北東・北西・南東・南西の八つの方角を示し、ともにあらゆる方向・方面の意。

用例 ➡テレビを通じて首相の優柔不断な態度が報道されると、**四方八方**から非難の声が上がった。

➡個性派ぞろいの役者たちをまとめあげ、**四方八方**丸くおさめて舞台をつくりあげていくのは、並大抵ではない忍耐力を必要とする。

しまおくそく

揣摩臆測

●主な用途
●根も葉もない当て推量を形容する

根拠もないのに、自分勝手な解釈で物事や人の言動、思惑などを推測すること。当て推量。「揣摩」はあれこれ推し量ることで、「すいま」とも読む。推し量る意の「臆測」を重ねて、意味を強調した語。「臆」は「憶」とも書く。

用例 ➡息子の結婚式にも姿を見せなかった有名女優の行動について、芸能記者たちの**揣摩臆測**が飛び交った。
➡**揣摩臆測**をいちいち真に受けて捜査、判断を下すと、誤認逮捕の元になりかねない。

類義 揣摩臆断《しまおくだん》

しめんそか

四面楚歌

●主な用途
●孤立無援の状態を形容する

四方を敵や反対者に囲まれて、味方のないさま。どちらを向いても敵ばかりなこと。

【故事】中国楚(そ)の項羽(こうう)は、四方を漢の劉邦(りゅうほう)の軍に囲まれ、漢軍から聞こえる楚の歌に、民がすでに漢に降伏したのかと絶望したという。

用例 ➡営業部長は契約失敗の連続で、社内で**四面楚歌**の状態に陥った。
➡彼女の企画はあまりにも独創的だったので、会議の中で**四面楚歌**になった。

出典 『史記《しき》』項羽紀《こううき》

類義 孤立無援《こりつむえん》

しゃくしじょうぎ

杓子定規

●主な用途

●融通がきかない態度を非難していう

すべてを一つの基準や形式に当てはめて判断したり処理したりすること。融通のきかないこと。もとは「杓子を定規にする」で、曲がった杓子を定規の代わりとする意から、誤った基準で物事を判断することをいった。

用例 ➡あまりにも**杓子定規**な窓口の対応によって予定外の時間をとられ、出発が一日遅れてしまった。

➡規則をあまり**杓子定規**に適用すると、社員から不満が出ると思うよ。

類義 四角四面《しかくしめん》

対義 融通無碍《ゆうずうむげ》／臨機応変《りんきおうへん》

じゃくにくきょうしょく

弱肉強食

●主な用途

●生存競争の厳しさを表現する

「弱の肉は強の食なり」とも読む。弱者は強い者に倒され、征服されるということ。弱者の犠牲の上に強者が繁栄すること。弱いものの肉は強いものの食料となることからいう。

用例 ➡身分が下の者が上の者にとってかわろうとする**弱肉強食**の戦国の世を制したのは、一人の小国の武将であった。

➡変化を恐れていては、**弱肉強食**のビジネス社会で勝ち抜いていけないよ。

出典 韓愈《かんゆ》「送浮屠文暢師序《ふとぶんちょうしをおくるのじょ》」

類義 自然淘汰《しぜんとうた》／優勝劣敗《ゆうしょうれっぱい》

対義 共存共栄《きょうぞんきょうえい》

じゃくめついらく
寂滅為楽

●主な用途
●俗事に煩わされない安楽さをいう

迷いの世界から解放されて心安らかな悟りの境地に至ったとき、初めて真の楽しみがわかるということ。「寂滅」は仏教語で、煩悩を捨て去った究極的な悟りの境地、「涅槃(ねはん)」ともいう。

用例⬇煩悩に満ちた現世を逃れ、**寂滅為楽**の日々を送りたいと出家した。

⬇定年後、暇にまかせて仏典を読んだり座禅を組んだりしておりますが、いまだ**寂滅為楽**の境地にはほど遠いようです。

出典『涅槃教《ねはんぎょう》』

類義生滅滅已《しょうめつめつい》

しゃこうじれい
社交辞令

●主な用途
●社交上のお愛想やお世辞をいう

社交上の応対の言葉。つき合いを円滑にするために発する、相手を喜ばせるための言葉。「辞令」は、応対するときの改まった言葉やあいさつ。

【注】「—事令」は誤り。

用例⬇「いつでもお寄りください」は、ほんの**社交辞令**だったのに、本当に一家で遊びに来られて困った。

⬇**社交辞令**ばかり並べていても、相手の信頼を得ることはできないよ。もっとふところに飛び込まないと。

類義外交辞令《がいこうじれい》

し

しゃしゃらくらく
洒洒落落

●主な用途
●さっぱりとした人柄をほめる表現

「洒落（しゃらく）」を分け、それぞれを重ねて強調した言い方。性格や振る舞いがさっぱりして、何事にもこだわらない様子。またそのような人。

【注】「洒洒—」は誤り。

用例 ➡仲人さんは夫のことを「**洒洒落落**な方です」と言っていたけれど、実は家計簿を隅々までチェックするような神経の細かい人だったわ。
➡うちの社長は**洒洒落落**な人柄で、一般社員にも気軽に接してくれるんだ。

類義 軽妙洒脱《けいみょうしゃだつ》／豪放磊落《ごうほうらいらく》／灑灑落落《さいさいらくらく》

しゃにむに
遮二無二

●主な用途
●がむしゃらに事を行う様子の形容

一つのことをわき目もふらずにすること。むやみに。むしょうに。「遮二」は二を断ち切る（一つに集中する）、「無二」は二がない（先のことを考えない）という意で、見通しもないままひたすら突き進むこと。

用例 ➡人生は長いのだから、**遮二無二**突っ走るばかりが能じゃない。
➡長い行列に**遮二無二**割り込もうとした若者が係員にしかられた。
➡**遮二無二**仕事に向かってもだめだ。最初に計画を立ててから着手しなさい。

類義 我武者羅《がむしゃら》／無二無三《むにむさん》

縦横無尽

じゅうおうむじん

●主な用途　●自由自在に物事を行うさまの形容

何にも邪魔されず、思う存分に行動すること。のびのびとやりたい放題に物事を行うこと。「縦横」はたてとよこ、「無尽」は尽きることがないの意から、四方八方に限りがない、つまり、思う存分振る舞うという意。

【表現】縦横無尽に暴れ回る

用例 ⬇フォワードの選手は、ディフェンスがいないかのようにグラウンドを**縦横無尽**に走り回った。

⬇森を歩くと、去年、台風が**縦横無尽**に暴れ回ったあとが、いまだに目に付く。

類義 縦横自在《じゅうおうじざい》／縦横無礙《じゅうおうむげ》／自由自在《じゆうじざい》

自由闊達

じゆうかったつ

●主な用途　●度量の大きい人をほめる表現

のびのびとおおらかで、小さな事にこだわらないさま。「自由」は束縛されないこと。「闊達」は度量が大きく、細かいことにこだわらないこと。「豁達」とも書く。

用例 ⬇この講義は、担当教授の**自由闊達**な人柄にひかれて、他の専攻から聴講に来る学生が多い。

⬇名声も富も得た彼の絵には、まだ売れなかった時代の**自由闊達**な精神を見出すことができない。

類義 闊達自由《かったつじゆう》／天空海闊《てんくうかいかつ》

対義 頑迷固陋《がんめいころう》

しゅうぎ　いっけつ

衆議一決

●主な用途
●会議で結論を出せたときにいう

大勢が議論、相談した結果、意見がまとまって結論が出ること。「衆議」は、みんなで行う議論や相談、「一決」は、議論や相談事が一つにまとまること。

【注】「集議―」は誤り。

用例 ➡社運をかけるとなると、どの商品を売り出すかなかなか決まらなかったが、今日の会議でようやく**衆議一決**をみた。

➡一度の会合で**衆議一決**を得ようとすれば、事前の根回しがどうしても必要だ。

類義 衆口一致《しゅうこういっち》／満場一致《まんじょういっち》

対義 甲論乙駁《こうろんおつばく》

しゅうし　いっかん

終始一貫

●主な用途
●主義や態度が不変であることをいう

態度や考え、主張などが最初から最後まで変わらないこと。「終始」は終わりと始め、または始めから終わりまで、「一貫」は貫き通す意。

用例 ➡彼の主張は、**終始一貫**している。

➡彼は、弁護士として**終始一貫**、貧しい人のためにつくした。

➡**終始一貫**自説を曲げなかったといえば聞こえはいいが、彼の場合はただ頑固で、頭が固いだけだね。

類義 首尾一貫《しゅびいっかん》／徹頭徹尾《てっとうてつび》

対義 右顧左眄《うこさべん》

自由自在

じゆうじざい

●主な用途　●思うままにできることの形容

何事にもとらわれず、自分の意のままに、思うようにできること。「自由」は、束縛されず、思うままであること。「自在」は、障害がなく自分の思いのままのこと。

【表現】自由自在に操る

用例➡さすが名人といわれるだけある。初めてとる筆を**自由自在**に操ってみごとな書をしたためた。

➡彼は語学の天才というか、六か国語を**自由自在**に操れるんだ。

出典『景徳伝灯録《けいとくでんとうろく》』二三

類義縦横自在《じゅうおうじざい》／縦横無碍《じゅうおうむげ》／縦横無尽《じゅうおうむじん》

周章狼狽

しゅうしょうろうばい

●主な用途　●パニックに陥っている状態の形容

予期しない事態に遭遇し、あわてふためいてうろたえるさま。「周章」「狼狽」は、ともにあわてるの意。「狼」「狽」はともにオオカミの一種で伝説上の獣とされる。狼は前足が長くて後足が短く、狽(ばい)は前足が短くて後足が長い。狽が狼の後ろに乗るようにして二頭一緒に行動し、離れると倒れてしまうことから、あわてふためく意となった。

用例➡彼は、大事な書類を別の会社にファックスしてしまって、**周章狼狽**していた。

類義右往左往《うおうさおう》

対義意気自若《いきじじゃく》／神色自若《しんしょくじじゃく》／泰然自若《たいぜんじじゃく》

衆人環視 しゅうじん かんし

●主な用途
●注目下で隠さず行われることにいう

多くの人が周囲を取り囲んで見ていること。公衆の面前。「衆」は数が多いこと。「環視」の「環」は「囲む」の意で、周囲を取り巻いて見ること。

【注】「―監視」は誤り。

【表現】衆人環視のもと

用例 ⬇**衆人環視**の中とはいえ、一瞬の出来事だったので、犯人の手がかりは少ない。⬇史上最高額の宝くじの抽選は、**衆人環視**のもとで何重ものチェックを経て厳正に行われた。

類義 衆目環視《しゅうもくかんし》

秋霜烈日 しゅうそう れつじつ

●主な用途
●厳格な対応をたとえていう

刑罰・志操・規律などがきわめて厳格であることのたとえ。「秋霜」は、秋の霜。「烈日」は、真夏の太陽。どちらも植物にとって容赦なく厳しいものであることから。

用例 ⬇市民の間からは、凶悪化する少年犯罪に対する刑罰を**秋霜烈日**のものにするよう、強い声があがった。⬇祖父は、自らを律するに**秋霜烈日**のごとしという人で、またそのように父をもしつけたらしい。

類義 志操堅固《しそうけんご》

対義 春風駘蕩《しゅんぷうたいとう》

じゅうにん と いろ

十人十色

●主な用途
●人それぞれに個性があることを表す

人の好みや性格、意見などは、人によって異なるということ。人間はそれぞれ個性があるものだということ。十人で十種の特色の意。

用例 ⬇同じ日本人だって、食べ物の好みは**十人十色**、刺身が好きなやつも嫌いなやつもいるだろう。ワインが大嫌いだというフランス人がいたって不思議でも何でもないよ。

⬇**十人十色**の子どもの個性を伸ばすためには、それぞれの子どもに合った指導方法をとることが大切だ。

類義 各人各様《かくじんかくよう》／三者三様《さんしゃさんよう》／十人十腹《じゅうにんとはら》

じゅうねん いちじつ

十年一日

●主な用途
●まったく進歩や変化がないこと

何年経っても毎日が同じ一日の繰り返しで、いっこうに変わらないこと。長い年月を経ても、少しも変化・進歩・成長のないさまをいう。また、伝統工芸などでは、同じやり方を守り通すことをいう場合もある。

用例 ⬇隣のおじさんは、**十年一日**のごとく、毎朝庭でラジオ体操をするのよ。

⬇職場と家庭を往復する毎日を、**十年一日**のごとく繰り返し、いつの間にか定年を迎えようとしている。

類義 旧態依然《きゅうたいいぜん》

対義 十年一昔《じゅうねんひとむかし》／日進月歩《にっしんげっぽ》

じゅうねん ひと むかし

十年一昔

●主な用途

●時の流れの早さを驚いていう

世の中が激しく移り変わること。物事が長い歳月のうちにいつのまにか大きく変化し、十年を一区切りと見るなら、それ以前はもう昔のことのように感じられるということ。

用例⬇昨今のコンピュータ業界の発展ぶりを見ると、**十年一昔**などというのでは悠長すぎるくらいだ。毎年のように急激な変化をしている。

⬇私たち夫婦も結婚して早十年。**十年一昔**とはいいますが、本当に新婚時代が夢の彼方のように思えるほどいろいろな試練を乗り越えて参りました。

じゅうのう せい ごう

柔能制剛

●主な用途

●弱者が強者に勝つことをいう

弱い者が強い者に勝つこと。また弱小な者でも柔軟なやり方によっては、かえって剛強(ごうきょう)な者を抑えることができるということ。四字熟語として使われることはまれで、たいていは「柔能(よ)く剛を制す」の訓読で用いられる。

用例⬇中量級の選手がみごとな背負い投げで百キロ超級の選手を投げ飛ばした。**柔能く剛を制す**、これこそ柔道の醍醐味(だいごみ)といえよう。

出典『三略《さんりゃく》』上略《じょうりゃく》

類義弱能制強《じゃくのうせいきょう》／柔能克剛《じゅうのうこくごう》

じゆうほんぽう
自由奔放

●主な用途
●自分の意思のままに行動すること

何の束縛も受けないで、自分の思うままに振る舞うこと。世間の常識やしきたりなどにとらわれず、やりたいようにすること。「奔放」は勢いよく走ること、水の流れが早いこと、思うがままに振る舞うこと。

用例 ➡彼女の**自由奔放**な生き方が若い女性の共感を呼び、自叙伝がベストセラーとなった。
➡この俳人が登場したときには、形式にとらわれない**自由奔放**な作風で、俳壇に旋風を巻き起こしたものだった。

類義 不羈奔放《ふきほんぽう》／奔放自在《ほんぽうじざい》

しゅかくてんとう
主客転倒

●主な用途
●軽重の判断の誤りを指摘する表現

物事の順序や軽重、人の立場や権限などが逆転すること。重要な事柄と、どうでもよい事柄が逆になること。主人と客が入れ替わることから。「主客」は「しゅきゃく」とも読む。「転倒」は「顚倒」とも書く。

用例 ➡部長もだらしないが、社長の息子も部下でありながら勝手放題、これでは営業部は**主客転倒**したままじゃないか。
➡テレビの討論番組では、司会者が立場を**主客転倒**して自分の意見を述べ続け、論議がかみ合わないことがよくある。

類義 舎本逐末《しゃほんちくまつ》／本末転倒《ほんまつてんとう》

じゅくどく がんみ

熟読玩味

●主な用途 ●書物の熟読の重要性をいう

文章をていねいに読み、意味・内容をじっくり考え味わうこと。文章や物事の意味・道理などを、表面的にではなく、深く理解し味わうこと。「熟読」は、何度も繰り返しよく読むこと。「玩味」は食物をゆっくりと、よくかんで味わうこと。

用例⬇『論語』は、保守的な書だと思っていたが、**熟読玩味**してみると、意外に近代的な思想を含んでいることに気づいた。
⬇難しい書物でも、**熟読玩味**しているうちに何となくわかってくるものだよ。

出典『小学《しょうがく》』嘉言《かげん》

じゅくりょ だんこう

熟慮断行

●主な用途 ●熟考の末に実行することを表す

じっくり考えた上で、思い切って実行に移すこと。「熟慮」は十分に検討し、考えをめぐらすこと。「断行」は反対や障害があっても、思い切って行うこと。

用例⬇新しい経営陣のもとで経営不振の打開策として、外資への吸収合併が**熟慮断行**された。
⬇海外移住は、両親・親戚からもずいぶん反対されたが、**熟慮断行**したことだから後悔するようなことはない。

類義 思慮分別《しりょふんべつ》
対義 軽挙妄動《けいきょもうどう》

しゅしゃせんたく

取捨選択

●主な用途
●要不要の判断をすることをいう

悪いもの、不要なものを捨て、よいもの、必要なものを選ぶこと。「取捨」は、取ることと捨てること。「選択」は、条件に合ったもの、よりよいものを選び出すこと。

用例⬇作文コンクールの応募作品は、優秀なものが多く、選者の間でも議論百出で**取捨選択**は難航したと聞く。
⬇情報社会がさらに発展すると、本当に役に立つ情報を**取捨選択**する能力が重要になるだろう。

類義 取捨分別《しゅしゃぶんべつ》
対義 一切合切《いっさいがっさい》

しゅじょうさいど

衆生済度

●主な用途
●仏の慈悲が無限であることを表す

仏や菩薩(ぼさつ)が、生きているものすべてを迷いの苦海から救済し、彼岸へ渡してくれる(悟りへと導く)という仏教語。「衆生」は、仏の救済の対象となる人間を始めとした生きとし生けるものすべて。「済度」は、迷い苦しむものを悟りの境地へ導くこと。

【注】「一斉度」は誤り。

用例⬇本堂は、**衆生済度**を念じる善男善女であふれていた。
⬇今回の旅行でいちばん心に残っているのは、**衆生済度**の願いをこめて丹念に彫られた仏像の美しさ、優しさです。

し

しゅそりょうたん
首鼠両端

●主な用途
●態度が決まらない人を非難する表現

どちらにするか決めかねて、形勢をうかがいながら、あいまいな態度を保つこと。日和見。どっちつかずの態度。鼠（ねずみ）が穴から首を出したり引っ込めたりしながら、用心深くあたりをうかがう様子からいう。

用例 ⬇いつも**首鼠両端**の態度だと、そのうち信用できない人間と思われてしまうよ。
⬇わざと**首鼠両端**でいるわけではないのです。生来の優柔不断が災いして態度を決めかねているだけなのです。

出典 『史記《しき》』魏其《ぎき》・武安侯伝《ぶあんこうでん》

類義 右顧左眄《うこさべん》／狐疑逡巡《こぎしゅんじゅん》／左右傾側《さゆうけいそく》

しゅちにくりん
酒池肉林

●主な用途
●盛大な宴会、みだらな宴会のたとえ

贅沢（ぜいたく）の限りをつくした豪勢な宴会。ふつう、みだらな乱痴気騒ぎに使う。

【故事】 中国殷（いん）の紂王（ちゅうおう）が、酒で池をつくり、肉を林のようにつるし、その間を裸の男女に走り回らせて酒宴を開いたという故事から。

用例 ⬇貴族たちが、夜ごと**酒池肉林**の宴を催したといわれるこの部屋には、彼らの笑いさざめく声が、今も漂っているようだ。
⬇国民の血税を使って**酒池肉林**の宴を催したとは、あきれて言葉も出ない。

出典 『史記《しき》』殷本紀《いんほんぎ》

しゅっしょ　しん　たい

出処進退

●主な用途

●辞職か否かの身の処し方をさす

今の官職や地位にとどまるか、辞めてしりぞくかの身の処し方。「出」は世に出て役人になる、「処」は官につかず家にいるという意。

【注】「出所―」は誤り。

【表現】出処進退を明らかにする

用例➡前代未聞の不祥事を起こした会社の社長が、**出処進退**を明らかにする記者会見を行った。

➡早期退職を志願するか、減給されてもこのまま会社に残ったほうがいいか、正直なところ**出処進退**を決めかねている。

出典　王安石《おうあんせき》「祭欧陽文忠公文《おうようぶんちゅうこうをまつるのぶん》」

しゅつらん　の　ほまれ

出藍之誉

●主な用途

●優れた弟子や生徒をほめるたとえ

弟子が先生よりすぐれた業績を上げること。「青は之を藍（あい）より取りて藍よりも青し」という成句から。青の染料は藍という草を原料とするが、できた青色が、原料の藍よりもずっと青くて美しいという意。

用例➡ノーベル化学賞を受賞した彼はわが研究室の誇り、**出藍の誉**であります。

➡ヨハン・シュトラウスは、同名の父親の音楽を発展させ、数々の名曲を残した。**出藍の誉**といえるだろう。

出典　『荀子《じゅんし》』勧学《かんがく》

類義　出藍之青《しゅつらんのせい》／青藍氷水《せいらんひょうすい》

しゅびいっかん 首尾一貫

●主な用途 ●筋の通った態度を形容していう

始めから終わりまで、言動や態度が変わらず、矛盾がないこと。筋が通っていること。「首尾」は始めから終わりまで。「一貫」は一つのことを貫き通すこと。

用例 ➡君の論文は、論旨が**首尾一貫**していない。書き直さないと、だれも納得してくれないんじゃないかな。

➡数々の妨害にも屈せず、**首尾一貫**して政界の浄化を訴え続けた政治家は、次第に賛同者を増やしていった。

類義 終始一貫《しゅうしいっかん》／首尾相応《しゅびそうおう》／徹頭徹尾《てっとうてつび》

対義 内股膏薬《うちまたこうやく》

しゅんじつちち 春日遅遅

●主な用途 ●のんびりと暮れる春の日をいう

のどかでうららかな春の日のこと。春の日が長くて、暮れるのが遅いさまをいう。「春日」は春の日の太陽、春の日ざし。「遅遅」は春の太陽の運行が遅く、日が長いこと。

【表現】春日遅遅の休日

用例 ➡**春日遅遅**の休日、近所の人たちと草野球をしたり、ビールを飲んだりして久しぶりにのんびりと過ごすことができた。

➡**春日遅遅**として美しい季節となりました。庭いじりには絶好の日和、父は毎日花の手入れに余念がありません。

出典 『詩経《しきょう》』豳風《ひんぷう》・七月《しちがつ》

し

じゅんじょうかれん 純情可憐

●主な用途
●清らかでかわいい少女を形容する

純粋で邪念がなくかわいらしいさま。特に少女を形容する言葉。「純情」は素直で邪心がないこと。「可憐」はいじらしい、かわいらしいさま。

【表現】純情可憐な乙女

用例 ⬇**純情可憐**な風情で一世を風靡(ふうび)した女優だが、近ごろはさすがに年をとって往年の面影もないね。

⬇絵の中の少女が、あまりにも**純情可憐**な様子だったので、思春期の僕は一目で彼女に恋をした。

類義 純真《じゅんしん》可憐《かれん》／純真《じゅんしん》無垢《むく》

じゅんしんむく 純真無垢

●主な用途
●清らかな心を形容していう

汚れのない清らかな心を持っていること。純粋で素直、飾り気がないこと。「無垢」はあか・汚れがまったくないこと。

【注】「純心―」は誤り。

【表現】純真無垢な心

用例 ⬇高校時代の彼は**純真無垢**な少年で、これで浮き世を渡っていけるのかと心配になるほどでした。

⬇子どもの**純真無垢**な瞳(ひとみ)に見つめられると、何となく自分が恥ずかしくなるときがあります。

類義 純粋《じゅんすい》無垢《むく》／清浄《せいじょう》無垢《むく》

しゅんぷうたいとう
春風駘蕩

●主な用途
●のんびりとした人柄や日和をいう

やわらかな風がそよぐ、春の日ののどかな様子。転じて、人柄が穏やかなこと。また、異変がなく平穏無事なことをいう。「駘蕩」はのどかなさま。のびのびしたさま。

【表現】春風駘蕩な人柄

用例 ⬇新名人は、対局中は厳しく勝負に徹するが、いつもはにこにこと笑みを絶やさない、**春風駘蕩**たる人柄だ。

⬇まさに**春風駘蕩**、縁側に寝そべって、庭先の花が風に揺れているのをながめておりました。

対義 秋霜烈日《しゅうそうれつじつ》

じゅんぷうびぞく
醇風美俗

●主な用途
●人情や美風の残る風俗習慣に使う

こまやかな人情と好ましい風俗・習慣のこと。「醇美」は完全で美しいことで、これに「風俗」を掛け合わせた言葉。「醇風」は「淳風」とも書く。

【注】「順風―」は誤り。

用例 ⬇老舗(しにせ)の料理屋が軒を並べるあの界隈(かいわい)では、失われつつある**醇風美俗**に触れることができる。

⬇今、未来を担う子どもたちに理解してもらいたいのは、日本古来の**醇風美俗**にふれることの重要性だ。

類義 良風美俗《りょうふうびぞく》

順風満帆
じゅんぷう まんぱん

●主な用途
●万事好調の人や状態の形容

万事順調に、思い通りに進行すること。「順風」は追い風のこと。追い風に帆をいっぱいにふくらませて、水面をすべるように進む船の様子から。

【注】「満帆」を「まんぽ」と読むのは誤り。

用例 ⬇大学卒業後、希望の職に就き、まさに**順風満帆**を絵に描いたような青年だっただけに、今回の不祥事は誠に残念だ。⬇はたからは、**順風満帆**のように見える人でも、よくよく聞いてみると、それなりに悩みを持っているものだ。

類義 乗風破浪《じょうふうはろう》／万事如意《ばんじにょい》

上意下達
じょうい かたつ

●主な用途
●上の者の命令を下に徹底させること

組織などで、上の者からの命令を下の者に確実に伝え、また徹底させること。「上意」は上の者の意志や命令。「下達」は下の者に確実に届くこと。「下達」は「げたつ」とも読む。

【注】「上位―」は誤り。

用例 ⬇組織をうまく動かすには、**上意下達**を徹底させることが必要だが、そればかりでは、社員の自由な創造性が失われる。下意上達がスムーズに行われることも必要だ。

類義 上命下達《じょうめいかたつ》

対義 下意上達《かいじょうたつ》

し

情意投合《じょういとうごう》

●主な用途
●**非常に気が合う間柄を形容する**

お互いの気持ちがよく通じ合うこと。「情意」は、感情と意志。「投合」はぴったり合うこと。

用例 ⬇彼女とは初対面のときに**情意投合**し、そのまま飲みに出かけて朝まで語り合ったのよ。

⬇彼とはとても**情意投合**というような間柄ではなかったね。張り合ってけんかばかりしていたんだから。でも、どういうわけか学生時代というと懐かしく思い出されるのは彼のことなんだ。

類義 意気投合《いきとうごう》

城狐社鼠《じょうこしゃそ》

●主な用途
●**保身のため悪事を働く者をたとえる**

身の安全を確保しておいて、悪事を働く者のたとえ。特に権力者の陰に隠れた悪臣をいう。「城狐」は城にすむ狐(きつね)。「社鼠」は神社に巣くう鼠(ねずみ)。どちらも駆除しようとすると、城や社(やしろ)を壊さなければならないことから。

用例 ⬇時代劇には、自分の地位を利用して私腹を肥やす、**城狐社鼠**のような悪代官の役が欠かせないが、現代でも似たような輩(やから)はたくさんいるらしい。

出典 『晋書《しんじょ》』謝鯤伝《しゃこんでん》

類義 君側之奸《くんそくのかん》／社鼠城狐《しゃそじょうこ》

笑止千万
しょうし　せんばん

●主な用途
●ばかげた行動を笑い飛ばしていう

非常にばかげていて、くだらなく、おかしなこと。真に受けることがばかばかしいような物事や人をあざ笑う意味合いで使われることが多い。「笑止」はおかしいこと。ばかばかしいこと。「千万」は数がきわめて多いことから、はなはだ、この上なくの意で、強調するさいによく用いられる。

用例 ⬇冬山に挑戦したいと相談したら、無謀過ぎる、経験をもっと積んでからと、**笑止千万**とばかり相手にされなかった。
⬇黒い噂(うわさ)の絶えない政治家が道徳を語るなんて、**笑止千万**な話だ。

盛者必衰
じょうしゃ　ひっすい

●主な用途
●栄華は必ず衰えることを説く

現在栄華をきわめている者も、必ず衰えるときがくるということ。仏教の人生観で、この世の無常を表した語。「盛者」は「しょうじゃ」「しょうしゃ」とも読む。

【表現】盛者必衰の理(ことわり)

用例 ⬇世界史の舞台をにぎわした数々の大帝国も、今ではほとんど跡形もない。まさに**盛者必衰**は世の習いなのだ。
⬇出世頭だった部長が、会長の逆鱗に触れて左遷とは、**盛者必衰**というべきか。

出典 『仁王経《にんのうぎょう》』下

類義 栄枯盛衰《えいこせいすい》／生者必滅《しょうじゃひつめつ》／盛者必滅《じょうしゃひつめつ》

し

しょうじゃ ひつ めつ

生者必滅

●主な用途

●死は避けられないことを説く

生きている者は、やがて必ず死ぬということ。仏教で、人生の無常を教えた言葉。「生者必滅、会者定離（えしゃじょうり）」と対にして使うことが多い。

【表現】生者必滅、会者定離は世の習い

用例 ➡**生者必滅**は世の習いとはいえ、自分より若いものが亡くなっていくのを見るのはつらいものだ。

➡**生者必滅**の理から逃れられない無常感から、人は神や仏に行き着くのだろう。

出典 『大般涅槃経《だいはつねはんぎょう》』第二寿命品《だいにじゅみょうぼん》

類義 盛者必衰《じょうしゃひっすい》／生者必衰《しょうじゃひっすい》

じょうじゅう ざ が

常住坐臥

●主な用途

●いつでも、四六時中、の意を表す

日常の振る舞い。いつも。普段。平生。「常住」は一定の場所に住むことだが、「歩くこと」、「止まること」を意味する「行住（ぎょうじゅう）」と混同した用法による。「坐臥」は座っている時も、寝ている時も、の意。

用例 ➡彼は**常住坐臥**、相対性理論について考えているほど、物理学一辺倒の生活を送った。

➡職業作家ともなると、作品の題材が何かないかと、**常住坐臥**、頭を離れることがないらしい。

類義 行住坐臥《ぎょうじゅうざが》

じょうじょうしゃくりょう

情状酌量

●主な用途
●罪に同情の余地があるとき用いる

裁判官が被告人の様々な事情を考慮して刑を軽減すること。また一般社会でも、罰を下すに当たって諸事情を酌み取る意で用いる。「情状」は実際の事情や状態。「酌量」は「くみはかる」意から、事情をくみ取って、同情のある扱いをすること。

【表現】情状酌量の余地

用例 ➡泥酔して事故を起こすなんて、**情状酌量**の余地はまったくない。

➡被告の複雑な家庭環境が**情状酌量**されて、実刑はまぬかれた。

類義 酌量減軽《しゃくりょうげんけい》

しょうじょう の さ

霄壌之差

●主な用途
●二つのものの格差を誇張していう

非常に大きな違いのこと。「霄」は、天、空。「壌」は、大地。天と地ほども隔たった大きな差異。「霄壌の違い」ともいう。

【表現】霄壌の差を生じる

用例 ➡あの時の一瞬の判断の違いが、私と彼とのその後の境遇に**霄壌の差**を生じたとは、悔やんでも悔やみきれない。

➡君たちは、取り組み方によってその後の人生に**霄壌の差**を生じるような試練をいくつか越えなければなりません。入学試験などもそのうちの一つでしょう。

類義 雲泥之差《うんでいのさ》

しょうじん かん きょ

小人閑居

●主な用途

●愚かな時間の使い方を評していう

小人物は暇があると、とかくよくないことをしがちであるということ。「小人閑居して不善を為す」の略。「小人」は人徳のないつまらない人間。「閑居」はすることもなく暇でいること。「閑居」は「間居」とも書く。

用例 ⬇定年退職後は、「**小人閑居して不善を為す**」などということにならぬよう、積極的にボランティア活動をしています。

⬇休日はいつもパチンコ、これでは「**小人閑居**」と非難されてもしかたがない。

出典 『大学《だいがく》』

対義 閑居養志《かんきょようし》

しょうじん けっ さい

精進潔斎

●主な用途

●摂生して心身を清めることをいう

肉食や酒などを断ち、行いを慎んで心身を清めること。「精進」は修業に励むことで、ここから肉食をせず、行いを慎む意。「潔斎」は神仏に仕えるため、心身を清らかに保つこと。

【注】「―潔斉」は誤り。

用例 ⬇僧侶(そうりょ)は**精進潔斎**するものだと思っていたが、ネオンに誘われるところを見ると、そればかりでもないらしい。

⬇昨シーズン不調だった四番打者が、寺にこもって**精進潔斎**の日々を送っているという。

類義 斎戒沐浴《さいかいもくよく》

し

しょうしん しょうめい

正真正銘

●主な用途
●本物であることを強調していう

間違いなく、真実、本物であること。「正真」は真実であること。「正銘」も嘘（うそ）偽りがない、誠であるの意。同じ意味の語を重ねて、強調したもの。

【注】「—証明」は誤り。

用例 ⬇好事家の指摘で真贋（しんがん）が問題となった美術館の絵は、鑑定の結果、**正真正銘**ゴッホの作であることが判明し、関係者は胸をなでおろした。

⬇最近、にせのブランド品が世間をにぎわせていますが、当店で扱っている品物は**正真正銘**の品ばかりです。

しょうしん よく よく

小心翼翼

●主な用途
●小心な態度をけなしていう

現在では気が小さくてびくびくしている臆病者、小心者の意味で使われることが多い。本来の意味は、細かいことにも気を配り、おとなしく慎み深いこと。「小心」は細かく気を配ること。「翼翼」は慎み深いこと。

用例 ⬇子どもは、厳しいだけの態度で接すると、**小心翼翼**とした性格になりやすい。

⬇彼はあまりにも慎重で控えめなので、**小心翼翼**とした人だと勘違いされる。

出典 『詩経《しきょう》』大雅《たいが》・大明《たいめい》

類義 細心翼翼《さいしんよくよく》

対義 豪放磊落《ごうほうらいらく》

しょうそうきえい
少壮気鋭

●主な用途
●将来が楽しみな青年を称していう

若くて意気込みが鋭く、将来が期待されること。またその人。「少壮」は二十代、三十代の若く元気な年ごろ。「気鋭」は意気込みの鋭いこと。

用例 ⬇新人賞を受賞した**少壮気鋭**のカメラマンの展覧会には、さすがに新しい切り口の作品が多かった。

⬇**少壮気鋭**の弁護士同士がテレビで討論したが、斬新な見解とみごとな論理展開、その上舌鋒(ぜっぽう)の鋭さには定評がある二人だから見応えがあった。

類義 新進気鋭《しんしんきえい》

しょうちゅうのたま
掌中之珠

●主な用途
●最愛の妻、子をたとえていう

自分が最も大切にしているもののこと。特に最愛の妻、子どものこと。「掌中」は手のひらの中の意。「珠」は宝石。

【表現】掌中の珠を失う

用例 ⬇**掌中の珠**である愛妻が、双子を出産し、彼はこれ以上の幸せはないというような顔をしていた。

⬇**掌中の珠**のように可愛がっていた一人娘が、結婚して外国へ行ってしまったので、夫はどことなく寂しそうで精気のない顔をしている。

出典 傅玄《ふげん》「短歌行《たんかこう》」

じょうとう しゅ だん

常套手段

●主な用途
●月並みでよくある手段をさす

同じような問題が起きたとき、その対処法や解決手段としていつも決まってとられる方法。「常套」は古くからの習慣。月並みでありふれた方法。

用例⬇高校野球では、ランナーが三塁にいると、スクイズする場合が多いけど、**常套手段**とはいっても、面白みが少ないね。

⬇相手のぐちにとことんつきあうのが、訪問セールスの**常套手段**らしいよ。例の悪徳商法でも、それでたくさんの年寄りが気を許したらしいんだ。

類義 慣用手段《かんようしゅだん》

しょう び の きゅう

焦眉之急

●主な用途
●非常にさし迫った事態を形容する

非常にさし迫った危機。急な対処が要求される事態。「焦眉」は眉（まゆ）を焦がすほどに火が迫っているような危険という意。「焼眉」とも書く。

用例⬇予想される地震の被害を最小限に食い止めるのには、戦前からある建物の耐震性を高めることが**焦眉の急**であろう。

⬇これほどまでの株価の低迷は、財政再建こそまさに**焦眉の急**であると、市場全体が訴えていることの現れだ。

出典『五灯会元《ごとうえげん》』一六

類義 轍鮒之急《てっぷのきゅう》／燃眉之急《ねんびのきゅう》

し

枝葉末節

しようまっせつ

●主な用途

●切り捨てるべきささいな物事をいう

本質から外れた細かいところ。ささいな、どうでもよい部分。幹に比べれば、枝や末端は少々切られたりしても大丈夫なことから。

用例 ⬇くどくどと長い演説を聞かされたが、**枝葉末節**を切り捨てて要約すれば、五分もかからない内容だった。

⬇様々な考えがあるだろうが、**枝葉末節**にこだわらず本質に立ちかえれば、意見の一致をみることができないか。

出典 『春秋左氏伝《しゅんじゅうさしでん》』昭公三年《しょうこうさんねん》（枝葉）、『礼記《らいき》』楽記《がくき》（末節）

類義 枝葉末端《しようまったん》

諸行無常

しょぎょうむじょう

●主な用途

●この世の変転、むなしさを説く

この世のいっさいの現象は常に移り変わり永久不変のものはないこと。仏教語。「諸行」はこの世の万物、宇宙のありとあらゆるもの。

【注】「諸業―」「―無情」は誤り。

用例 ⬇僕の家は昔このあたり一帯の大地主で、隣町まで他人の土地を通らないで行けたそうだよ。今の没落ぶりを見ると、**諸行無常**の感を強くするね。

⬇詩人は瓦礫（がれき）と化した城址（じょうし）に立ち、**諸行無常**をうたった。

出典 『北本涅槃経《ほくほんねはんぎょう》』一四

類義 有為転変《ういてんぺん》／万物流転《ばんぶつるてん》

初志貫徹
しょしかんてつ

●主な用途　●最後まで貫く志の強さをいう

初めに思い立った志を、最後まであきらめずに貫き通すこと。「初志」は最初に思い立ったときの気持ち。「貫徹」はやり通す、貫き通すこと。

【注】「—完徹」は誤り。

用例 ⬇ありとあらゆるアルバイトで食いつなぎながら、彼はとうとう作家デビューという大望を**初志貫徹**した。
⬇**初志貫徹**というが、彼のここに至るまでの努力と苦労を身近で見て知っている者としては、心よりの拍手と祝福を送りたい。

諸説紛紛
しょせつふんぷん

●主な用途　●意見、学説が入り乱れているさま

いろいろな意見や説が入り乱れてまとまらないこと。確かではない説が多数あって、真相がつかめないこと。「紛紛」は入り乱れる様子。「紛紛」は「芬芬」とも書く。

【注】「—粉粉」は誤り。

用例 ⬇日本語のルーツに関する議論は、朝鮮語説、アルタイ語説、南方インド語説など、**諸説紛紛**としているのが現状だ。
⬇この交響曲が未完成なのはなぜか。それについては**諸説紛紛**として、真相は遠い歴史の闇(やみ)の中である。

類義 議論百出《ぎろんひゃくしゅつ》／甲論乙駁《こうろんおつばく》

白河夜船

しらかわよふね

●主な用途
●深く寝入っている様子を形容する

正体もなくぐっすりと眠り込むこと。また、寝込んでいて何も知らないこと。「白河」は京都の地名。「河」は「川」、「船」は「舟」とも書き、「ぶね」とも読む。

【故事】京都を見てきたと嘘(うそ)をついた男が、白河のことを聞かれて川のことだと思い、「夜、船で通ったので、眠っていてわからなかった」と答えたという笑い話から。

用例⬇彼、終電に間に合ったのはいいが、車中で**白河夜船**、終着駅で放り出された笑うに笑えない経験があるんだよ。

出典『毛吹草《けふきぐさ》』二

私利私欲

しりしよく

●主な用途
●自分だけの利益欲望の追求を称する

自分のためだけに利益や欲求を追求すること。また、公的な立場にある者が、個人的な損得を優先させて利益をむさぼること。「私欲」は「私慾」とも書く。

【表現】私利私欲をむさぼる／私利私欲に走る／私利私欲に目がくらむ

用例⬇国益をかえりみず**私利私欲**に走ったと、国会で厳しく追及された大臣は、辞職を余儀なくされた。

⬇**私利私欲**をむさぼったなんてとんでもない。無欲恬淡とした国王で、その墓も彼の人柄にふさわしい質素なものです。

支離滅裂《しりめつれつ》

●主な用途
●めちゃくちゃなことをあきれていう

文章や発言などがめちゃくちゃで訳がわからず、筋道立っていないこと。「支離」は、分かれ散るという意。また「滅裂」は、破れ裂けて形がなくなる意。

用例 ⬇海外の学術書が読みにくいのは、内容が難しいのではなく、実は**支離滅裂**な翻訳が原因の場合もある。

⬇浮気の証拠をつきつけたんだけど、あの人ったら**支離滅裂**な言い訳を繰り返すだけで決して事実を認めないのよ。

類義 四分五裂《しぶんごれつ》

対義 理路整然《りろせいぜん》

思慮分別《しりょふんべつ》

●主な用途
●大人が持つべき常識・見識をいう

注意深く考え適切に判断すること。「思慮」は慎重に考えること。「分別」は物事の是非や道理を正しく、常識的に判断すること。

【注】「分」を「ぶん」と読むのは誤り。

【表現】思慮分別のある／思慮分別に欠ける

用例 ⬇彼女だってもう**思慮分別**のある大人なんだから、心配だからという理由だけで、門限八時ではかわいそうよ。

⬇担当者の行動は、**思慮分別**に欠けるものであったと言わざるをえません。

類義 熟慮断行《じゅくりょだんこう》

対義 軽挙妄動《けいきょもうどう》／軽率短慮《けいそつたんりょ》

し

人海戦術

じんかいせんじゅつ

●主な用途
●大勢で物事に取り組む方法をいう

人員を多数投入することで、数の力で仕事や任務を達成しようとする方法。本来は、大量の兵員を投じ、数の力で敵軍を破ろうという戦術。「人海」は多くの人が集まって、人の動きのうねりが海のように見えるという意。

用例 ➡全校生徒を総動員し、**人海戦術**で海岸のゴミ拾いをした結果、たった一日できれいな砂浜に戻った。
➡アルバイトの大量投入による**人海戦術**でのチラシ配りも、当地区ではたいした成果が上がっていないようです。

類義 人海作戦《じんかいさくせん》

心機一転

しんきいってん

●主な用途
●再出発に当たっての心構えをいう

ある事をきっかけに、気持ちを切り替え、新たに出直すこと。「心機」は心の働きや動き、気持ちの意。「一転」はがらりと変わること。主によい方向に変わる場合に用いる。

【表現】心機一転を図る

【注】「心気―」「新気―」は誤り。

用例 ➡結婚生活もスタートしたことだし、**心機一転**、がんばるぞ。
➡友人が今までの遊び過ぎを反省し、**心機一転**した結果、大学入試を目指しての猛勉強を始めた。

類義 改過自新《かいかじしん》

じんけんじゅうりん

人権蹂躙

●主な用途
●当然の権利をふみにじることをいう

国家権力が、憲法で保障された国民の基本的人権を侵害すること。また、強い立場の者が、弱い立場の者の人権を権力や暴力でふみにじること。

【表現】人権蹂躙のおそれ／人権蹂躙の疑い

用例⬇軍隊では、志気を高めるためと称して、**人権蹂躙**とも思われる過激な体罰が行われたケースもある。

⬇私の依頼人の取り調べにおいて、**人権蹂躙**の疑いもあったようなので、調査をしています。

類義 人権侵害《じんけんしんがい》

じんこうかいしゃ

人口膾炙

●主な用途
●広く知られている表現にいう

一般には「人口に膾炙する」と用いる。広く世間の評判となり、もてはやされること。詩文や言い回しが、広く知れ渡ること。「膾」はなますで、生の肉を細かく切ったもの。「炙」はあぶった肉。どちらも美味で、人々の口に合い、広く好んで食べられたことから。「炙」は「せき」とも読む。

用例⬇「平家物語」の冒頭部分は、古文の教科書にも掲載されており、リズムにのって覚えやすいため、**人口に膾炙**している。

出典 林嵩《りんすう》「周朴詩集序《しゅうぼくししゅうじょ》」

類義 膾炙人口《かいしゃじんこう》

し

深山幽谷《しんざんゆうこく》

●主な用途

●人里離れた奥深い山や谷をいう

人がほとんど足を踏み入れていない奥深い山々や静かな谷。「深山」は人里離れた奥深い山々。「幽谷」は山奥深くにある静かな谷。

用例 ➡雪舟の画を見ていると、自分自身が、現実の世界を離れて、**深山幽谷**に迷い込んでいくような気持ちになります。

➡その庭園の特徴の一つには、石や池、樹木などの計算しつくされた配置があげられます。まさに自然界の**深山幽谷**の風情をみごとに再現しているのです。

出典 『列子《れっし》』黄帝《こうてい》

類義 窮山通谷《きゅうざんつうこく》／窮山幽谷《きゅうざんゆうこく》

人事不省《じんじふせい》

●主な用途

●意識がない状態をさしていう

昏睡状態に陥って、まったく意識を失っていること。「人事」は人のなしうる事柄。「不省」は省みないこと。

【注】「不省」を「ふしょう」と読み誤らない。

【表現】人事不省に陥る

用例 ➡**人事不省**の状態に陥った患者さん方の生命を守ることが、われわれ救命医の仕事であり、使命なのです。

➡血圧の高かった父が脳出血で倒れ、一度も意識が戻らず、**人事不省**のまま他界し残念でならない。

類義 前後不覚《ぜんごふかく》

しんしほしゃ

唇歯輔車

●主な用途
●もちつもたれつの関係をたとえる

利害が一致するために、相互に助け合うことが必要な関係。もちつもたれつの間柄。「唇歯」はくちびると歯。「輔車」は頬骨（ほおぼね）と下あごの骨（一説に車の添え木と車）の意。「唇歯」「輔車」のどちらも、利害が一致する密接な関係にあることからいう。「唇歯」は「脣歯」とも書く。

用例 ➡過去には敵対し合った歴史を持つドイツとフランスだが、EU統合を機に、新たな**唇歯輔車**の関係が生まれている。

出典 『春秋左氏伝《しゅんじゅうさしでん》』僖公《きこう》五年

類義 唇亡歯寒《しんぼうしかん》／輔車唇歯《ほしゃしんし》／輔車相依《ほしゃそうい》

しんしゅつきぼつ

神出鬼没

●主な用途
●いつ出没するか不明な人を形容する

何の気配もなく突然現れたり見えなくなったりすること。不意に出没して、所在がつかめないこと。「神」「鬼」は人間わざを超えた威力を持つ神霊の意。「神」や「鬼」のように、自在に出現したり隠れたりすることから。

【注】「進出――」は誤り。

用例 ➡友人の漫画家が描く作品には、**神出鬼没**の怪盗が登場し、読者に大人気だ。
➡世間を騒がせた**神出鬼没**の通り魔が、ついに逮捕されたらしいよ。これで、やっと安心できるね。

類義 鬼出電入《きしゅつでんにゅう》／神出鬼行《しんしゅつきこう》／神変出没《しんぺんしゅつぼつ》

しんしょうひつばつ

信賞必罰

●主な用途
●賞罰を厳密、公正に行うことをいう

賞罰のけじめを厳格に行うこと。賞すべき功績のあった者には必ずそれに見合った賞を与え、罪を犯した罰すべき者には必ず相応の罰を与えること。

用例 ⬇部下の仕事への意欲を奮起させるには、上司がまず部下の仕事を正しく評価し、**信賞必罰**を実行することである。

⬇戦国時代、武士は**信賞必罰**がしっかりしている武将のもとに集まった。

出典 『韓非子《かんぴし》』外儲説《がいちょせつ》・右上

類義 恩威並用《おんいへいよう》

対義 僭賞濫刑《せんしょうらんけい》

しんしょうぼうだい

針小棒大

●主な用途
●大げさな物言いを形容する

物事を大げさに実際より誇張して言うこと。針ほどの小さなことを、棒のように大きくいう意から。

【注】「―膨大」は誤り。

【表現】針小棒大に話す／針小棒大に書く

用例 ⬇某有名女優の不倫騒ぎは、裏付けもとらず、**針小棒大**に書いた週刊誌の記事が原因だったらしいよ。

⬇係長は自分の失敗はもみ消すくせに、手柄は**針小棒大**に報告する傾向があるので、人望がない。

類義 大言壮語《たいげんそうご》

しんしんきえい

新進気鋭

●主な用途
●期待の新人をほめていう

ある分野に新たに登場して、意気盛んなこと。また、その人物。「新進」は新しく進出する、新しく仲間に入るという意。「気鋭」は意気込みが盛んなさま。すぐれた新人に対して用いる。

【注】「進新―」は誤り。

【表現】新進気鋭の作家

用例 ⬇ミステリー分野では、**新進気鋭**の作家が登場し、読者を楽しませている。

⬇**新進気鋭**の評論家が、新たな視点から日本社会の構造を解き明かした。

類義 少壮気鋭《しょうそうきえい》／少壮有為《しょうそうゆうい》

しんすいのろう

薪水之労

●主な用途
●家事労働の苦労を表す言葉

人に仕えて、骨身を惜しまず地道な働きをすること。また、炊事など日常の雑事を人のためにする苦労の意。薪(たきぎ)をとり、水を汲(く)む苦労ということから。

【表現】薪水の労をとる

用例 ⬇火はガスで一発点火だし、水は水道をひねるだけ。こんな時代に育った若者に、**薪水の労**の実感などわかないよ。

⬇長年、寝たきりの老父母の世話で**薪水の労**を重ねてきた妻へ、感謝の気持ちとして、温泉旅行をプレゼントした。

出典 梁昭明太子《りょうのしょうめいたいし》『陶靖節伝《とうせいせつでん》』

じんせいこうろ
人生行路

●主な用途
●人生を長い旅にたとえていう

人が生まれてから死ぬまで生きていく道。苦難や困難の人生を長い旅にたとえたもの。「人生」は人の一生や生涯。「行路」は道や旅路の意。

【注】「—航路」は誤り。

用例⬇六十年もの間、**人生行路**をともに歩んできてくれた妻に感謝の気持ちを込め、自作の詩を捧(ささ)げたいと思います。

⬇ここ二十年間の旧友の年賀状を読み返してみると、内容は短い近況報告ながら、一人の男の**人生行路**の記録という趣があり、実に感慨深いものだ。

じんせきみとう
人跡未踏

●主な用途
●人間が訪れたことのない場所をいう

これまでに、人が足を踏み入れたことがないこと、また、そうした場所、分野。「人跡」は人の足跡、「未踏」はまだ人が足を踏み入れていないこと。

【注】「—未到」は誤り。

【表現】人跡未踏の地

用例⬇探検家としての彼の夢は、地球上のあらゆる**人跡未踏**の地に挑むことです。

⬇**人跡未踏**の分野だから、リスクはあるが、成功すれば莫大(ばくだい)な利益を生むのではないかと期待しているんだ。

類義 前人未踏《ぜんじんみとう》

新陳代謝《しんちんたいしゃ》

●主な用途
●新旧の交替、入れ替わりを表現する

新しいものが、古いものにとって代わること。生物学では生命体が生命を保つために必要な物質を体内に取り入れ、不要物を排泄(はいせつ)する作用をいう。これが転じて、組織の人事や体質の刷新について比喩(ひゆ)的に用いられるようになった。

【表現】新陳代謝を図る

用例 ➡当社の化粧品には、お肌の**新陳代謝**機能を高める成分が含まれております。
➡政権与党が長く君臨し続ければ、必ず腐敗する。政治にも**新陳代謝**が必要だ。

類義 物質代謝《ぶっしつたいしゃ》

震天動地《しんてんどうち》

●主な用途
●大事件や大災害などを形容していう

大事件・異変など、世間の人を驚かすたいへんな出来事。また、威力や音などがすさまじいさま。もとは「天(てん)を震(ふる)わし地(ち)を動(うご)かす」ということから、大地震や火山の大爆発をいった。

用例 ➡あなたの国が**震天動地**の大震災に見舞われたとのこと。亡くなられた方々のご冥福を心よりお祈り申し上げます。
➡国会議員への未上場株譲渡疑惑は、政財界を揺るがす**震天動地**の出来事だ。

出典 『水経注《すいけいちゅう》』河水《かすい》

類義 驚天動地《きょうてんどうち》／震天駭地《しんてんがいち》

しん　とう　めっ　きゃく
心頭滅却

●主な用途
●心に浮かぶ雑念をすっかり消すこと

心に浮かぶ雑念を消し去り、無念無想の境地に至れば、どんな苦しさも感じないということ。「心頭を滅却すれば火も自ずから涼し」の略。「心頭」はこころ、胸のうち。「滅却」はすっかりなくすこと。織田勢が武田氏ゆかりの恵林寺を包囲したさい、住職の快川（かいせん）和尚が燃える山門の楼上で、この句を唱えながら端座焼死した有名な故事から。

【表現】心頭滅却すれば火もまた涼し

用例➡暑いときは暑い。**心頭滅却**なんていわれても、凡人には我慢できない。

出典　杜《と》荀《じゅん》鶴《かく》「夏日題悟空上人院《かじつごくうしょうにんのいんにだいする》」詩

しん　ぶつ　こん　こう
神仏混淆

●主な用途
●神道と仏教を融合させた教えをいう

日本古来の神への信仰と、外来宗教である仏教信仰を融合調和させること。「神仏」は神と仏、「混淆」は入り混じること。「混淆」は「混交」とも書く。

用例➡**神仏混淆**は、皇族でありながら仏教への関心が深かった、聖徳太子のころにまで起源をさかのぼることができる。

➡日本では、江戸時代まで広く**神仏混淆**が浸透していたが、近代日本の成立を機に神仏分離が行われた。

類義　神仏習合《しんぶつしゅうごう》／本地垂迹《ほんじすいじゃく》

対義　神仏分離《しんぶつぶんり》

しんぼうえんりょ

深謀遠慮

●主な用途
●未来を見据えた深い考えをいう

遠い将来のことまで深く考えをめぐらし、用意周到な計画を練ること。またその計画。「深謀」は「深き謀（はかりごと）」で、深く考え抜いた計画。「遠慮」は、「遠き慮（おもんぱかり）」で、将来のことまで考えめぐらすこと。

【表現】深謀遠慮のもくろみ

用例 ➡あの用意周到な部長の発案だもの、われわれでは考え及ばない**深謀遠慮**の思惑があると思うよ。

出典 『文選《もんぜん》』賈誼《かぎ》「過秦論《かしんろん》」

類義 深慮遠謀《しんりょえんぼう》

対義 短慮軽率《たんりょけいそつ》

しんぼうしかん

唇亡歯寒

●主な用途
●補い合う密接な関係をたとえる

「唇（くちびる）亡（ほろ）びて歯（は）寒（さむ）し」とも読む。お互いに補い合う関係の一方が亡びると他の一方も孤立して危うくなること。「唇亡」は「脣亡」とも書く。

用例 ➡B社の業績不振は、今やB社と**唇亡歯寒**の関係にあるわが社にとって、社運にかかわる深刻な問題だ。
➡司令塔である彼の欠場で、チームは**唇亡歯寒**、十分な力も発揮できないまま、大事な試合で大敗を喫した。

出典 『春秋左氏伝《しゅんじゅうさしでん》』哀公《あいこう》八年

類義 唇歯之国《しんしのくに》／唇歯輔車《しんしほしゃ》

じん　めん　じゅう　しん

人面獣心

●主な用途

●無慈悲で残酷な人間をののしる表現

顔は人間であるが、心は獣のような人。義理人情をわきまえない無慈悲な人。「人面」は「にんめん」とも読む。

【注】同音異義語の「人面獣身」は妖怪（ようかい）の意なので混同しないこと。

用例 ⬇金のためには、恩師さえ平気で裏切る彼は、**人面獣心**といわれて当然だ。

⬇彼はすぐれた画家だが、周囲からは芸術のためなら家族をもかえりみない**人面獣心**の輩（やから）と思われていた。

出典 『史記《しき》』匈奴伝《きょうどでん》

対義 鬼面仏心《きめんぶっしん》

しん　ら　ばん　しょう

森羅万象

●主な用途

●この世に存在する万物を表す

宇宙に存在する一切のものや現象。「森」は、木の多いこと、「羅」は、連なる意で、「森羅」は、無限、無数に並び連なることをいう。「万象」は、「まんぞう」「ばんぞう」とも読み、あらゆる形のあるものの意。

用例 ⬇研究者のはしくれたる私も、科学が**森羅万象**を解明する日を信じて、日夜研究に没頭しておる次第です。

⬇大自然の懐に抱かれていると、**森羅万象**を司る存在に感謝したくなります。

出典 『法句経《ほっくきょう》』

類義 有象無象《うぞうむぞう》

すいがんもうろう

酔眼朦朧

●主な用途
●泥酔した状態を形容していう

酒に酔って目の焦点が定まらなくなり、あたりのものがぼんやりしてくること。「酔眼」は、酒に酔い、とろんとして定まらない目つきの意。「朦朧」は、かすんではっきりしない様子。意識が確かでないさま。

用例 ➡三次会ともなると、参加者は全員**酔眼朦朧**の状態で、何を話したのか、だれ一人として覚えていなかった。
➡**酔眼朦朧**となって帰宅した父に、母はあきれながら胃薬を飲ませた。

出典 蘇軾《そしょく》「杜介送魚《とかいうおをおくる》」詩

類義 酔歩蹣跚《すいほまんさん》

すいぎょのまじわり

水魚之交

●主な用途
●非常に親密な友情をたとえていう

親密で離れがたい友情や交際のこと。魚は水がなければ生きていけないことから。君臣の関係のほか、夫婦・友人関係にも用いる。「交」は「こう」とも読む。

【故事】 中国三国時代、蜀(しょく)の劉備(りゅうび)が、関羽(かんう)と張飛(ちょうひ)に、自分と諸葛亮(しょかつりょう)との親密な関係をこう表現した故事から。

用例 ➡彼と**水魚の交わり**を結んではや五十年もたつ。

出典 『三国志《さんごくし》』蜀志《しょくし》・諸葛亮伝《しょかつりょうでん》

類義 管鮑之交《かんぽうのまじわり》／金蘭之契《きんらんのちぎり》／膠漆之交《こうしつのまじわり》

す

すいせいむし

酔生夢死

●主な用途

●無為な人生を生きたことをたとえる

何をするでもなく、目的も持たず、一生を無為に終えること。酒に酔って夢の中にいるような心地で一生を過ごし、そして死んでいくという意から。

【注】「—無死」は誤り。

【表現】酔生夢死の一生

用例 ⬇**酔生夢死**の一生だったと、後悔で終わる人生だけは送りたくないものだ。

⬇夢も気力もなく、ただ時を過ごした伯父の後半生は、**酔生夢死**そのものだ。

出典 『小学《しょうがく》』嘉言《かげん》

類義 無為徒食《むいとしょく》／遊生夢死《ゆうせいむし》

すいてんほうふつ

水天彷彿

●主な用途

●水平線がぼやけているさまを表す

沖合いの海面と空とがはるかかなたでひと続きに接し、空と海の見分けがつきにくいさま。「水天」は海と空。「彷彿」は、ぼんやりとしてはっきりしないこと。「髣髴」とも書く。

用例 ⬇春の海は**水天彷彿**として、行き交う船ものんびりして見える。

⬇当地に来てすでに一週間が経ちました。都会でのあわただしい生活が嘘(うそ)のようにのんびりと、毎日**水天彷彿**たる眺めを飽きずに堪能しています。

出典 頼山陽《らいさんよう》「泊天草洋《あまくさなだにはくす》」詩

類義 水天一色《すいてんいっしょく》／水天一碧《すいてんいっぺき》

吹毛求疵《すいもうきゅうし》

●主な用途
●あら探しをする人を非難していう

「毛を吹いて疵(きず)を求む」とも読む。わざわざ物事や人の欠点を探すこと。また、そうして故意に事を荒立てることにより、かえって自分の欠点をさらけ出すこと。皮膚を覆っている毛に息を吹きかけ、隠れている傷を探し出す意から。

用例 ⬇コーチの**吹毛求疵**な物言いは、選手の自信をくだき、闘争本能を奪っている。
⬇彼女は**毛を吹いて疵を求める**ような態度で見合いに臨むので断られるようだ。

出典 『韓非子《かんぴし》』大体《だいたい》

類義 吹毛之求《すいもうのもとめ》／洗垢索瘢《せんこうさくはん》／披毛求瑕《ひもうきゅうか》

寸善尺魔《すんぜんしゃくま》

●主な用途
●悪い事ばかり起きやすいことをいう

世の中にはよいことは少なくて、悪いことばかりが多いという意。また好調時や、よい事にはとかく邪魔が入りやすいということをいう。好事(こうじ)魔多しと同義。尺は寸の十倍の長さで、少しの善と多くの魔という意から。「尺魔」は「せきま」とも読む。

【注】「寸前―」は誤り。

用例 ⬇純粋無垢な心のまま、**寸善尺魔**の世間を渡っていくのは、実に困難なことだ。
⬇リーグトップの勝ち星で絶好調だったが、**寸善尺魔**、ピッチャーライナーが手首に直撃して登録抹消の大怪我を負った。

す

すん てつ さつ じん

寸鉄殺人

●主な用途
●急所をつく鋭い一言をたとえる

「寸鉄人を殺（ころ）す」とも読む。短い警句で、相手の急所をズバッとつくこと。「寸鉄」はごく小さい刃物。小さい鋭い刃物でも人を殺せるように、的を射た短い言葉で相手の急所や弱点をついて敗北させるという意。

用例 ➡**寸鉄殺人**の毒舌を吐いて快感を覚えるような輩（やから）には我慢がならん。

➡思わず口にした一言で、彼の気持ちを傷つけてしまった。**寸鉄人を殺す**ような真似をして申し訳ないと思います。

出典 『鶴林玉露《かくりんぎょくろ》』殺人手段《さつじんしゅだん》

類義 頂門一針《ちょうもんのいっしん》

せい うん の こころざし

青雲之志

●主な用途
●高みを目指す若者の志をいう

徳を積んで立派な人間になろうとすること。また、高位・高官の地位に就こうとする志。「青雲」は雲の上の高い空。転じて高位高官、立身出世のことをさす。俗世間を離れ高潔であろうとする志にも用いられる。

【表現】青雲の志を抱く

用例 ➡彼は「真の福祉国家を建設したい」との**青雲の志**を忘れない政治家である。

➡人生も半ばを過ぎて、**青雲の志**を抱き続けるのは難しい。

出典 王勃《おうぼつ》「滕王閣序《とうおうかくのじょ》」

類義 凌雲《りょううん》之《の》志《こころざし》／凌霄《りょうしょう》之《の》志《こころざし》

せいかたんでん
臍下丹田

●主な用途
●気合いを入れるへその下をいう

へそのすぐ下あたり。漢方医学で、ここに気を込めると、健康や勇気、気力がわくという。「臍下」「丹田」は、へその下に当たるところ。「臍下丹田に力を入れる」として、物事に動じず、しっかりとするいう意に用いる。

【表現】臍下丹田に力を入れる／臍下丹田に力を込める

用例 ⬇彼は**臍下丹田**に力を込めて三回目の跳躍に臨んだ。

⬇危機に遭遇しても、決してあせってはいけないい。**臍下丹田**に力を入れ、気を落ち着かせることだ。

せいきしき
生寄死帰

●主な用途
●生は一時の仮住まいであるという意

「生は寄なり死は帰なり」とも読む。生きている今は、仮にこの世に身を寄せているだけのことで、死んだあと自分の故郷に帰るように本来の居場所に落ち着くということ。「寄」は仮住まいの意。

用例 ⬇**生寄死帰**、この世に生を受けて七十年、どうやら私も自分の居場所に戻る時期が来たようでございます。

⬇**生は寄なり死は帰なり**といいます。人生は一時の仮住まいですが、だからこそ悔いのないように生きたいのです。

出典 『淮南子《えなんじ》』精神訓《せいしんくん》

せいこううどく

晴耕雨読

●主な用途

●自然の中の穏やかな生活をいう

穏やかにのんびりと暮らすこと。自然に逆らうことなく、平穏な生活を送ること。晴れた日は外で田畑を耕し、雨の日は家で読書をする意から。多くは、俗世間から離れた生活や、隠居後の悠々自適の生活の意に用いる。

【表現】晴耕雨読の生活

用例

⬇父は退職後、田舎に引っ込んで、念願の**晴耕雨読**の生活を始めた。

⬇実業家として、複数の会社や店舗を切り盛りしている毎日では、あこがれの**晴耕雨読**の生活は当分お預けだ。

類義 昼耕夜誦《ちゅうこうやしょう》／悠悠自適《ゆうゆうじてき》

せいさつよだつ

生殺与奪

●主な用途

●絶対的権力を持っていることをいう

相手を思いのままに支配すること。生かすか殺すか、与えるか奪うかが、自分の意志で自由自在にできる権力をいう。

【表現】生殺与奪の権

用例

⬇社長が社員の**生殺与奪**の権を握っているわが社では、会議などするまでもなく、すべては社長の鶴の一声で決まる。

⬇この物語には、隣国に破れ、**生殺与奪**の権を握られて、圧制にあえぐ人民を助けようと決起する戦士たちが登場します。

出典 『荀子《じゅんし》』王制《おうせい》

類義 活殺自在《かっさつじざい》／殺生与奪《さっせいよだつ》

せいしんいっとう
精神一到

●主な用途
●願望成就への強い意志に用いる

精神を集中して事に当たれば、どんな困難なことでも、必ず成しとげられるという意。「精神一到何事か成らざらん」の略。

【注】「—一倒」は誤り。

用例 ⬇決勝で迎えたＰＫ戦。**精神一到**してシュートしたボールは、キーパーの横を鋭く突く勝ち越しゴールとなった。

⬇好きな女の子に「**精神一到何事か成らざらん**」の気迫で告白するなんて、あいつは本当に純情で硬派なヤツだよ。

出典 『朱子語類《しゅしごるい》』八

類義 一念通天《いちねんつうてん》／精神統一《せいしんとういつ》

せいしんせいい
誠心誠意

●主な用途
●真心のこもった誠実な対応をいう

誠実で嘘(うそ)や偽りのない心。真心をこめて人に接するさま。「誠心」は偽りのない真実の心。「誠意」は私欲や打算を持たず、真面目に心を込めること。「誠」を二度重ねることで、真心や誠実な気持ちを強調した言葉。

用例 ⬇「ホテルの従業員にとって一番大切なことは、お客様に**誠心誠意**尽くす気持ちだ」。入社時にいわれた社長のこの一言が座右の銘です。

⬇知らず知らず傷つけてしまったが、**誠心誠意**謝罪すれば、いつかは相手の心もほぐれ、和解できるはずだ。

せ

ぜいたくざんまい
贅沢三昧

●主な用途
●**贅沢な暮らしを非難していう**

思いきり贅沢をすること。「贅沢」は必要以上にお金をかけること、分を過ぎたおごりの意。「三昧」は、何かに熱中しすぎて、他をかえりみない様子。もとは仏教語で、心を集中して、安定した精神状態に入る瞑想のこと。

【注】「―三味」は誤り。

用例 ⬇犯人グループは、奪った金で**贅沢三昧**し、金が底をつくとまた盗みを重ねるという行動を繰り返していたようだ。
⬇以前は**贅沢三昧**の暮らしをしていたが、会社が倒産してからは、たとえ一円でも無駄にすまいと思うようになった。

せいていのあ
井底之蛙

●主な用途
●**おごっている世間知らずをたとえる**

自分の狭い知識、見識の及ぶ範囲だけを世界のすべてと思い込み、もっと広い世界のあることを知らないまま、おごっているさま。世間知らずのこと。「井(い)の中の蛙(かわず)大海を知らず」ともいう。井戸の中に住む蛙(かえる)は、広大な海があることを知らないでいるということから。

用例 ⬇大臣がそのような**井底の蛙**のごとき発言をされるのは、誠に遺憾です。
⬇県大会優勝くらいで満足していては**井底の蛙**だ。もっと世界に目を向けろ。

類義 坎井之蛙《かんせいのあ》／尺沢之鯢《せきたくのげい》

せい てん(の)へきれき

青天霹靂

●主な用途
●予期せぬ出来事をたとえていう

予期せずに突然起きる事件や出来事、大変動のたとえ。「青天」は晴れ渡った青空、「霹靂」は突然起こる雷。雲一つない快晴の空に、突然、激しい雷が鳴るという意から。

用例 ➡学生時代は寄ると触るとけんかしていた二人が結婚するとは、**青天の霹靂**ともいえる大ニュースだ。
➡日本屈指の大企業の倒産は、まさに**青天の霹靂**の出来事です。
➡オーディションで妹が主役に選ばれたなんて、**青天の霹靂**だよ。何かお祝いをしてやらなきゃな。

せい てん はく じつ

青天白日

●主な用途
●疑いが晴れた身をたとえていう

空が青々としてよく晴れた日。転じて、心に隠しごとや、やましい気持ちがまったくないこと。また、疑いが晴れ、無実であることが明らかになること。「青天」は晴れ渡った空。「白日」は明るく輝く太陽の意。

【表現】青天白日の身

用例 ➡えん罪事件の当事者が、**青天白日**の身となった今、その半生を一冊の本にした。
➡収賄の汚名を着せられていた代議士が、新証拠の発見で**青天白日**の身となった。

出典 韓愈《かんゆ》「与崔羣書《さいぐんにあたうるのしょ》」

類義 清廉潔白《せいれんけっぱく》／白日青天《はくじつせいてん》

せいりょくはくちゅう
勢力伯仲

●主な用途
●両者の勢力が互角であることをいう

両者の力が拮抗（きっこう）していて、ほぼ等しく、差がないこと。互いの実力に優劣がつかないこと。昔、中国では兄弟を長男から順番に「伯仲叔季（はくちゅうしゅくき）」と称した。長兄「伯」と次兄「仲」では優劣の差がないことから、「伯仲」で、相互によく似て大きな違いがないものをいう。

用例 ⬇今回の大統領選は**勢力伯仲**で、勝敗はまったく予想がつかない。
⬇**勢力伯仲**との下馬評通り、決勝ではPK戦までもつれこんだ。

類義 伯仲之間《はくちゅうのかん》

せいれんけっぱく
清廉潔白

●主な用途
●清く正しい人柄を形容していう

心が清くて私欲を持たず、後ろ暗いところがまったくないこと。行いを正しくして不正などをしないこと。「清廉」は心や行いが清く正しくいさぎよいこと。「潔白」は清潔で汚れがないこと。

用例 ⬇無口で頑固な父はとても厳しく、幼いころは好きでなかったが、大人になった今では、**清廉潔白**な父を尊敬している。
⬇業績をあげ、名声を博されても、先生の生活は少しも変わらない。まるっきりの学究の徒、**清廉潔白**の人なんだ。

類義 清浄潔白《せいじょうけっぱく》／青天白日《せいてんはくじつ》

せきぜん(の)よけい

積善余慶

●主な用途

●先祖の恩恵のありがたさをいう

先祖が善行を重ねると、その報いとして幸せが子孫にまで及ぶということ。「積善」は善行を積み重ねる意。「余慶」は先祖の善行のおかげで子孫にまで及ぶ吉事の意。「積善の家には必ず余慶あり、積不善（せきふぜん）の家には必ず余殃（よおう）あり」という言葉から。

用例 ⬇私どもが老舗（しにせ）の菓子屋として商売を続けてこれたのは、代々の**積善の余慶**であることを忘れてはならない。

出典 『易経《えききょう》』坤卦《こんか》・文言伝《ぶんげんでん》

類義 善因善果《ぜんいんぜんか》

対義 積悪余殃《せきあくよおう》

ぜ ぜ ひ ひ

是是非非

●主な用途

●客観的で公正無私な判断を表す

「是を是とし、非を非とす」とも読む。よいことはよいこと、悪いことは悪いことと認めること。私心をはさまず、物事を客観的にとらえ、公正に判断すること。

用例 ⬇数々の証言、証拠の**是是非非**を明らかにしていく地道な作業が、真実にたどり着く近道だ。

⬇特定の理念や主義にとらわれることなく、個々の問題に対して**是是非非**を貫く姿勢が政治の本分だと考えます。

出典 『荀子《じゅんし》』脩身《しゅうしん》

類義 理非曲直《りひきょくちょく》

せっさたくま

切磋琢磨

●主な用途
●相互啓発できる人間関係にいう

学問・徳性に勉めて自分を磨くこと。また、友人、仲間が互いに競い合い、励まし合って向上すること。「切」は骨や角などを切り、「磋」は「瑳」とも書き、やすりでそれを磨く意。「琢」は玉や石をのみで削り、たたいて形を整え、「磨」はそれをすり磨く意。

【表現】 切磋琢磨する仲

用例 ➡研究者同士、**切磋琢磨**できる仲間を持つことが、技術向上にはいちばんです。

➡優勝できたのは、部員同士で**切磋琢磨**して練習してきたおかげだと思います。

出典 『詩経《しきょう》』衛風《えいふう》・淇奥《きいく》

せっしやくわん

切歯扼腕

●主な用途
●手が出せずにくやしがる様子を表す

非常にくやしがること。困難な状況で、打開策や解決方法が打ち出せないまま手が出せない様子をいう。「切歯」は歯ぎしり。「扼腕」は自分の腕を握りしめること。「扼」は「搤」とも書く。

用例 ➡警官隊は、犯人が人質を盾にして車で逃走していくのを**切歯扼腕**して見送るのみであった。

➡経済悪化に有効な対策も打てない政府に、国民は**切歯扼腕**するばかりである。

出典 『史記《しき》』張儀伝《ちょうぎでん》

類義 残念無念《ざんねんむねん》／切歯腐心《せっしふしん》

せ

絶体絶命

ぜったい ぜつめい

●主な用途
●進退きわまった状態をいう

危険や責任問題から、逃れようのない窮地に追い込まれ進退きわまった様子。「絶」は「きわまる」意で、体（からだ）も命（いのち）もきわまること。

【注】「絶対―」は誤り。

【表現】絶体絶命の窮地／絶体絶命のピンチ

用例 ⬇ノーアウト満塁、ヒットが一打出ればサヨナラ負けという**絶体絶命**のピンチに、期待の抑え投手が登板した。

⬇前後左右を敵艦隊に挟まれるという、**絶体絶命**の窮地に立たされた。

類義 窮途末路《きゅうとまつろ》／風前之灯《ふうぜんのともしび》

雪中松柏

せっちゅう(の)しょうはく

●主な用途
●信念を曲げない人をたとえていう

時代の流れや周囲の状況が変わっても、自分の信念や志を変えない人や組織のたとえ。「雪中」は雪が降る中の意。「柏」はひのき・児手柏（このてがしわ）・さわらなどで、昔は常緑樹の総称。松や児手柏は、雪の中でも緑の葉の色を変えずにいることからいう。

用例 ⬇バブルのころも時流に踊らされず、**雪中の松柏**で、本業を地道に続けた会社がしっかり生き残っている。

⬇彼は、信念を決して曲げない**雪中の松柏**のような人だから信頼できる。

類義 歳寒松柏《さいかんしょうはく》／志操堅固《しそうけんご》

せ

せんがくひさい

浅学非才

●主な用途
●自分の知識量、能力を謙遜していう

知識が浅く、才能に乏しいこと。「非才」は才能が薄いという意。「非」は「菲」とも書き、うすい、すくないの意。自分の学識や能力を謙遜（けんそん）していうときの表現。

【表現】浅学非才の身／浅学非才もかえりみず

用例 ➡**浅学非才**の身ではありますが、研究を一冊の本にまとめることができました。

➡**浅学非才**もかえりみず、立候補いたしましたからには、県政に身を殉ずる覚悟であります。

類義 浅学短才《せんがくたんさい》／浅知短才《せんちたんさい》

対義 博学多才《はくがくたさい》

せんきゃくばんらい

千客万来

●主な用途
●客がどっと押し寄せる様子を表す

多くの客が入れかわり立ちかわり、絶え間なくやってくること。店が繁盛しているさま。また、来客が非常に多いときなどにも用いる。「客」が「来」ることを、数が多いことを表す「千」「万」とともに重ねた言葉。「客」は「かく」とも読む。

用例 ➡新セールの企画が当たって、駅前のスーパーは連日**千客万来**の大にぎわいだ。

➡初当選議員の選挙事務所は喜びの支援者たちで**千客万来**のさわぎだ。

類義 門前成市《もんぜんせいし》

対義 門前雀羅《もんぜんじゃくら》

せんぐんばんば

千軍万馬

●主な用途

●経験が豊富で頼れる人を形容する

たくさんの兵士と軍馬のこと。豊富な戦闘経験を持ち、場慣れしていること。転じて、豊富な社会経験を積み、したたかであること。「千」「万」は数が多いことを表す。

用例 ⬇怪我(けが)で戦列を離れていた**千軍万馬**のエースが復帰し、チームは波に乗って、一位に躍り出た。

⬇予算委員会で若手議員が政府案への反対意見を述べたが、**千軍万馬**の大臣にあっさりかわされてしまった。

出典 『南史《なんし》』陳慶之伝《ちんけいしでん》

類義 海千山千《うみせんやません》／千兵万馬《せんぺいばんば》／百戦錬磨《ひゃくせんれんま》

せんけんのめい

先見之明

●主な用途

●時代の先を見通す見識を賞賛する

将来どうなるかをあらかじめ見通すことができる能力。物事が起こる前にそれを見抜く眼力のこと。「先見」は先を見通すこと。「明」は物を見分ける能力・見識の意。

用例 ⬇この経済不況下、波乱の時代を舵(かじ)取りする社長には、十年先を見通す**先見の明**を持った人がふさわしい。

⬇義理の息子の事業が軌道に乗った。こうしてみると、彼を射止めたわが娘には**先見の明**があったといえよう。

出典 『後漢書《ごかんじょ》』楊彪伝《ようひょうでん》

類義 先見之識《せんけんのしき》

せ

せんげんばんご
千言万語

●主な用途
●非常に多くの言葉を形容する

非常に多くの言葉。また、言葉を尽くして一生懸命に話すこと。「千」「万」は数が多いことで、無駄に費やされたたくさんの言葉ということ。否定的な意味で用いられることも多い。

【表現】千言万語を費やす／千言万語を尽くす

用例⬇人を説得するには、千言万語を費やすよりも、具体的な事実を見せることだ。

⬇無謀な行動を思いとどまるよう**千言万語**を尽くしたけど、無駄に終わったよ。

出典 鄭谷《ていこく》「燕詩《えんし》」詩

類義 千言万句《せんげんばんく》／千言万言《せんげんばんげん》

対義 一言半句《いちごんはんく》

せんこふえき
千古不易

●主な用途
●永遠に変わらないことをいう

「千古易(か)わらず」とも読む。永久に変わらないこと。「千古」は非常に遠い昔、長い年月、永遠の意。「不易」は変わらないこと。不変の意。

用例⬇「苦は楽の種」「若いうちの苦労は買ってでもしろ」というのは、苦労した経験が役に立つことをいったもので、**千古不易**の心得といえるでしょう。

⬇男女間のもろもろの愛情問題は**千古不易**のものであろう。

類義 永久不変《えいきゅうふへん》／千古不抜《せんこふばつ》／万古不易《ばんこふえき》／万世《ばんせい》不易《ふえき》／万代不易《ばんだいふえき》

ぜんごふかく

前後不覚

●主な用途
●泥酔や意識不明の状態をいう

起こったことの後先さえ判断がつかないほど、正体を失うこと。まったく覚えがなくなること。「不覚」は意識や感覚がないこと。分別のない状態。酔っぱらったり、失神したときなどの様子をいう。

用例 ⬇宴会では**前後不覚**になるまで飲み続けてしまった。自分がどんな醜態をさらしたのか、同僚に聞くのがこわいよ。
⬇駅の改札を抜けたところまでは覚えているが、そのあと**前後不覚**になって、病院にかつぎ込まれたらしい。

類義 人事不省《じんじふせい》

せんざいいちぐう

千載一遇

●主な用途
●めったにない好機を形容していう

「千載に一たび遇(あ)う」とも読む。千年に一回しか出会えないような、めったにないよい機会。「載」は年を表し、「千載」は千年のこと。「一遇」は一回出会うこと。

【表現】千載一遇のチャンス

用例 ⬇新商品のテレビコマーシャルが受けている今こそが、ライバル社に水をあける**千載一遇**の好機だと考えよう。
⬇与党の度重なる失態を**千載一遇**のチャンスとして、政権交代を目指す。

出典 袁宏《えんこう》「三国名臣序賛《さんごくめいしんじょさん》」

類義 千載一会《せんざいいちえ》／千載一時《せんざいいちじ》／盲亀浮木《もうきふぼく》

せ

せんさばんべつ

千差万別

●主な用途　●物事に多くの差異があることをいう

ものにはそれぞれに違いや差があり、一つとして同じものがないということ。「万別」は「まんべつ」とも読む。

用例⬇夫婦のあり方はそれこそ**千差万別**、一概に「夫婦とはこうあるべきだ」などといえるものではない。

⬇同じ本を読んでも、その感想は人によって**千差万別**で、違いがあって当たり前なのだ。大切なのは、お互いに好みや考え方を尊重し合うことであろう。

類義　十人十色《じゅうにんといろ》／種種様様《しゅじゅさまざま》／千種万別《せんしゅばんべつ》／千種《せんしゅ》万様《ばんよう》／多種多様《たしゅたよう》／百人百様《ひゃくにんひゃくよう》

せんしばんこう

千思万考

●主な用途　●あらゆる角度から考えることをいう

「千や万のいろいろな思考」の意。あれやこれやと考えをめぐらせること。一つのことを繰り返しじっくり考えたりすること。「千」「万」は数が多いことを表す。

用例⬇**千思万考**して会社を辞め、仲間と居酒屋を始めました。ぜひ一度お立ち寄りください。

⬇役員会では**千思万考**の末、業績不振で赤字が増大し、有効な再建策も見つからずにいた支店の閉鎖を決定した。

類義　千思万想《せんしばんそう》／千思万慮《せんしばんりょ》／千方百計《せんぽうひゃっけい》／百《ひゃく》術千慮《じゅつせんりょ》

千姿万態
せん　し　ばん　たい

●主な用途
●多くの姿やかたちを形容する

「数多くの姿態」の意。人や物の姿やかたち、様子などが種々様々に異なること。また、それらが様々に変化すること。「千」「万」を重ねて数が多いことを表す。

用例 ➡祭りのメインイベントである大仮装行列は、参加者が各々趣向をこらした**千姿万態**が見物だ。
➡人種のるつぼといわれるニューヨークでは、様々な肌の色や髪の色、富める者や貧しい者など、それこそ**千姿万態**の人々に出会える。

類義 千状万態《せんじょうばんたい》／千態万状《せんたいばんじょう》／千態万様《せんたいばんよう》

千秋万歳
せん　しゅう　ばん　ざい

●主な用途
●長寿を祝い繁栄を願うときに用いる

非常に長い年月のこと。また、長寿を願ったり祝ったりする言葉。「千」「万」は数が非常に多いこと。「秋」「歳」は年月のこと。千年、万年という長い年月。「万歳」は「ばんぜい」「まんざい」とも読む。

用例 ➡ご尊父様の**千秋万歳**を従業員一同、心よりお祈り申し上げます。
➡創業百年を迎えますますわが社のますますの発展を祈って、会長とともに**千秋万歳**の乾杯をいたしたいと思います。

出典 『韓非子《かんぴし》』顕学《けんがく》

類義 千秋万古《せんしゅうばんこ》／千秋万世《せんしゅうばんせい》／南山之寿《なんざんのじゅ》

せ

ぜん しん ぜん れい

全身全霊

●主な用途
●真剣に取り組む様子を表現する

それぞれに備わったからだと精神の力すべて。「全身」は、からだ全体。「全霊」は精神力のすべて。その人に備わった全体力、全精神力をもって事に当たること。

用例 ⬇高校、大学時代を通して、**全身全霊**を傾けてラグビーをやってきたことが、仕事をするうえでの大きな自信となっています。

⬇この映画監督は商業的に大成功を収めるような作品は撮っていないが、どの作品も**全身全霊**をかけて取り組んできた。

類義 全心全力《ぜんしんぜんりょく》

ぜん じん み とう

前人未踏

●主な用途
●まだだれもやっていないことを表す

「前人未だ踏（ふ）まず」とも読む。今までにだれも足を踏み入れていないこと。転じて未だかつてだれも達成し得なかったことを表すさいに用いる。「前人」は今までの人、先人。「未踏」はだれもそこまで到達していないということで、「未到」とも書く。

【注】「全人―」は誤り。

用例 ⬇年間七〇本塁打は、大リーグでは**前人未踏**の大記録でした。

⬇**前人未踏**のアラスカの大地を徒歩で横断する計画です。

類義 先人未踏《せんじんみとう》

せんせんきょうきょう
戦戦兢兢

●主な用途
●おびえている心理を表す

おっかなびっくり。不安や恐怖におびえているさま。「戦戦」は恐れおののく。「兢兢」はびくびくしているさま。「恐恐」とも書く。

【注】「—競競」は誤り。

用例 ⬇裏山は土砂崩れの危険があるので、大雨が降る季節になると、この付近の住民は**戦戦兢兢**としている。
⬇担任教師がほんのちょっとしたことでも雷を落とすので、生徒たちは**戦戦兢兢**としています。

出典 『詩経《しきょう》』小雅《しょうが》・小旻《しょうびん》

類義 戦戦慄慄《せんせんりつりつ》

ぜんだいみもん
前代未聞

●主な用途
●聞いたこともない珍事、変事をいう

「前代に未だ聞かず」とも読む。これまでに一度も聞いたことがないような珍しいこと。また、たいへんな出来事をいう。「前代」はこれまでの時代、過去から今へ至る時代。

【表現】前代未聞の大事件

用例 ⬇列車の運転手が走行中に運転席を離れるなんて**前代未聞**の出来事だ。
⬇台風が列島を縦断したため、被害は**前代未聞**のものになった。
⬇人が犬にかみついたら、**前代未聞**の珍事件になる。

類義 空前絶後《くうぜんぜつご》／先代未聞《せんだいみもん》

せ

全知全能
ぜんちぜんのう

●主な用途
●神の完全無欠な力を形容する

すべてのことを知りつくし、どんなことでもできる完全無欠の能力のこと。神の力について使う言葉。「全知」は「全智」とも書く。

【表現】全知全能の神

用例 ➡宇宙の神秘に触れると、すべてのものを創造した**全知全能**の存在が、やはりどこかにいるように思えてくる。

➡**全知全能**の神ならぬ身では、遠い将来のことはおろか、あすのことさえまったく予想もつかない。

類義 完全無欠《かんぜんむけつ》／十全十美《じゅうぜんじゅうび》

対義 無知無能《むちむのう》

先手必勝
せんてひっしょう

●主な用途
●先制攻撃が大切なことをいう

戦いの場で、敵よりも先に攻撃すれば必ず勝てるということ。もしくは先に攻撃して相手の出鼻をくじけば、機先を制することができるので有利だということ。早い者勝ち。

用例 ➡小結は、**先手必勝**をねらって時間前の仕切りで突っかけたが、横綱は少しも動じず一蹴（いっしゅう）した。

➡新製品は他社のものと同じ性能、同じ価格なのだから、とにかく**先手必勝**、他社より先に得意先を回って注文をとってくることが大切だ。

類義 先制攻撃《せんせいこうげき》／先発制人《せんぱつせいじん》

前途多難《ぜんとたなん》

●主な用途
●将来に対する不安を表現する

行く先に多くの困難や災難が待ちかまえていること。また、それが予期されること。「前途」は、目的までの道のりや将来。「多難」は、困難や災難の多いさま。

用例
⬇大学を卒業するにしても、不況で求人は少ないし、まだ内定一つもらえない。**前途多難**の就職戦線だ。
⬇有力な選手を集め、万全の布陣を敷いたつもりだったが、故障者が続出し、にわかに**前途多難**な開幕となった。

類義 前途遼遠《ぜんとりょうえん》
対義 前程万里《ぜんていばんり》／前途有望《ぜんとゆうぼう》／前途洋洋《ぜんとようよう》

前途有望《ぜんとゆうぼう》

●主な用途
●将来への確かな期待感を表現する

将来、成功する可能性が大いにあること。主に、若者や新しい計画、事業などにいう。「前途」は、目的までの道のりや将来。「有望」は、将来に望みや見込みがあること。

用例
⬇新郎は、みなさんご存じの通り、**前途有望**な検事として将来を嘱望されている青年であります。
⬇当初は**前途有望**に思われた計画だったが、現実に工事が始まってみると、思いがけない事故が続発した。

類義 前程万里《ぜんていばんり》／前途有為《ぜんとゆうい》／前途洋洋《ぜんとようよう》
対義 前途多難《ぜんとたなん》／前途遼遠《ぜんとりょうえん》

ぜんとようよう

前途洋洋

●主な用途
●明るい将来の展望を形容する

将来の見通しが明るく、希望に満ちているさま。「前途」は目的までの道のりや将来。「洋洋」は水がたっぷりと満ちているさま。

【注】「―揚揚」は誤り。

用例 ⬇国内だけでなく海外にも出店し、今の彼は起業家として、本当に**前途洋洋**といったところだ。

⬇彼は大企業の社長の御曹司で、**前途洋洋**たる将来を約束されていながら、それに飽き足らず勝負の世界へ飛び込んだ。

類義 前途有望《ぜんとゆうぼう》／鵬程万里《ほうていばんり》

対義 前途多難《ぜんとたなん》／前途遼遠《ぜんとりょうえん》

ぜんなんぜんにょ

善男善女

●主な用途
●一般大衆をていねいに表現する

普段の心がけがよく、信心深い人々のこと。もとは仏教語で、出家はしていないが仏道に帰依した善良な男女のこと。現在は、一般大衆をさして使われることが多い。

用例 ⬇お彼岸になると、この寺にも各地から**善男善女**がお墓参りにやってきて、先祖の霊を慰めていく。

⬇消費税を引き上げるなんて、無力な**善男善女**が相手なら取りやすいというだけのことで、とても許せるものではない。

出典 『金剛般若経《こんごうはんにゃきょう》』訳疏記《やくそき》

類義 善男信女《ぜんなんしんにょ》

千篇一律

せんぺんいちりつ

●主な用途
●単調な繰り返しが続くさまを表す

詩や文章などが、どれも同じ調子や体裁でつくられていて、変わりばえしないこと。転じて、物事の様子や進み方に特徴がなく、平凡なものばかりで面白味に欠けること。「千篇」は数多くの詩文。「一律」は、同じ調子で変化がないこと。「篇」は「編」とも書く。

【注】「千遍—」は誤り。

用例 ⬇社長の朝礼の訓示は**千篇一律**で、野球の話を例に挙げるところから始まる。

出典 『詩品《しひん》』中

類義 一本調子《いっぽんちょうし》／千篇一体《せんぺんいったい》

対義 千変万化《せんぺんばんか》／変幻自在《へんげんじざい》

千変万化

せんぺんばんか

●主な用途
●めまぐるしく変化する様子を表す

局面や状況などが様々に、激しく変化すること。「千」「万」は数量の多いことを表す。「変化」が数限りなく起こるという意味。「千変」は「せんぺん」とも読む。

用例 ⬇**千変万化**のストーリー展開こそ、サスペンス映画の醍醐味(だいごみ)です。

⬇**千変万化**する国際情勢をにらみながら、通貨の売り買いをするのは本当に神経をすりへらす仕事です。

出典 『列子《れっし》』周穆王《しゅうぼくおう》

類義 変幻自在《へんげんじざい》

対義 一本調子《いっぽんちょうし》／千篇一律《せんぺんいちりつ》

千万無量（せんまんむりょう）

●主な用途
●はかり知れない数量を形容する

はかり知れないほど多いこと。「千万」は非常に数が多いことで、「せんばん」とも読む。「無量」ははかり知れないほど量が多いこと。

【表現】 千万無量の思い

用例
⬇**千万無量**の思いをこめ、病魔と闘う親友に贈る千羽鶴(せんばづる)を折った。
⬇晴れの舞台で優勝した彼女は、きっと今ごろ**千万無量**の喜びをかみしめているに違いない。
⬇歴史超大作映画などで驚くのは、エキストラの動員数だ。群衆役として**千万無量**の人を集めて撮影してしまうのだから。

先憂後楽（せんゆうこうらく）

●主な用途
●上に立つ者の心構えを説く

心配や苦労は先に処理しておくと、後で楽ができるということ。庶民に先立って世の中の問題を処置し、庶民が安楽に暮らせるようになってから、自分も生活を楽しむべきだという、北宋の政治家范仲淹(はんちゅうえん)が為政者の心得を説いた言葉。政治家は民のことを先に考えよという教え。東京都と岡山県にある後楽園はこの言葉から名づけられた。

用例
⬇上に立つ者が、**先憂後楽**の心がけで臨まなければ部下はついてこないよ。

出典 范仲淹《はんちゅうえん》『岳陽楼記《がくようろうのき》』

類義 先難後獲《せんなんこうかく》

千里同風《せんりどうふう》

●主な用途
●争いがなく平和なさまをいう

遠く離れた地域にも同じ風が吹くという意から、天下が統一されて平和な状態。また、国の隅々まで同じ風俗が行き渡っていること。多くは天下泰平の意を表すが、逆に天下の乱れた状態にも使うことがある。「風」は風俗・教化の意。

用例⬇これほど狭い日本でも、方言などを比べてみると、とても**千里同風**というわけにはいかないのだから、多民族が入り混じる広大な国ではなおさらのことだ。

出典『論衡《ろんこう》』雷虚《らいきょ》

類義同文同軌《どうぶんどうき》／万里同風《ばんりどうふう》

千慮一失《せんりょ(の)いっしつ》

●主な用途
●賢い人の間違い、失敗をいう

賢明な人にも、たまには間違いや失敗の一つぐらいはあるということ。また、十分に準備したつもりでも、思わぬ失敗があるということ。ほんのちょっとした失敗や過ち。「千慮」は何度も考えをめぐらす、十分に思慮をこらすこと。「一失」は一つの失策の意。

用例⬇どんな名医とはいえ、**千慮の一失**ということもあるから、診断に疑問があるなら他の病院にも行ってみたほうがいい。

出典『史記《しき》』淮陰侯伝《わいいんこうでん》

類義知者一失《ちしゃのいっしつ》／百慮一失《ひゃくりょのいっしつ》

対義愚者一得《ぐしゃのいっとく》／千慮一得《せんりょのいっとく》

せ

ぜんりんがいこう
善隣外交

●主な用途
●隣国との友好的な外交政策をいう

隣国との親善を積極的にはかろうとする外交姿勢。「善隣」は隣近所と仲よくすること。

用例 ⬇資源の乏しいわが国は、外国からの輸入に頼らざるをえないので、**善隣外交**の立場を維持して友好的な関係を保つことが望ましい。

⬇ほとんど鎖国のような立場でここまできた国だが、国内の窮乏に加え、指導者が交代した影響もあってか、ようやく**善隣外交**の兆しが見えはじめたようだ。

⬇世界の平和のためにも、利害関係抜きの**善隣外交**を築いてほしいものだ。

ぜんりんゆうこう
善隣友好

●主な用途
●隣国との友好的な結びつきをいう

隣国と友好的な外交関係を結ぶこと。また隣近所と仲よくつき合うこと。

用例 ⬇文化交流を通じて**善隣友好**をはかろうという両国民の努力が、このたびの姉妹都市宣言として実を結んだことは、誠に喜ばしいことです。

⬇あの国との国交正常化をはかろうとすれば、何十年も続いてきた隣国との**善隣友好**の関係にひびが入らざるをえない。外交問題は複雑である。

類義 善隣外交《ぜんりんがいこう》／善隣《ぜんりん》之《の》誼《よしみ》

対義 遠交近攻《えんこうきんこう》

そ

粗衣粗食

そいそしょく

●主な用途　●質素な暮らしぶりを表現する

粗末な着物と粗末な食事の意。転じて贅沢(ぜいたく)をせず、質素な生活を送ること。簡素なつつましい暮らし。

用例 ➡何十年も贅沢三昧に暮らしてきたが、このあたりで健康のために**粗衣粗食**の生活を心がけようと思う。

➡戦後の**粗衣粗食**の生活ぶりを父から聞き、現代の豊かさに慣らされた自分の生活態度を反省した。

類義 悪衣悪食《あくいあくしょく》／節衣縮食《せついしゅくしょく》／草衣木食《そういもくしょく》／簇《そう》酒斂衣《しゅれんい》

対義 金衣玉食《きんいぎょくしょく》／暖衣飽食《だんいほうしょく》／豊衣足食《ほういそくしょく》

創意工夫

そういくふう

●主な用途　●独自の発想で取り組む様子を表す

今までに、だれも思いつかなかった新しい手段や方法を自分で編み出すこと。「創意」は独創的な思いつき。「工夫」は様々に考えること。

用例 ➡古典演劇は、物語の内容についてはすでによく知られているわけだから、斬新(ざんしん)な公演にするためには、演出家や俳優の**創意工夫**が不可欠である。

➡夏休みの自由研究は、生徒一人ひとりが**創意工夫**を凝らした、面白い作品ばかりだった。

類義 意匠惨憺《いしょうさんたん》

滄海桑田《そうかいそうでん》

●主な用途 ●世の中の変転が激しいことをいう

「滄海変じて桑田と為(な)る」の略。世の中の変化が激しいこと、また、大きく変わるたとえ。「滄海」は大海原。「桑田」は桑畑。青い大海原が桑畑になるような大きな変化の意。

用例⬇近所にあれほどあった銭湯が一軒もなくなり、**滄海桑田**を実感しています。

⬇**滄海変じて桑田と為る**ですよ。雑木林が消え、ビルが建ち並んでいく光景を目の当たりにすると、空しさを感じます。

出典『神仙伝《しんせんでん》』

類義 桑海之変《そうかいのへん》／滄海揚塵《そうかいようじん》／滄桑之変《そうそうのへん》／桑田《そうでん》滄海《そうかい》／桑田碧海《そうでんへきかい》／東海桑田《とうかいそうでん》

喪家之狗《そうかのいぬ》

●主な用途 ●落ちぶれた様子をたとえていう

やせ衰え、落ちぶれて元気のない人、また、身を落ち着ける場所を持たず、あちこちをうろついている者のたとえ。「喪家」は葬式を出している家。「狗」は犬。喪中の家は悲しみにかまけてえさをやり忘れ、犬がやつれてしまうという意。また、「喪」の失うという意味から、宿なし犬と解釈することもある。「狗」は「く」とも読み、「犬」とも書く。

用例⬇事業に失敗した彼は、羽振りのよかったころの面影も今はなく、**喪家の狗**のようだった。

出典『史記《しき》』孔子世家《こうしせいか》

そうぎょうしゅせい

創業守成

●主な用途
●国家、事業を維持する難しさをいう

「創業は易(やす)く守成は難(かた)し」の略。事業(国)を興すのはたやすいが、それを受け継いで維持するのは難しいという意。

【故事】中国唐の太宗(たいそう)が帝王の業は創業と守成とどちらが困難だろうと臣下たちに尋ねたのに対し、魏徴(ぎちょう)が守成が難しいと答えたという故事から。

用例➡親の事業を受け継いだのはいいが、**創業守成**というわけで、苦労が絶えない毎日です。

出典『貞観政要《じょうがんせいよう》』君道《くんとう》

類義 創業守文《そうぎょうしゅぶん》

そうこうのつま

糟糠之妻

●主な用途
●苦労をともにしてきた妻の意

貧しいころから苦労をともにしてきた妻のこと。「糟糠」は酒かすと米ぬかのことで、貧しい食事や貧しい暮らしをいったもの。

【故事】中国後漢(ごかん)の光武帝(こうぶてい)が、寡婦となった姉と家臣の宋弘(そうこう)を結婚させようとしたさいに、宋弘が「糟糠の妻は堂(家)より下(追い出す)さず」と言って断ったという故事から。

用例➡彼が画家として世に認めてもらえるようになったのも**糟糠の妻**のおかげだ。

出典『後漢書《ごかんじょ》』宋弘伝《そうこうでん》

類義 宋弘不諧《そうこうふかい》／糟粕之妻《そうはくのつま》

そ

相互扶助
そうごふじょ

●主な用途
●互いに助け合うことをいう

互いに助け合うこと。ロシアの無政府主義者クロポトキンが、ダーウィンの生存競争説に反対して唱えた社会学説の核となる概念。社会や生物の進化発展の要因は生存競争（弱肉強食）ではなく、互いに助け合うことだと主張した。「扶助」は力を貸して助けること。

用例 ⬇日本のような高齢化社会では、介護するにも看病するにも**相互扶助**の精神がしっかりと根付いていないといけない。

⬇今回の野外キャンプは、団体行動を通して、楽しみながら**相互扶助**の大切さを考えようという試みです。

相思相愛
そうしそうあい

●主な用途
●互いに愛し合っている関係をいう

お互いに愛し合い、慕い合っていること。多くは男女間の恋愛に用いるが、個人、団体間などで、互いを必要とする意志が一致した「思い思われ」の状態に使うこともある。

【表現】相思相愛の仲

用例 ⬇**相思相愛**で結ばれ、三十年経った今もお互いを尊敬し、必要とし合っているご夫婦の姿は、結婚生活の理想像である。

⬇今年のドラフトの目玉は、即戦力と評価の高い大型内野手だが、ある球団との**相思相愛**が報道され、どうやら他の球団は指名競争から手を引きそうだ。

造次顚沛

ぞう じ てん ぱい

●主な用途
●一瞬たりともという意味を表す

わずかの間、一瞬の間。また危急の場合やあわただしいとき。つまずいて転ぶような一瞬の間でもの意。「造次」は、あわただしいとき。「顚沛」は、つまずいて倒れること。

【故事】君子の心がけを述べた孔子（こうし）の言葉。君子は、あわただしいときや物につまずいたときでさえ、仁（じん）の心を忘れるべきでない、と言った故事から。

【表現】造次顚沛もおろそかにしない。

用例⬇一泊旅行だからと家においてきた飼い犬のことが**造次顚沛**も頭から離れません。

出典『論語《ろんご》』里仁《りじん》

宋襄之仁

そうじょう の じん

●主な用途
●無用な情けは禁物であることを説く

無益な情け。不必要な情けをかけて痛い目にあうこと。「宋襄」は人の名。「仁」は情け。

【故事】中国春秋時代、宋（そう）が楚（そ）と戦うに当たり、敵が河を渡りきらず、陣形が整わないうちに攻撃しようという進言に対し、襄公は「君子は人の困っているときに苦しめてはいけない」といって聞き入れず、楚に敗れてしまったという故事から。

用例⬇勝負の世界に**宋襄の仁**は禁物だ。相手が怪我をしていたら、かえってその場所を攻めるくらいでなくてはならない。

出典『十八史略《じゅうはっしりゃく》』春秋戦国《しゅんじゅうせんごく》・宋《そう》

そうじんぼっかく
騒人墨客

●主な用途　●風流な文人を総称していう

詩文や書画をものにする風流な文人のこと。「騒人」は、「離騒（りそう）」の作者の詩人屈原（くつげん）やその作風に学んだ文人の一派で、広く詩人や風流を解する人のこと。「墨客」は書画や文筆にすぐれた人の意。「ぼっきゃく」とも読む。

【表現】騒人墨客をきどる

用例 ➡無趣味だった父が人のすすめで俳句を始めて早一年。今ではすっかり**騒人墨客**になりきっている。

出典 呉道元《ごどうげん》『宣和画譜《せんながふ》』三

類義 騒人詞客《そうじんしかく》／騒人墨士《そうじんぼくし》／文人墨客《ぶんじんぼっかく》

そうせきちんりゅう
漱石枕流

●主な用途　●過ちを認めない、言い逃れをいう

過ちを認めず、屁理屈（へりくつ）をこねて言い逃れをすること。負け惜しみが強いこと。夏目漱石の名の由来としても有名。「石に漱（くちすす）ぎ流れに枕する」とも読む。

【故事】中国西晋（せいしん）の孫楚（そんそ）は「石に枕し流れに漱ぐ」を誤って逆に言ったが、「石に漱ぐのは歯を磨くため、流れに枕するのは耳を洗うためだ」とごまかした故事から。

用例 ➡**漱石枕流**の強弁で、無理矢理企画を押し通したはいいが、実行できるのかね。

出典 『晋書《しんじょ》』孫楚伝《そんそでん》

類義 牽強付会《けんきょうふかい》／指鹿為馬《しろくいば》／孫楚漱石《そんそそうせき》

そうそうのへん

滄桑之変

●主な用途
●世の中の激しい変化をいう

世の中の変化が激しいこと。「滄桑」は「滄海桑田」の略で、大海原と桑畑。青い海だった場所が桑畑になるような、世の中の移り変わりの激しさをいう。

用例⬇このあたり一帯は、武蔵野の面影を残す丘陵地帯だったが、瞬く間に高層住宅が立ち並んでしまい、**滄桑の変**を目の当たりにする思いだ。

⬇再開発の中、神社だけが昔のままの姿を残し、**滄桑の変**を際立たせている。

出典『神仙伝《しんせんでん》』麻姑《まこ》

類義滄海桑田《そうかいそうでん》／桑田碧海《そうでんへきかい》

そうそくふり

相即不離

●主な用途
●非常に密接な関係を表現する

分けて考えることができないほど非常に密接なこと。区別がつかないほど密接な関係。「相即」は仏教語で、二つのことがらが混じり合って、一体となる意。

【表現】相即不離の関係

用例⬇与党と野党第一党、攻守の立場は違っても国会対策のかけひきと根回しを見ると、両者はもはや**相即不離**の間柄といってよかろう。

⬇五十年も連れ添ってきた両親を見ていると**相即不離**の関係とはまさにこういうことなのだと、ある種の感慨を覚える。

そ

そくいんのじょう

惻隠之情

●主な用途 ●相手を思いやる気持ちを表す

人をあわれみ思いやる心。「惻隠」はいたわしく思うこと。孟子は惻隠・羞悪（恥じらい）・辞譲（譲り合い）・是非（善悪の区別）の四つの心、四端（したん）を性善説の基礎とした。

【注】「惻陰―」「側隠―」は誤り。

用例 ⬇このたびの事故でお亡くなりになった方々、またご遺族の方々には本当に**惻隠の情**を禁じえません。

⬇病床にある母を見舞いに来てくれる隣人の、**惻隠の情**には感謝するばかりだ。

出典 『孟子《もうし》』公孫丑《こうそんちゅう》・上

類義 惻隠之心《そくいんのこころ》

そくせんそっけつ

速戦即決

●主な用途 ●素早い決着や対応を言い表す

短時間で勝敗を決しようとすること。また、その戦法。転じて、素早く決着をつけたり仕事を片づけたりすること。

【注】「即戦速決」は誤り。

用例 ⬇とにかくチャンピオンはタフだから、**速戦即決**をねらって第一ラウンドから一気に攻めていこう。

⬇がっぷり四つに組む相撲も見応えがあるが、立ち合い一瞬、**速戦即決**の技も面白いものだ。

類義 短期決戦《たんきけっせん》

対義 緩兵之計《かんぺいのけい》

即断即決《そくだんそっけつ》

●主な用途
●その場ですぐ判断を下すことをいう

事に当たり、ためらうことなく、その場ですぐに決断すること。「即断」「即決」は、ともに物事の判断をすぐに行うことの意。

用例⬇あの時は**即断即決**を迫られて購入したマンションだが、今となってはいい選択をしたと満足している。

⬇ふさわしい人材が見つからず何人も面接したが、送られてきた彼女の履歴書を見た瞬間に、この人しかいないと**即断即決**した。

類義 即決即断《そっけつそくだん》／当機立断《とうきりつだん》

対義 熟慮断行《じゅくりょだんこう》／優柔不断《ゆうじゅうふだん》

則天去私《そくてんきょし》

●主な用途
●無欲で、あるがままの境地をいう

「天に則（のっと）り、私（わたくし）を去る」とも読む。私心を捨て、宇宙、自然の法則に身をゆだねてあるがままに生きること。晩年の夏目漱石が理想とした心境を表す言葉。「則天」は天の法則に従うこと。

【注】「側天―」は誤り。

用例⬇いずれは都会の生活に見切りをつけ、田舎で夫婦仲よく**則天去私**の生活を送りたいと思っている。

⬇何事もあるがままという**則天去私**の心境とは、人生も晩年になって初めて到達できるものなのかもしれない。

俎上之肉
そじょうのにく

●主な用途
●他人任せのわが身をたとえていう

運命を他者に握られているような状態、状況のたとえ。開き直った気持ちを込めて用いられることも多い。「俎上」はまな板の上。まな板に置かれて、料理される前の肉の意。

用例 ➡手術台の上では、まさしく**俎上の肉**の心境、あれこれ悩むのをやめて開き直った気持ちになりました。

➡こうなったら**俎上の肉**、もう逃げ隠れはしません。どのような処分でも受けましょう。

出典 『史記《しき》』項羽本紀《こううほんぎ》

類義 俎上之魚《そじょうのうお》／俎上之鯉《そじょうのこい》／釜中之魚《ふちゅうのうお》

粗製濫造
そせいらんぞう

●主な用途
●粗悪な物を大量生産することをいう

「粗(あら)く製し濫(みだ)りに造る」とも読む。粗悪な製品を、計画性もなく大量につくること。「粗製」は雑なつくり方。「濫造」はむやみにつくること。「乱造」とも書く。

用例 ➡物のない時代には、利益ばかり追求して、混ぜ物をした品物を**粗製濫造**しても飛ぶように売れていたが、消費者も次第に賢くなり、良質なものを求めるように変わっていった。

➡値段の安さにつられて、つい買ってしまったが、**粗製濫造**されたものだったらしく、一回の洗濯で縮んでしまった。

そっせんすいはん

率先垂範

●主な用途

●先だって態度で示すことをいう

人より先に実践行動して、他の模範となるようにすること。「率先」は人に先んじること。「垂範」は模範を示すこと。

【注】「卒先―」は誤り。

用例⬇御託をあれこれ並べるより**率先垂範**するほうが、指導方法としては賢明だ。

⬇早朝出勤して掃除をするなんて、社長は**率先垂範**のつもりだろうが、社員はそんなことを期待しているわけではない。

出典『史記《しき》』絳侯世家《こうこうせいか》(率先)、『宋書《そうしょ》』謝霊運《しゃれいうん》伝《でん》・論賛《ろんさん》(垂範)

類義実践躬行《じっせんきゅうこう》／率先躬行《そっせんきゅうこう》／率先励行《そっせんれいこう》

そんそせっしょう

樽俎折衝

●主な用途

●和平的な外交交渉をさしていう

宴席でなごやかに談笑しながらも、相手の気勢をかわし、こちらに有利に交渉すること。交渉のかけひき。「樽俎」は酒樽(さかだる)と肉を載せる台のことで、酒や料理の並ぶ宴会の席を意味する。そこから和平的な外交交渉をいう。「折衝」は、相手の鉾先(ほこさき)をくじくの意から転じて、かけひきのこと。

「樽」は「尊」とも書く。

用例⬇社運を左右しかねない重大な商談だから、いかにして**樽俎折衝**を進めるかが営業部長の手腕の見せどころだ。

出典『晏子春秋《あんししゅんじゅう》』内篇《ないへん》・雑《ざつ》上

そ

そんのうじょうい
尊皇攘夷

●主な用途
●倒幕運動のきっかけとなった思想

皇室を尊ぶ尊皇論と、外敵を排撃しようとする攘夷論とが結びついた政治思想。江戸時代末期の倒幕運動の基礎になった。「攘」は追い払うこと。「夷」は異民族・外敵の意。「皇」は「王」とも書く。

用例 ⬇**尊皇攘夷**を唱える憂国の志士たちの多くは、下級武士の階級に属する若者たちだった。

⬇江戸末期、幕府をはじめ、多くの藩が**尊皇攘夷**を唱えていたが、外国の圧力によって、開国せざるをえなくなった。

対義 佐幕開国《さばくかいこく》

たいあんきちじつ
大安吉日

●主な用途
●縁起がよいとされる日を表す

暦の上で万事うまくいく、最も縁起のよいとされる日。「大安」は、先勝（せんしょう）・友引（ともびき）・先負（せんぶ・せんぷ）・仏滅（ぶつめつ）・赤口（しゃっこう・しゃっく）とともに、陰陽道（おんみょうどう）でいう六輝（ろっき）の一つ。万事によい日。大安日。「吉日」はよい日がら。「大安」は「だいあん」、「吉日」は「きちにち」「きつにち」「きちじつ」とも読む。

用例 ⬇両親が**大安吉日**にこだわるので、結婚式が一か月も先に延びてしまった。

類義 吉日良辰《きちじつりょうしん》／黄道吉日《こうどうきちにち》

だいかついっせい
大喝一声

●主な用途
●大声でどなり、しかることを表す

大声でしかりつけること。またその声。「喝」は、禅宗で修行者の迷いや邪心をしかりつけるときのかけ声。

用例 ➡お客様にも気づかずに、仲間うちで談笑しているところを店長に見つかり、呼びつけられて**大喝一声**されてしまった。

➡現場の緊張感がゆるんできたときに、看板役者に注意をするわけにもいかず、そんなに悪いわけでもない裏方を**大喝一声**して、全体の気を引き締めさせるという手を使う演出家も多い。

類義 大吼一声《たいこういっせい》／大声一喝《たいせいいっかつ》

たいがんじょうじゅ
大願成就

●主な用途
●大きな願いが現実になることをいう

大きな願い事がかなえられること。神仏の加護により願ったことがかなうこと。「大願」は大きな願い事で「だいがん」とも読む。もともとは仏が衆生を救おうとした誓願。

用例 ➡努力の甲斐(かい)あって、五度目の挑戦でようやく**大願成就**、司法試験に合格することができました。

➡好きな力士が、ようやく大関になった。この勢いに乗って、横綱昇進の**大願成就**を果たしてほしい。

➡株式上場という**大願成就**がかなって、社長が引退の決意を固めたそうだ。

た

大器小用《たいきしょうよう》

●主な用途
●すぐれた人に小事をさせる愚をいう

すぐれた才能を持つ人を、才能に釣り合わない低い地位に用いること。また、人材の用い方が当を得ていないことをたとえる。大きな器を小さなことに使うことからいう。「大器」は大きな器量、すぐれた人物。「小用」は小さな用事の意。

用例⬇彼の仕事ぶりは有能なのに、世渡りが下手なせいで**大器小用**の扱われ方しかされないのは、実に惜しいと思う。

出典『後漢書《ごかんじょ》』辺譲伝《へんじょうでん》

類義驥服塩車《きふくえんしゃ》／大才小用《たいさいしょうよう》／大材小用《たいざいしょうよう》

対義適材適所《てきざいてきしょ》

大器晩成《たいきばんせい》

●主な用途
●長じて大物となる人をさしていう

「大器は晩成す」とも読む。偉大な人物は、若いころはなかなか目立たないが、徐々に実力を養い、晩年になって大成するということ。「大器」は大きな器、転じて、大人物。「晩成」は時間がかかること、遅くできあがること。

用例⬇入団したてのころは、たいして注目されるような選手ではなかったが、十年を経た今では、チーム一の強打者に成長した。彼こそまさに**大器晩成**の典型といっていいだろう。

出典『老子《ろうし》』四一

類義大才晩成《たいさいばんせい》／大本晩成《たいほんばんせい》

たいぎめいぶん

大義名分

主な用途
●正当性を持たせるための理由や道理

ある行為を行ったことに対する正当な根拠や理由。もともとは臣下が国家や君主に対して守るべき節度と分限。「名分」は君主に対する臣、親に対する子など、身分、立場によって守るべき本分。現在は、行為の正当を主張する理由づけに用いられることも多い。

用例➡経済の安定を**大義名分**に、銀行に対する公的資金の投入が行われたが、結局は税金を私企業に横流ししているわけだ。

➡こういう大掛かりな改革を実行に移すには、何か**大義名分**を見つけないと難しいだろう。

たいぎゅうだんきん

対牛弾琴

主な用途
●無駄な努力をすることをいう

「牛に対して琴(こと)を弾ず」とも読む。牛に琴を弾いて聞かせるように、愚かな人に道理や理屈を説いて聞かせても、何の効果もなく無駄なこと。

用例➡アルバイトの学生に、遅刻が多いと何度も注意したが、**対牛弾琴**で聞く耳を持たないようだ。

➡ごみは分別して出すように伝えているのに、**対牛弾琴**というのか、まったく守らない住人が多い。

出典 牟融《ぼうゆう》「理惑論《りわくろん》」

類義 対驢撫琴《たいろぶきん》／馬耳東風《ばじとうふう》

大言壮語

たいげんそうご

●主な用途

●大げさな発言をすることをいう

　実力以上の威勢のよい口をきくこと。おおぼらをふくこと。誇大な発言をすること。また、口で言うことは立派だが、実行が伴わないこと。よい意味には使われない。

用例

⬇夢や理想を語るのはいいのだが、現実離れしたできもしない**大言壮語**は聞き苦しいものだ。

⬇彼はいつも、来年にも独立して会社を興すとか**大言壮語**を並べたてるが、そんな話を感心して聞いているのは、せいぜい何人かの新入社員だけだ。

類義

壮言大語《そうげんたいご》／放言高論《ほうげんこうろん》

大悟徹底

たいごてってい

●主な用途

●物事への執着心を捨て悟ること

　物事の本質・真理を悟って欲望や迷いを断ち切り、吹っ切れた心境になることを表す仏教語。「大悟」は大いに悟ることで「だいご」とも読む。「徹底」は一貫している、隅々まで届くの意。

用例

⬇彼が**大悟徹底**の境地にいるごとく、いつでも落ち着いているのは、若いときから苦労を経験してきているからだよ。

⬇どんな分野でも一流をきわめたプロの言葉というのは、**大悟徹底**ともいうべき人生哲学を感じさせる。

類義

廓然大悟《かくねんたいご》／恍然大悟《こうぜんたいご》

泰山鴻毛《たいざんこうもう》

●主な用途
●価値の大きなへだたりをたとえる

きわめて重いものときわめて軽いもの、へだたりが激しいことをたとえる。生命を重んずる場合と、進んで捨てねばならぬ場合とをたとえることにしばしば用いられる。「泰山」は、中国山東省の名山で、重くゆるぎないもの、尊いことのたとえ。「鴻毛」は鴻（おおとり）の羽毛の意で、きわめて軽いもののたとえ。「泰」は「太」とも書く。

用例 ⬇身に覚えのない汚名を着せられた彼は、一族の名誉と自らの誇りを貫き通すために、**泰山鴻毛**として死を選んだ。

出典 司馬遷《しばせん》「報任少卿書《じんしょうけいにほうずるのしょ》」

泰山北斗《たいざんほくと》

●主な用途
●その道の第一人者の意で用いる

大家として仰ぎ尊ばれる第一人者。学問・芸術の分野での権威者をさしていうことが多い。「泰山」は、中国山東省にある名山でゆるぎないもの、尊いことのたとえ。「北斗」は北斗七星のこと。天の中心近くにあることから、ひときわ尊く、人々が仰ぎ見るもののたとえ。もとは中唐（ちゅうとう）の韓愈（かんゆ）をたたえて用いられた。

用例 ⬇彼は日本画の**泰山北斗**として、一般にもよく知られた人だ。

出典 『唐書《とうじょ》』韓愈伝《かんゆでん》・賛《さん》

類義 天下無双《てんかむそう》／天下無敵《てんかむてき》／斗南一人《となんのいちにん》

たいざんめいどう
大山鳴動

●主な用途
●結果に結びつかない大騒ぎをいう

騒ぎが大きいわりに結果が小さいことのたとえ。「大山鳴動して鼠(ねずみ)一匹(いっぴき)」を略した形。「鳴動」は鳴り動くことで、特に地震のときの震動や音響をいう。「大山」は大きな山の意で、「太山」「泰山」とも書く。

用例
➡親戚(しんせき)一同を巻き込んでの離婚騒動だったが、**大山鳴動**、誤解が解けて無事元の鞘(さや)に収まった。
➡与野党逆転かとマスコミが大騒ぎした今回の選挙だが、**大山鳴動**して何とやら、結局与党は過半数の議席を獲得、政権交代には至らなかった。

だいじだいひ
大慈大悲

●主な用途
●仏の無限な慈悲を称していう

仏の限りなく大きな慈悲のこと。「大慈」は仏が衆生(しゅじょう)を救う大きな慈しみ、「大悲」は苦しみを救う心の意。

用例
➡私たちがやれることはすべてやった。あとは**大慈大悲**に頼るしかない。
➡普段から信心深いわけでもないのに、困ったときにだけ**大慈大悲**にすがろうとするのはいかがなものか。
➡現場でかいがいしく働くボランティアの人たちの姿に、み仏の**大慈大悲**を目の当たりにしたように思った。

出典
『法華義疏《ほっけぎしょ》』二・譬喩品《ひゆぼん》

たい　しょ　こう　しょ

大所高所

●主な用途

●広い視野で状況判断することをいう

細かなことにこだわらず、物事の全体を見通す広い視野。「大所」は全体を見渡す広い視野、立場。「高所」は見通しのよくきく立場、見地。物理的にではなく、人間の器の大きさという意味で用いる。

用例
➡時代に合わせるのではなく、**大所高所**からものを見て、時代を先取りしていかないと会社は成長しませんよ。
➡だれもが財テクに奔走したバブルの時期を思い起こすと、目先にとらわれずに**大所高所**からものを見ることがどんなに難しいか、よくわかると思う。

たい　ぜん　じ　じゃく

泰然自若

●主な用途

●落ち着いて動じないさまを表す

ゆったりと落ち着いて物事に少しも動じないさま。「泰然」は、落ち着いて動じないさま。「自若」は物事にあわてず、普段と変わらない様子。

用例
➡一打逆転の場面で登板したリリーフエースは、**泰然自若**として後続の打者を打ち取り、みごとピンチを切り抜けた。
➡台所事情が苦しかろうと、社長が**泰然自若**としていれば社員は不安を感じない。

類義
意気自如《いきじじょ》／従容不迫《しょうようふはく》／神色自若《しんしょくじじゃく》／不《ふ》動声色《どうせいしょく》／冷静沈着《れいせいちんちゃく》

対義
右往左往《うおうさおう》／周章狼狽《しゅうしょうろうばい》

た

大胆不敵《だいたんふてき》

●主な用途 ●度胸があり思いきりのいい人をいう

度胸があって、物事を恐れないさま。「大胆」は肝っ玉が大きいこと、度胸がすわっていること。「不敵」は、敵を敵とも思わないの意で、「敵とせず」とも読む。

用例 ⬇彼は**大胆不敵**にも、有段者である先輩に勝負を挑んだ。

⬇彼は社会的な常識もあり、才能もあってまず申し分ない人物なのだが、時には**大胆不敵**な行動で、既成の枠を打ち破るくらいの気概がほしい。

類義 剛胆不敵《ごうたんふてき》／豪胆不敵《ごうたんふてき》

対義 小心翼翼《しょうしんよくよく》

大同小異《だいどうしょうい》

●主な用途 ●大した違いもないことを表現する

多少の違いはあるが、全体はだいたい同じで似ていること。五十歩百歩。似たりよったり。「大同」はだいたい同じこと。「小異」は少しの違いの意。

【注】「―小違」は誤り。

用例 ⬇新車購入であれこれ悩む私を、妻はどれも**大同小異**じゃないかと笑った。

⬇市長候補者たちの演説を聞きにいったが、どの人も**大同小異**で新鮮味がない。

出典 『荘子《そうじ》』天下《てんか》

類義 同工異曲《どうこういきょく》

対義 大異小同《だいいしょうどう》

大同団結《だいどうだんけつ》

●主な用途
●異なる団体が結束することをいう

いくつかの団体、党派が多少の意見の違いを越えてまとまり、共通の目的に当たること。明治二十年に旧自由党系の諸派の政治家が一致合同して、ときの藩閥（はんばつ）政府に対して共同行動を起こしたときに掲げた標語。大同団結運動。政界でしばしば用いられる。

用例⬇革新政党が躍進した選挙結果から、与党側の諸勢力は危機感を強めたのか、**大同団結**して連立内閣を組閣した。
⬇新規出店した大型スーパーに客を取られ、地元商店街としては、とにかく**大同団結**して対抗策を打ち出すことになった。

多岐亡羊《たきぼうよう》

●主な用途
●方法が多く選択に迷うこと

「岐（みち）多くして羊を亡（うしな）う」とも読む。学問の道が多方面に分かれていて、真理が得がたいこと。方法や進路が多過ぎて選択に迷うこと。「多岐」は多くの分かれ道。

【故事】中国戦国時代、逃げた羊を追ったが、分かれ道が多いために取り逃がしてしまったという話を聞いた思想家の楊朱（ようしゅ）が、学問も同様であると嘆いた故事から。

用例⬇会社再建のためにすべきことがあまりに多過ぎて、**多岐亡羊**としている。

出典『列子《れっし》』説符《せっぷ》

類義岐路亡羊《きろぼうよう》／亡羊《ぼうよう》之《の》嘆《たん》

他山之石

たざんのいし

●主な用途
●真似てはいけない悪い見本を表す

他人のよくない言動や失敗でも、自分の修養に役立つということ。自分の人格を磨くために役立つ悪い見本。出典の「他山の石、以(もっ)て玉を攻(みが)くべし」による。よその山から出た粗悪な石も、砥石(といし)として自分の玉を磨くのに利用できるという意。

【表現】他山の石とする

用例➡大学入学後、目的を見失い、勉強を怠った私を**他山の石**として、君たちは勉学に励んでほしい。

出典『詩経《しきょう》』小雅《しょうが》・鶴鳴《かくめい》

類義殷鑑不遠《いんかんふえん》／反面教師《はんめんきょうし》

多士済済

たしせいせい

●主な用途
●優秀な人材の集まりを表す

人材が豊富で、すぐれた人物が数多くそろっていること。「多士」は多くのすぐれた人材の意。「済済」は数が多くて盛んな様子。「さいさい」とも読む。

【注】「―斉斉」は誤り。

用例➡せっかくこのように**多士済済**の顔ぶれが集まったのだから、何か大きな事に挑戦しようではないか。
➡この劇団は大きくはないが、個性派ぞろいとでもいうか、**多士済済**の俳優陣で近ごろ注目されている。

出典『詩経《しきょう》』大雅《たいが》・文王《ぶんのう》

多事多端

たじたたん

●主な用途
●仕事が重なって忙しいことをいう

多くの仕事が重なって、非常に忙しいこと。「多事」「多端」はともに、仕事やするべきことがたくさんあって忙しいこと。

【注】「他事」は誤り。

用例 ⬇一週間の出張から帰ってきたら、決裁書類がたまっていて、二、三日はその処理で他の仕事に手がつけられないほど**多事多端**になりそうだ。

⬇パートの仕事に加え、夏休みになると子どもの世話も増えるため、これから私には**多事多端**の毎日が待っている。

類義 多事多忙《たじたぼう》

多事多難

たじたなん

●主な用途
●事件や災難が頻発することを表す

事件、災難、困難が次々と起こること。またそのような世間の様子。「事」は事件や出来事、「難」は災難や困難などの意。

【表現】多事多難な年

用例 ⬇昨今残酷な殺人事件が頻繁に起き、安全な社会だと定評があった日本も**多事多難**の時代を迎えている。

⬇父親の入院、大雨による床上浸水、それに加えて息子が交通事故で大怪我と、まったく今年は**多事多難**な一年であった。

類義 多事多患《たじたかん》

対義 平穏無事《へいおんぶじ》

多情多恨

たじょうたこん

●主な用途

●恨みや悲しみの心が強いことを表す

感受性が豊かで心が動かされやすく、恨みや後悔、悲しみなどを感じることが多いさま。愛情も深いが、恨みの心も深いということ。「多情」は感情に富むこと。「多恨」は悔(くや)み恨む気持ちが強いこと。

用例 ⬇彼女は**多情多恨**な性格だから、もしも恋人が浮気でもしたときには、それこそ何をしでかすかわからないぞ。

⬇**多情多恨**のヒロインを演じて有名になった女優だが、実生活ではいたってさっぱりとした性格の女性らしい。

類義 多《た》恨《こん》多《た》情《じょう》／多《た》情《じょう》多《た》感《かん》

多生之縁

たしょうのえん

●主な用途

●前世から結ばれた深い因縁を表す

前世で結ばれた縁。通常「袖(そで)振り合うも多生の縁」といい、道で見知らぬ人と袖が触れ合うようなささいなことでも、それは偶然ではなく、前世からの因縁によるものだという意。「多生」は仏教語で何度もこの世に生まれ変わることで「他生」とも書くことがあるが、本来は誤り。

用例 ⬇旅の途中で故障した君の自転車を、通りがかりの僕が直すことになったのも**多生の縁**だ。うちで一休みしていきなさい。

⬇ここであなたにめぐり会えたのも**多生の縁**というものでしょう。

多情仏心

たじょうぶっしん

●主な用途
●移り気だが情が深い性格を表す

物事に感じやすく移り気ではあるが、無慈悲なことができない性質のこと。感受性が強くて気が多いが、仏のような慈悲心を持った性質をいう。「多情」は感情が豊かなこと。移り気なこと。「仏心」は仏の大慈悲心をいう。

用例⬇彼女は多くの男性とつきあい、そして別れてきたけれども、性格が**多情仏心**であるために、一度として恨みを買うようなことはなかった。

⬇光源氏は、その**多情仏心**ゆえに、愛してやまない紫の上の心をひどく傷つけてしまった。

脱兎之勢

だっとのいきおい

●主な用途
●きわめてすばやい動作をたとえる

非常にすばやいことのたとえ。「脱兎」は逃げるうさぎ。動きが非常に素早いもののたとえ。「兎」は「兔」とも書く。

用例⬇少年は柿（かき）の実を一つもぎとり、満足そうにかじりついていたが、私と目が合うと、**脱兎の勢い**で逃げ出した。

⬇おやつに呼ばれた子どもは、さっきまで泣いていた足の傷の痛みのことなど忘れたかのように、**脱兎の勢い**で家の中へ駆け込んでいった。

出典　『孫子《そんし》』九地《きゅうち》

類義　電光石火《でんこうせっか》

た

暖衣飽食《だんいほうしょく》

●主な用途 ●物質的に不自由のない暮らしを表す

物質的には何の不足もなく満ち足りている生活のこと。贅沢(ぜいたく)な生活を送ること。「暖衣」は暖かい衣服、「飽食」は十分な食料のこと。「暖」は「煖」とも書く。

用例 ⬇**暖衣飽食**に慣れきった今の若者には、戦時中の苦労など理解できないだろう。
⬇**暖衣飽食**の陰に飢餓で苦しむ人々がいることを、決して忘れてはならない。

出典 『孟子《もうし》』滕文公《とうぶんこう》・上

類義 金衣玉食《きんいぎょくしょく》／錦衣玉食《きんいぎょくしょく》／豊衣足食《ほういそくしょく》／飽《ほう》食暖衣《しょくだんい》

対義 悪衣悪食《あくいあくしょく》／節衣縮食《せついしゅくしょく》／粗衣粗食《そいそしょく》

断崖絶壁《だんがいぜっぺき》

●主な用途 ●せっぱ詰まった危機的状況をいう

険しく切り立った崖(がけ)。転じて、差し迫った危険な状態や、どうにもならない苦しい立場のたとえ。「断崖」「絶壁」はともに、垂直に切り立った険しい崖のことで、同義の語を重ねて意味を強めている。

【表現】断崖絶壁に立つ

用例 ⬇競合会社の陰謀で、主要な取引先をすべて奪われてしまい、わが社は今、**断崖絶壁**の窮地に立たされている。
⬇この事業が成功するか否かで、社の存続が決まる。今まさに**断崖絶壁**に立っているようなものだ。

弾丸黒子（だんがんこくし）

●主な用途
●非常に小さくて狭い土地をたとえる

非常に狭い土地のたとえ。はじき玉やほくろのように小さな土地の意から。「弾丸」は古代中国で小鳥などを捕るのに弓で飛ばした小さな玉。「黒子」はほくろ、「黒痣」とも書く。

用例 ➡地価が下落してきたとはいえ、まだまだ都心部では高く、**弾丸黒子**の土地でも目の玉が飛び出るような値段だ。

➡わが家の**弾丸黒子**ほどの庭では、子どもたちを思う存分に遊ばせてやることなどできない相談です。

出典 庾信《ゆしん》『哀江南賦《あいこうなんのふ》』

類義 黒子之地《こくしのち》／尺寸之地《せきすんのち》／弾丸之地《だんがんのち》

断簡零墨（だんかんれいぼく）

●主な用途
●書物の断片や切れ端の文章を表す

切れぎれの文書、切れ端に書いた文章。また、元の形のなくなった書物の切れ端をいう。「簡」は、木簡や竹簡のことで、紙の発明以前はこれに文字を記した。「断簡」は切れぎれになってしまった文書や書物。「零墨」は一滴の墨。転じて書かれたものの断片の意。

用例 ➡この記念館には、文豪の原稿だけでなく、**断簡零墨**に至るまで、現存するすべての作品が展示されている。

➡**断簡零墨**だけでもすばらしい作品なので、一度完本を見てみたかった。

類義 断篇零楮《だんぺんれいちょ》／断篇零墨《だんぺんれいぼく》／片簡零墨《へんかんれいぼく》

たん だい しん しょう
胆大心小

●主な用途
●大胆にして細心な人物、戦略をいう

大胆でありながら、同時に細かい点にまで注意を払うこと。度胸があり、しかも細心の気配りが行き届いているさま。「胆大」は肝(きも)の太いこと、大胆で度胸があること。「心小」は心配りが細かいこと。細心。

用例⬇彼は**胆大心小**で、すぐれた営業部員だと上司から大きな評価を受けている。

⬇大事な一戦にルーキーを先発させて、ピンチと見るやエースをワンポイントの中継ぎにするとは、**胆大心小**の采配だ。

出典『旧唐書《くとうじょ》』孫思邈伝《そんしばくでん》

類義胆大心細《たんだいしんさい》

だん ちょう の おもい
断腸之思

●主な用途
●腸がちぎれるほど深い悲しみを表す

腸がちぎれるほどの悲しみ。

【**故事**】中国晋(しん)の桓温(かんおん)が船で三峡(さんきょう)を過ぎたとき、その部下が小猿を捕らえた。気づいた母猿は岸辺づたいに哀しげに鳴きながら、百余里も追ってきたが、ついに力尽きて倒れた。その腹を割いてみると、腸が悲しみのあまりずたずたに断ち切れていたという故事から。

用例⬇先祖代々受け継いできたこの家を、**断腸の思い**で手放す決心をした。

⬇**断腸の思い**で部下に解雇を告げた。

出典『世説新語《せせつしんご》』黜免《ちゅつめん》

たんとうちょくにゅう

単刀直入

●主な用途

●いきなり核心に触れることを表す

前置きなしにいきなり本題に入ること。直接問題の核心を衝くことをいう。ただ一人で、敵陣に切り込む意から。「単刀」は、一振りの刀。「直入」は、まっしぐらに入ること。

【注】「短刀―」は誤り。

用例 ⬇**単刀直入**に申しますと、事故原因はドライバーの過失ではなく、御社の部品の欠陥にあるという結論が出ました。

⬇まいったね。玄関先でいきなり「お嬢さんと結婚します」ときたもんだ。**単刀直入**にもほどがあるよ。

出典 『景徳伝灯録《けいとくでんとうろく》』

だんろんふうはつ

談論風発

●主な用途

●盛んな議論や活発な話し合いを表す

活発に話し合ったり論じ合ったりすること。議論が続出するさま。「談論」は談話と議論のこと。「風発」は風が吹き起こること、勢いが盛んなさま。

用例 ⬇友人たちと酒を飲み交わしながら、日本の将来について、明け方まで**談論風発**の時を過ごした。

⬇社運を賭(か)けた新企画が完成し、プレゼンテーションの方法を決定する会議では若手社員と幹部たちの間で活発な意見が飛び交い、**談論風発**の状況を呈した。

類義 議論百出《ぎろんひゃくしゅつ》／百家争鳴《ひゃっかそうめい》

た

ちぎしゅんじゅん

遅疑逡巡

●主な用途
●決断できずためらうさまを形容する

思い迷って、いつまでも決断を下さないこと。あれこれと思いためらって、ぐずぐずすること。「遅疑」は、いつまでも疑い迷って決行しないこと。「逡巡」は、ためらって前に進まないこと。

用例 ⬇これ以上**遅疑逡巡**していては、せっかくの商談を逃してしまう恐れがある。
⬇父はパソコンを始めるかどうかで**遅疑逡巡**しているが、あのままではきっとパソコンを買うことすらできないだろう。

類義 右顧左眄《うこさべん》／狐疑逡巡《こぎしゅんじゅん》

対義 即断即決《そくだんそっけつ》／知者不惑《ちしゃふわく》

ちくばのとも

竹馬之友

●主な用途
●幼いころからの仲のよい友達を表す

幼いころにいっしょに竹馬で遊んだ友達。幼年時代からの親しい友達。幼なじみをいう。中国の竹馬は、日本の竹馬(たけうま)とは異なり、適当な長さに切った竹を馬に見たててまたがって走り回る遊び。

用例 ⬇たいへん難しいことだけれども、**竹馬の友**である君のたっての願いとあらば、聞かないわけにもいかないだろう。
⬇**竹馬の友**であった彼の訃報(ふほう)に、私は言葉を失い呆然(ぼうぜん)と立ちつくすのみだった。

類義 竹馬之好《ちくばのよしみ》

ちくりん(の)しちけん

竹林七賢

●主な用途

●俗世を離れて風流を語る隠者をいう

俗世を避け竹林で清談にふけった七人の隠者のことから風流を語る人々。隠者のたとえ。

【故事】中国晋(しん)の時代に、乱れた俗世を避け、竹林で琴を奏で酒を酌み交わし清談を楽しんだといわれる、阮籍(げんせき)・阮咸(げんかん)・山濤(さんとう)・向秀(しょうしゅう)・嵆康(けいこう)・劉伶(りゅうれい)・王戎(おうじゅう)の七人の隠者のこと。

用例 ➡あくせく働く毎日なので、**竹林の七賢**のような生活にあこがれている。

出典 『世説新語《せせつしんご》』任誕《にんたん》

類義 竹林名士《ちくりんめいし》

ち　こう　ごう　いつ

知行合一

●主な用途

●知識と実践は表裏一体との説を表す

知識は行為の実践を伴わなくてはならないということ。真の知は実践を伴って初めて完全であるという意。先知後行説(知識が先で実践は後からという説)を唱えた朱熹(しゅき)の朱子(しゅし)学に対して、王守仁(おうしゅじん)が唱えた陽明(ようめい)学の説で、道徳的実践や体験と知識は表裏一体であるとするもの。知行は「ちぎょう」とも読む。

用例 ➡どんなに知識を持っていても、机上の学問に終始しては**知行合一**とはいえない。

出典 『伝習録《でんしゅうろく》』上

類義 知行一致《ちこういっち》

ち

魑魅魍魎
ちみもうりょう

●主な用途 ●様々な妖怪、悪人を称していう

山や川に住むという様々な化け物や妖怪(ようかい)。転じて、私利私欲から人を苦しめ、悪だくみをする悪人のたとえ。「魑魅」は山林の気から生じる山の妖怪。「魍魎」は山、川、木石などの精気から生じて人を化かす水の妖怪。「魑魅罔両」とも書く。

用例 ⬇キャンプ場には木がうっそうと生い茂り、**魑魅魍魎**でも出てきそうな雰囲気だ。
⬇この業界には、**魑魅魍魎**が跋扈(ばっこ)しているから注意したまえ。

出典 『春秋左氏伝《しゅんじゅうさしでん》』宣公《せんこう》三年

類義 百鬼夜行《ひゃっきやこう》

智勇兼備
ちゆうけんび

●主な用途 ●知恵と勇気をあわせもつことを表す

「智、勇兼ね備う」とも読む。知恵と勇気をあわせもっていること。女性の「才色兼備」に対して若い男性に多く用いる。「智勇」は知恵と勇気の意で「知勇」とも書く。

用例 ⬇あの若さで億を超す契約にさし向けられたのは、**智勇兼備**で将来を嘱望されている彼なればこそだ。
⬇**智勇兼備**の彼ならば、社運を賭けた今回のプロジェクトでも、リーダー役を果たしてくれるだろう。

出典 『史記《しき》』藺相如伝《りんしょうじょでん》

類義 高材疾足《こうざいしっそく》／知勇兼全《ちゆうけんぜん》／知勇双全《ちゆうそうぜん》

ちゅうやけんこう

昼夜兼行

●主な用途
●昼夜を問わず働くことを表す

昼も夜も休まず、道を急いで行くこと。転じて、昼も夜も休むことなく仕事を行うこと。「昼夜」は昼と夜、または一日中。「兼行」は急いで一日に二日分の道のりを歩くこと。

【故事】中国三国時代、呉(ご)の呂蒙(りょもう)は、主君の命により蜀(しょく)の関羽(かんう)を討つべく、遠方より昼も夜も休まずに急行したという故事から。

用例 ⬇普段はのんびりした仕事ぶりだが、納期直前にはいつも**昼夜兼行**になる。

出典 『三国志《さんごくし》』呉志《ごし》・呂蒙伝《りょもうでん》

類義 倍日并行《ばいじつへいこう》／不眠不休《ふみんふきゅう》

ちょううんぼう

朝雲暮雨

●主な用途
●男女の固い契りや深い仲をたとえる

男女の堅い契り・情交をいう。

【故事】中国の楚(そ)の懐王(かいおう)が、夢の中で巫山(ふざん)の神女と契ったときに、神女が去りぎわに「朝には雲となり、夕には雨となって毎日ここに参りましょう」といったという故事から。

用例 ⬇銀婚式を迎えてますます仲むつまじいご夫妻は、まさに**朝雲暮雨**、うらやましい限りであります。

出典 『文選《もんぜん》』宋玉《そうぎょく》「高唐賦《こうとうのふ》」

類義 雲雨之夢《うんうのゆめ》／雲雨巫山《うんうふざん》／巫山之夢《ふざんのゆめ》／暮雨《ぼう》朝雲《ちょううん》

ちょうさんぼし

朝三暮四

●主な用途
●目先にとらわれた誤った判断を表す

目先の違いにだまされて本質が見抜けず、結果が同じことに気づかないこと。また、言葉巧みに人をだますこと。

【故事】中国春秋時代、宋（そう）の狙公（そこう）が自分が飼っている猿にとちの実を「朝に三つ暮れに四つ与えよう」というと、猿たちは少ないと怒ったが「朝に四つ暮れに三つにしよう」というと喜んだという故事による。

用例 ➡昇給したと思ったら、賞与がこんなに減るなんて。**朝三暮四**だ。

出典 『列子《れっし》』黄帝《こうてい》

類義 狙公配事《そこうはいじ》／朝四暮三《ちょうしぼさん》

ちょうさんりし

張三李四

●主な用途
●平凡でつまらない人物をたとえる

ありふれた人、平凡でつまらない人のたとえ。張家の三男と李家の四男の意。かつて中国では張や李をありふれた姓の代表としたところから。

用例 ➡**張三李四**の言うことなど気にせずに、もっと自分の作品に自信を持つべきだ。君の革新的な作品の価値が認められる日は必ずくるよ。

➡大衆を**張三李四**などと軽んじていると、いつか痛い目にあうと思うよ。

出典 『景徳伝灯録《けいとくでんとうろく》』一九

類義 張王李趙《ちょうおうりちょう》／張甲李乙《ちょうこうりいつ》／張三呂四《ちょうさんりょし》

長身瘦軀
ちょうしん　そうく

●主な用途
●背が高くやせた体つきの男性を表す

背が高くやせたからだつき。「長身」は背が高い意。「瘦軀」はやせているからだ。主に男性の容姿を形容する表現。

用例 ⬇入門当初は**長身瘦軀**で軟弱に見えた彼だが、厳しい稽古と栄養たっぷりの食事のおかげで、今ではがっしりとした体型の力士に生まれ変わった。

⬇チームの平均身長が低いことで悩んでいたバスケット部の主将が、**長身瘦軀**の新入生を放っておくはずがないと思っていたよ。今日直々に勧誘に来ていた。

類義 瘦身長軀《そうしんちょうく》／瘦軀《そうく》長身《ちょうしん》

彫心鏤骨
ちょうしん　る　こつ

●主な用途
●苦心して詩文などを作ることを表す

「心(こころ)に彫(ほ)り骨(ほね)に鏤(きざ)む」とも読む。非常に心を砕き、苦労して詩文などを作り上げること。転じてたいへんな辛苦や苦労をすることにもいう。「鏤骨」は「ろうこつ」とも読む。

用例 ⬇彼が十年の歳月をかけて完成させた**彫心鏤骨**の小説が、ようやく日の目を見る日が訪れた。

⬇この作品は、彼女の**彫心鏤骨**の毎日から生み出されたものだ。

類義 苦心惨憺《くしんさんたん》／刻骨銘肌《こくこつめいき》／刻骨銘心《こくこつめいしん》／彫肝《ちょうかん》琢腎《たくじん》／粉骨砕身《ふんこつさいしん》／銘肌鏤骨《めいきるこつ》

ちょうちょうはっし

丁丁発止

●主な用途
●激しい議論を闘わせるさまを表す

激しく議論を闘わすこと。また、刀などで音を立てて激しく打ち合う様子。「丁丁」は刀や竹刀(しない)などを激しく打ち合う音を表す擬音語。「打打」とも書く。「発止」は硬い物同士が強く打ち当たるさま。「発矢」とも書く。

【表現】丁丁発止のやりとり

用例
⬇今回の国会審議では、法案をめぐって与野党間で**丁丁発止**の攻防が展開され、見ていてとても面白かった。
⬇少年剣士の大会とはいえ、決勝戦ともなると、**丁丁発止**、見ているこっちも血わき肉踊るような熱戦だ。

ちょうていきょくほ

長汀曲浦

●主な用途
●長く続く曲がりくねった海浜を表す

長く続く海岸線と曲がりくねった入り江。うねうねと曲がった海辺がずっと続いているさま。「汀」は陸と水が接する水ぎわ、なぎさ、波打ち際。「浦」は海辺、湾の意。

用例
⬇美しい**長汀曲浦**を前にして、私が生まれ育った故郷の海辺を思い出し、胸が熱くなった。
⬇列車が**長汀曲浦**にさしかかると、乗客の間から感嘆のため息がもれた。
⬇今では数少なくなってしまった**長汀曲浦**を、美しいままで次の世代に受け継ぐことが、私たちの使命と思っています。

ちょうもん(の)いっしん

頂門一針

●主な用途
●人の急所を押さえた訓戒をたとえる

急所を鋭く的確についた戒め・教訓のたとえ。「頂門」は頭頂。「針」は「鍼」とも書き、病気を治療するときに打つ鍼(はり)。

【故事】中国戦国時代の儒者荀卿(じゅんけい)が、自らの戒めのため、頭のてっぺんに一本の針をさしたという故事による。

用例➡河川の氾濫や土砂災害は、自然破壊を続ける日本への**頂門の一針**だ。

➡彼の一言は、天狗(てんぐ)になってしまっていた私への**頂門の一針**となった。

出典　蘇軾《そしょく》「荀卿論《じゅんけいろん》」

類義　寸鉄殺人《すんてつさつじん》／頂門金椎《ちょうもんきんつい》／当頭一棒《とうとういちぼう》

ちょうりょう　ばっこ

跳梁跋扈

●主な用途
●悪者がのさばることを表す

よからぬ者が思うがままに振る舞うこと。「跳梁」は梁(はり)を跳ね越えて逃げること。転じて、自由に跳ね回ること。「扈」は魚を捕るのに使う竹籠(たけかご)。「跋扈」は扈から大きい魚が躍り出て逃げること。転じて、勝手気ままに振る舞うことをいう。

用例➡かつて静かだった公園が、不良少年たちが**跳梁跋扈**する場所と化している。

➡魑魅魍魎(ちみもうりょう)が**跳梁跋扈**する世界を描かせたら、彼の右に出るものはいないだろう。

類義　横行闊歩《おうこうかっぽ》／飛揚跋扈《ひようばっこ》

ちょうれい ぼ かい

朝令暮改

●主な用途
●命令や法律が一定しないことをいう

命令や法律などが次々に変更されて、一定しないこと。言うことや主張が頻繁に変わること。朝出された命令、方針が夕方にはもう変更されるという意から。

用例 ➡わが社の社長は、何事も思いつきで始めるので、経営方針も**朝令暮改**。社員が困惑することがしばしばである。

➡**朝令暮改**にならないように、子どものしつけについては、妻とまめに話すようにしている。

出典 『漢書《かんじょ》』食貨志《しょっかし》

類義 朝立暮廃《ちょうりつぼはい》／天下法度《てんかはっと》／三日法度《みっかはっと》

ちょくじょう けい こう

直情径行

●主な用途
●自分の感情そのままに行動すること

相手の気持ちやまわりのことなどは考えずに、自分の感情のおもむくままに行動すること。単純で野蛮な行動。「直情」は偽りのない、飾らないありのままの感情。「径行」は思うことを曲げずに行うこと。

用例 ➡**直情径行**な彼の態度は、同僚の間にも敵を多く作ってしまう結果となった。

➡彼は自分の**直情径行**ぶりを正義感の強さゆえだと思っているから救われないよ。

出典 『礼記《らいき》』檀弓《だんぐう》・下

類義 短慮軽率《たんりょけいそつ》／直言直行《ちょくげんちょっこう》／猪突猛進《ちょとつもうしん》

対義 熟慮断行《じゅくりょだんこう》

ちょくせつ かんめい

直截簡明

●主な用途

●簡潔ではっきりしているさまを表す

遠回しでなく、簡潔明瞭でわかりやすいこと。「直截」は、ためらわずただちに裁決すること。「簡明」は、簡単ではっきりしていること。「ちょくさい」と読むのは、誤用による慣用読みで誤り。

【注】「直接―」は誤り。

用例 ➡彼の**直截簡明**な説明のおかげで、今日の講習会の評判は上々であった。

➡彼女の**直截簡明**な言い方は、ときどききつく感じるよ。

類義 簡単明瞭《かんたんめいりょう》／単純明快《たんじゅんめいかい》

対義 複雑怪奇《ふくざつかいき》／複雑多岐《ふくざつたき》

ちょとつ もうしん

猪突猛進

●主な用途

●激しい勢いで突き進むさまを表す

猪(いのしし)のように、一直線に目標に向かって猛然と突進すること。向こう見ずで、がむしゃらに事を進めるさまをいう。転じて、後先を考えずに事を進めるさまや、融通のきかない行動をたとえる。

用例 ➡時には失敗を恐れず、目標達成に向かって**猪突猛進**する心構えも必要である。

➡彼はしばしば**猪突猛進**してしまうが、状況を冷静に判断する力を養わなければ社会人としてやっていけない。

出典 『漢書《かんじょ》』食貨志《しょっかし》

類義 直情径行《ちょくじょうけいこう》／匹夫之勇《ひっぷのゆう》／暴虎馮河《ぼうこひょうが》

ちりゃくじゅうおう

知略縦横

●主な用途

●賢い計略をめぐらすことをいう

才知を働かせて、謀(はかりごと)を思うままにめぐらせること。「知略」は才知、機知を働かせた計略の意。「縦横」は縦と横のこと。転じて、自分の思い通りに振る舞うこと。自由自在の意。「知略」は「智略」とも書く。

用例⬇君の**知略縦横**の活躍のおかげで、何とか急場を切り抜けることができた。

⬇どんなに難しい状況下でも、**知略縦横**にやってのけることができる彼の実力さえあれば、どんな仕事に就いたとしても必ず成功するだろう。

類義 機略縦横《きりゃくじゅうおう》／知謀縦横《ちぼうじゅうおう》

ちんぎょらくがん

沈魚落雁

●主な用途

●絶世の美人・美貌の女性を形容する

この上ない美人の形容。出典では、人間には美しく見える女性でも、魚や雁にとっては、人間はただ恐れ逃げる対象でしかないという意。これが転じて、魚は恥じらい沈み隠れるほど、空飛ぶ雁も見とれて落ちてしまうほどの美人という意味で使われるようになった。「沈魚落雁閉月羞花(へいげつしゅうか)」と続けて用いることもある。「閉月羞花」は「月は雲間に隠れ、花も恥じらって閉じる」の意。

用例⬇彼女の美しさときたら**沈魚落雁**、この世のものとは思えないよ。

出典『荘子《そうじ》』斉物論《せいぶつろん》

ちん し もっ こう

沈思黙考

●主な用途
●黙り込んで思案にふけるさまを表す

黙って、じっくりと物事を考えること。「沈思」は深く考え込むこと。「黙考」は黙って考えること。

用例 ⬇その作家は一週間近い**沈思黙考**の末に、おもむろにペンをとり、ものすごい勢いで書きはじめた。

⬇ハーフタイムに入るや、**沈思黙考**していた監督が、後半の作戦を語りはじめた。

⬇彼は、決して軽率に動く性格ではなく、**沈思黙考**してから行動に移すタイプなので、安心して仕事を任せられる。

類義 熟思黙想《じゅくしもくそう》／沈思凝想《ちんしぎょうそう》

つつ うら うら

津津浦浦

●主な用途
●全国各地、国中のいたる所を表す

全国あらゆる所の港や海岸。転じて、全国各地。全国のいたる所の意。「津」は船着き場や港。「浦」は海や湖の湾曲して陸地に入り込んだところ。または海辺。「津津」は「つづ」とも読む。

用例 ⬇大会には腕自慢の大工が**津津浦浦**から集まり、鉋(かんな)の技術を競い合った。

⬇彼は学生時代、自転車で、全国**津津浦浦**をめぐる旅をしていた。

⬇当市は何の変哲もない田舎町であったが、恐竜の卵の化石が発見されたことによって**津津浦浦**にその名が知れ渡った。

つづらおり 九十九折

●主な用途
●幾重にも折れ曲がった山道を表す

くねくねと何度も折れ曲がっているさま。またそのような険しい坂道や山道をいう。「つづら」は山中に生えるツヅラフジのこと。「つづら折」はそのつるのように折れ曲がっている意。「九十九」は数が多い意。曲がり道が多いことを表すのに「つづら」にこの字を当てたもの。「九十九」は「葛」とも書く。

【表現】九十九折の山道

用例 ⬇杖を手にしたお遍路さんが**九十九折**の山道をゆっくりと登っていった。
⬇私の人生は、まるで**九十九折**の道のように、波乱に満ちたものだった。

でいちゅうのはす 泥中之蓮

●主な用途
●世に汚されず清純なままの人を表す

汚れた環境の中にあっても、周囲に染まらず清らかさや美しさを保っていること。またそのような人のたとえ。汚泥の中に生えながらも清らかに咲く蓮の花の意から。「蓮」は「はちす」とも読む。

用例 ⬇複雑な家庭環境で育ちながら、彼女は**泥中の蓮**のように立派で優しい女性に成長した。
⬇町の老人によると、その女優は幼いころ、スラム街の中でも**泥中の蓮**のごとく輝いていたという。

出典 『維摩経《ゆいまぎょう》』中

適材適所

てき ざい てき しょ

●主な用途
●能力に合う職務に配することをいう

人を、その能力、資質にふさわしい地位や任務につけること。「適材」は、その分野に適した能力を持っている人。「適所」は、その人に適した地位や仕事の内容をいう。

用例 ⬇**適材適所**の人事こそ、会社で一番重要なことではあるまいか。

⬇広報部でまったく振るわなかった彼が、営業部に移ったとたんに次々と契約をまとめているとは、**適材適所**が大事なことを思い知ったよ。

類義 黜陟幽明《ちゅっちょくゆうめい》／適才適処《てきざいてきしょ》／量才録用《りょうさいろくよう》

対義 驥服塩車《きふくえんしゃ》／大器小用《たいきしょうよう》／大材小用《たいざいしょうよう》

適者生存

てき しゃ せい ぞん

●主な用途
●環境適応者が生き残ることを表す

生物は環境に適応したものが生き残り、適応できないものは滅びてゆくということ。イギリスの哲学者・社会学者ハーバート・スペンサーが提唱した生物進化論の用語survival of the fittestの訳語。

用例 ⬇大量生産が主流の現代、**適者生存**の法則とはいえ、手作りの職人技がすたれていくのは寂しいものだ。

⬇自由競争化が進むと、当然経済界も**適者生存**の過酷な法則に支配される。

類義 自然淘汰《しぜんとうた》／弱肉強食《じゃくにくきょうしょく》／生存競争《せいぞんきょうそう》／優《ゆう》勝劣敗《しょうれっぱい》

てっしんせきちょう

鉄心石腸

●主な用途
●強固な意志と精神をたとえる

鉄や石のように堅固な意志・精神のたとえ。どんなことにも動じない心。「鉄心」は鉄のような心。「石腸」は石のように堅い腸、はらわたの意。転じて、強固な意志の意。

用例 ➡リーダーの**鉄心石腸**なくしては、チーム全員での完走は不可能だった。
➡彼は、**鉄心石腸**をもって毎日の厳しい練習に耐え、ついに前人未踏の大記録をうち立てた。

出典 蘇軾《そしょく》「与李公択書《りこうたくにあたうるのしょ》」

類義 石心鉄腸《せきしんてっちょう》／鉄意石心《てついせきしん》／鉄肝石腸《てっかんせきちょう》／鉄《てっ》石心腸《せきしんちょう》

てっとうてつび

徹頭徹尾

●主な用途
●最後まで貫き通すことをいう

始めから終わりまで。徹底的に。また、一つの方法、考え方、方針などをあくまでも貫き通す意。「徹頭」は最初(頭)から貫き通すこと。「徹尾」は終わり(尾)まで貫き通すこと。

用例 ➡わがチームのモットーは「前進」です。どんな強敵にあっても、**徹頭徹尾**前に出る攻撃法を貫きます。
➡私たちは、会社の不当きわまりない人事に対して、**徹頭徹尾**反対していくことを宣言します。

出典 程子《ていし》『中庸解《ちゅうようかい》』

類義 終始一貫《しゅうしいっかん》／首尾一貫《しゅびいっかん》

てっぷのきゅう

轍鮒之急

●主な用途

●差し迫った危急や困難をたとえる

困難や危険が目前に迫っていることのたとえ。轍(わだち)の水たまりに喘(あえ)ぐ鮒(ふな)の意。「轍」は車輪の跡、くぼみ。

【故事】「轍の水たまりにいる魚にとっては、後で手に入る大量の水よりも、今もらえる少量の水のほうがよい」と荘子(そうじ)が言った故事から。

用例 ➡災害にみまわれた人々の**轍鮒の急**を救うために、私たちは救援物資をかき集めて避難先へ運んだ。

出典 『荘子《そうじ》』外物《がいぶつ》

類義 焦眉之急《しょうびのきゅう》／涸轍之鮒《こてつのふな》／牛蹄之魚《ぎゅうていのうお》

てまえみそ

手前味噌

●主な用途

●あれこれ自慢することをたとえる

自分で自分をほめること。大げさに自慢すること。昔は味噌を自分の家で作ったが、その自家製の味噌を自慢する意から。自分の自慢話の前置きとして用いられることも多い。

【表現】手前味噌を並べる

用例 ➡**手前味噌**ではありますが、何しろうちの部下はよくやってくれますので安心して仕事を任せられます。

➡あの先生といっしょに酒を飲むと、正直、**手前味噌**を並べてばかりなので、うんざりさせられることが多いよ。

類義 自画自賛《じがじさん》

手練手管《てれんてくだ》

●主な用途
●人をだまし操る手段や技術を表す

あの手この手で、巧みに人をだまし操る方法や技術。「手練」「手管」は、ともに人をだます手段や技術のことで、同義の語を重ねて意味を強調している。もともとは遊女が客をだまして操るかけひきの技術。

【表現】手練手管を弄(ろう)する

用例 ⬇彼はまんまと詐欺師の**手練手管**にひっかかり、親の代から築いた財産を根こそぎ取られてしまった。

⬇世の中には、**手練手管**を弄して世間知らずの若者をねらう輩(やから)が多いから、甘い話には十分に気をつけなさい。

天衣無縫《てんいむほう》

●主な用途
●美しい詩歌、無邪気な人柄を表す

文章や詩歌がいかにも自然に作られていて、しかも美しいこと。また、人柄や行動に飾り気がなく、無邪気で素直なさま。「天衣」は天人・天女が着る着物。「無縫」は縫い目がないこと。天人の衣服は、作るさいに針を用いないため縫い目がないことから、技巧の跡がなく自然で美しいことをいう。

用例 ⬇駆け引きや出世競争に明け暮れる毎日だが、娘の**天衣無縫**な笑顔には勇気づけられる。

出典 『霊怪録《れいかいろく》』郭翰《かくかん》

類義 純真無垢《じゅんしんむく》／天真爛漫《てんしんらんまん》

天涯孤独《てんがいこどく》

●主な用途
●身寄りがなく一人であるさまをいう

広い世の中に身寄りが一人もいないこと。また、故郷を離れてただ一人で暮らすことの意も。「天涯」は、天空のはての意で、故郷を遠く離れた土地、異郷のことをいう。

用例 ⬇彼は幼くして家族や親類をすべて失い、**天涯孤独**の身となってしまった。
⬇いつでも明るく振る舞っている彼が、実は**天涯孤独**の身の上だったとは、人間は表面だけではわからないものだね。
⬇私は**天涯孤独**の身ではあるが、よい仲間にも恵まれて毎日を幸せに過ごしており、人生に悲観的になったことはない。

天下泰平《てんかたいへい》

●主な用途
●何事もなく平穏無事な世の中を表す

世の中がよく治まって平和な様子。また、安穏にのんびりと暮らしているさま。「泰平」は「太平」とも書く。

【表現】 天下泰平の世の中

用例 ⬇最近は、物騒な事件が多くなり、日本は**天下泰平**であると安心してはいられなくなってきました。
⬇世界中のすべての国で争い事がなくなり、**天下泰平**の世が訪れるよう、心から祈るばかりです。

出典 『礼記《らいき》』仲尼燕居《ちゅうじえんきょ》

類義 尭風舜雨《ぎょうふうしゅんう》／泰平無事《たいへいぶじ》

でん か(の) ほう とう
伝家宝刀

●主な用途
●威力のある最後の切り札をたとえる

代々その家の家宝として伝えられている名刀のこと。転じて、いよいよというときでなければ使わない、とっておきの物や手段のたとえ。「伝家」は代々その家に伝わること。

【表現】伝家の宝刀を抜く

用例 ⬇うちの部長は、**伝家の宝刀**を抜くと見せかけては、なかなか抜かずにその場を乗り切るのがうまい。
⬇大きな契約をまとめるために、**伝家の宝刀**であるコストダウン案を提示した。
⬇総理大臣が、**伝家の宝刀**である議会解散権を行使した。

てん くう かい かつ
天空海闊

●主な用途
●度量が広く明朗な気性をたとえる

空や海が広々と果てしなく大きいこと。転じて、度量が広く包容力に富むこと。朗らかで屈託がなく、さっぱりしている気性のたとえ。「天空」は、雲一つなく晴れ渡った、広々としている空。「海闊」は、果てしなく広がる海のこと。「海濶」とも書く。

用例 ⬇**天空海闊**な上司の下でのびのびと働けるから、いい企画も次々と生まれる。
⬇いくら激しい議論を闘わせても、終わった後は**天空海闊**といきたいものだ。

出典 『古今詩話《ここんしわ》』

類義 天高海闊《てんこうかいかつ》／豪放磊落《ごうほうらいらく》／自由闊達《じゆうかったつ》

でんこうせっか
電光石火

●主な用途
●非常にすばやい動作をたとえる

非常に短い時間のたとえ。あっという間。転じて、行動などが非常にすばやいことをいう。「電光」は稲妻。稲光り。「石火」は火打ち石の火花。

【表現】電光石火の早業

用例 ➡袖口をつかまれたと思った瞬間、**電光石火**の早業で一本背負いを決められてしまい、私は畳にたたきつけられました。
➡踏切内で立ちすくんだ子どもを、**電光石火**、青年が救い出した。

出典 『五灯会元《ごとうえげん》』七

類義 疾風迅雷《しっぷうじんらい》／電光朝露《でんこうちょうろ》

てんじょうむきゅう
天壌無窮

●主な用途
●限りなく永遠に続くさまを表す

天地と同じように、永遠に終わりなく続くこと。「天壌」は天と地。「無窮」は果てしなく、きわまりないさま、永遠の意。

【注】「天井―」「天上―」は誤り。

用例 ➡肉体は滅びても、魂は神のもとで**天壌無窮**を約束されていると信じ、心安らかな日々を送っています。
➡万物が時々刻々変化するこの世の中において、**天壌無窮**の物など本当に存在するのであろうか。

出典 『日本書紀《にほんしょき》』神代紀《じんだいき》

類義 天地悠久《てんちゆうきゅう》／天長地久《てんちょうちきゅう》

てん しん らん まん
天真爛漫

●主な用途
●飾り気なく無邪気な人を形容する

自然のままで飾り気がなく、くったくのないさま。心に思うままが言動に表れ、素直で無邪気なこと。「天真」は生まれついた自然のままで、いつわりや飾りのない純粋な心。「爛漫」はあきらかに表れること。

用例⬇子どもたちの**天真爛漫**な笑顔に囲まれて、日ごろの仕事の疲れも吹っとぶような心持ちがしました。

⬇**天真爛漫**な彼女がいてくれるだけで、職場の雰囲気が明るくなる。

出典『輟耕録《てっこうろく》』狷潔《けんけつ》

類義純真無垢《じゅんしんむく》／天衣無縫《てんいむほう》

てん ち かい びゃく
天地開闢

●主な用途
●天地ができたこの世の始まりを表す

世界のはじめ。天と地が分かれてできたこの世の始まり。「天地」は天と地。「開闢」は開け初め、始まり。「開」「闢」ともに開けるの意。古代の中国では、天と地はもともと混沌（こんとん）とした一つのものであったが、やがて軽い気が天、重い気が地の二つに分かれて世界が始まったと考えた。

【表現】天地開闢以来の大発明

用例⬇一九六九年七月二十日、アポロ十一号による人類初の月面着陸は、**天地開闢以来**の大事件であった。

類義開天闢地《かいてんへきち》／天地創造《てんちそうぞう》

てんちしんめい
天地神明

●主な用途
●天と地のあらゆる神々のことを表す

天地を支配するすべての神々のこと。「天地」は天と地からなる世界。「神明」は神々のこと。天（あま）つ神と国（くに）つ神。かつて日本では天照大神（あまてらすおおみかみ）のことをいった。

【表現】天地神明に誓って

用例 ⬇とんだ濡（ぬ）れ衣を着せられてしまったが、**天地神明**に誓って、私はやましいことは何一つしていません。

⬇**天地神明**に誓ってお嬢さんを幸せにします。どうか結婚をお許しください。

類義 天神地祇《てんしんちぎ》

てんちむよう
天地無用

●主な用途
●上下を逆にする取扱いの禁止を表す

荷物を取り扱うときに、上下を逆さまに扱ってはいけないということ。破損の恐れがある荷物の包装の外側に記し、慎重に扱うよう注意をうながす言葉。この場合は「天地」は上下のこと。「無用」はしてはいけないの意。

用例 ⬇このマークは「**天地無用**」という意味ですので、ステッカーが貼ってある荷物は落としたり逆さまにしたりしないよう、特に気をつけて扱ってください。

⬇箱の中身は植木鉢です。ひっくり返ってはたいへんなので、わかりやすい位置に**天地無用**と書いておいてください。

てんちょうちきゅう

天長地久

●主な用途

●物事が永遠に続くことをたとえる

「天は長く地は久し」とも読む。天地の存在は永遠で滅びることがないということ。また、天地が永久に不変であるように、物事がいつまでも長く続くことのたとえ。

用例 ➡新国王即位の日、王宮前の広場に集まった人々は、歓声をあげて王家の**天長地久**を祈った。

➡私の命を助けていただいたご恩は、末代まで語り継ぐとともに、あなた様への**天長地久**の忠誠をお誓い申し上げます。

出典 『老子《ろうし》』七

類義 天壌無窮《てんじょうむきゅう》／天地長久《てんちちょうきゅう》／天地無窮《てんちむきゅう》

てんてきせんせき

点滴穿石

●主な用途

●努力の継続が大切であることをいう

一般に「点滴石をも穿(うが)つ」と訓読を用いる。小さな力でも、持続すれば大きな力を発揮することができるということ。わずか一滴ずつの雨だれであっても、長い年月、同じ石の上に落ち続ければ、穴をあけることができるという意。

【注】「点適――」「点摘――」は誤り。

用例 ➡**点滴石をも穿つ**。一日たった十分でも、英会話の勉強を三年間毎日続ければしゃべれるようになるものです。

出典 『漢書《かんじょ》』枚乗伝《ばいじょうでん》

類義 愚公移山《ぐこういざん》／水滴石穿《すいてきせきせん》

てん てん はん そく
輾転反側

●主な用途
●思い悩んで終夜眠れない様子をいう

眠れなくて寝返りを繰り返すこと。夜通し思い悩んで眠れないさま。「輾転」も「反側」も転がること、寝返りをうつこと。類義の語を重ねて意味を強調している。「輾」は「展」とも書く。

用例 ➡翌日の就職試験のことが気掛かりで、何時になっても寝付くことができず、**輾転反側**の一夜を過ごした。

➡今の仕事を続けるか、故郷に帰って実家の仕事を継ぐか。考えはじめたら、**輾転反側**して、朝まで眠れませんでした。

出典 『詩経《しきょう》』周南《しゅうなん》・関雎《かんしょ》

てん ばつ てき めん
天罰覿面

●主な用途
●悪行にはすぐ報いがあることを表す

悪事にはすぐに相応の報いが訪れるということ。悪い行いにはすぐさま天が罰を下すという意。「天罰」は天が下す罰、または悪事に対する罰。「覿面」は、結果や効果がすぐに現れること。

用例 ➡外まわりと偽って野球を見に行ったら、**天罰覿面**、大雨が降ってきた。

➡出張費をごまかして、出先で飲み歩いていたら、**天罰覿面**、翌日は二日酔いで、得意先の会議に遅刻してしまった。

類義 悪因悪果《あくいんあっか》／天網恢恢《てんもうかいかい》

対義 天網之漏《てんもうのろう》

て

て

でんぷやじん
田夫野人

●主な用途
●教養がなく粗野な人を形容する

教養がなく、礼儀を知らない人。品格に欠け、態度や振る舞いが粗野な人。「田夫」は農夫。「野人」はいなか者、粗野な人の意。

【注】「田父—」は誤り。

用例 ➡フランス料理を食べに行くのなら、最低限のテーブルマナーは身につけておかないと、**田夫野人**とそしられてしまう。

➡ここだけの話、新しい課長は、よくいえば威勢のいい人なのだろうけど、悪くいえば**田夫野人**のたぐいで、どうしても好きにはなれないタイプだ。

類義 田夫野老《でんぷやろう》

てんぺんちい
天変地異

●主な用途
●自然界に起こる異変や災害を表す

天地間の自然界に起こる異変や災害。「天変」は日食・月食・流れ星などの天体の異変や雷・暴風などの気象異変のこと。「地異」は洪水・地震・火山噴火などの地上で起こる異変のこと。

用例 ➡そのころ都では日照りや大雨、大地震といった**天変地異**が打ち続き、人心は荒廃していた。

➡遅刻魔で有名な彼が、今月は半ばを過ぎても無遅刻とは、**天変地異**が起きても不思議じゃないな。

類義 天災地変《てんさいちへん》／天変地変《てんぺんちへん》／天変地妖《てんぺんちよう》

当意即妙
とういそくみょう

●主な用途
●とっさの機転を利かせることを表す

　その場に応じてとっさに機転をきかせること。また、気が利いていること。「当意」は、素早くその場に応じた適切な対応。「即妙」はとっさの知恵や即座の機転。

用例➡就職の集団面接試験で、役員から予想もしていなかった質問を投げかけられ、皆が戸惑っている中で、彼は一人堂々と**当意即妙**の答えを返し、面接官に強い印象を与えた。
➡ほとんどの代議士は通り一遍のことしか言わないが、彼女の答弁は**当意即妙**。だからこそ幅広い層から支持されるのだ。

同気相求
どうきそうきゅう

●主な用途
●似た者同士が寄り集まることを表す

　「同気相求（あいもと）む」とも読む。同じ気質を持つ者同士は、自然に感応し合って寄り集まるということ。「同気」は、同じ気質や心情を持つということ。また、気の合う仲間の意。「類は友を呼ぶ」と同義。

【注】「同期―」は誤り。
【表現】同気相求の仲間

用例➡蛾（が）の収集とは、我ながら相当に変わった趣味だとは思うが、**同気相求**とはよくいったもの。いつの間にか自然と仲間が集まった。

出典『易経《えききょう》』乾卦《けんか》

と

どう こう い きょく

同工異曲

●主な用途
●中身に大きな違いがないことをいう

音楽や詩文の創作で、作り方や能力は同じでも作品の趣(おもむき)が異なっていること。また、見かけは異なっていても中身は同じであること。転じて、似たり寄ったりの意にも用いられる。「同工」は作り方や技量が大体同じであること。「異曲」は出来上がりや趣が異なっていること。

【注】「同巧―」は誤り。

用例 ➡創作科の卒業作品が**同工異曲**なのは、担当教諭の強い個性が影響したようだ。

出典 韓愈《かんゆ》「進学解《しんがくかい》」

類義 異曲同工《いきょくどうこう》／大同小異《だいどうしょうい》

どう しょう い む

同床異夢

●主な用途
●同じ立場で意見が異なるさまを表す

同じ立場、職場、状況にいても、心の内の目的、考え方、意見が異なっていること。同じ寝床に寝ていても、異なった夢を見るという意からいう。

用例 ➡商品開発部でも、売れることだけを目指す彼とは**同床異夢**で、私は世の役に立つ商品を考えたいと思っています。

➡新政党とはいえ、一皮めくれば**同床異夢**で、思惑はてんでんばらばらだよ。

出典 陳亮《ちんりょう》「与朱元晦書《しゅげんかいにあたうるのしょ》」

類義 同床各夢《どうしょうかくむ》

対義 異榻同夢《いとうどうむ》

どうせいいぞく

同声異俗

●主な用途

●人は教育で違いが生じることを表す

生まれもった性質や素質は同じでも、環境や教育など、後天的な要因によって違いが生じること。赤子の泣き声はだれでも同じだが、成長するに従って、身についた風習や習慣は人によって異なっているという意。「声」は産声(うぶごえ)。「俗」は風習・習慣。

【注】「同性―」は誤り。

用例 ➡私は四人兄弟の末っ子でしてね、兄はみな医者になったのですが、**同声異俗**というのでしょうか、なぜか私だけ役者の道に進んでしまいました。

出典 『荀子《じゅんし》』勧学《かんがく》

どうちょうとせつ

道聴塗説

●主な用途

●受け売りや中途半端な知識をいう

「道(みち)に聴いて塗(みち)に説く」とも読む。路上で聞いた話を、すぐ同じ道で他人に話す意。受け売りの話や根拠の疑わしい噂(うわさ)や伝聞。また、しっかり理解しないままの中途半端な知識。「塗」は「道」「途」と同じで道路のこと。

用例 ➡彼はあれこれもっともらしい話をしてくれるが、そのほとんどは**道聴塗説**だから、あとで確認しなくてはならない。

➡**道聴塗説**のきらいはあるが、君の投資先に関することだから、伝えておこう。

出典 『論語《ろんご》』陽貨《ようか》

どう びょう そう れん
同病相憐

●主な用途
●同じ悩みを持つ者同士の同情をいう

一般に「同病相（あい）憐（あわ）れむ」と訓読を用いる。同じ病気に苦しむ者同士は互いの苦しみがよくわかるので、同情し合うということ。また、同じ境遇で苦しむ者は、互いに慰め合い助け合うことをいう。

用例 ⬇同じ係長同士ということで、彼と私は**同病相憐れむ**間柄。互いに上司や部下の愚痴をこぼすのが息抜きになっている。

⬇**同病相憐れむ**で慰め合うのもいいが、そろそろ事態の打開のための建設的な議論を始めてもよい時期なのではないか。

出典 『呉越春秋《ごえつしゅんじゅう》』闔閭内伝《こうりょないでん》

とう ほん せい そう
東奔西走

●主な用途
●忙しくあちこち駆け回ることを表す

東へ西へと忙しく走り回ることから、仕事や目的のために奔走すること。「東奔」は東に奔（はし）ること。「西走」は西に走ること。「奔」は勢いよく走ること、また「走」は普通に走ることをいう。

用例 ⬇銀行からの融資が受けられなくなり、社長は資金の工面で**東奔西走**している。

⬇今日は東京の丸の内、明日は名古屋。就職を目前にした兄は、企業面接で、**東奔西走**の毎日を送っている。

類義 東奔西馳《とうほんせいち》／南去北来《なんきょほくらい》／南行北走《なんこうほくそう》／南船《なんせん》北馬《ほくば》

とうりせいけい
桃李成蹊

●主な用途
●有徳者を慕い人が集まることをいう

「桃李言(ものい)わざれども、下(した)自(おの)ずから蹊(けい)を成す」の略。桃(もも)や李(すもも)は、花や実にひかれた人々が集まってきて、自然と木の下に道ができるという意。転じて、徳のある人のもとには、自然に人々が集まってくることのたとえ。「成蹊」は小道ができること。

用例➡和尚の元には、全国から訪れる修行僧が後を絶たず、寺はさながら**桃李成蹊**の観を呈していた。

出典『史記《しき》』李将軍伝《りしょうぐんでん》・賛《さん》

類義李広成蹊《りこうせいけい》

とうりとうりゃく
党利党略

●主な用途
●自分の政党の利益を計る策略をいう

自分の属する政党や集団の利益。また、その利益を計るために巡らす策略のこと。「党利」は所属政党・党派の利益。「党略」は党のためにする謀(はかりごと)。

用例➡いずれの政党も**党利党略**を追求してばかり。何が国民の利益になるのかという最も重要なことを見失いがちだ。
➡彼は、「必ず**党利党略**にとらわれない政治をやる」と公言し、識者の予想に反して与党総裁の座を射止めた。

類義派利派略《はりはりゃく》

対義国利民福《こくりみんぷく》

とうろうのおの
蟷螂之斧

●主な用途
●弱者の無謀な挑戦や抵抗をたとえる

「蟷螂の斧を以て隆車（りゅうしゃ）に向かう」の略。弱者が自分の弱さをかえりみずに、強敵に抵抗することのたとえ。身のほど知らず、向こう見ずな挑戦。「蟷螂」はかまきり、「斧」はかまきりの前足のこと。

【故事】斉（せい）の荘公（そうこう）が猟に出たとき、かまきりがその車に前足を振り上げて立ち向かったという故事から。

用例 ⬇強大な企業が相手では**蟷螂の斧**だが、このまま不正を見逃すことはできない。

出典 『韓詩外伝《かんしがいでん》』八

類義 蟷臂当車《とうひとうしゃ》／蟷螂之臂《とうろうのひ》／蚊子咬牛《ぶんしこうぎゅう》

とくいまんめん
得意満面

●主な用途
●誇らしげな気持ちの表れた顔を表す

「意を得たること面（おもて）に満つ」とも読む。物事が思い通りになって、誇らしげな気持ちが顔中に満ちる様子。得意げな顔つき。「得意」は望み（意）がかなって満足した様子。「満面」は顔いっぱい、顔全体のこと。

用例 ⬇劇的なサヨナラ勝ちを決めた打者は、**得意満面**でインタビューに応じていた。

⬇ノルマを達成したからって**得意満面**でいると、次からはもっと厳しいノルマを課せられることになるぞ。

類義 喜色満面《きしょくまんめん》

対義 意気消沈《いきしょうちん》

どくがくころう

独学孤陋

●主な用途

●ひとりよがりの独学を戒めていう

先生や学友もなしで一人で学問をすると、他者からの啓発を受けることがないので、見識が狭くなり、ひとりよがりでかたくなになってしまうこと。独学を戒める語。「孤陋」は見識が狭く、ひとりよがりなこと。

用例 ⬇一人で机に向かうばかりでは**独学孤陋**で偏狭になるだけだ。それよりも世の中に出て多くの人と交わりなさい。

⬇彼は知識もあるし、確かに実力はあるが、**独学孤陋**なところがあるから、集団作業には向かない。

出典 『礼記《らいき》』学記《がくき》

どくしょひゃっぺん

読書百遍

●主な用途

●何度も読めば理解できることを説く

難解な書物でも、何度も繰り返して読めば、自然に内容がわかるようになるということ。書物はむやみに多く読み散らすのではなく、ていねいにゆっくり熟読玩味（がんみ）すべきであるという教え。「意自ずから通ず」と続けていうこともある。

用例 ⬇最初は皆目（かいもく）わからん本だと思ったが、何度も読んでいたら、ある日突然こういうことかと理解できたんだ。**読書百遍**というのは本当だね。

出典 『三国志《さんごくし》』魏志《ぎし》・王粛伝《おうしゅくでん》

類義 韋編三絶《いへんさんぜつ》

独断専行（どくだんせんこう）

●主な用途
●自分の考えでの勝手な行動をいう

他人の意見には耳をかさず、自分の判断で勝手に行動すること。一人だけの考えで、好き勝手に振る舞うこと。「独断」は自分一人で判断すること。「専行」は勝手に行うこと。

【注】「―先行」と書くのは誤り。

用例 ➡この商談にはわが社の浮沈がかかっているんだ。各人の**独断専行**で破綻（はたん）しないように、連絡を密にして、慎重に進めてほしい。

➡ともすれば**独断専行**しがちの私にとって、慎重な彼は、ベストパートナーといえる存在です。

独立自尊（どくりつじそん）

●主な用途
●自力でこなし尊厳を保つことをいう

他からの助けを借りずに、物事を自力で行い、自己の尊厳や品格を保つこと。「独立」は自分の力で身を立てること。ひとりだち。「自尊」は自身の尊厳や品格を保つこと。

用例 ➡この国は長く大国の植民地であったが、第二次大戦後に宗主国の支配を脱し、**独立自尊**の道を歩むことになった。

➡会社にいる間は何かというと人に頼ったり責任逃れをしたりするだけの人間だったが、自分の店を持ってからは**独立自尊**の精神が芽生えたようだ。

類義 自主独立《じしゅどくりつ》

どくりつ どっぽ

独立独歩

●主な用途

●人に頼らず自力で行うことをいう

他人を頼らず、自分の力を信じ、その信じる道を突き進むこと。人を当てにせずに自立、自活していくこと。「独歩」は、自分自身の意志と力だけで事を行うこと。

用例 ⬇当社には、大手企業からの合併の誘いもあったが、かたくなに**独立独歩**を貫いてきたおかげで、ここまでの成功をおさめることができたと自負している。

⬇彼は**独立独歩**の精神が旺盛(おうせい)で、仕事はできますが、同僚との折り合いという点になると難しい面があります。

類義 独立独往《どくりつどくおう》／独立独行《どくりつどっこう》／独立不羈《どくりつふき》

としゅ くうけん

徒手空拳

●主な用途

●自力のみで頼る物がないことを表す

手に何も持っていないこと。また、何か事を始めようとするときに、地位や資金もなく、自分の力だけが頼りであること。「徒手」「空拳」は、ともに素手の意で、同義の語を重ねて、意味を強めている。

【表現】徒手空拳で挑みかかる

用例 ⬇彼は包丁を持った強盗を**徒手空拳**で押さえ込み、浴衣(ゆかた)のひもで縛り上げてから警察に通報した。

⬇資金も後ろ盾もなく、**徒手空拳**で始めた会社が、ついに上場を果たした。

類義 赤手空拳《せきしゅくうけん》

としょのひつじ

屠所之羊

●主な用途
●死期を間近にひかえた人をたとえる

屠殺場（屠所）に引かれていく羊の意。転じて、間近に死期が迫った者、もうすぐ殺されることが決まっている者のたとえ。また不幸な状況で気力を失い、しょんぼりと打ちひしがれている人のたとえ。はかなく無常な人生を送る人間の意でいうこともある。

用例 ⬇犯罪組織のボスとして君臨してきた彼だが、警察に捕まって連行されていく姿は、まるで**屠所の羊**であった。

⬇その日、私は余命三か月と宣告され、まさに**屠所の羊**の思いで街をさまよった。

出典 『涅槃経《ねはんぎょう》』三八

とたんのくるしみ

塗炭之苦

●主な用途
●非常に大きな苦しみをたとえていう

泥水にまみれ、炭火で焼かれるような耐えがたい苦しみ。また、そのような境遇にあること。「塗」は泥水、「炭」は炭火のこと。

用例 ⬇世界の紛争地帯では、戦火に家を焼かれ、食うや食わずで**塗炭の苦しみ**にあえいでいる人々が、大勢いることを忘れてはならない。

⬇父が事業に失敗し、私たち家族は**塗炭の苦しみ**を味わった。私も妹もいつもお腹を空かせていたし、母もこのときの苦労がもとでからだを壊してしまった。

類義 水火之苦《すいかのくるしみ》

となんのつばさ
図南之翼

●主な用途　●大事業を計画することをたとえる

大志を抱いて大事業を計画するたとえ。雄飛を企てたり、遠征を試みようとする意味でも用いられる。

【故事】極北の海にいた鯤（こん）という想像上の大魚が、鵬（ほう）という大鳥になって、海上を三千里飛んで、風に乗って九万里の高さにまで舞い上がり、南の海へ飛んでいこうとしたという故事から。

用例 ⬇新事業部では**図南の翼**ともいうべき壮大な計画が動き出している。

出典 『荘子《そうじ》』逍遥遊《しょうようゆう》

類義 図南鵬翼《となんほうよく》

どばじゅうが
駑馬十駕

●主な用途　●努力すれば秀才にも並ぶことを表す

才能が劣った者でも、努力すれば才能のある者に追いつくことができるということ。「駑馬」は動きのにぶい馬。転じて、才能に乏しい者の意。「十駕」は十日間にわたって車を引くこと。出典にある「驥（き＝名馬）は一日にして千里なるも、駑馬も十駕すればこれに及ぶ」から出た言葉。

用例 ⬇役者の道に進んでから、しばらくはつらかったが、それでも**駑馬十駕**の言葉を思い起こして努力を重ねるうちに、小さいながら役がつくようになった。

出典 『荀子《じゅんし》』脩身《しゅうしん》

どはつしょうてん
怒髪衝天

●主な用途
●激しく怒り狂うさまを表す

「怒髪（どはつ）天を衝（つ）く」とも読む。毛髪が逆立つくらい激しく怒り狂うさま。激怒のたとえ。またその形相。「衝」は、突き上げる、逆立つの意。

用例⬇心から信頼していた友に開業資金を持ち逃げされ、**怒髪衝天**の思いで一睡もできなかった。

⬇庭に飛び込んだ野球ボールが大切にしていた盆栽に当たったので、祖父は**怒髪衝天**の形相で表に飛び出していった。

出典『史記《しき》』藺相如伝《りんしょうじょでん》

類義頭髪上指《とうはつじょうし》／怒髪指冠《どはつしかん》／怒髪衝冠《どはつしょうかん》

とほあくはつ
吐哺握髪

●主な用途
●よい人材を熱心に求めることを表す

すぐれた人材を求める気持ちが強いこと。また、賢人の助言を求めるのに努めることをいう。「哺」は、口の中に含んだ食べ物のこと。

【**故事**】中国周の周公旦（しゅうこうたん）は、食事中に来客があれば、口に入れた食べ物を吐き出してすぐに会い、髪を洗っている最中でも洗いかけた髪を握ったまま、すぐさま出迎えたという故事から。

用例⬇常によりよい助言を受けるため、**吐哺握髪**の姿勢を忘れずにいなさい。

出典『韓詩外伝《かんしがいでん》』三

類義握髪吐哺《あくはつとほ》／吐握之労《とあくのろう》／吐哺捉髪《とほそくはつ》

どほうがかい

土崩瓦解

●主な用途

●物事が根底から崩れることを表す

「土(つち)と崩(くず)れ瓦(かわら)と解(と)く」とも読む。土が崩れ、瓦が砕けるの意。転じて、物事が手がつけられないほど根底からばらばらに崩れてしまうこと。

用例 ⬇会社の資金繰りが悪化したために、進行中だったプロジェクトが**土崩瓦解**の危機に瀕(ひん)している。

⬇大統領の公金横領が発覚して以降、国家は**土崩瓦解**の状態で、外国からの投資も引き揚げられた。

出典 『史記《しき》』秦始皇紀《しんしこうき》

類義 氷消瓦解《ひょうしょうがかい》

とみこうみ

左見右見

●主な用途

●あちこちを見て気を配ることを表す

あちこち見ること。あらゆる向きから見ること。また、気を配ること。「と」「こう」は、そのように、このようにの意。

【注】「さけんうけん」と読むのは誤り。

用例 ⬇その茶器を手に取って**左見右見**してみたが、いつの時代のものか、私にはまるでわからなかった。

⬇ただ資料を**左見右見**しているばかりでは、いつまでたっても就職先は決まらないぞ。とにかく自分の希望職種をしぼって、実際に就職活動を始めなさい。

類義 右顧左眄《うこさべん》

どんしゅうのうお

呑舟之魚

●主な用途

●よくも悪くも大人物をたとえる

善人・悪人を問わず、度量の広い、才能豊かな大人物のたとえ。舟を丸ごと飲み込んでしまうほどの大きな魚の意から転じた表現。「呑舟」は舟を飲み込むこと。

用例 ➡社長は株価急落にも動じる気配を見せず、冷静に対策を打ち出した。さすが**呑舟の魚**と評されるだけのことはある。

➡政界を巻き込んだ贈収賄事件だったが、捕まったのは小物ばかり。結局**呑舟の魚**は今回も逃げ切ったようだ。

出典 『荘子《そうじ》』庚桑楚《こうそうそ》

類義 呑波之魚《どんぱのうお》

ないじゅうがいごう

内柔外剛

●主な用途

●内心は弱いのに強く見える人を表す

内面は柔弱なのに、外見は強そうに見えること。また、本当は気が弱いのに、外に対しては強気な態度に出ること。

用例 ➡彼はからだも大きく、態度も威圧的だ。でもあれで**内柔外剛**というか、実は虫も殺せないほど気の弱い男なんだよ。

➡外見は厳しく見える部長だが、実は何かと部下の面倒を見ているらしい。意外と**内柔外剛**のたちなのかもしれない。

出典 『易経《えききょう》』否卦《ひか》・彖伝《たんでん》

類義 外剛内柔《がいごうないじゅう》

対義 外柔内剛《がいじゅうないごう》

ない せい かん しょう

内政干渉

●主な用途
●他国の政治に介入することをいう

国内の政治や外交などに他国が介入し、その国の主権を侵害すること。転じて、他人の領域に干渉すること。「内政」は国内の政治。「干渉」は自分とはかかわりのないことに口を出し、思い通りにしようとすること。

用例⬇わが国はあの国に対して金銭的にも人的にも大規模な援助をしてきているが、司法制度にまで口を出せば、**内政干渉**であるとの非難はまぬかれない。

⬇いくら親会社だからといっても、人事部門にまで口を出してくるのは、**内政干渉**というものだろう。

ない ゆう がい かん

内憂外患

●主な用途
●内も外も平穏でないことをいう

国内の心配事と、外国との間に生じるやっかいな問題。「内」は国内、「外」は国外、「憂」「患」はともに憂慮するの意。現在では一般に会社・組織・家庭などのそれぞれに苦悩のたねが絶えないさまにも用いられる。

用例⬇労組は何かというとストライキをほのめかすし、不況に乗じて外資は敵対的買収を仕掛けてくる。わが社はまさに**内憂外患**に満ちている。

出典『春秋左氏伝《しゅんじゅうさしでん》』成公《せいこう》一六年

類義 内患外禍《ないかんがいか》

対義 天下泰平《てんかたいへい》／平穏無事《へいおんぶじ》

なんかのゆめ
南柯之夢

●主な用途
●むなしい人生をたとえていう

世の中、人生がむなしいことのたとえ。

【故事】「南柯」は南側の枝のこと。中国唐の淳于棼(じゅんうふん)は、酔って庭の南側の槐(エンジュ)の木の下で居眠りをした。夢の中で大槐(かい)安国の王の娘と結婚。南柯郡の高官となったが、やがて失脚、もとの木の下で目を覚ました。木には蟻(あり)の巣があり、大槐安国は蟻の国であったという故事から。

用例⬇いくら出世したって、しょせんは人生なんて**南柯の夢**。のんびりいこうぜ。

出典 李公佐《りこうさ》「南柯太守伝《なんかたいしゅでん》」

類義 邯鄲之夢《かんたんのゆめ》

なんぎょうくぎょう
難行苦行

●主な用途
●苦しい修業や行動仕事をさしていう

非常な苦しみに耐えて行う修行。転じて、様々な苦しみにあうこと、辛苦に耐えて苦労することをいう。仏教語。「行」は僧の修行のこと。

【注】「難業苦業」は誤り。

用例⬇仕事と勉強の両立という**難行苦行**を乗り越え、彼女は四回目の挑戦でみごと司法試験を突破した。

⬇見知らぬ土地で頼る人もなく、最初の海外進出は**難行苦行**の連続だったが、その苦労が現在の当社の成功につながった。

出典『法華経《ほけきょう》』提婆達多品《だいばだったほん》

難攻不落

なんこうふらく

●主な用途
攻めるのが難しい対象や状況をいう

攻略するのが難しく、容易に陥落しないこと。城や砦(とりで)、要塞(ようさい)の守りが堅固で、陥落しないこと。転じて、相手が自分の要望をなかなか受け入れてくれないこと。「難攻」は攻めにくい、攻めるのが難しい意。「不落」は陥落しないこと。

【表現】難攻不落の城

用例⬇うちの課の新規プロジェクトがあれだけの予算を取りつけたとは、課長の熱意には**難攻不落**の部長も、白旗を掲げた格好だね。

類義　金城鉄壁《きんじょうてっぺき》／金城湯池《きんじょうとうち》／南山不落《なんざんふらく》

南船北馬

なんせんほくば

●主な用途
あちこちを忙しく旅することを表す

あちこちを飛びまわって、絶えず忙しく旅すること。南を船で旅していたかと思うと、北で馬に乗っているという意。中国では南方は川や湖が多く、北方は山が多いことから、南へは船を用いて、北へは馬を用いて旅をしたことに由来する。

用例⬇ここのところ出張ばかりで、昨日はロンドン、今日はローマ、明日はカイロで、月末にはサンパウロで国際会議と、まさに**南船北馬**の忙しさだ。

出典　『淮南子《えなんじ》』斉俗訓《せいぞくくん》

類義　東走西奔《とうそうせいほん》／東奔西走《とうほんせいそう》／南行北走《なんこうほくそう》

二者択一

にしゃたくいつ

主な用途　●二つの事柄から一つ選ぶことをいう

二つの事柄の中から、どちらか一つを選ぶこと。二つに一つということ。「択一」は一つを選ぶこと。

【表現】二者択一を迫られる

用例 ⬇父が倒れ、私が故郷に帰らなければ家業が途絶えてしまう。しかし俳優になるという自分の夢も捨てきれない。人生最大の**二者択一**を迫られています。

⬇市の発展か環境の保護か。企業誘致の是非を決める住民投票を前にして、市民は厳しい**二者択一**を迫られている。

類義 二者選一《にしゃせんいつ》

二束三文

にそくさんもん

主な用途　●たくさんあって安価なことを表す

量が多くても値段がきわめて安いこと。投げ売りする場合や、特価品、また「捨て値」に用いる表現。江戸時代初期、わらやイグサで編んだ金剛草鞋(わらじ)が二足で三文の安価で売られていたことから。「二束」は「二足」とも書く。

用例 ⬇自分としてはかなりの価値があるだろうと思っていた茶道具なのに、古物商に持って行ったら**二束三文**の値しかつかなかった。

⬇そんな**二束三文**の安物、長く使えるわけがないじゃないの。

日常茶飯《にちじょうさはん》

●主な用途
●日常のありふれた出来事をいう

毎日のありふれた食事。転じて、ごくありふれた日常の事柄や出来事、平凡な暮らしのたとえ。「日常茶飯事」の形で用いられることが多い。

【注】「茶」を「ちゃ」と読むのは誤り。

用例⬇外国へ旅をすると、バスに乗ったり切符を買ったりという**日常茶飯**の行為でさえ新鮮に思える。

⬇男ばかりの三人兄弟だったので、けんかで怪我をするなんてことは、**日常茶飯**のことだった。

類義 家常茶飯《かじょうさはん》

日進月歩《にっしんげっぽ》

●主な用途
●日増しに進歩していることをいう

「日日に進み、月月に歩む」とも読む。一日、ひと月とたゆみなく進歩し発展すること。どんどん進歩向上するさま。「日〜月…」は日に日に変わるさまを表す。ここでは「進歩」という語を二分して、日に月に進歩するという意を表す。

【注】「日新—」は誤り。

用例⬇パソコンの世界は**日進月歩**だ。半年前に購入した機種がもう生産停止で、今はもっと高性能な製品が出ている。

類義 日就月将《にっしゅうげっしょう》／日進月異《にっしんげつい》／日進月盛《にっしんげつせい》

対義 旧態依然《きゅうたいいぜん》／十年一日《じゅうねんいちじつ》

に にん さん きゃく

二人三脚

●主な用途

●二者が協力体制にあることのたとえ

横に並んだ二人が肩を組み、内側の足首を互いに結び合わせて三本の足のようにし、歩調を合わせて走る運動競技。転じて、二人、または二社などが一致協力し合って、目標とする一つの物事を行うことのたとえ。

用例 ➡これからの男女共同参画社会では、育児は母親任せにするものではなく、夫婦が**二人三脚**で取り組むものだという認識が、まず必要である。

➡いつも大繁盛のこの店は、開店以来二十年間、ご主人と奥さんが**二人三脚**で盛り立ててきた。

に りつ はい はん

二律背反

●主な用途

●AとBが両立しないことをいう

二つの命題や推論が、同じように妥当性を持ちながら、相反していて、二つながらには成り立たないこと。矛盾。ドイツの哲学者カントが主張したアンチノミー(Antinomie)の訳語。

【表現】二律背反に陥る

用例 ➡当社は、「食べたい、でもやせたい」という**二律背反**の願望を完全に満たす商品を開発しました。

➡戦争のない状態を平和と呼ぶのであれば、「平和のために戦う」とは、とんだ**二律背反**じゃありませんか。

拈華微笑

ねんげみしょう

●主な用途

●言葉なしで思いを伝えることをいう

「華（はな）を拈（ひね）りて微笑（みしょう）す」とも読む。言葉を用いず、心から心へと思いを伝えること。

【故事】 霊鷲山（りょうじゅせん）での説法で、釈迦が黙って蓮（はす）の華を拈って示すと、弟子のうち迦葉（かしょう）だけが意味を悟ってほほえんだため、釈迦は彼だけに仏法の悟りの奥義を伝えたという故事による。

用例 ➡夫婦ですから**拈華微笑**の仲ですよ。

出典 『五灯会元《ごとうえげん》』一

類義 以心伝心《いしんでんしん》／教外別伝《きょうげべつでん》／拈華破顔《ねんげはがん》／不立文字《ふりゅうもんじ》／維摩一黙《ゆいまいちもく》

年功序列

ねんこうじょれつ

●主な用途

●年齢重視の給与体系を称していう

官庁や会社などで、能力や仕事の成績によらず、主として年齢や勤続年数によって地位や賃金の順序が決まること。また、そのような体系。これを算定の基礎とする資金体系を、年功序列型賃金という。

用例 ➡日本企業の最大の特徴は、**年功序列**の賃金体系と終身雇用制だった。

➡**年功序列**になじんだ社員にいきなり「来年からは実力主義の年俸制だ」と言っても、反発を買うかやる気をそぐだけだ。

類義 年功加俸《ねんこうかほう》

対義 実力主義《じつりょくしゅぎ》

年年歳歳

ねん ねん さい さい

主な用途
●来る年も来る年もの意で用いる

毎年。来る年も来る年も。また、毎年同じことが繰り返されるさま。「歳歳」は「せいせい」とも読む。中国唐の詩人、劉希夷（りゅうきい）の詩の一節、「年年歳歳花（はな）相（あい）似（に）たり、歳歳年年人同じからず」（自然界に咲く花は何年たっても変わらない。それに比べて、人の世の何と変わりやすいことか）から。

用例 ⬇**年年歳歳**、蛍（ほたる）が闇（やみ）を舞う時期になると、村祭りの準備が始まる。

出典 劉希夷《りゅうきい》「代悲白頭翁《はくとうをかなしむおきなにかわる》」詩

類義 歳歳年年《さいさいねんねん》

年百年中

ねんびゃくねんじゅう

主な用途
●連日連夜絶え間なく続くことを表す

一年中絶えず。毎日いつも。常に変わることなく。年がら年中。

用例 ⬇隣の家からは、**年百年中**、犬が吠える声が聞こえてくる。あちらにとっては、かわいいワンちゃんかもしれないが、こちらとしてはうるさくてたまらない。

⬇**年百年中**、妻に「愛してるよ」と言い続けるなんていうことは、てれくさくて到底僕にはできないよ。

⬇私のお昼ご飯は、**年百年中**カレーライスと決まっている。

類義 年頭月尾《ねんとうげつび》

のうちゅうのきり
嚢中之錐

●主な用途
●目立っている才能の持ち主をいう

優秀な人物は、多くの人々の中にいても自然とその力を発揮し、世に認められるという意味。「嚢中」は袋の中。袋の中に入れた錐の先端は、自然に外に突き出てくることから。

用例 ➡その選手は、ユースチームに入団すると、半年も経たないうちに、**嚢中の錐**さながら抜きんでた存在となり、プロチームのスカウトの注目を集めはじめた。

➡彼は専門外の部署に配属されたが、やがて**嚢中の錐**のごとく頭角を現してきた。

出典 『史記《しき》』平原君伝《へいげんくんでん》

類義 鶏群一鶴《けいぐんのいっかく》／嚢中之穎《のうちゅうのえい》

はいぐんのしょう
敗軍之将

●主な用途
●負けたら弁明無用という意でいう

戦に敗れた将軍のこと。「敗軍の将は兵を語らず」の形で用いられることが多い。戦いに敗れた将軍は兵法を語る資格はない、また、弁解してはならないということ。転じて物事に失敗した人は、その失敗については意見を述べるべきではないという意。

用例 ➡敗れた候補者は、**敗軍の将**は兵を語らずと、「私の努力不足でした」とだけ答えて一礼し、事務所を後にした。

➡敗戦チームの監督は**敗軍の将**。たとえ解任されても弁解しないのが私の主義だ。

出典 『史記《しき》』淮陰侯伝《わいいんこうでん》

はいすいのじん

背水之陣

●主な用途

●後戻りできない決死の覚悟をいう

それ以上あとにはひけないぎりぎりの状況。また、そうした状況にあえて身を置いて、必死の覚悟で事に当たること。

【故事】中国漢(かん)の韓信(かんしん)が趙(ちょう)と戦ったとき、自軍の退路を断つために川を背にして陣を敷き、味方に決死の覚悟をさせ、大勝利をおさめたという故事から。

用例⬇負ければ引退と公言し、**背水の陣**で臨んだ試合で、挑戦者は劇的な逆転勝利を決めて王座に就いた。

出典『史記《しき》』淮陰侯伝《わいいんこうでん》

類義 破釜沈船《はふちんせん》

はいちゅう(の)だえい

杯中蛇影

●主な用途

●自分の妄想におびえることをいう

疑い深く臆病(おくびょう)になり、ありもしないことにおびえて悩み苦しむこと。「杯」は「盃」とも書く。

【故事】中国漢の杜宣(とせん)が、友人宅で酒を注いだ杯に蛇の影が映ったと思い込み、不吉だと気に病むあまり病気になってしまったが、それが蛇ではなく弓であったと知ると、すぐに元気をとり戻したという故事から。

用例⬇だれかが君を陥れようとしているなんてただの**杯中の蛇影**で、君の考えすぎだ。

出典『風俗通義《ふうぞくつうぎ》』怪神《かいしん》

類義 杯弓蛇影《はいきゅうだえい》／疑心暗鬼《ぎしんあんき》

はい ばん ろう ぜき

杯盤狼藉

●主な用途
●酒宴のあとの散乱ぶりを形容する

酒席が乱れた様子。酒宴のあとの杯や皿などがあたり一面に散乱しているさま。「杯盤」は酒杯や皿などの食器類。「狼藉」は狼（おおかみ）が草を踏み荒らして寝る習性から。

用例 ⬇久々に昔の仲間が集まってうちで飲んだのだが、気がつくと部屋も台所も**杯盤狼藉**のありさま。片付けに一苦労した。

⬇目を覚ますと、部屋の中はまるで嵐が吹き抜けたような、**杯盤狼藉**たる状態だった。

出典 『史記《しき》』滑稽伝《こっけいでん》

類義 落花狼藉《らっかろうぜき》

は がん いっ しょう

破顔一笑

●主な用途
●表情が一転し明るく笑うさまをいう

心配事や緊張が消えて、顔をほころばせ、にっこり笑みを浮かべること。「破顔」は顔をほころばせること。「一笑」はにっこりと笑うこと。

用例 ⬇普段はむっつりしている父が、孫の顔を見ると**破顔一笑**する。孫というのはそんなにかわいいものなのかなあ。

⬇迷い込んできた猫（ねこ）が一同の**破顔一笑**を誘い、緊張した会議の場がとたんに和やかな雰囲気になった。

類義 破顔大笑《はがんたいしょう》

対義 笑比河清《しょうひかせい》

破鏡重円

はきょうじゅうえん

主な用途 ●別れた夫婦が復縁することをいう

一度別れた夫婦が復縁すること。また、離ればなれになった夫婦が再会すること。「重円」は「ちょうえん」とも読む。

【故事】 中国陳（ちん）の徐徳言（じょとくげん）が戦乱の中で妻と別れるさい、再会を誓って鏡を半分に割ってそれぞれが所持していたところ、再び会うことができたという故事から。

用例 ➡戦時中の混乱で離れ離れになった妻と二十年ぶりに再会ができた。今は**破鏡重円**の喜びで胸がいっぱいだ。

出典 『太平広記《たいへいこうき》』一六六引「本事詩《ほんじし》」

対義 破鏡不照《はきょうふしょう》

破鏡不照

はきょうふしょう

主な用途 ●夫婦の復縁は難しいことをいう

「破鏡照らさず」とも読む。「破鏡再（ふたた）び照らさず」の略。一度割れた鏡が二度と元には戻らないように、一度した失敗は取り返しがつかないこと。特に、一度別れた夫婦は、復縁することができないということ。

用例 ➡子どものためにも、もう一度やり直そうと実家から戻ったが、やはり**破鏡不照**で、気持ちが寄り添わない。

➡**破鏡再び照らさず**の通り、離婚した夫婦の復縁は珍しいことです。

出典 『景徳伝灯録《けいとくでんとうろく》』一七

対義 破鏡重円《はきょうじゅうえん》

はくいん ぼうしょう

博引旁証

●主な用途
●豊富な資料で裏付けた論をいう

「博（ひろ）く引き旁（あまね）く証す」とも読む。物事を説明するさいに、様々な資料や例を引き、数々の証拠をあげて論ずること。「博引」は多くの資料から根拠を集めて引用すること。「旁」はあまねく、広くの意。「証」は証拠。

【注】「―傍証」は誤り。

用例 ➡学者には正確さが何より必要だが、彼の論文は教授陣も舌を巻くほどの**博引旁証**ぶりで、評価も一番高かった。

類義 考証該博《こうしょうがいはく》／博引旁捜《はくいんぼうそう》

対義 単文孤証《たんぶんこしょう》

は

はく がく た さい

博学多才

●主な用途
●すぐれた学識や才能をほめていう

知識が豊かで、多くの才能に恵まれていること。「博学」は各方面の学問に通じていること。「多才」は多くの分野の才能を備えていること。

用例 ➡**博学多才**で知られる彼だが、意外なことに読書は大嫌いなのだそうだ。

➡**博学多才**な彼女でも、さすがに、その当時宮廷で演奏されていた楽器や宮廷人に好まれていた曲目までは知らなかった。

類義 博学多識《はくがくたしき》／博識洽聞《はくしきこうぶん》／博識多才《はくしきたさい》／博文強識《はくぶんきょうしき》／博覧強記《はくらんきょうき》

対義 浅学非才《せんがくひさい》

はく がん せい がん

白眼青眼

●主な用途
●人によって態度が変わることをいう

人を見て、歓迎したり、冷淡になったりするたとえ。「白眼」は人を冷淡に、あるいは軽蔑（けいべつ）して見る目つき、「青眼」は親愛の情を示して見る目つきのこと。「人を白眼視する」という言い方の元になった表現。

【故事】「竹林の七賢」の一人、中国晋（しん）の阮籍（げんせき）が、好きな人に対しては普通の黒目（青眼）で迎え、好ましくない人に対しては白眼を使って迎えたという故事から。

用例 ⬇人の好き嫌いがはっきりしているのはいいけれど、あまりに**白眼青眼**があからさまなのはいただけないね。

ばく ぎゃく の とも

莫逆之友

●主な用途
●長いつきあいができる親友を表す

心から信頼できる親密な友人。親友。「莫逆」は「逆（さか）らうこと莫（な）し」で、互いの心が通じ合い少しも逆らうところがないこと。「莫逆」は「ばくげき」とも読む。

用例 ⬇**莫逆の友**を高校時代につくることは、その後の人生の大きな財産になる。
⬇この歳になると、何十年間も**莫逆の友**と呼び合っていた仲間が一人また一人と去っていくのを見送ることばかりで、さびしいことこのうえないね。

出典 『荘子《そうじ》』大宗師《だいそうし》

類義 莫逆之契《ばくぎゃくのちぎり》／莫逆之交《ばくぎゃくのまじわり》

薄志弱行

はくしじゃっこう

●主な用途

●意志も行動も強固でないことをいう

意志が弱くて、物事を断行する決断力・行動力に欠けること。物事を最後までやりとげる気力に乏しいこと。「薄志」は意志が薄弱な意。「弱行」は決断力や実行力が足らない意。

用例 ⬇息子の**薄志弱行**ぶりには、親としてイライラさせられる。

⬇私は当時**薄志弱行**な若者で、一年に五回も職を変えた。

⬇彼は**薄志弱行**な人だから、何をやらせてもうまくいかないだろう。

類義 意志薄弱《いしはくじゃく》／優柔不断《ゆうじゅうふだん》

対義 剛毅果断《ごうきかだん》

白砂青松

はくしゃせいしょう

●主な用途

●砂浜の美しい景色を賛美していう

白い砂浜と青々とした松林が続く、美しい海辺の景色をいう。白砂に青松が映える、日本に多い景勝の形容。「白砂」は「はくさ」とも読み、「白沙」とも書く。

用例 ⬇夫の実家は、**白砂青松**の浜辺に面した日本海の村にあり、景色もさることながら新鮮な魚貝類がすばらしく、毎年夏に二週間ほど訪問するのを一家そろって非常に楽しみにしています。

⬇急に旅行を思い立って熱海（あたみ）を訪れた。**白砂青松**の浜辺を臨む高台に立つと、心が晴れ晴れしてくるのを感じた。

はくしゅかっさい　拍手喝采

●主な用途
●手をたたいて賞賛することをいう

手をたたきながら、さかんにほめたたえること。演説、演芸などを、手を打ち鳴らしてほめたたえることをいう。「喝采」は、やんやとほめること。

【表現】拍手喝采を浴びる

用例 ⬇四歳になる息子が学芸会で英語の童謡を歌い、**拍手喝采**を浴びた。
⬇その美しい歌声に感動した観客たちの割れるような**拍手喝采**の渦の中、オペラ歌手は優雅にお辞儀をした。
⬇そんな難しい芸当がお前にできたら、**拍手喝采**ものさ。

はくちゅうのかん　伯仲之間

●主な用途
●優秀で力に差がない二者をいう

二者ともすぐれていて、実力に差がほとんどないこと。甲乙つけがたいこと。昔、中国では兄弟を長男から順番に「伯仲叔季（はくちゅうしゅくき）」と表した。年齢が近い「伯」と「仲」は優劣の差がほとんどないという意から出た言葉。略して「伯仲」ともいう。

用例 ⬇実の兄弟だけあって、あの二人はスキーの腕前も**伯仲の間**だ。
⬇実力**伯仲の間**の一番人気と二番人気の馬は、オッズもほとんど差がない。

出典 『文選《もんぜん》』魏文帝《ぎのぶんてい》「典論論文《てんろんろんぶん》」

類義 実力伯仲《じつりょくはくちゅう》／勢力伯仲《せいりょくはくちゅう》

はくへき(の)びか

白璧微瑕

●主な用途

●ただ一つのわずかな欠点をいう

立派な人や物にたった一つ、わずかな欠点があること。ほとんど完全なものに、ごくわずかな欠点があって惜しまれるというたとえ。白い珠玉のわずかな瑕(きず)の意から。「白璧」は白く美しい宝玉。「微瑕」はわずかなきずのこと。玉にきずと同義。

【注】「白壁—」「—徴暇」は誤り。

用例 ➡受賞作はスピーディな展開、軽妙な語り口が評価されたが、主人公があまりに完全な人物である点は**白璧の微瑕**だ。

出典 蕭統《しょうとう》「陶淵明集序《とうえんめいしゅうじょ》」

類義 狐裘羔袖《こきゅうこうしゅう》／白玉微瑕《はくぎょくのびか》

はくめん(の)しょせい

白面書生

●主な用途

●未熟で頼りない若者をいう

若くて経験の浅い、未熟な者のたとえ。色のなま白い、学に志す若者の意から。「白面」は顔がなま白いことで、年若く経験の乏しい者を表す。「書生」は学問をする人のこと。

用例 ➡まだまだ**白面の書生**の未熟者です。今後ともよろしくご指導ご鞭撻(べんたつ)のほどお願い申し上げます。

➡今度、いかにも**白面の書生**然とした学生さんが隣の下宿に引っ越してきたけど、ちゃんと一人暮らししていけるのかしら。

出典 『宋書《そうしょ》』沈慶之伝《しんけいしでん》

類義 白面儒生《はくめんじゅせい》／白面書郎《はくめんしょろう》／白面郎君《はくめんろうくん》

博覧強記

はくらんきょうき

●主な用途
●豊富な知識とすぐれた記憶力をいう

古今東西の書物を広く読み、それらをよく記憶していること。博識なこと。またそのような人。「博覧」は広く書物を読むこと。「強記」は記憶力にすぐれていること。

用例 ➡**博覧強記**なあいつのことだ、クイズ番組に出演すればきっと優勝できるぞ。

➡彼は当代随一の経済学者だが、その**博覧強記**ぶりは専門分野はもちろん、歴史、文学、哲学、心理学にまで及ぶそうだ。

出典 『韓子外伝《かんしがいでん》』三

類義 博学多才《はくがくたさい》／博聞強記《はくぶんきょうき》／博聞強志《はくぶんきょうし》／博《はく》聞強識《ぶんきょうしき》／博覧強識《はくらんきょうしき》

薄利多売

はくりたばい

●主な用途
●少ない利を多量に重ねる商売をいう

一品当たりの利益を薄くして単価を下げ、たくさん売りさばくことで全体として大きな利益を上げる販売方法。ディスカウント販売のこと。「薄利」はわずかな利益のこと。「多売」は数多く売ること。

用例 ➡消費傾向は二極分化しており、**薄利多売**のディスカウント商品と高価なブランド品の売れ行きが伸びています。

➡とにかくうちの店は**薄利多売**をモットーにしていますから、たくさんのお客様に足を運んでいただかないことには商売が成り立ちません。

ばじとうふう

馬耳東風

●主な用途
●聞く耳持たずという態度を形容する

「東風馬耳を射る」の略。他人の言うことを聞き流して、気にもとめないこと。「馬耳」は馬の耳。「東風」は東から吹く風で春風のこと。春風は人には心地よいが、馬は何も感じないという意味。馬の耳に念仏。柳に風。のれんに腕押しと同義。

用例 ⬇賞を受けて驚喜している彼に「好事魔多し」なんて言っても**馬耳東風**だろうね。
⬇お調子者の彼にはお説教しても無駄だよ。**馬耳東風**と聞き流すだけだから。

出典 李白《りはく》「答王十二寒夜独酌有懐《おうじゅうにのかんやにどくしゃくしおもいあるにこたう》」詩

類義 呼牛呼馬《こぎゅうこば》／対牛弾琴《たいぎゅうだんきん》

はじゃけんしょう

破邪顕正

●主な用途
●不正の打破、正義の実現をいう

仏教語。誤った考え(邪説・邪道)を打破し、正しい考え(正説・正道)を顕(あきら)かにすること。また、不正を打破し正義を実現すること。「破邪」は邪道・邪説を打ち破ること。「顕正」は正しい仏の道を顕(あらわ)し示すことで「けんせい」とも読む。

用例 ⬇**破邪顕正**の志を貫く裁判官になるのが僕の小さいころからの夢ですから、合格するまでは何度でも司法試験に挑戦するつもりです。

出典 『三論玄義《さんろんげんぎ》』

類義 勧善懲悪《かんぜんちょうあく》

破竹之勢

はちく の いきおい

●主な用途
●すばらしい快進撃を形容していう

止めようもないほど、激しい勢いで突き進むさまのたとえ。すさまじい勢いの形容。「破竹」は竹を割るの意で、初めの一節（ひとふし）を割ると、あとの節はあまり力を入れなくても一気に裂けていくことから。

用例 ⬇彼は**破竹の勢い**で一国の首相にまでのぼりつめた立志伝中の人だ。

⬇僕の母校のラグビー部は今年、強力な新入部員の加入で、**破竹の勢い**で決勝まで勝ち上がった。

出典 『北史《ほくし》』周高祖紀《しゅうこうそき》

類義 騎《き》虎《こ》之《の》勢《いきおい》／旭日昇天《きょくじつしょうてん》

八面玲瓏

はち めん れい ろう

●主な用途
●善人で円滑な交際ができる人をさす

どちらから見ても美しく曇りがないこと。心にわだかまりがなく澄み切っているさま。また、だれとでも円満に交際できる人を形容する言葉。「八面」は四方八方の意。「玲瓏」は玉のごとく美しいことのたとえ。

用例 ⬇**八面玲瓏**な女性だから、いつも自然と話の輪の中心にいる。

⬇**八面玲瓏**な人は、だれとでもうまくやっていけてうらやましいと思われがちだが、周囲に常に気を使ってそれなりにたいへんみたいだ。

出典 馬煕《ばき》「開窓看雨《まどをひらきてあめをみる》」詩

はちめんろっぴ
八面六臂

●主な用途
●あらゆる面で大活躍することをいう

密教の仏像などが、八つの顔と六本の腕を持っていることから。一人であらゆる方面の仕事を処理する能力があること。多方面でめざましい活躍をすることのたとえ。また、何人分もの働きをすること。

【表現】八面六臂の働き／八面六臂の大活躍

用例 ⬇小企業の社長職は、**八面六臂**の働きができないと務まらない。
⬇うちの課長は何につけ**八面六臂**の活躍ぶりだから、かえって部下が育たないという面もある。

類義 三面六臂《さんめんろっぴ》

ばつざんがいせい
抜山蓋世

●主な用途
●飛び抜けた腕力・精神力をたとえる

「山を抜き世を蓋（おお）う」とも読む。山を引き抜くほどの力と、世を蓋い尽くすほどの気力。並外れた力と、強固な精神力を持ち、威勢が盛んであることをいう。

【故事】中国楚（そ）の項羽（こうう）が漢の劉邦（りゅうほう）に敗れる直前、最愛の虞美人（ぐびじん）と最後の酒宴を開いたときに、自分の力量を評していった話から。

【表現】抜山蓋世の英雄

用例 ⬇**抜山蓋世**の英雄と呼ばれるような大物は、久しく現れていない。

出典 『史記《しき》』項羽紀《こううき》

は

はっぷんぼうしょく
発憤忘食

●主な用途
●寝食を忘れて集中することをいう

「発憤して食を忘る」とも読む。食事をとるのも忘れるほど夢中になって、仕事や勉強などに励むこと。もとは学問に対する孔子の真摯な態度をいった。「憤」は心にわき上がる思い。「発憤」は「発奮」とも書き、気持ちを奮い起こすこと。

用例 ⬇フリーカメラマンとして独立した今年は、**発憤忘食**の一年だったなあ。

⬇愚息が**発憤忘食**で励むのはテレビゲームぐらいだ。あの集中力を勉強にも使ってくれればいいのに。

出典 『論語《ろんご》』述而《じゅつじ》

はっぽうびじん
八方美人

●主な用途
●誰にでも愛想よく振る舞う人をいう

どこから見ても欠点のない美人の意。転じて、人からよく思われるために、だれにでもいい顔をすること。如才(じょさい)なく振舞うこと。またそのような人。ほめ言葉ではなく、無節操を非難する意味合いでよく使う。

用例 ⬇彼女ったら**八方美人**でだれにでも愛想がいいでしょ。だから男の人は自分に気があるのかと誤解しちゃうのよね。

⬇気が弱いために、ついついだれにでもいい返事をしてしまうだけのことで、**八方美人**と思われては困ってしまう。

類義 八面美人《はちめんびじん》

ばっぽんそくげん

抜本塞源

●主な用途
●原因を根本から断つ対処法をいう

「本（もと）を抜き源（みなもと）を塞（ふさ）ぐ」とも読む。障害の原因を根本から取り除くこと。害を防ぐために徹底的に物事を処理することのたとえ。「抜本」は木の根を抜く意で、根本の原因を取り去ること。「塞源」は水源を塞ぐこと。

用例 ⬇短命政権が続くようでは、政策も後手後手にまわり、結局は暫定措置に終始しがちだ。財界からは**抜本塞源**の経済対策が待ち望まれている。

出典 『春秋左氏伝《しゅんじゅうさしでん》』昭公《しょうこう》九年

類義 削株掘根《さくしゅくっこん》／翦草除根《せんそうじょこん》／断根枯葉《だんこんこよう》

はつらんはんせい

撥乱反正

●主な用途
●乱れを正し治安を保つことをいう

「乱を撥（おさ）めて正（せい）に反（かえ）す」とも読む。乱れた世を治めて、もとの正常な状態に戻すこと。国、社会、役所、学校、会社などの乱れを正す場合にいう。「撥」は治めるの意。「反」は「返」と同じで返す、戻すの意。

用例 ⬇**撥乱反正**の英雄伝を読んでいるような愉（たの）しみがあるから、歴史の勉強は実に面白い。

⬇**撥乱反正**の情熱を持ち、民衆の意を汲んだ政策を展開する。私はそんな政治家を目指して立候補いたしました。

出典 『春秋公羊伝《しゅんじゅうくようでん》』哀公《あいこう》一四年

はらんばんじょう

波瀾万丈

●主な用途
●起伏の激しい人生を形容する

変化が激しく、劇的であることのたとえ。次から次へと劇的な出来事に直面する人生をたとえていう。「瀾」は大波、波頭の連なる様子。波の起伏が激しいということから、「波瀾」はもめごと、騒ぎ。また変化や起伏。「万丈」は非常に高いこと。「瀾」は「乱」とも書く。

用例 ➡次々大事件が起こっては危ういところで切り抜けていく、主人公の**波瀾万丈**の物語に、幼い私は胸をときめかせた。

➡**波瀾万丈**の生涯を送ったジュリアン・ソレルが主人公の小説です。

類義 波瀾曲折《はらんきょくせつ》

ばりぞうごん

罵詈雑言

●主な用途
●口汚いののしりの言葉をいう

汚い言葉を並べ立てて相手をののしること。またその言葉。「罵詈」は口汚くののしること。「雑言」は様々な悪口の意で、「ぞうげん」とも読む。

用例 ➡地動説を唱えたコペルニクスは、教会からの**罵詈雑言**に耐え続けた。

➡みんなの見ている前で部下に**罵詈雑言**を浴びせかけるなんて、君はそんなに部下の信望を失いたいのか。

➡お互い、**罵詈雑言**の応酬に疲れてしまい、とうとう別居することになった。

類義 悪口雑言《あっこうぞうごん》／罵詈讒謗《ばりざんぼう》

万古不易
ばんこふえき

●主な用途
●ずっと変わらないことを表す

永遠に変わらないこと。「万古（ばんこ）」は遠い昔から今までずっと、永久の意。「不易（ふえき）」は、変化しない意。

【注】「易」を「い」と読み誤らない。

用例 ➡三十年前の今日、裏山で**万古不易**の友情を誓い合ったことを野球部の仲間たちは覚えているだろうか。

➡十年ぶりに見る故郷の山は、**万古不易**の美をたたえていた。

類義 永久不変《えいきゅうふへん》／千古不易《せんこふえき》／千古不変《せんこふへん》／万古長青《ばんこちょうせい》／万世不易《ばんせいふえき》／万代不易《ばんだいふえき》／百世不磨《ひゃくせいふま》

対義 一時流行《いちじりゅうこう》／有為転変《ういてんぺん》

盤根錯節
ばんこんさくせつ

●主な用途
●ややこしくて容易でないことをいう

複雑に入り組み、解決、処理が難しい事柄。また、ある勢力がはびこって取り除くのが困難なこと。難儀な事柄やしがらみ、難事件をいう。「盤根」は地中で絡み合っている大木の根。「錯節」は入り組んだ木の節（ふし）の意。「盤根」は「槃根」とも書く。

用例 ➡遺産相続は親戚の間で**盤根錯節**の問題となり、骨肉の争いになった。

➡もはや事態は**盤根錯節**の極みといってよいほど、入り組んでしまっている。

出典 『後漢書《ごかんじょ》』虞詡伝《ぐくでん》

類義 複雑多岐《ふくざつたき》

は

ばんしいっしょう

万死一生

●主な用途
●決死の覚悟、危機からの生還をいう

「万死に一生を顧みず」の略で、決死の覚悟で事に当たること。また、「万死に一生を得(う)」の略で、とても命の助かる見込みのない危地から、かろうじて助かること。やっと一命をとりとめること。「万死」は、間違いなく命を落とすこと。

用例 ⬇犯人は追いつめられて凶暴さを増しているから、突入には危険を伴う。**万死一生**の覚悟で臨んでほしい。

⬇大地震で倒壊したマンションの中から奇跡的に救出され、**万死一生**を得た。

類義 九《きゅう》死《し》一《いっ》生《しょう》

はんしはんしょう

半死半生

●主な用途
●瀕死の状態を形容していう

「半(なか)ば死、半ば生く」とも読む。息も絶え絶えで、死にかかっていること。生死の境にあること。暴力的な外圧を受けた場合に使われることが多い。「半死」は「はんじ」、「半生」は「はんじょう」「はんせい」とも読む。

用例 ⬇**半死半生**の状態で救出された少年は、奇跡的に後遺症もなく回復した。

⬇弁慶は全身に矢を受けて、**半死半生**となってもなお、仁王立ちのまま敵を威嚇し続けた。

出典 枚乗《ばいじょう》「七発《しちはつ》」

類義 気《き》息《そく》奄奄《えんえん》／半《はん》死《し》半《はん》活《かつ》

万乗之君

ばんじょう の きみ

●主な用途
●身分の高い高貴な人をさす

一万台もの兵車を出すことのできる大国の君主。一般には天子、君子、またはその位をさす。「乗」は古代中国で車や兵馬を数える単位。中国周代の制度では一乗には甲兵(武装した兵)三人、歩卒七十二人、輜重(しちょう)(荷物を運ぶ者)二十五人がついた。従って「万乗」では百万の兵力となる。

用例 ➡**万乗の君**は宮殿の奥深くにお住まいになっていらっしゃるので、民はそのお姿を見ることができませんでした。

出典 『孟子《もうし》』公孫丑《こうそんちゅう》・上

類義 一天万乗《いってんばんじょう》／万乗之主《ばんじょうのしゅ》

伴食宰相

ばん しょく さい しょう

●主な用途
●無能な役職者をあざけっていう

実力が伴わない無能な人物や、職務を果たさない者のたとえ。また、実権のない大臣をさす。「伴食」は主客のお供をしてご相伴にあずかること。「宰相」は大臣のこと。

【故事】 唐の盧懐慎(ろかいしん)は政務を姚崇(ようすう)にまかせ、会食ばかりしていたので「伴食宰相」とそしられたという故事から。

用例 ➡家老は**伴食宰相**とあだ名されていたが、実は無能を装って、家臣の動きを監視していたらしい。

出典 『旧唐書《くとうじょ》』盧懐慎伝《ろかいしんでん》

類義 尸位素餐《しいそさん》／伴食大臣《ばんしょくだいじん》

半信半疑

はん しん はん ぎ

●主な用途
●真偽が半々と思われるときにいう

「半ば信じ半ば疑う」とも読む。本当かどうか判断しかねること。真偽がはっきりせず、判断に迷うこと。

【表現】半信半疑で聞く

用例 ⬇幼いころからいつも私をいじめていた人なので、愛を告白されたときには、こちらも**半信半疑**。でも、悪い人じゃないから、つきあうことにしたわ。

⬇自分の書いた作品が大スターの主演で映画化されることになったという連絡を、**半信半疑**で聞いた。

類義 疑心暗鬼《ぎしんあんき》

繁文縟礼

はん ぶん じょく れい

●主な用途
●細かく煩わしい規則を形容する

規律や礼法・礼儀などが、こまごましていて煩わしいこと。手続きなどが形式的で面倒なこと。「繁文」は、こまごましていて面倒なこと。「縟礼」は、くだくだしい礼儀や作法。略して「繁縟」ともいう。

用例 ⬇お稽古事は、どれも大なり小なり**繁文縟礼**に縛られているものだ

⬇あの銀行の**繁文縟礼**ぶりには心底腹が立った。やれハンコが足りない、窓口が違うと書類を突っ返されたあげくに、受付時間終了だっていうんだから。

出典 『清国行政法汎論《しんこくぎょうせいほうはんろん》』

はんぽのこう
反哺之孝

●主な用途
●親への恩返しとなる孝行を説く

子どもが、育ててくれた親の恩に報いて孝行すること。親孝行を謙遜（けんそん）していうときにも使う。「鳩（はと）に三枝（さんし）の礼あり、烏（からす）に反哺（はんぽ）の孝（こう）あり」といい、烏は成長してからも、幼いころ親鳥がえさを口移しで与えてくれたことを忘れず、今度は親鳥に食物を運んで恩返しをするということから。「反」は返す意。「哺」は、口移しに食物を与えて育てる意。

用例 ↓**反哺の孝**は「母の日」や「父の日」だけに行うものではない。

類義 烏鳥私情《うちょうのしじょう》／三枝之礼《さんしのれい》／反哺之心《はんぽのこころ》

はんめんきょうし
反面教師

●主な用途
●真似してはいけない悪い見本をいう

それを見ることで、そうなってはならないと教えられる人物や事例のこと。見習ってはならない悪い手本。意図せずして、真似てはならない失敗や悪行がよい方に生徒を導く教育効果がある場合にいう。

用例 ↓この件は決してよい先例とはならなかったが、**反面教師**として学ぶことは多いと思われる。↓兄は家に寄りつかず、いつも母を困らせていたので、私は彼を**反面教師**として育った。

類義 他山之石《たざんのいし》／反面教員《はんめんきょういん》

ひかこうがい

悲歌慷慨

●主な用途　●義憤・私憤に嘆くさまをいう

悲しげに歌い、社会の乱れや不正・不義を憤り嘆くこと。壮烈な気概のたとえ。「悲歌」は悲しげに歌うこと。「慷慨」は意気が奮い立ち、憤り嘆くこと。「忼慨」とも書く。

【注】「―慷慨」は誤り。

用例 ➡政治家や官僚の不正に**悲歌慷慨**する気持ちが高じて、ついに自分で市会議員に立候補したという変わり種です。
➡祖父は自分の境遇を**悲歌慷慨**し、心穏やかならぬ晩年を送った。

出典 『史記《しき》』項羽紀《こううき》

類義 慷慨悲歌《こうがいひか》／悲憤慷慨《ひふんこうがい》

ひじちょうもく

飛耳長目

●主な用途　●優秀な情報収集力と判断力をいう

情報収集力と観察力にすぐれ、見聞が広く物事に精通していること。「飛耳」は遠くのことを早く聞ける耳、「長目」は遠くまでよく見通せる目の意味。

用例 ➡商売を成功させるためには、学歴や家柄よりも、**飛耳長目**のほうが必要とされる。
➡彼女は頭の回転も速いし、**飛耳長目**を備えているから、必ずわが社の役に立ってくれるはずだ。

出典 『管子《かんし》』九守《きゅうしゅ》

類義 鳶目兎耳《えんもくとじ》／長目飛耳《ちょうもくひじ》

美辞麗句《びじれいく》

●主な用途
●うわっつらの修飾過多な辞句をさす

美しく飾りたてた言葉や文句。外交辞令や真実味に欠けるお世辞のたとえ。「美辞」「麗句」ともに美しく技巧を凝らした言葉の意。うわべだけは飾り立てているが誠意や内容がない、という意味で批判的に用いられる場合が多い。

用例 ⬇**美辞麗句**にだまされちゃいけないよ、おだててたくさん買わせようという魂胆が見え見えだから。

⬇あんな**美辞麗句**は空々しすぎて、聞いていて背筋がぞくぞくしてくる。

類義 巧言令色《こうげんれいしょく》

美人薄命《びじんはくめい》

●主な用途
●美人には不幸、短命な者が多いこと

美人は病弱であったり、数奇な運命にもてあそばれたりして、不幸で短命な人生を送ることが多いという意。「薄命」は運命に恵まれない、不幸せの意で、主に短命なこと。

【注】「—薄明」は誤り。

用例 ⬇**美人薄命**を地で行くようなヒロインの悲しい末路に、満場の観客が涙した。

⬇**美人薄命**というから、まあ私くらいのほどほどの器量がいいのよ。

⬇**美人薄命**といえば、飛行機事故という非業の死をとげた女優が思い浮かぶ。

類義 佳人薄命《かじんはくめい》／才子多病《さいしたびょう》

尾生之信（びせいのしん）

●主な用途
●ばか正直な者をあざけっていう

一度交わした約束を固く守ること。また、愚直で融通がきかず、ばか正直なこと。

【故事】中国春秋時代、約束通り恋人を待ち続けて、大雨の中、橋の下で溺れ死んだ魯(ろ)の尾生の故事から。

用例 ➡だまされるとわかっていながら、約束だからとお金を持っていくなんて、**尾生の信**もほどほどにしなさい。

➡人には**尾生の信**と笑われているけれど、彼は約束事は必ず守る、真面目で誠実な男なんだ。

類義 抱柱之信《ほうちゅうのしん》

匹夫之勇（ひっぷのゆう）

●主な用途
●思慮のないがむしゃらな勇気をいう

前後の見境なく、ただがむしゃらに腕力を振るうだけの軽率な勇気。また、深い思慮のない勇気をいう。「匹夫」は身分の卑しい男、転じて道理を解さない男性のこと。同様の女性のことは「匹婦」という。

用例 ➡ダイバーとしての経験も浅いのに、流れの速い海に挑んだ**匹夫の勇**を、先輩から強くたしなめられた。

➡策もなく、ただ先方の事務所にどなり込むなど、**匹夫の勇**もいいところだ。

出典 『孟子《もうし》』梁恵王《りょうけいおう》・下

類義 血気之勇《けっきのゆう》／小人之勇《しょうじんのゆう》／暴虎馮河《ぼうこひょうが》

髀肉之嘆
ひ　にく　の　たん

●主な用途　●力を発揮できない境遇を嘆いていう

実力・手腕を持っていても、その力を発揮する場に恵まれないのを嘆くこと。むなしく日々を過ごす無念の意。「髀」は「脾」、「嘆」は「歎」とも書く。

【故事】 中国蜀（しょく）の劉備（りゅうび）が、戦闘がないので馬に乗る機会もなく、もも（髀）の内側にぜい肉がついてしまったと嘆いたという故事から。

用例 ⬇彼女は、独立した直後は仕事にも恵まれていたが、この不況で得意先が倒産し、**髀肉の嘆**をもらしている。

出典 『三国志《さんごくし》』蜀志《しょくし》・先主伝《せんしゅでん》・注

悲憤慷慨
ひ　ふん　こう　がい

●主な用途　●世の不正に憤るさまを形容する

醜い世情や自分の運命などに対して激しく憤り、憂い嘆くさま。特に世の中の不正や社会悪に対する憤懣（ふんまん）をいうことが多い。「悲憤」は悲しみ憤ること。「慷慨」は奮い立ち、憤り嘆くことで、「忼慨」とも書く。

用例 ⬇次々と明らかになる官僚の不祥事に、**悲憤慷慨**する読者の声が新聞をにぎわせている。

⬇市長の汚職疑惑に**悲憤慷慨**する市民の声を受けて、市議会では、激しい糾弾が続いた。

類義 慷慨《こうがい》悲憤《ひふん》／悲歌《ひか》慷慨《こうがい》

ひ

眉目秀麗
びもくしゅうれい

●主な用途
●男性の美しい容貌をさしていう

顔だちが整って美しいさま。「眉目」は眉（まゆ）と目のことで、顔かたちの意。「秀麗」はすぐれて美しいさま。主に男性の場合に用いる表現。一般に男女の顔立ち、容貌が美しいことは「容姿端麗」という。

用例
⬇こんなに**眉目秀麗**な男性はめったにいないからと、叔母に半ば強引にお見合いをさせられた。
⬇彼は**眉目秀麗**なだけではなく、学生時代から、その頭脳明晰（めいせき）ぶりをもうたわれていた。

類義
眉目清秀《びもくせいしゅう》

百尺竿頭
ひゃくせきかんとう

●主な用途
●限界以上に挑戦する努力を形容する

百尺（約三十メートル）もある長い竿（さお）の先端のことで、これより先はない到達点のたとえ。「百尺竿頭一歩を進む」という形で用い、ぎりぎり限界と思われる到達点から、さらにいっそう向上するために工夫や努力を重ねることを表す。「百尺」は「ひゃくしゃく」とも読む。

用例
⬇彼が現状に満足せず、**百尺竿頭**に一歩を進める気構えを持てば、必ずや海外に行ってもトッププレーヤーとして活躍できるはずだ。

出典
『景徳伝灯録《けいとくでんとうろく》』一〇

百戦百勝

ひゃくせん ひゃくしょう

●主な用途　●負け知らずの戦いぶりをいう

百回戦って百回勝つの意から、戦えば必ず勝利をおさめること。全戦全勝。ただし『孫子』には、連戦連勝することが最善ではなく、戦わないで敵に勝つことが最善の策とあり、これが孫子の兵法の極意とされている。

用例 ➡わがチームは戦えば**百戦百勝**で、少しばかり天狗（てんぐ）になっていたんだ。この敗戦がいい薬になるに違いない。

➡株の世界で**百戦百勝**なんてありえないんだから、気をつけなさい。

出典 『孫子《そんし》』謀攻《ぼうこう》

類義 連戦連勝《れんせんれんしょう》

百戦錬磨

ひゃくせん れんま

●主な用途　●キャリアを積んだ熟達者をいう

数多くの実戦に参加することで、武芸の腕を鍛え磨くの意。転じて経験を積み重ねて、技術や才能を鍛錬・向上させること。また、年季の入った熟練者。「百戦」は何度も戦うこと、「錬磨」は精神や肉体、技術を鍛え磨きあげる意で「練磨」とも書く。

用例 ➡彼は難しい交渉を何度もまとめているし、キャリアも豊富で**百戦錬磨**のつわものだ。閑職に置いてはもったいない。

➡決勝戦は、**百戦錬磨**の名人と早熟の天才の一局となった。

類義 海千山千《うみせんやません》／精金百錬《せいきんひゃくれん》／千軍万馬《せんぐんばんば》

ひ

ひゃくねん　か　せい
百年河清

●主な用途
●変わらぬ状況への諦観を表す

「百年河清を俟(ま)つ」の略。「河」は黄河をさす。黄土で濁っている黄河の水は、いつまで待っても決して清く澄むことはないという意味。転じて、いくら待っても望みが達せられない、あてにならないこと。または、いつまで待っても無駄なことのたとえ。

用例 ⬇政治家自らが腐敗を一掃するなんて、いつになることやら。まるで**百年河清**を待つようなものだ。

⬇画家として食べていきたいなんて、**百年河清**の夢を見るのもいい加減にしろよ。

出典 『春秋左氏伝《しゅんじゅうさしでん》』襄公八年《じょうこうはちねん》

ひゃくぶん　いっ　けん
百聞一見

●主な用途
●聞くより見るほうが確実ということ

人の話を何度となく耳で聞くよりも、一度でも自分の目で見たほうが確かであるということ。「百聞(ひゃくぶん)は一見(いっけん)に如(し)かず」の略で、一般にはこちらを用いる。「百聞」は何度も聞く。「一見」は一度見るという意味。

用例 ⬇よい学校を選ぶには、パンフレットを読むだけでは不十分だ。百聞一見で、まずは一度訪れて、自分の目で見てみることが大切だ。

出典 『漢書《かんじょ》』趙充国伝《ちょうじゅうこくでん》

対義 貴耳賤目《きじせんもく》

ひゃくやくのちょう

百薬之長

●主な用途
●酒の効能をほめたたえていう

酒のこと。適度に飲むならば、酒はあらゆる薬の中でも最もよく効く薬だと、ほめたたえる言葉。「百薬」は数多くの薬、いろいろな薬、「長」はかしらの意。

用例 ➡酒は**百薬の長**、ほどよい晩酌は健康にもいいのさ。

➡いくら**百薬の長**だからといって、量が過ぎれば、からだによくないことはわかりきってるじゃないか。

出典 『漢書《かんじょ》』食貨志《しょっかし》・下

類義 儀狄之酒《ぎてきのさけ》／清聖濁賢《せいせいだくけん》／天之美禄《てんのびろく》／杯賢《はいけん》杓聖《しゃくせい》／麦曲之英《ばくきょくのえい》／忘憂之物《ぼうゆうのもの》

ひゃっかせいほう

百花斉放

●主な用途
●学問や芸術が盛んに行われること

多くの花がいっせいに咲き競う様子。転じて、様々なものがその本領を発揮すること。学問や芸術活動が自由活発に行われ、成果がいっせいに実ること。一九五六年、中国共産党が、芸術・科学の自由な発展を目指して「百家争鳴」とともに唱えたスローガン。

用例 ➡戦時下の抑圧された空気から解放され、文学や美術の分野で**百花斉放**のごとくすぐれた作品が発表された。

➡今年は才能ある若手の作品が輩出し、**百花斉放**の趣があります。

類義 千紫万紅《せんしばんこう》／百花繚乱《ひゃっかりょうらん》

ひゃっかそうめい

百家争鳴

●主な用途
●自由活発な議論を奨励する言葉

多くの学者や専門家が自由に議論を戦わせること。様々な人々が自由に論じ合うさま。一九五六年、中国共産党が、「百花斉放」とともに、芸術や科学の発展のために、党外に呼びかけたときのスローガンとしても知られている。

用例 ⬇流暢な日本語を話す外国人たちが様々な問題について、**百家争鳴**の議論を戦わせるテレビ番組が人気を呼んでいる。
⬇不況対策も**百家争鳴**といったところだが、実行が伴わないことにはね。

類義 議論百出《ぎろんひゃくしゅつ》／談論風発《だんろんふうはつ》

ひゃっかりょうらん

百花繚乱

●主な用途
●すぐれた人材やものが集まること

様々な花が色とりどりに咲き乱れること。転じて、すぐれた人物や業績が一時期に立て続けに現れることをいう。また、美しいもの、人が一堂に会し、美しさを競い合うことをたとえてもいう。「繚乱」は花が咲き乱れる意で「撩乱」とも書く。

用例 ⬇明治も末期になると、近代絵画の世界も**百花繚乱**の様相を呈した。
⬇低迷していたホラー文学の世界ですが、若い才能が次々と登場し、現在では**百花繚乱**の感さえあります。

類義 千紫万紅《せんしばんこう》／百花斉放《ひゃっかせいほう》

ひ

百鬼夜行

ひゃっきやこう

●主な用途
●悪人がのさばっているさまを形容

多くの悪人や怪しい者が、わがもの顔で幅をきかせてのさばり、悪事を働くこと。悪人が勝手気ままに暗躍すること。「百鬼」は様々な多くの妖怪や鬼。「夜行」は夜の闇(やみ)を列をなして歩き回る異様な様子で、「やぎょう」とも読む。

用例 ⬇ここは**百鬼夜行**の危険な場所だとだれもが言います。日が暮れてから足を踏み入れる人なんかいませんよ。

⬇M資金をめぐる詐欺事件は、そのまま**百鬼夜行**の歴史といってもよいくらいだ。

類義 魑魅魍魎《ちみもうりょう》／妖怪変化《ようかいへんげ》

百発百中

ひゃっぱつ　ひゃくちゅう

●主な用途
●射撃や予想が必ず当たる力量をいう

発射した弾がすべて目標に命中すること。転じて、計画や予想がねらいを外さず、すべて当たることをいう。

【故事】中国楚(そ)の弓の名人、養由基(ようゆうき)が、百歩離れたところから柳の葉を目掛けて弓矢を百本射たところ、百本ともすべて命中させたという故事から。

用例 ⬇弓道大会決勝に勝ち上がってきたのは、いずれも**百発百中**の名手たちだった。

⬇競馬の予想で**百発百中**はありえない。

出典 『戦国策《せんごくさく》』西周策《せいしゅうさく》

類義 百歩穿楊《ひゃっぽせんよう》

ひょうり　いったい

表裏一体

●主な用途
●裏と表のように密接な関係を表す

一見相反しているように見えるが、じつは表と裏のように一体で密接な関係にあり、切り離せないこと。「表裏」は表と裏のこと。「一体」は一つのものの意味。

用例 ⬇総務部長はその温厚で穏やかな人柄が長所だが、反面、競争心に乏しく向上意識も低いという短所とは**表裏一体**をなしているものだといえる。

⬇攻撃と防御は**表裏一体**。どちらかにかたよることなく力をつけないと、チームとして一流にはなれないぞ。

類義 一心同体《いっしんどうたい》

ひよくれんり

比翼連理

●主な用途
●男女・夫婦の仲のよさを形容する

男女の情愛が深く、仲むつまじいこと。夫婦仲がよいことのたとえ。「比翼」は雌雄ともに目と翼が一つずつで、二羽一体となって飛ぶ伝説上の鳥。「連理」は根元は別々だが、枝が途中でつながり一体化した樹木。

用例 ⬇**比翼連理**の誓いの通り、ともに白髪の生えるまで、二人で手をとり合って生きていこう。

⬇新郎新婦は**比翼連理**となり、末永く幸せに暮らしてください。

出典 白居易《はくきょい》「長恨歌《ちょうごんか》」

類義 偕老同穴《かいろうどうけつ》／関関雎鳩《かんかんしょきゅう》／連理之枝《れんりのえだ》

疲労困憊

ひ ろう こん ぱい

●主な用途
●疲れが激しいことをいう表現

すっかり疲れきってしまうこと。疲れて力も言葉も出ないさま。「困憊」は、すっかり疲れきって弱ること。

【注】「—困敗」は誤り。

用例 ⬇残業続きで**疲労困憊**している父の肩を、妹と交替でたたいてあげた。

⬇部員たちは、連日の猛烈な暑さと全国大会に向けた厳しい練習とが重なって、**疲労困憊**の頂点に達しているようだ。

⬇目的地に着いたときには**疲労困憊**、崩れるようにへたりこんだ。

類義 精疲力尽《せいひりきじん》／満身傷痍《まんしんしょうい》／満身創痍《まんしんそうい》

品行方正

ひん こう ほう せい

●主な用途
●人品をほめるときにいう

心のあり方や行動が正しいさま。また、道徳的に正しく模範的であること。「品行」は、行いや振る舞い、身のもち方。「方正」は、正しくてきちんとしている。

用例 ⬇彼は、**品行方正**なところが容貌(ようぼう)ににじみ出ている。

⬇見るからに**品行方正**な教師よりも、少しくだけたところがあるような教師のほうが、生徒たちへの受けがいいようだ。

⬇今度入社する新人は、**品行方正**で成績優秀ともっぱらの噂(うわさ)だ。

類義 規行矩歩《きこうくほ》／聖人君子《せいじんくんし》

貧者一灯

ひんじゃ(の)いっとう

●主な用途
●誠意や真心の貴さをいう

　貧しい人の真心がこもったわずかな寄進は、金持ちの見栄をはった多くの寄進に勝るという意味。金額や物の多寡よりも、誠意や真心があるかどうかが大切であることをいう。「長者の万灯（ばんとう）より貧者の一灯」の略で、もともとは仏教語。

用例⬇わずかな金額ですが、**貧者の一灯**とも思い、送らせていただきました。
⬇兄夫婦は、住宅ローンを抱え、しかも失業中というたいへんな状況なのに、餓えに苦しむ難民の人たちのために貯金を寄付するなんて、まさに**貧者の一灯**だ。

風光明媚

ふうこうめいび

●主な用途
●自然の景色の美しさを形容する

　自然の景色があざやかで美しいこと。「風光」は景色や眺め、「明媚」は山水の景色が美しく清らかなさまをいう。観光名所や景勝地を宣伝するための決まり文句でもある。

用例⬇**風光明媚**な観光地をのんびりと回るバス旅行もいいが、大都会でオペラ鑑賞や美術館をめぐる旅も捨てがたい。
⬇**風光明媚**な高原で、サイクリングやテニスを楽しんで一夏を過ごすなんてあこがれちゃうわね。
⬇南国宮崎は**風光明媚**の地としても有名で、観光名所もたくさんございます。

風樹之歎
ふうじゅのたん

●主な用途
●親孝行できない嘆きをいう

父母がすでに亡くなり、孝行ができない嘆きをいう。「風樹」は風に吹かれる木の意。木が静かにしていたいと思っても、風がやまなければ静止できないように、思い通りにできないことの嘆き。「歎」は「嘆」とも書く。

【表現】風樹の歎をかこつ

用例 ➡私は両親を早くに亡くしており、「母の日」や「父の日」にはことのほか**風樹の歎**をかこった記憶がある。

出典 『韓詩外伝《かんしがいでん》』九

類義 風樹之悲《ふうじゅのかなしみ》／風樹之感《ふうじゅのかん》／風木之悲《ふうぼくのかなしみ》／風木之歎《ふうぼくのたん》

風声鶴唳
ふうせいかくれい

●主な用途
●びくびくして過敏な様子をたとえる

おじけづいた者が、ささいな物音も恐れておびえるたとえ。「風声」は風の吹く音、「鶴唳」は鶴(つる)の鳴き声で、小さな物音の意。

【故事】中国前秦(ぜんしん)の符堅(ふけん)の軍が東晋(とうしん)に敗れて逃走するさいに、風の音や鶴の鳴き声を敵兵の追撃と思い、恐れおののいたという故事から。

用例 ➡見かけは堂々たる偉丈夫だが、根は案外小心で、暗がりともあれば**風声鶴唳**におびえて、叫び声をあげる有様だ。

出典 『晋書《しんじょ》』謝玄伝《しゃげんでん》

類義 鶴唳風声《かくれいふうせい》／草木皆兵《そうもくかいへい》

風前之灯《ふうぜんのともしび》

●主な用途　消えかかる寸前の状態を形容する

人の命や物事のはかなさ、また、身の危険が目前に迫っていることのたとえ。「風前」は風の吹き当たる場所で、そういう所に置かれて、今にもすぐ消えそうな灯火の意味から。

用例　➡あれほど栄華を誇ったわが社も、バブル崩壊とともに業績も急降下。もはや**風前の灯**でしかない。

➡日本の伝統工芸の中には、**風前の灯**と危惧されているものもある。職人の技を受け継ぐ後継者不足が最大の原因だ。

類義　涸轍鮒魚《こてつのふぎょ》／小水之魚《しょうすいのうお》／風前灯火《ふうぜんとうか》／釜《ふ》底游魚《ていのゆうぎょ》／風前之塵《ふうぜんのちり》

風俗壊乱《ふうぞくかいらん》

●主な用途　社会風俗の乱れを指摘していう

世の中のよい風俗・習慣が崩れ乱れること。「風俗」は、その土地土地で培われた、古くからの生活上のしきたりやならわし。「壊乱」は崩れ乱れるの意で「潰乱」とも書く。

用例　➡戦時中、検閲体制は大衆演劇の世界にも及び、**風俗壊乱**を未然に防ぐとの大義名分の下で、多くの役者や脚本家が舞台を去らねばならなかった。

➡祖父から「お前のその服装は、昔なら**風俗壊乱**の罪に問われてもおかしくないぞ」とよく言われる。

類義　傷風敗俗《しょうふうはいぞく》／風紀紊乱《ふうきびんらん》

ふうりゅういんじ

風流韻事

●主な用途

●浮世離れした趣味三昧をいう

詩歌・書画・華道・茶道などの風雅な遊びのこと。また、自然を友として、詩歌などを作って愉しみ、世俗から離れること。「風流」は優雅で趣のあること、優美なこと。「韻事」は、詩歌・書画などの風流な遊び。

用例 ⬇最近はまだ元気なうちに一線を退いて、**風流韻事**に親しむというライフスタイルが人気を得ている。

⬇彼は湖を見下ろす山間の茅屋(ぼうおく)に起居し、**風流韻事**を楽しむ毎日を送っている。

類義 風流閑事《ふうりゅうかんじ》/風流三昧《ふうりゅうざんまい》

ふうりんかざん

風林火山

●主な用途

●適切に対処するための心構えをいう

物事に対処するさいに時機や情勢に応じて適切な行動をとることをいう。武田信玄(たけだしんげん)が旗印に使ったことで有名。『孫子』の「疾(はや)きこと風の如(ごと)く、其(そ)の徐(しず)かなること林の如く、侵掠(しんりゃく)すること火の如く、動かざること山の如し」による。

用例 ⬇企業買収では、相手の動きを冷静に見極めて行動する、**風林火山**の心構えが重要だ。やみくもに速攻をかけようとすると、こちらにも隙(すき)が生じるからだ。

出典 『孫子《そんし》』軍争《ぐんそう》

ふ

ぶうんちょうきゅう

武運長久

●主な用途
●戦いでの幸運や勝利を祈っていう

戦いにおいて幸運や勝利が長く続くこと。「武運」は戦いにおける勝敗の運命。また、武人や武家としての運命。「長久」はいつまでも続くこと。

【表現】武運長久を祈る

用例 ⬇端午の節句は、甲冑(かっちゅう)や武者人形を飾って子どもの成長を祝い、**武運長久**を願う祭りである。

⬇物静かで声を荒げたりすることが決してなかった叔父は、**武運長久**の祈りもむなしく、激戦をきわめた南方の戦闘で不帰の客となった。

ふえきりゅうこう

不易流行

●主な用途
●松尾芭蕉の俳諧理念をいう

松尾芭蕉(まつおばしょう)の俳諧理念の一つ。俳諧における永遠性は、新しさを求めて変化する流行の中にあるという理念。「不易」は長く変わらないもの。「流行」は変化してやまないもの。不易と流行は風雅の誠から出たもので、根源は同じだという意。

用例 ⬇**不易流行**というが、確かに長い生命を持つ古典作品は、その時代の流行や風俗を描いたものであることが多い。

⬇今年のテーマは**不易流行**。最新トレンドと定番スタイルの融合がねらいだ。

対義 一時流行《いちじりゅうこう》

ふかこうりょく

不可抗力

●主な用途
●防ぎようのない事故・事態にいう

「抗す可（べ）からざるの力」とも読む。どんなに努力しても人の力では防ぐことのできない、大きな外からの力のことで、天災、地変、不慮の事故などにいう。

【表現】不可抗力の事故

用例 ➡地震などの天災による**不可抗力**の損害については、この保険は適用されないことを知っていますか。

➡部長は、台風による飛行機の欠航で出先から戻れません。**不可抗力**の出来事とはいえ、お約束通りにおうかがいできなくて誠に申し訳ございません。

ふかしぎ

不可思議

●主な用途
●理解不能な事態を形容する

思いはかることも言葉で表すこともできないこと。常識では理解できないこと。転じて怪しいこと、異様なこと。「思議」は考えはかるの意。もと仏教用語。

【表現】不可思議な現象

用例 ➡世の中には科学では解明できない**不可思議**な現象が数多くある。たとえば各地に残る巨石遺跡などは、だれが何のために作ったのかいまだ不明なのだ。

➡恋とは**不可思議**なものだね。同じ職場でけんかばかりしていたあの二人が結婚するとはねえ。

不羈奔放

ふきほんぽう

●主な用途

●思うままに振る舞うさまを表す

何ものにもとらわれることなく、思い通りに振る舞うこと。特に伝統や慣習にとらわれないことにいう。「羈」はつなぎとめることで、「不羈」で束縛されないという意味。

【表現】不羈奔放な生活

用例 ⬇確かな実力、斬新(ざんしん)な演出、**不羈奔放**な言動で、歌舞伎(かぶき)界の新星は時代の寵児(ちょうじ)となった。

⬇いわれたことを無難にこなす社員だけではなく、**不羈奔放**な発想を持つ社員も会社の将来のためには必要だ。

類義 自由奔放《じゆうほんぽう》／奔放不羈《ほんぽうふき》

複雑怪奇

ふくざつかいき

●主な用途

●込み入って不可解な事態をいう

物事の事情が複雑に入り組んでいて、不可解なこと。奇妙きてれつ。「怪奇」は、怪しく不思議なさまをいう。

【表現】複雑怪奇をきわめる

用例 ⬇最初は単純な強盗事件と思われた事件だが、被害者の人間関係や互いに矛盾する証拠の数々などで、**複雑怪奇**な様相を呈してきた。

⬇先ごろ発表された人事異動は**複雑怪奇**をきわめ、組合側はとても納得できないと猛反発している。

対義 簡単明瞭《かんたんめいりょう》／単純明快《たんじゅんめいかい》／直截簡明《ちょくせつかんめい》

ふくすい ふ へん
覆水不返

●主な用途
●取り返しがつかない過ちにいう

一般には「覆水盆に返らず」と用いる。一度犯した過ちは、元通りにはならないということ。また、離婚した夫婦の仲は、元には戻らないということ。「覆水」はこぼれた水。

【故事】周の呂尚(りょしょう・太公望)は、貧しかったので、妻の馬氏(ばし)から離縁された。その後、出世して斉王になると、馬氏から復縁を求められた。しかし、呂尚は盆の水をこぼしてみせ、これを元通りにしたら復縁に応じようと言ったという故事から。

用例 ➡**覆水盆に返らず**。悩んでも仕方がない。

類義 破《は》鏡《きょう》不《ふ》照《しょう》

ふ ぐ たい てん
不倶戴天

●主な用途
●親の敵のように憎い相手を形容する

この世でともに生きてはいけないと思うほど相手を恨み憎むこと。また憎み合う関係。「父の讎(あだ)は倶(とも)には天を戴(いただ)かず」の略。もとは父や君主の仇をいった。

【表現】不倶戴天の敵(かたき)

用例 ➡**不倶戴天**の敵でもあるまいし、僕に会うたびに、けんか腰になるのはよしてくれよ。

➡若武者は**不倶戴天**の憎しみを晴らしてくれようと、真っ向から斬りかかった。

出典 『礼記《らいき》』曲礼《きょくらい》・上

類義 倶《ぐ》不《ふ》戴《たい》天《てん》

ふ

不言実行《ふげんじっこう》

●主な用途
●黙って実行する人をほめていう

あれこれ言わずに、黙ってやるべきことを実行すること。また、実行するのに言葉は無用だということ。

用例 ↓**不言実行**型の人物は、まわりからの信望が厚い。それに対して、言うことは立派だが実行が伴わない人物は、なかなか信頼を得られないものだ。

↓**不言実行**もいいが、君も組織の一員なのだから、ある程度は上司の私に相談してからにしてくれないと困るよ。

類義 訥言実行《とつげんじっこう》／訥言敏行《とつげんびんこう》

対義 有言実行《ゆうげんじっこう》／有口無行《ゆうこうむこう》

富国強兵《ふこくきょうへい》

●主な用途
●産業育成と軍事増強の国策をいう

「国を富まし兵を強くす」とも読む。国の経済を豊かにし、軍事力を高めること。明治政府がスローガンとして掲げた。

用例 ↓明治新政府は、欧米列強に対抗できる国づくりを進めるために、資本主義化と近代軍事力の増強を目指す**富国強兵**をスローガンとして掲げた。

↓政府の掲げた**富国強兵**の旗印のもと、年端もいかぬ子どもたちまで苛酷な労働をした工場跡は、今では静かな記念館となっている。

出典 『戦国策《せんごくさく》』秦策《しんさく》

ぶこついっぺん

武骨一辺

●主な用途
●無粋で洗練されていないことをいう

無作法なばかりで、風流を解さないこと。「武骨」は、洗練されていない、風流とは無縁なさま。「一辺」はそればかり、一辺倒の意。「武骨」は「無骨」とも書く。

用例➡早くに母親を亡くして**武骨一辺**の父親に育てられたものですから、私も書や美術品などには一向に目が利かない方なのです。

➡お相手は、確かに**武骨一辺**の方ですが、見方を変えれば誠実で嘘(うそ)のない人柄ともいえますよ。もう一度よく考えてごらんになったらいかがかしら。

ふしそうでん

父子相伝

●主な用途
●代々親子間で伝えていくことをいう

学問の知識や技芸などの奥義を、父から子だけに代々伝えていくこと。「相伝」は代々伝えること。

【表現】父子相伝の奥義

用例➡当店の七味唐辛子は、**父子相伝**の秘伝により、創業以来の味を守り続けているものでございます。

➡子どもを持たなかった先生は、**父子相伝**の奥義を、日頃から目をかけていた弟子の一人に伝え、自らは第一線を退くことを決めた。

類義 一子相伝《いっしそうでん》

ふしゃくしんみょう

不惜身命

●主な用途
●捨て身で事に当たる決意を表す

「身命を惜しまず」とも読み、仏道を修めるために身も命もささげて惜しまないことをいう。転じて、自分の身をもかえりみず、命がけで事に当たること。

用例 ➡社長という大役をお引き受けいたしました以上は、業績の回復をはかるべく、**不惜身命**の決意で経営に当たらせていただく所存であります。

➡僧兵は、死んで本望とばかり、**不惜身命**の覚悟で向かってきた。

出典 『法華経《ほけきょう》』譬喩品《ひゆぼん》

対義 可惜身命《あたらしんみょう》

ふしょうぶしょう

不承不承

●主な用途
●気が進まずに行動する様子をいう

いやいやながら、物事を行うこと。やむをえず承知すること。「不承」はしぶしぶ承知すること。「不承」を重ねて意味を強調した語。

用例 ➡彼は、たとえ**不承不承**でも、一度「やる」といった以上は、手を抜いたり、途中で投げ出したりしません。必ず約束を守ってくれることと思います。

➡出世は保証するからと専務に説得されて、**不承不承**海外赴任を引き受けたのに、約束の三年が過ぎても後任は決まらないし、専務は失脚するし、いったい、いつ帰国できることやら。

ふしょうふずい

夫唱婦随

●主な用途
●夫婦の仲むつまじい姿をさしていう

夫婦の仲が非常によく和合していること。「唱」は言い出すこと。夫が言って、妻がそれに従う意。「夫唱」は、「夫倡」とも書く。

用例 ➡**夫唱婦随**を絵に描いたような仲のよいご夫婦で、見ていてうらやましくなるほどです。

➡昨今は、**夫唱婦随**など封建的で時代にそぐわないと考える若者が増えているようだよ。スピーチでは使わないほうがいいと思うな。

出典 『関尹子《かんいんし》』三極《さんきょく》

類義 陽唱陰和《ようしょういんわ》

ふしんのうれい

負薪之憂

●主な用途
●自分の病気を謙遜していう

薪を背負って働き、その疲れから病気になること。また、薪を背負うことができないほど病が重いということ。自分の病気を謙遜（けんそん）していう表現。「負」は背負う、「憂」は病気の意。

用例 ➡このたびは私の**負薪の憂い**により、関係者の方々に多大なるご迷惑をおかけしましたことをおわび申し上げます。

➡**負薪の憂い**が癒えないところに恩師の訃報が届き、諸行無常の感を強くした。

出典 『礼記《らいき》』曲礼《きょくらい》・下

類義 采薪之憂《さいしんのうれい》／負薪之疾《ふしんのしつ》／負薪之病《ふしんのやまい》

ふ

ふ そく ふ り

不即不離

●主な用途

●つかず離れずの関係をいう

「即(つ)かず離れず」とも読む。二者がくっつきもせず、また離れもしないこと。当たらずさわらずの、あいまいな様子。「不即」は同じものとすることができないこと。「不離」は違うものとすることができないこと。

用例 ➡彼とは、常に行動をともにしていたわけではなく、**不即不離**の間柄だったが、困ったときには頼りになる男だった。

➡二人は職場では**不即不離**の態度だが、実は結婚を約束した仲らしい。

出典 『円覚経《えんがくきょう》』上

類義 形影相同《けいえいそうどう》

ふた また こう やく

二股膏薬

●主な用途

●節操や定見のない人をそしっていう

自分自身の定見がなく、そのとき次第であちらについたりこちらについたり、態度が一定しないこと。また、そのような人。「二股」は両方の内股の意。「膏薬」は練り薬。内股へ膏薬をはって歩くと、左右の足にくっついたり離れたりすることからいう。「膏薬」は「ごうやく」とも読む。

【表現】二股膏薬の人

用例 ➡彼は相当なお調子者だな。必ずその時々で強い方につく。**二股膏薬**と陰でいわれるのも当然だよ。

類義 内股膏薬《うちまたこうやく》

物情騒然
ぶつじょうそうぜん

●主な用途　●世の中が騒がしい様子をいう

世間が騒がしく、人々の心が落ち着かないこと。「物情」とは世の中のありさま。人々の心。「騒然」は騒がしいさま。

【表現】物情騒然とした雰囲気／物情騒然の世の中

用例 ⬇不景気が長引き、金目当ての犯罪が多発する、**物情騒然**とした、実に嘆かわしい世の中になったものだ。

⬇総理が辞任するとの噂(うわさ)が広まり、政界は**物情騒然**としてきた。

類義 物議騒然《ぶつぎそうぜん》／物論囂囂《ぶつろんごうごう》

対義 平穏無事《へいおんぶじ》

不撓不屈
ふとうふくつ

●主な用途　●困難にもくじけない精神力をいう

どんな苦労や困難にもくじけず立ち向かうこと。「撓」はたわむ、曲がる意。

【注】「不倒―」「不到―」は誤り。

【表現】不撓不屈の精神

用例 ⬇からだは小さいながらも、**不撓不屈**の精神で相撲界のトップ、横綱の地位までのぼりつめた。彼の努力と精進には敬意を表さずにはいられない。

⬇今こそ、**不撓不屈**の精神で困難を乗り切るときです。不況でも、どこかに必ずビジネスチャンスはあります。

類義 独立不撓《どくりつふとう》／百折不撓《ひゃくせつふとう》／不屈不撓《ふくつふとう》

不偏不党
ふへんふとう

●主な用途
●中立を保つことを肯定的にいう

かたよることなく公平中立の立場を保つこと。いずれの主義や党派にも属さないこと。「不偏」は偏（かたよ）らないこと。「不党」は特定の党派に属さないこと。

【表現】不偏不党の姿勢

用例➡公教育にたずさわる者が**不偏不党**を貫くのは、当然の努めです。

➡ジャーナリストはまず**不偏不党**を旨とすべきである。特定の政党に有利になるよう世論を誘導することは、断じてあってはならない。

類義 無私無偏《むしむへん》／無偏無党《むへんむとう》

不眠不休
ふみんふきゅう

●主な用途
●休まずに作業するさまを表す

眠ったり休んだりしないこと。また、そのつもりで精いっぱい事に当たること。

用例➡大会が刻々と近づき、思わぬトラブルで進行が大幅に遅れている建設現場では、**不眠不休**の工事が続けられている。

➡大地震の被災地では、いまだに瓦礫（がれき）の下敷きになっていると思われる多数の行方不明者のために、消防隊員やボランティア、他国から派遣された救助隊など多くの人が、**不眠不休**で救助に当たっている。

類義 昼夜兼行《ちゅうやけんこう》／不解衣帯《ふかいいたい》

ぶりょうとうげん
武陵桃源

●主な用途
●陶然とするような理想郷を表す

俗世間とかけ離れた別天地、平穏な理想郷。「武陵」は中国湖南省の地名。「桃源」は世俗を離れた安楽な別天地の意。

【故事】武陵の人が川をさかのぼって桃林に入ると水源があり、その先の洞穴を抜けると秘境があった。そこに住む人々は、秦(しん)の乱を逃れてここにやって来て以降の世の変遷をまったく知らなかったという故事から。

用例 ⬇武陵桃源もかくやと思われるほど、美しい土地だった。

出典 陶淵明《とうえんめい》「桃花源記《とうかげんのき》」

類義 世外桃源《せがいとうげん》

ふろうふし
不老不死

●主な用途
●老いも死もないという夢を表現する

いつまでも年をとらず、死ぬこともないこと。老いることなく永久に生きること。

【表現】不老不死の妙薬

用例 ⬇遺伝子研究により、人間の見果てぬ夢である**不老不死**が現実味をおびてきた。
⬇翁(おきな)と媼(おうな)は、かぐや姫の去った世の中に生き長らえることをよしとせず、**不老不死**の薬を高い山の山頂で焼いてしまった。この山は後に「不二の山」と呼ばれるようになった。

出典 『列子《れっし》』湯問《とうもん》

類義 長生不老《ちょうせいふろう》／不老長寿《ふろうちょうじゅ》

付和雷同《ふわらいどう》

●主な用途
●考えなしに同調することをいう

自分の主義主張を持たず人の言動につられやすいこと。軽々しく人の意見に同調すること。「付和」は、定見がなく、すぐ他人の意見に同調すること。「雷同」は、雷が鳴ると万物がその響きに共振する意。

用例
⬇新政党を設立した友人に**付和雷同**して入党したが、党員が集まらず、そのうちに自分の政治生命自体が危うくなった。
⬇彼は、会議で多数派を占めそうな意見に**付和雷同**してばかりいる。自分の考えというものがあるのだろうか。

類義
阿付雷同《あふらいどう》／唯唯諾諾《いいだくだく》／吠影吠声《はいえいはいせい》

刎頸之交《ふんけいのまじわり》

●主な用途
●命にも代えがたい友情を表す

心を許し合い、深い友情で結ばれた間柄。「刎頸」は首を切ること。相手のためなら首をはねられても悔いはないほどの深い友情。

【故事】趙(ちょう)の廉頗(れんぱ)将軍は名臣の藺相如(りんしょうじょ)を恨んでいたが、相如は二人が争えば強国秦(しん)に有利になると思い廉頗との争いを極力避けた。これを耳にした廉頗は心から謝罪し、以後は生死をともにする深い親交を結んだという故事から。

用例
⬇彼とは**刎頸の交わり**を誓った仲だ。

出典
『史記《しき》』廉頗藺相如伝《れんぱりんしょうじょでん》

類義
管鮑之交《かんぽうのまじわり》／莫逆之友《ばくぎゃくのとも》／刎頸之友《ふんけいのとも》

ふん こつ さい しん

粉骨砕身

●主な用途
●骨身を惜しまぬ努力を表す

「骨を粉にし身を砕く」とも読む。全力をつくして精いっぱい努力すること。骨身を惜しまず苦労して働くこと。

【注】「紛骨―」は誤り。

【表現】粉骨砕身の努力

用例 ⬇祖先が**粉骨砕身**して開拓した土地を、金に換えるとは情けない。

⬇このたび入社いたしました鈴木です。学生時代に培った体力を生かし、**粉骨砕身**努力いたす所存です。

出典 『禅林類纂《ぜんりんるいさん》』

類義 砕骨粉身《さいこつふんしん》／砕身粉骨《さいしんふんこつ》／彫心鏤骨《ちょうしんるこつ》

ふん しょく けっ さん

粉飾決算

●主な用途
●経営をよく見せかける不正な会計

会社などが、経営内容を実際よりもよく見せるために、損益計算などの数字をごまかし、過大または過小に表示する不正な行為。「粉飾」は白粉を塗る意から、よく見せるためにうわべを飾ることで、「扮飾」とも書く。

【注】「紛飾―」は誤り。

用例 ⬇株式上場をあせったためか、**粉飾決算**が露呈して社長退陣という最悪の事態を招くはめになった。

⬇経理部長は、**粉飾決算**による株価対策など、程度の差はあれ、どこの企業でもやっていることだと開き直った。

ふんしょこうじゅ

焚書坑儒

●主な用途
●権力による思想への圧力をいう

言論や思想、学問などを弾圧すること。

【故事】 秦(しん)の始皇帝(しこうてい)は、学者たちの政治批判を抑えるために書物を焼却するよう命じた(焚書)。翌年、この禁令を犯したとして、数百人にのぼる儒者を生き埋めにした(坑儒)という故事から。

用例 ⬇政治家が自分への批判記事を載せた週刊誌を焼いてみせたパフォーマンスは、現代版**焚書坑儒**ではないのか。
⬇今の日本では**焚書坑儒**などなく、各人が自由に自分の思想を著すことができる。

出典 『史記《しき》』秦始皇紀《しんしこうき》

ぶんじんぼっかく

文人墨客

●主な用途
●詩文、書画に親しむ風流人をさす

詩文や書画など風雅なものに親しむ人のこと。「文人」は詩文・書画などに親しむ人。「墨客」は書道家や画家のことで、「ぼっきゃく」とも読む。

【表現】 文人墨客の集い

用例 ⬇大森馬込界隈(かいわい)には多くの**文人墨客**が居を構え、馬込文士村などという呼称も使われた。
⬇私が理想とする**文人墨客**といえば、与謝蕪村(よさぶそん)のほかにはない。いつか彼の足跡をたどる旅がしたいものだ。

類義 詩人墨客《しじんぼっかく》／騒人墨客《そうじんぼっかく》

ぶんぶりょうどう

文武両道

●主な用途
●勉強とスポーツに秀でることをいう

学問と武道。また、その両方にすぐれていること。現代では勉強とスポーツの両方にすぐれていること。「文」は学問。「武」は武道。「両道」は二つの方面の意。

【表現】文武両道に秀でる

用例 ⬇悠子は、成績は学年一位、弓道や剣道でも有段者と、まさに**文武両道**に秀でた頼れる友人です。

⬇「**文武両道**」がわが校の校訓です。人間としてバランスよく成長するためには、文武両方に精進することが重要です。

類義 允文允武《いんぶんいんぶ》／経文緯武《けいぶんいぶ》／文武二道《ぶんぶにどう》

ふんれいどりょく

奮励努力

●主な用途
●「努力」を強調していうさいに用いる

気力を奮い立たせて努め励むこと。「奮励」は気持ちを奮って努めること。同義の「努力」を重ねて強調したもの。

用例 ⬇せめて一科目だけでも学年五位までの成績をとりたいと、数学に的をしぼって**奮励努力**したのですが、なかなか努力が報われないのです。

⬇今期の当社の売り上げは、不況を反映してか七パーセント減という結果となりました。営業部の諸君のいっそうの**奮励努力**を期待します。

類義 精励恪勤《せいれいかっきん》

ふ

弊衣破帽

へいはぼう

●主な用途
●身なりに構わない様子を形容する

身なりに気を使わない粗野でむさ苦しい様子。「弊衣」は「敝衣」とも書き、ぼろぼろに傷んだ衣服のこと。「破帽」は破れた帽子。

用例⬇私の旧制高校時代には、**弊衣破帽**の蛮カラ風の服装が高校生の制服だった。あれも一種の気取りだったんだろうね。男子高校生は、むさ苦しさを競うようなところもあったよ。

⬇**弊衣破帽**とまではいかないが、久しぶりに会う弟の服装はひどいものだった。

類義 破帽弊衣《はぼうへいい》／弊衣破袴《へいいはこ》／敝衣蓬髪《へいいほうはつ》／蓬頭垢面《ほうとうこうめん》

平穏無事

へいおんぶじ

●主な用途
●平和で静かな様子をいう

心配や変事など何もなく穏やかなこと。「平穏」は穏やかなこと。「無事」は変わった事がないこと。

【注】「平隠―」は誤り。

【表現】平穏無事な毎日

用例⬇今回のPTA総会は何とか**平穏無事**に終わりそうでほっとしている。

⬇退職してからは、老妻と二人庭いじりをしたり習い事をしたりと、**平穏無事な**毎日を楽しんでおります。

類義 安穏無事《あんのんぶじ》／無事息災《ぶじそくさい》／無事平穏《ぶじへいおん》

対義 多事多難《たじたなん》／物情騒然《ぶつじょうそうぜん》

へいしん　ていとう
平身低頭

●主な用途　●ひたすら謝罪する様子をいう

ひたすら謝ること。また、恐縮すること。「平身」はからだを前にかがめること。「低頭」は頭を低く下げること。

用例 ➡こちらが間違った部品を納品してしまったせいで、生産ラインを止めざるをえなかった取引先に行き、**平身低頭**して謝ってきました。

➡今回は**平身低頭**して謝りにきても、簡単には許しませんよ。彼らの謝罪はいつも口先だけなんですからね。

類義 三跪九叩《さんききゅうこう》／三拝九拝《さんぱいきゅうはい》／低頭平身《ていとうへいしん》／奴顔婢膝《どがんひしつ》

へんげん　じざい
変幻自在

●主な用途　●変わり身が早いことを形容する

自分の思いのままに、現れたり消えたり変化したりすること。また、変わり身が早いこと。「変幻」は、一瞬のうちに現れたり消えたりすること。「自在」は自分の思い通りの意。

用例 ➡その山にすむ仙人は、自ら調合した秘薬を飲めば、**変幻自在**に鳥獣に変身できると村人たちに信じられていた。

➡あるときは紳士、あるときは老婆と、**変幻自在**の怪盗は、警察の張りめぐらせた捜査網を巧みにかいくぐってまんまと逃げ切った。

類義 神出鬼没《しんしゅつきぼつ》／千変万化《せんぺんばんか》／変幻出没《へんげんしゅつぼつ》

へんげんせきく
片言隻句

●主な用途
●わずかな言葉、短い表現をいう

わずかな言葉。短いほんの一言の表現。「片言」も「隻句」も、少しの言葉の意。同義語を重ねて、意味を強調している。「隻」は一つで、少しの意。「隻句」は「せっく」とも読む。

用例

➡家ではめったに口を開かなかった父だが、しゃべるとその**片言隻句**には、人生の重みが感じられる。

➡教授は**片言隻句**にこだわるので、論文がなかなか先に進まないで困る。

類義 一言半句《いちごんはんく》／片言隻言《へんげんせきげん》／片言隻語《へんげんせきご》／片言《へんげん》隻辞《せきじ》

ぼういんぼうしょく
暴飲暴食

●主な用途
●度が過ぎた飲酒、飲食をいう

飲んだり食べたりすることが度を越していること。「暴飲」は度を過ごして飲むこと。特に酒を飲むことにいう。「暴食」は度を過ごして食べること。「暴」は度を越すこと。

用例

➡残業続きのストレスのためか、**暴飲暴食**して胃を壊してしまった。退院後は、もっとからだをいたわって生活しようと思う。

➡**暴飲暴食**を慎み、適度な運動をし、ほどほどに仕事をするという生活を送ることが、健康のためには大切だ。

類義 牛飲馬食《ぎゅういんばしょく》／鯨飲馬食《げいいんばしょく》

ほうがんびいき

判官贔屓

●主な用途
●弱い者、薄幸な者への肩入れをいう

弱者や薄幸な者に対する同情、応援する気持ち。「判官」は官職名で、ここでは平安末期にその職にあった源義経（みなもとのよしつね）をさす。兄の頼朝（よりとも）に判官職をねたまれ滅ぼされた義経に人々が同情した故事から。「判官」は「はんがん」とも読む。

用例 ⬇観衆は**判官贔屓**もあって、最下位の選手の力泳に、割れんばかりの拍手を送っていた。
⬇日本人は**判官贔屓**だといわれるが、源義経や赤穂浪士のように、実力、実績を伴ったヒーローにあこがれるようだ。

ほうげんこうろん

放言高論

●主な用途
●思いのままに論じ合うさまを表す

思ったことを言いたいように自由に論じること。「放言」は言いたい放題に言うこと。「高論」は声高な議論、またすぐれた議論。

【注】「―口論」は誤り。

用例 ⬇テレビ討論会で**放言高論**するのも結構だが、政治家にとって一番大切なことは、自分の言葉に責任を持ち、それを実行することのはずだ。
⬇あのニュースキャスターは、勝手な**放言高論**が嫌われて、人気が急落した。

出典 『文章軌範《ぶんしょうきはん》』

類義 大言壮語《たいげんそうご》

ほ

ぼうこひょうが

暴虎馮河

●主な用途
●恐いもの知らずの蛮勇をいう

血気にはやって力量も考えず、無謀な振る舞い、向こう見ずな行動をとること。「暴虎」は素手で虎(とら)をなぐること。「馮河」は川を歩いて渡ること。

【故事】孔子が武勇に自信があり血気にはやる弟子の子路(しろ)を、「暴虎馮河の命知らずとは行動をともにしない」と戒めた故事から。

用例 ➡彼は確かに勇ましいが、**暴虎馮河**の振る舞いも多いんだ。

出典 『論語《ろんご》』述而《じゅつじ》

類義 血気之勇《けっきのゆう》／猪突猛進《ちょとつもうしん》／匹夫之勇《ひっぷのゆう》

対義 謹小慎微《きんしょうしんび》

ぼうじゃくぶじん

傍若無人

●主な用途
●まわりを顧みない勝手な行いをいう

「傍(かたわら)に人無きが若(ごと)し」とも読む。人が大勢いるにもかかわらず、そばに人がいないかのように、勝手気ままに振る舞うこと。「傍」は「旁」とも書く。

【故事】秦(しん)の始皇帝の暗殺を試みた荊軻(けいか)が、筑(ちく＝楽器の名)の名手高漸離(こうぜんり)と、市中で酒を飲んでは歌い騒ぎわめいて、まるでそばに人がいないかのように振る舞ったという故事から。

用例 ➡**傍若無人**に振る舞う若者が増えた。

出典 『史記《しき》』刺客伝《しかくでん》・荊軻《けいか》

類義 得手勝手《えてかって》／眼中無人《がんちゅうむじん》／傲岸不遜《ごうがんふそん》

ぼうぜんじしつ
茫然自失

●主な用途
●あっけにとられ我を失う様子をいう

「茫然として自ら失う」とも読む。あっけにとられて、我を忘れてしまうこと。気が抜けてどうしたらよいかわからず、ぼんやりとしてしまうこと。「茫然」はあっけにとられるさま、ぼんやりするさまで、「呆然」とも書く。「自失」は我を忘れること。

用例 ➡重要書類をファクスするはずがシュレッダーにかけてしまい、あっと叫んだきり**茫然自失**して座り込んでしまった。

➡目の前での親友の死に、**茫然自失**して立ちつくすのみだった。

出典 『列子《れっし》』仲尼《ちゅうじ》

ほうていばんり
鵬程万里

●主な用途
●前途はるかな旅路、道のりをいう

遠大な道のり、はるかな旅路のこと。または、海が限りなく広がっているさまの形容。前途洋々のたとえとして用いられることもある。「鵬」は想像上の巨鳥。「程」は道程の意。

用例 ➡三蔵（さんぞう）法師一行は天竺（てんじく）目指して**鵬程万里**の旅を続けた。

➡**鵬程万里**というが、太平洋を越えてロサンゼルスまであんな小さな船で行こうとは、勇気がある若者だね。

出典 『荘子《そうじ》』逍遥遊《しょうようゆう》

類義 前程万里《ぜんていばんり》／万里鵬程《ばんりほうてい》／万里鵬翼《ばんりほうよく》／鵬霄《ほうしょう》万里《ばんり》

ほ

ほ

ほうとうこうめん

蓬頭垢面

●主な用途

●むさくるしく汚い身なりを形容する

乱れた髪と垢(あか)で汚れた顔の意から、身なりに無頓着(むとんちゃく)で、むさ苦しく、汚いさま。また、貧しく疲れ切った様子をもいう。「蓬頭」はよもぎのようにぼさぼさに乱れた髪。「垢面」は垢で汚れた顔で、「くめん」とも読む。

用例 ➡彼は幕末の偉人として人気が高いが、実際は**蓬頭垢面**、その風下には人が立たないほどであったという。

出典 『魏書《ぎしょ》』封軌伝《ほうきでん》

類義 囚首喪面《しゅうしゅそうめん》／弊衣破帽《へいいはぼう》／敝衣蓬髪《へいいほうはつ》／蓬首《ほうしゅ》散帯《さんたい》／蓬頭赤脚《ほうとうせききゃく》／蓬頭乱髪《ほうとうらんぱつ》／蓬髪垢面《ほうはつこうめん》

ほうふくぜっとう

抱腹絶倒

●主な用途

●腹を抱えて大笑いする様子をいう

腹を抱えて大笑いすること。「抱腹」は本来は「捧腹」と書いて、腹を抱えること。「絶倒」は息が切れて倒れるほど笑うこと。

用例 ➡祖父の語る落語は、何度聞いても**抱腹絶倒**のおかしさだ。

➡彼の小説を初めて読んだときは、**抱腹絶倒**してしまった。

➡あのコメディーのおかしさは、**抱腹絶倒**というタイプのものではなく、にやりと笑ったあとでずしりとくるものです。

出典 『史記《しき》』日者伝《にっしゃでん》

類義 呵呵大笑《かかたいしょう》／破顔大笑《はがんたいしょう》／捧腹大笑《ほうふくたいしょう》

ほう　ほん　はん　し
報本反始

●主な用途
●先祖や大自然への感謝の意を表す

「本(もと)に報い、始めに反(かえ)る」とも読む。物事の基本に立ち返ってその恩に対する感謝の念を新たにする。天地や先祖の恩恵や功績に感謝し、これに報いる決意を改めてすること。「本」は、天地、「始」は、祖先の意。

用例 ➡私たちは、人類という長い鎖の輪の最後の一つなのです。**報本反始**の念を忘れないようにしなければなりません。

➡お正月を迎えるたびに、近所の神社で**報本反始**の祈りを捧(ささ)げるのが、わが家の習慣になっている。

出典 『礼記《らいき》』郊特牲《こうとくせい》

ぼう　よう　の　たん
亡羊之嘆

●主な用途
●選択肢が多く迷うさいにいう

学問の道は多方面に分かれており、そのため真理は得がたいものであること。転じて方針が多すぎて、どれを選んでよいか迷うこと。

【故事】 中国戦国時代の思想家楊子(ようし)の隣人の羊が逃げたとき、大勢で追ったが分かれ道が多くつかまえられなかった。楊子は「学問も同じで、道が多方面に分かれているため根本を理解しがたい」と嘆いた故事から。

用例 ➡学問の道はどこまでいっても**亡羊の嘆**であり、きわめることは難しい。

出典 『列子《れっし》』説符《せっぷ》

類義 多岐亡羊《たきぼうよう》／岐路亡羊《きろぼうよう》

ほ

ぼしょくそうぜん

暮色蒼然

●主な用途 ●暮れてゆく夕暮れどきを形容する

あたりが薄暗くなっていく夕暮れどきの様子。「暮色」は夕暮れどきの薄暗い色や景色の意。「蒼然」は夕暮れどきの薄暗い様子。

【表現】暮色蒼然たる景色

用例 ➡スクリーンの中には、晩夏の日暮れどき、**暮色蒼然**たる川端（かわばた）に立つ主人公の哀愁漂う後ろ姿が、いつまでも映し出されていた。

➡**暮色蒼然**とした街を行き交う人々の顔が、クリスマスイブの今日ばかりは明るく輝いている。

類義 蒼然暮色《そうぜんぼしょく》

ほりゅうのしつ

蒲柳之質

●主な用途 ●見るからに弱々しい人を表す

生まれつきからだが弱く、病気がちであること。ほっそりしていてあまり丈夫でない体質のこと。「蒲柳」は、かわやなぎの異名。松や柏（かしわ）に比べて細く、また秋になると先に落葉することから、からだが弱いことにたとえられる。

用例 ➡昔は**蒲柳の質**で、風邪や腹痛で何かと幼稚園を休んでいたのに、今ではすっかり健康になった。

出典 『世説新語《せせつしんご》』言語《げんご》

類義 虚弱体質《きょじゃくたいしつ》／蒲柳之姿《ほりゅうのし》

対義 松柏之姿《しょうはくのし》／松柏之質《しょうはくのしつ》

ほ

本末転倒

ほんまつてんとう

●主な用途
●軽重の判断の誤りを指摘していう

物事の根本的で重要なことと、末端のどうでもよいささいなことを取り違えること。また、先にすべきことを後回しにすること。「本」は根本、「末」は末端のこと。「転倒」は逆さにすることで「顚倒」とも書く。

用例 ⬇美しい海が魅力の土地なのに、それを埋め立ててまで観光客目当ての施設を建設するなど、**本末転倒**もはなはだしい。

⬇家族と幸せに暮らすために働いているはずが、仕事にかまけて家族をないがしろにするなんて**本末転倒**じゃないか。

類義 冠履転倒《かんりてんとう》／釈根灌枝《しゃっこんかんし》／主客転倒《しゅかくてんとう》

満場一致

まんじょういっち

●主な用途
●全員が同意見であることをいう

その場にいる人々全員の意見が一致すること。まったく異議がないこと。「満場」は会場いっぱいに満ちること。その場内の全員の意。

【注】「万場―」は誤り。

【表現】満場一致で決まる

用例 ⬇生徒総会で、校則の改正を学校側に要求していくことが**満場一致**で決まった。

⬇取締役会において、次期社長が**満場一致**で選ばれた。

⬇多数決ではなく、**満場一致**をみるまで話し合うことになった。

類義 全会一致《ぜんかいいっち》

まんしんそうい
満身創痍

●主な用途
●からだ、心が傷だらけの状態をいう

からだ中が傷だらけであること。また、非難を浴びて精神的にひどく痛めつけられること。「満身」は全身の意。「創」「痍」は、ともに傷のこと。

用例 ⬇何せ補欠がいないチームだからね、主将は目がはれているわ、足に怪我(けが)をしているわ、右手は突き指しているわ、まさに**満身創痍**の状態で戦っていたよ。

⬇離婚調停では、お互いの欠点を激しくあげつらうものだから、双方とも**満身創痍**のありさまだったよ。

類義 百孔千瘡《ひゃっこうせんそう》／満身傷痍《まんしんしょうい》

みっかてんか
三日天下

●主な用途
●権力維持が短期間であることをいう

権力を握っている期間が非常に短いこと。

【故事】明智(あけち)光秀が本能寺で織田信長を討って天下を取ったが、十日あまりで豊臣秀吉に討たれたことから。「三日」はごく短い期間のたとえ。「天下」は「でんか」とも読む。

【表現】三日天下に終わる

用例 ⬇破竹の勢いで連勝し首位に立ったが、一週間あまりで二位に後退し、**三日天下**に終わってしまった。

⬇予想外に早い部長の復帰で、次長の**三日天下**も終わりをつげた。

類義 三日大名《みっかだいみょう》

三日坊主《みっかぼうず》

●主な用途
●飽きっぽい人をからかっていう

飽きっぽくて、何をしても途中で投げ出してしまうこと。また、そのような人。「三日」はごく短い期間のたとえ。

用例 ➡息子は何をするのも**三日坊主**でして、習字もそろばんも空手も、一か月ももたずにやめてしまったのですが、サッカーだけは好きなようで今も続けています。

➡どうせまた**三日坊主**に終わるだろうと思っていた妻のジョギングだが、意外にももう半年も続いている。心なしかからだがしまってきたようだ。

類義 三月庭訓《みつきていきん》

名詮自性《みょうせんじしょう》

●主な用途
●名が本質を表すことをいう

名というものは、そのものの本質を表すものであるということ。名と実が相応すること。仏教語。「詮」は備えていること。「自性」はそのものの性質、「自性」は「自称」とも書く。

【注】「めいせん——」「——じせい」は誤り。

用例 ➡**名詮自性**というが、ゴムひもの商品名が「のびーる」なんて、センスないなあ。

➡彼のペンネームは万里野洋っていうんだ。**名詮自性**だと笑っていたけど、確かに彼、まりのように丸いよね。

出典 『成唯識論《じょうゆいしきろん》』二

類義 名実一体《めいじついったい》／名実相応《めいじつそうおう》

未来永劫《みらいえいごう》

●主な用途　●これから先ずっとの意で用いる

これから先ずっと。永遠に。今後、未来にわたって永久に続く長い年月のこと。「劫」は仏教語で、きわめて長い時間の単位。「永劫」は、無限に長い年月のことで「ようごう」とも読む。

用例 ⬇式場で**未来永劫**変わらぬ愛を誓い合ったばかりの二人が、新婚旅行後すぐに離婚してしまうケースが増えている。

⬇ご自分の身をかえりみず、息子を助けてくださったとのこと。このご恩は**未来永劫**忘れません。

類義 万劫末代《まんごうまつだい》／未来永永《みらいえいえい》／未来永久《みらいえいきゅう》

無為徒食《むいとしょく》

●主な用途　●非生産的な食うだけの生活をいう

「為すこと無くして徒(いたず)らに食(くら)う」とも読む。何もしないでただぶらぶらと日を過ごすこと。「無為」は何もしないこと。「徒食」は、働いて稼ぐこともなくいたずらに食べ暮らすこと。

【表現】無為徒食の輩(やから)

用例 ⬇彼らのような金持ちの子弟を、**無為徒食**の輩と呼ぶか、高等遊民と呼ぶかは、人によって分かれるところだ。

⬇失業して、半年ばかり**無為徒食**の日々を送ることを余儀なくされた。

類義 酔生夢死《すいせいむし》／飽食終日《ほうしょくしゅうじつ》

無位無冠（むいむかん）

●主な用途
●地位も役職もないことをいう

何の位階にも官職にも就いていないこと。地位も役職もないこと。「冠」はその人の位を表すかんむり。「無位」「無冠」はともに地位がないことを表す同義語。

用例
⬇あそこでサンドバッグをたたいているボクサーは、今まで**無位無冠**だったのが不思議なくらいの実力者だ。
⬇祖父は**無位無冠**の身でしたが、その親しみやすい人柄で、多くの人から慕われていました。
⬇**無位無冠**でのんびり田舎で暮らしたいが、なかなかそうもいかないようだ。

無為無策（むいむさく）

●主な用途
●適切な策がないことを非難していう

何の対策も処置もとらないまま、ただ手をこまねいて見ていること。「無為」は何もしないこと。「無策」は効果的な方策や方法がないこと。

用例
⬇政府の不況対策が裏目裏目に出て、「これでは**無為無策**も同然」との厳しい批判が相次いだ。
⬇地震に対する適切な防災策を怠ってきた監督省庁の**無為無策**ぶりには、あきれるばかりである。今回の地震災害の半分は人災といえよう。

類義 拱手傍観《きょうしゅぼうかん》／無為無能《むいむのう》

むがむちゅう

無我夢中

●主な用途

●一心に物事を行う様子をいう

物事に熱中して自分を忘れること。一つのことに心を奪われて、ほかのことに気が回らなくなること。

【注】「―無中」は誤り。

用例 ⬇設立した会社を成功させようと、若いころは**無我夢中**で働きました。家に帰るのも一週間に一回あるかないかという有様だったのですから、今思えば妻には申し訳ないことをしました。

⬇「助けて！」という悲鳴を聞き、**無我夢中**で声のした方向に駆けだした。

類義 一意専心《いちいせんしん》／一心不乱《いっしんふらん》

むげいたいしょく

無芸大食

●主な用途

●単に大食らいな人物をさしていう

これという特技や才能もなく、食べることだけは人並み以上であること。また、そのような人。人に対していう場合と、自分を謙遜（けんそん）して用いる場合とがある。

用例 ⬇忘年会では、余興の一つもできない**無芸大食**の私は、すみで小さくなって飲んでいるばかりである。

⬇**無芸大食**とはいうが、最近では大食いもれっきとした一つの芸らしいね。テレビなんかでも、どれだけ食べられるかよく競争しているじゃないか。

類義 飲食之人《いんしょくのひと》／酒嚢飯袋《しゅのうはんたい》

むちもうまい

無知蒙昧

●主な用途　●愚かな人を形容していう

知識や知恵がなく、世の中の道理がわからない愚かなさま。「無知」は知識や知恵のないこと。「蒙」「昧」はともに、道理にくらいこと。「無知」は、「無智」とも書く。

用例 ⬇口の悪い教授は、ゼミの学生を「**無知蒙昧**の輩（やから）」と口癖のように言っているが、あれでなかなか面倒見がよく、卒業生がいつも遊びに来ている。

⬇私のような**無知蒙昧**な人間にも、彼の言い分に筋が通っていないことぐらいはわかります。

類義 愚昧無知《ぐまいむち》／無知無学《むちむがく》／無知無能《むちむのう》

むちゃくちゃ

無茶苦茶

●主な用途　●でたらめな様子を形容していう

筋道がまったく立っていないこと。また、物事のやり方が度を越して激しいさま。「無茶」も「苦茶」もともに当て字。

【表現】 無茶苦茶に忙しい

用例 ⬇放課後四時間練習して勝てなかったからって、今度は六時間の練習だ、なんていう主将は**無茶苦茶**だよ。帰宅が夜中になってしまうよ。

⬇発言に対して彼がいちいち訳のわからない言いがかりをつけるものだから、会議が**無茶苦茶**になってしまった。

類義 滅茶苦茶《めちゃくちゃ》

む

むにむさん
無二無三

●主な用途
●一つのことに打ち込むさまを表す

ただ一つであること。それに代わるものがないこと。転じて、一心不乱に一つのことに打ち込むさま。法華経（ほけきょう）で仏になる道は一乗だけで、二乗も三乗もないという意から。「無三」は「むざん」とも読む。

【表現】無二無三に突進する

用例 ➡これが**無二無三**の道であると信じて、み仏に帰依し、精進してまいりました。

➡受験前の半年は、**無二無三**に机にかじりついて勉強した。

出典 『法華経《ほけきょう》』方便品《ほうべんぼん》

類義 遮二無二《しゃにむに》／唯一無二《ゆいいつむに》

むねんむそう
無念無想

●主な用途
●理想的な無我の境地をいう

無我の境地に入り、心中何も考えないこと。「無念」は、仏教語で、一切の雑念を取り払い、無我の境地に至ること。「無想」は、心に何も思わないこと。

【注】「―夢想」は誤り。

用例 ➡私の人生にもいろいろあったからね。最近は**無念無想**の境地を求めて、毎日座禅を組んでいる。

➡茶道も剣道も同じです。**無念無想**の動きを理想としているのです。

類義 虚気平心《きょきへいしん》

対義 千思万考《せんしばんこう》／多情多恨《たじょうたこん》

むびょうそくさい

無病息災

●主な用途
●健康を感謝または祈願していう

「病(やまい)無く災(わざわ)い息(や)む」とも読む。病気をしないで健康であること。達者でいること。「息災」は仏教語で、仏力で災いを消滅させる意。転じて身体にさわりがなく健康であること。

【表現】無病息災を祈る

用例 ⬇**無病息災**で米寿を迎えられましたのは、ひとえに仏様のお力によるものとありがたく思っております。

⬇五穀豊穣、**無病息災**を祈って、村祭りがはじまった。

類義 一病息災《いちびょうそくさい》／息災延命《そくさいえんめい》／無事息災《ぶじそくさい》

むみかんそう

無味乾燥

●主な用途
●面白味や趣に欠けるさまを形容する

何の味わいも面白みもないこと。味もそっけもなく情趣が感じられないこと。「無味」は味わいがないこと。「乾燥」はうるおいがないこと。

【表現】無味乾燥な毎日

用例 ⬇われわれには**無味乾燥**なものとしか思えない六法全書も、弁護士にとっては心が躍動するような書物だというのだから、やはり向き不向きというものはあるものだね。

⬇**無味乾燥**な毎日を変えるために、とりあえずスポーツクラブに入会した。

む　みょうぢょう　や

無明長夜

●主な用途

●煩悩にとらわれている状態をいう

衆生が煩悩にとらわれ、なかなか悟りの境地に入れないこと。「無明」は、仏教の三惑の一つで、邪心があるために真理にくらいこと。これを長い夜にたとえていった。

用例⬇煩悩からはなかなか脱却できないもので、この年になっても**無明長夜**を抜け出して無我の境地に至ることはできそうもありません。

⬇**無明長夜**におります私どもでも、一心不乱にお祈りをすれば、いつか悟りの境地に達することができるのでしょうか。

類義 無明之闇《むみょうのやみ》

む　よう　の　よう

無用之用

●主な用途

●無用と思われたものの働きをいう

役に立たないと思っていたものでも活用の仕方次第で、重要な働きをすることがあるということ。また、無用に見えるものに、実際は人間の知見を超えた働きがあるという意。「無用」は役に立つような働きがないこと。「用」は逆に役に立っていること。

用例⬇現代社会では、一見して有用なものばかりがもてはやされ、**無用の用**という徳は失われてしまったようである。

出典 『老子《ろうし》』一一

類義 不用之用《ふようのよう》

対義 有用之用《ゆうようのよう》

むよくてんたん

無欲恬淡

●主な用途
●欲のないことをほめていう

あっさりとして欲がなく、物にこだわらないこと。「恬淡」は、心が静かで欲や執着心がないこと。「恬澹」「恬憺」とも書く。

用例 ⬇彼は**無欲恬淡**な人柄で、広大な土地を有効利用して金儲けをしようなどという気持ちはないようだ。空き地を開放して子どもたちの遊ぶがままにしている。

⬇うちの夫、**無欲恬淡**に見えるらしいけど、あれって本当は計算高い演技なのよね。他の人にほめられるたびに複雑な心境だわ。

類義 雲心月性《うんしんげっせい》

むりおうじょう

無理往生

●主な用途
●他人に無理強いすることをいう

強引に自分の言動に従わせること。「無理」は道理に外れることを強引に行う意。「往生」は、本来「圧状」と書き、人をおどして自分の都合に合わせて書かせた文書。

【注】「—住生」は誤り。

用例 ⬇部長と一緒に飲みに行くのは気が進まないんだ。なぜって飲めない人にも**無理往生**させるから嫌なんだよね。

⬇**無理往生**に納得させて、故郷へ帰したはずの弟子が、どうしても修行を続けたいと、舞い戻ってきてしまった。

類義 無理《むり》無体《むたい》

無理算段

むりさんだん

●主な用途 ●何とかして融通をつけるさまを表す

何とかやりくりして、金銭の都合をつけたり、物事の決着をつけたりすること。「無理」は苦しくとも強引に実行すること。「算段」は方法を工夫すること。

用例 ↓**無理算段**して手に入れた絵画だったが、父の事業の失敗で、それすらも手放さなくてはならないことになった。

↓**無理算段**の末、何とか部品を調達し、期日までに納品することができた。

↓これまでの借金は**無理算段**して何とか返したが、今月は受注が減ってしまってまた借金をしなければならない。

無理難題

むりなんだい

●主な用途 ●実現できないほど無理な要求を表す

道理に合わない要求や言いがかり、解決しがたい難しい問題。「難題」は、言いがかり、解決が困難な問題。

【表現】無理難題をふっかける

用例 ↓クライアントがこの期に及んでそんな**無理難題**を言ってくるのは、契約を破棄させたいからじゃないのか。

↓洋の東西を問わず、昔の伝説には**無理難題**をふっかける怪物や精霊が出てくるが、それらは理不尽な自然の象徴なのではないだろうか。

類義 無理無体《むりむたい》／無理無法《むりむほう》

む

めいきょうしすい

明鏡止水

●主な用途
●晴れ晴れと澄み切った心境をいう

邪心のない、明るく澄み切った静かな心境。「明鏡」は一点の曇りもない鏡で「めいけい」とも読む。「止水」は流れが静止して澄み切った水のこと。

【表現】明鏡止水の境地

用例 ⬇退職した現在は、**明鏡止水**の境地で静かに暮らしております。

⬇常時**明鏡止水**の心境で、だれにも恥じることのない人生をおくりたいものだ。

出典 『荘子《そうじ》』徳充符《とくじゅうふ》

類義 虚心坦懐《きょしんたんかい》／光風霽月《こうふうせいげつ》

対義 疑心暗鬼《ぎしんあんき》

めいそうじょうき

明窓浄机

●主な用途
●整理整頓された清潔な書斎のこと

明るく清潔できれいな書斎をたとえていう。また落ち着いて勉学に専念できる場所。「浄机」は「浄几」とも書き、塵（ちり）一つないな机。勉学に励むためには、清潔できれいな環境も大切だという意味でも用いられる。

用例 ⬇勉学に対する心構えは書斎の有様にも表れる。**明窓浄机**を心がけなさい。

⬇書斎じゅう本やら何やら転がっていて**明窓浄机**にはほど遠い状態だけど、こうじゃないと原稿が進まないんだ。

出典 欧陽脩《おうようしゅう》「試筆《しひつ》」

類義 窓明几潔《そうめいきけつ》

め

めいてつほしん

明哲保身

●主な用途　●賢明な判断による保身をいう

「明哲、身(み)を保つ」とも読む。賢い人は、物事の道理に通じており、危険を避けて安全を保つということ。また、保身に重点を置き、身の安全を保って要領よく生きる処世術の意味で使われることもある。「明哲」は賢くて物事の道理に明るいこと。

用例 ➡**明哲保身**といいます。ここは、情勢を見守るのが得策です。

➡**明哲保身**をうそぶく若者よりは、蛮勇のある若者のほうが好きだね。

出典 『詩経《しきょう》』大雅《たいが》・烝民《じょうみん》

類義 明哲防身《めいてつぼうしん》

めいぼうこうし

明眸皓歯

●主な用途　●清らかな美人を表現する

美しく澄んだ瞳(ひとみ)と白く輝く歯。美人の形容。「明眸」は明るく清らかに澄んだ瞳。「皓歯」は白くてきれいな歯のこと。唐の詩人杜甫(とほ)が、玄宗(げんそう)皇帝の寵姫(ちょうき)楊貴妃(ようきひ)をしのんだ詩「哀江頭(あいこうとう)」の中で、その美貌(びぼう)をたたえた言葉として有名になった。

用例 ➡京子さんは**明眸皓歯**の誉れ高く、男子学生のあこがれの的だった。

出典 曹植《そうしょく》「洛神賦《らくしんのふ》」

類義 蛾眉皓歯《がびこうし》／朱唇皓歯《しゅしんこうし》／仙姿玉質《せんしぎょくしつ》／氷《ひょう》肌玉骨《きぎょっこつ》

め

明明白白

めい めい はく はく

●主な用途
●疑う余地がない明白なことをいう

非常にはっきりしていて、疑う余地がまったくないこと。「明白」を重ねて意味を強調した語。

用例 ➡あんなに**明明白白**な証拠を見せられてなお、言い逃れようとする彼女の態度にはまったくあきれるほかはないよ。あれで分別盛りの大人といえるかね。

➡物証が揃っていて、いくら否認を続けても、彼の犯行は**明明白白**。冤罪（えんざい）の可能性などまったくない。

類義 一目瞭然《いちもくりょうぜん》

対義 曖昧模糊《あいまいもこ》／五里霧中《ごりむちゅう》／渾渾沌沌《こんこんとんとん》

名誉挽回

めい よ ばん かい

●主な用途
●自力で信用を回復することをいう

失った信用や名声をその後の行いによって取り戻すこと。「挽回」はもとに引き戻すこと。

【注】「―晩回」は誤り。

【表現】名誉挽回をはかる

用例 ➡今回の不祥事により歴史に汚点を残した大企業の**名誉挽回**は、収賄体質が全社に浸透していることもあり、困難をきわめるものと思われる。

➡片思いの相手に騎馬戦でみっともないところを見られたので、**名誉挽回**のために徒競走ではがんばった。

類義 名誉回復《めいよかいふく》／面目一新《めんもくいっしん》

めっ し ほう こう
滅私奉公

●主な用途
●私欲を捨て主人に仕えるさまを表す

自分の利益や欲望を捨て、国や主人のために尽くすこと。「滅私」は私心を捨てること。「奉公」は国や社会など、公（おおやけ）に仕えること。「奉公」は「ぼうこう」とも読む。

用例 ➡主君に**滅私奉公**することが武士の本分であると教えられて育ったが、疑いの気持ちが頭をもたげてきた。

➡思えばそれは、時代が彼らに求めた**滅私奉公**だったのだが、現代に生きる若者たちには、到底理解できる類のものではないだろう。

類義 奉公克己《ほうこうこっき》／奉公守法《ほうこうしゅほう》

めん きょ かい でん
免許皆伝

●主な用途
●奥義をきわめることをいう

武芸や芸事などの極意を、師匠が弟子に残らず伝えること。「免」「許」はともに許すこと、許可すること。「皆伝」は師から奥義をすべて伝えること。

【表現】免許皆伝の腕前

用例 ➡この道場では、**免許皆伝**の弟子は、たった三人しかいない。よほど奥の深い武道なのだろう。

➡きみが僕のところで陶芸を習い始めてから十五年にもなるね。もう君に教えることは何もない。**免許皆伝**だよ。これからは自分で工夫をしてみなさい。

め

めんじゅうふくはい

面従腹背

●主な用途

●表面だけへつらう人の態度を表す

面と向かっては服従しているように見せながら、腹の中では背いている様子。「面従」は面前でへつらい従うこと。「腹背」は心の中で背くこと。

【表現】面従腹背の徒

用例⬇君の社長に対する**面従腹背**ぶりは、あまりにも見え透いていて見ていて恥ずかしくなる。

⬇大きな賞をとって以来、僕のまわりには**面従腹背**の輩(やから)ばかり集まってくるようで人間が信用できなくなったよ。

類義　面従後言《めんじゅうこうげん》／面従背毀《めんじゅうはいき》／面従腹誹《めんじゅうふくひ》

めんぺきくねん

面壁九年

●主な用途

●苦労の末の成果を誇っていう

一つの目的に専念して、長い間根気強く努めること。志を捨てずに我慢強く耐えること。

【故事】中国嵩山(すうざん)少林寺で、達磨大師(だるまだいし)が九年間壁に向かって座禅を組み続け、ついに悟りを開いたという故事から。

用例⬇**面壁九年**の末、ようやく大御所に執筆を引き受けてもらえた。

⬇予算を食うばかりで成果が上がらないで随分苦労したが、**面壁九年**、ようやく研究が完成した。

出典　『景徳伝灯録《けいとくでんとうろく》』三

め

面目躍如

めんもくやくじょ

●主な用途
●評価を上げる大活躍についていう

世間の評価の通り、またそれ以上の活躍をすること。評価を上げる実績を残した人に対して用いる。また、人前で生き生きとしているさま。「面目」は世間に対する体面の意で「めんぼく」とも読む。「躍如」は生き生きとしたさま。

用例 ➡怪我(けが)から復帰した途端の大活躍は、まさに昨年首位打者の実力発揮という**面目躍如**たるものがある。

➡今度の映画での彼の演技は、演技派としての**面目躍如**の観がある。

類義 名誉挽回《めいよばんかい》／面目一新《めんもくいっしん》

盲亀浮木

もうきふぼく

●主な用途
●容易に出会えないことを形容する

めったに出会えないこと。会うことが容易ではないこと。百年に一度だけ水面に浮かび上がる盲目の亀が、漂(ただよ)っている浮木のたった一つの穴に入ろうとしても、容易に入れるものではないという、仏典にある比喩(ひゆ)から。もとは、人間として生まれることは難しく、仏法の教えに巡り会うことは、さらに難しいということをたとえたもの。

用例 ➡このアイデアを理解してくれる企業を探すのは、**盲亀浮木**のような気がする。

出典 『北本涅槃経《ほくほんねはんぎょう》』二

類義 千載一遇《せんざいいちぐう》／曇華一現《どんげいちげん》

も

孟母三遷

もうぼさんせん

●主な用途
●教育には住環境が大切なことをいう

身のまわりの物事から影響を受けやすい子どものために、環境を選ぶことが大切であるという教え。また子どもの教育に労を惜しまないことのたとえ。「遷」は移る、転居する意。

【故事】孟子の母が、墓地の近くから市場の近くへ、さらに学校の近くへと三度も住居を移して、孟子の教育のためによい環境を得ようとしたという故事から。

用例 ➡**孟母三遷**ではないけど、子どもがのびのび遊べるように田舎へ転居するよ。

出典 『列女伝《れつじょでん》』鄒孟軻母《すうもうかぼ》

類義 慈母三遷《じぼさんせん》／孟母三居《もうぼさんきょ》

孟母断機

もうぼだんき

●主な用途
●中途挫折の愚を戒めていう

学問や物事を中途でやめては何もならないという戒め。「機」は織物のこと。

【故事】孟子が学業半ばで故郷に帰ると、孟子の母は織りかけの織物の布を断ち切って、学業を中途でやめることはこの断機と同じで、何の役にも立たないと戒め、元の師の処へ帰らせたという故事から。

【表現】孟母断機の教え

用例 ➡修行がきついからやめようなんて。**孟母断機**の教えを思い出しなさい。

出典 『列女伝《れつじょでん》』鄒孟軻母《すうもうかぼ》

類義 断機之戒《だんきのいましめ》

もうもくふそ
網目不疎

●主な用途
●よく整備されている法律をいう

「網目疎ならず」とも読む。「網目」は網の目。「不疎」は、まばら(疎)でない、つまり細かいこと。転じて、法令が厳密で抜け道がないこと。法の網の目が細かくて、網をくぐり抜けられないたとえ。

用例 ⬇**網目不疎**というだろう。悪いことには手を出さないことが得策さ。
⬇政治家自身が法律の抜け道を使って私腹を肥やすんだから、**網目不疎**など期待できるわけがないよ。

出典 『世説新語《せせつしんご》』言語《げんご》

類義 天網恢恢《てんもうかいかい》／天罰覿面《てんばつてきめん》

もんがいふしゅつ
門外不出

●主な用途
●秘蔵している品物をさしていう

貴重なものを厳重に保管して、他の人に見せたりもち出したりしないこと。美術品や秘伝書などについて用いる。

【表現】門外不出の奥義／門外不出の家宝

用例 ⬇寺院の奥深くに保管されていた**門外不出**の曼陀羅（まんだら）が、寺院の火災とともに焼失してしまった。複製もなく関係者の落胆は非常に深い。
⬇当工房独自の染色技術を記した秘伝の書は、**門外不出**となっております。おいで頂いても残念ながらお見せすることはできません。

もんこかいほう
門戸開放

●主な用途
●自由に入れるようになることをいう

組織や場所などへの出入りや入会の制限をなくすこと。また、外国に対し市場を開放して、自由に経済活動を行わせること。「門戸」は門と戸のこと。家の出入り口。

【注】「—解放」は誤り。

【表現】門戸開放を迫る／門戸開放を求める

用例 ➡戦後、大学の多くが女子にも**門戸開放**し、法曹(ほうそう)界にも多くの女性を輩出することになった。

➡入会金が高いので有名だった名門スポーツクラブも、昨今の不況で広く**門戸開放**せざるを得なくなったようだ。

もんぜんじゃくら
門前雀羅

●主な用途
●人気がない状態を形容する

訪れる人もなくひっそりとして寂しいさま。「雀羅」は雀(すずめ)をとるためのかすみ網。人気や勢いがなくなり、門前は閑散としてだれもおらず、雀だけが網を張れば容易に捕えられるほど群がっているさま。

【表現】門前雀羅を張る

用例 ➡官職を退いてからはまったく**門前雀羅**を張るありさまであった。

➡世間とは現金なもので、落選した後は**門前雀羅**を張る状態だ。

出典 『史記《しき》』汲黯伝《きゅうあんでん》

対義 門前成市《もんぜんせいし》

もんぜんせいし

門前成市

●主な用途
●非常に人気のある状態を形容する

「門前市（いち）を成（な）す」とも読む。門の前に大勢の人が集まって、まるで市場のように盛況を呈するさま。人が多く押し寄せ集まっているさまを形容したもの。「成市」は市場のように人々が多く集まっていること。

用例 ➡突然の婚約発表で女優の自宅前は**門前成市**の様相を呈しています。
➡当選したとたんに**門前成市**の活況か。世間って現金なものだね。

出典 『戦国策《せんごくさく》』斉策《せいさく》

類義 門巷塡隘《もんこうてんあい》／千客万来《せんきゃくばんらい》

対義 門前雀羅《もんぜんじゃくら》

もんどうむよう

問答無用

●主な用途
●不必要な話し合いを打ち切る言葉

話し合いが無意味であること。話し合っても意味がないと、相手を黙らせる場合などに用いる。「無用」は用がない、役に立たないという意。

用例 ➡彼は口答えする生徒に**問答無用**と殴りかかりたくなる気持ちを抑えた。
➡学校の持ちもの検査で、持ってきてはいけないゲームを発見され**問答無用**でとり上げられてしまった。
➡交際相手の実家にあいさつに行ったら、**問答無用**で玄関払いされてしまった。

類義 問答無益《もんどうむえき》

薬石無効

やくせきむこう

●主な用途
●治療の甲斐なく病死したさいにいう

「薬石効無(な)し」とも読む。薬や医者の手当ても効果があがらないこと。あらゆる手をつくしたが、死んでしまうことで、人の死について用いる。「薬」は薬草。「石」は中国古代の石鍼(いしばり)のこと。「薬石」は、これらを使って治療すること。

用例⬇昨年倒れて以来入院しておりました父が、**薬石無効**にて一昨日永眠いたしました。生前のご厚情に深く感謝いたします。

⬇従姉妹がガンで亡くなった。若いため進行も速く、**薬石無効**、発見から一か月の命だったらしい。

夜郎自大

やろうじだい

●主な用途
●身のほど知らずな者をたとえていう

自分の力量が劣っていることも知らずにいばること。またそのような人。「夜郎」は中国漢の時代の西南の地の部族の名。「自大」は自分を大きく見せ、尊大な態度をとること。

【故事】漢の使いが来たとき、漢が強大国であることを知らない夜郎の王が、自国と漢ではどちらが大きいのかを尋ねたという故事から。

【注】「野郎―」は誤り。

用例⬇社内では名うての彼だが、業界全体から見れば所詮**夜郎自大**にすぎない。

出典『史記《しき》』西南夷伝《せいなんいでん》

類義井底之蛙《せいていのあ》/唯我独尊《ゆいがどくそん》/遼東之豕《りょうとうのいのこ》

や

ゆいいつむに

唯一無二

●主な用途
●二つとない大切なものをいう

この世でただ一つのもの。かけがえがないほど貴重なもののこと。「唯一」「無二」は、ともに二つとないことを表す類義語で、重ねることで意味を強調している。

【表現】唯一無二の親友／唯一無二の珍品

用例 ⬇この世に二つとない、まさしく**唯一無二**の珍品をオークションで競り落とすことができました。

⬇彼女は私の**唯一無二**の親友です。お互いに隠し事もせず、気取る必要もない友人は彼女だけです。

類義 不同不二《ふどうふじ》／唯一不二《ゆいいつふじ》

ゆいがどくそん

唯我独尊

●主な用途
●自分が一番とうぬぼれることをいう

この世に自分よりすぐれた者はいない、自分が一番偉いとうぬぼれること。もとは、釈迦(しゃか)が生まれたとき、七歩歩いて天地を指さし、「天上天下唯我独尊(てんじょうてんげゆいがどくそん)」と唱え、自分の尊厳さを表明したということから。

用例 ⬇実力もない人が、**唯我独尊**の態度をとるのは見苦しい。

⬇彼は**唯我独尊**で、人の意見にまったく耳を貸さないからつきあいにくいよ。

出典 『景徳伝灯録《けいとくでんとうろく》』

類義 夜郎自大《やろうじだい》／遼東之豕《りょうとうのいのこ》

ゆ

ゆう おう まい しん

勇往邁進

●主な用途
●勇ましく目的に向かう様子をいう

困難をものともせず目的に向かってひたすら突き進むこと。「勇往」はためらわずに突き進むこと。「邁進」はひるまずに進むこと。

用例⬇慣れない異国の地で、**勇往邁進**、仕事に励んだビジネスマンの努力が、現在の日本の繁栄を陰で支えてきた。

⬇彼は荒廃した国土を復興するために**勇往邁進**した。不幸にも志半ばで倒れたが、その波瀾万丈の人生は、いまだに国民から広い支持を得ている。

類義 直往邁進《ちょくおうまいしん》／猪突猛進《ちょとつもうしん》／勇往直前《ゆうおうちょくぜん》／勇往《ゆうおう》猛進《もうしん》／勇猛邁進《ゆうもうまいしん》

ゆう き りん りん

勇気凜凜

●主な用途
●りりしく勇ましい様子を形容する

失敗や危険を恐れず、勇敢に立ち向かっていこうとするさま。「凜凜」はりりしく勇ましいさま。

【表現】勇気凜凜たる若者

用例⬇桃太郎は大きくなると、かなうものがないほど強くなりました。そしてある日、おばあさんのつくってくれたきびだんごを腰につけると、**勇気凜凜**鬼ヶ島を目指して出発しました。

⬇敵地のど真ん中にあってなお**勇気凜凜**と出で立つ若武者こそだれあろう、九郎判官源義経であった。

有言実行《ゆうげんじっこう》

●主な用途　●言ったことを守る態度をほめていう

いったん口にしたら必ず実行するという意味。「不言実行」をもじってできた語。

用例⬇口だけ達者で実行が伴わない人はいくらでもいるが、彼はいったん言ったことは必ず実行する**有言実行**の人だから、みなの信頼が厚い。

⬇政治家は**有言実行**の人であるべきだね。「人を動かす力」ということでいえば、不言実行型は有言実行型よりは影響力は落ちると思うな。

類義　言行一致《げんこういっち》

対義　不言実行《ふげんじっこう》

有終之美《ゆうしゅうのび》

●主な用途　●みごとな締めくくりを賞賛する

物事を最後まで立派に成しとげ、みごとに締めくくること。終わりをまっとうすること。「有終」は最後をまっとうすること。

【表現】有終の美を飾る

用例⬇昨夜の引退試合はすごかったね。現役の最終打席が逆転満塁サヨナラホームランだなんて、まさに**有終の美**。華やかな彼にふさわしい最後だったよ。

⬇社長は今度のイベントの陣頭指揮をとり、それを成功させて**有終の美**を飾ってから辞任する決意らしい。

類義　有終完美《ゆうしゅうかんび》

ゆうじゅう ふ だん

優柔不断

●主な用途

●煮え切らない態度をさしていう

ぐずぐずとして態度がはっきりとせず、なかなか決断を下さないこと。「優柔」はぐずぐずとはっきりしないさま。「不断」はぐずぐずと決断力に乏しいこと。

用例 ↓本当に彼ったら**優柔不断**で時々あきれちゃうわ。今日なんか喫茶店で、コーヒーをアイスにするかホットにするかで十分も迷ってたのよ。

↓息子は**優柔不断**に見えてあれでなかなか決断力があるんだよ。

類義 意志薄弱《いしはくじゃく》／優柔寡断《ゆうじゅうかだん》／優游不断《ゆうゆうふだん》

対義 剛毅果断《ごうきかだん》／勇猛果敢《ゆうもうかかん》

ゆうしょうれっ ぱい

優勝劣敗

●主な用途

●生存競争の厳しさを表す

力のまさっているものが勝ち、劣っているものが敗れること。生存競争の結果、強者が栄え、弱者が衰え滅びていくことをいう。

用例 ↓中国などから安くてよい製品が次々に入ってくる**優勝劣敗**の厳しい状況で、昔のやり方に固執しているようでは、生き残ってはいけない。

↓ビジネス社会は**優勝劣敗**というけれど、日本はまだまだだね。年功序列や終身雇用制が崩壊したこれからが本当の生存競争の時代だと思うよ。

類義 自然淘汰《しぜんとうた》／弱肉強食《じゃくにくきょうしょく》／適者生存《てきしゃせいぞん》

ゆうずうむげ

融通無碍

●主な用途
●自由で柔軟な考え方、行動をいう

ものにとらわれない、自由でのびのびとした考え方や行動のこと。「融通」は滞りなく通りがよいこと。「無碍」は障害のないこと。「無碍」は「無礙」とも書く。

用例 ⬇年を取ると今までのやり方を変えたり新しい考え方を取り入れたりすることに抵抗を覚えがちなので、努めて**融通無碍**であろうと心がけている。

⬇一つの教え方で生徒全員が同じように理解できるはずがない。君はもっと**融通無碍**に生徒に接するべきではないか。

類義 無碍自在《むげじざい》／融通自在《ゆうずうじざい》

ゆうそくこじつ

有職故実

●主な用途
●古くからのしきたり、規則をいう

朝廷や公家、武家などの社会で昔から行われてきた儀式や制度、行事などの先例。また、それらを研究する学問のこと。転じて一般社会においても、組織における古いしきたりの意味に用いることもある。「有職」はその道に明るい人。「ゆうしょく」「ゆうそこ」とも読む。もとは「有識」と書いた。「故実」は古来からの儀式・制度・作法のこと。

用例 ⬇**有職故実**にのっとって行われた儀式の荘厳さと優雅さに、文化の深みを感じた。

⬇課長はわが社の**有職故実**に詳しく、行事には欠かせない人物らしい。

有名無実
ゆうめいむじつ

●主な用途
●評判と実際に開きがあるさまをいう

名前ばかり立派で実質・実体の伴わないこと。評判や肩書きのわりに実力・実態がないものをさしていう。また、集団・組織・規則などが形ばかりのものになっていること。

用例 ⬇人事異動で、「課長代理」になったが、部下もいなければ実権もない、いわば**有名無実**の肩書きだ。

⬇文化祭反省委員会といっても、お菓子を持ち寄って噂(うわさ)話をしているばかりの委員会じゃ**有名無実**もいいとこだ。

出典 『国語《こくご》』晋語《しんご》・八

類義 有名亡実《ゆうめいぼうじつ》／名存実亡《めいそんじつぼう》

勇猛果敢
ゆうもうかかん

●主な用途
●勇ましく立ち向かう様子をいう

勇ましくて力強く、決断力に富んでいること。またそのような人。「勇猛」は勇ましくて猛々しいさま。「果敢」は決断力があって大胆に実行すること。

【表現】勇猛果敢に攻め立てる

用例 ⬇わがチームのモットーは、「**勇猛果敢**」です。その通り今大会では強豪相手にもひるむことなく攻め立てました。

⬇この危機を乗り切るには、綿密な戦略と**勇猛果敢**な実行力が必要不可欠だ。

出典 『漢書《かんじょ》』翟方進伝《てきほうしんでん》

類義 剛毅果断《ごうきかだん》

悠悠自適
ゆう ゆう じ てき

●主な用途
●のんびりした気ままな生活をいう

世間に煩わされず、あるいは世俗を避けてのんびり自由気ままに生きること。「悠悠」は「優遊」「優游」とも書き、のんびりと余裕を持っているさま。「自適」は、何事にもとらわれず、思いのままに生きること。

用例 ⬇退職後は、趣味の園芸や陶芸に精を出したり、妻から料理を学んだりして**悠悠自適**の生活をするつもりです。

⬇**悠悠自適**な暮らしは僕には合わないな。忙しくしているほうが気が楽だよ。

類義 採薪汲水《さいしんきゅうすい》／悠然自得《ゆうぜんじとく》／悠悠閑閑《ゆうゆうかんかん》／悠悠《ゆうゆう》自得《じとく》

油断大敵
ゆ だん たい てき

●主な用途
●気のゆるみが失敗を招くという戒め

少しの気のゆるみが大きな失敗のもととなること。油断を大敵として警戒せよという戒め。「油断」は仏教語で、注意を怠ること。

【故事】昔、ある王が、家来に油の鉢（はち）を持たせ、油一滴でもこぼしたら死罪に処すと言ったという『涅槃経』の中にある寓話から。

用例 ⬇対戦相手が無名校といっても**油断大敵**だ。心を引き締めて試合に臨もう。

⬇作業に慣れたころが**油断大敵**で、怪我（けが）をしがちだから気をつけよう。

出典 『涅槃経《ねはんぎょう》』

類義 油断強敵《ゆだんごうてき》

よいんじょうじょう

余韻嫋嫋

●主な用途
●終わってからも続く情感を表す

音が鳴りやんでも、なお残るかすかな響き。また、その音が長くかすかに続くこと。印象深い出来事や、すぐれた詩文や音楽などがもたらす余情をいう。「嫋嫋」は音声が細く長く続くさま。「余韻」は「余音」とも書く。

用例 ↓芝居の幕が下り、席を立つ人もおしゃべりを始める人もいない**余韻嫋嫋**とした静けさが、一転万雷の拍手に変わった。

↓私は杜甫(とほ)の詩を愛読している。わずか二十字の詩から呼び起こされる**余韻嫋嫋**たる情趣は、読み返すたびにより いっそう深くなるばかりである。

ようい　しゅうとう

用意周到

●主な用途
●準備がすべて怠りないさまをいう

「意を用（もち）うること周（あまね）く到（いた）る」とも読む。すみずみまで準備や心配りが行き届いていて、不備のないこと。「用意」は心遣い。「周到」は十分に行き届いていてぬかりがないこと。

【注】「—周倒」は誤り。

【表現】用意周到な計画

用例 ↓レインコートに傘に長靴、扇子に日傘にさらに虫除けスプレーまでロッカーにおいておくなんて、**用意周到**だね。

↓学生時代から**用意周到**で知られていた彼だけに同窓会の幹事には適役だろう。

妖怪変化《ようかいへんげ》

●主な用途 ●人間の理解を超えた化け物をいう

人間の常識ではとても理解できない不思議な現象を引き起こす化け物。「妖怪」「変化」は、ともに化け物のこと。

【表現】妖怪変化の類（たぐい）

用例 ➡何百年も前の絵に、人間の漠然とした恐怖心を具現化した**妖怪変化**が、異形の群として描かれている。

➡今にも**妖怪変化**が現れそうな雰囲気に子どもが泣き出してしまった。

➡**妖怪変化**のしわざに違いないと、村の古老が言った。

類義 魑魅魍魎《ちみもうりょう》

用行舎蔵《ようこうしゃぞう》

●主な用途 ●出処進退の時期が適切な人をいう

「用いらるれば行（おこな）い舎（す）てらるれば蔵（かく）る」とも読む。自分の能力を知り、出処進退をわきまえていること。すぐれた君主に認められれば世に出て自分の理想を行い、捨てられればその身を隠して静かに暮らし、時機を待つということ。「舎」は捨てる意。「舎蔵」は、「捨蔵」とも書く。

【表現】用行舎蔵をわきまえる

用例 ➡**用行舎蔵**をわきまえた彼のような人物こそが、重用するに足る部下といえる。

出典 『論語《ろんご》』述而《じゅつじ》

類義 出処進退《しゅっしょしんたい》／用舎行蔵《ようしゃこうぞう》

ようしたんれい
容姿端麗

●主な用途　●姿かたちが整っていることをいう

姿かたちが整っていて美しいこと。「端麗」は整っていて美しいさま。

用例 ⬇新しく赴任してきた英会話の講師は、背も高く**容姿端麗**で、たちまち生徒たちの人気を集めたが、それを快く思わない教師からは、冷淡な態度をとられた。

⬇実力はまだまだ未知数の新人俳優だが、**容姿端麗**でもあるし、すぐに人気は出るに違いない。でも、この世界は決して甘くないからね。あとは本人がいかに努力をするかで決まると思うよ。

類義 姿色端麗《ししょくたんれい》／眉目秀麗《びもくしゅうれい》

ようとうくにく
羊頭狗肉

●主な用途　●看板に偽りのあるさまをさす

「羊頭を懸（か）けて狗肉を売る」の略。見かけや宣伝に実質が伴わないたとえ。見かけ倒し。羊の頭を看板に掲げておきながら、実際には犬の肉を売ること。「狗」は犬のこと。

用例 ⬇三つ星レストランにいたシェフの店というから期待して行ったのに、あれでは**羊頭狗肉**と同じだ。

⬇一般公募のコンテストだといって募集しながら、事前にグランプリは決まっていたらしい。**羊頭狗肉**とはこのことだ。

出典 『晏子春秋《あんししゅんじゅう》』雑《ざつ》・下

類義 牛首馬肉《ぎゅうしゅばにく》／羊質虎皮《ようしつこひ》／羊頭馬脯《ようとうばほ》

ようぼうかいい
容貌魁偉

●主な用途
●見るからに強そうな大男を形容する

顔つきや、からだが堂々としてたくましいさま。偉丈夫(いじょうぶ)。「魁」は大きいこと、「偉」は堂々としたさま。

【注】「―怪異」と書くのは誤り。

用例 ⬇**容貌魁偉**な弁慶(べんけい)が、小柄な牛若丸(うしわかまる)に翻弄(ほんろう)されて負けるという図は、日本人好みの絵柄なのであろう。

⬇私たちの眼前にいる**容貌魁偉**を絵に描いたような大男が、まさかあの繊細な曲を書いた作曲家だとは驚いた。

出典 『後漢書《ごかんじょ》』郭太伝《かくたいでん》

よゆうしゃくしゃく
余裕綽綽

●主な用途
●マイペースを崩さない人を形容する

ゆったりと落ち着いてあせらないさま。「余裕」はゆとりのあること。「綽綽」はこせこせしないゆったりと落ち着いているさま。

用例 ⬇十二歳までイギリスで過ごした君は、英語の試験の前でも**余裕綽綽**で映画なんか見に出かけていっただろう。本当にうらやましかったものだよ。

⬇あんなに大勢のレポーターに囲まれても、**余裕綽綽**で冗談を飛ばすとは、さすがに大女優は違う。

出典 『孟子《もうし》』公孫丑《こうそんちゅう》・下

類義 泰然自若《たいぜんじじゃく》

らいらいらくらく

磊磊落落

●主な用途
●度量が広い人をほめていう

度量が広く、小さなことにこだわらないこと。「磊落」のそれぞれの語を重ねて、意味を強調したもの。「磊落」は心が大きく朗らかで、細事にこだわらないこと。

用例 ⬇彼は本当に**磊磊落落**な人だよ。この間も大事にしていた玄関のステンドグラスが割れたのを、「夏だし、かえって涼しくなってよかった」なんていうんだよ。

⬇**磊磊落落**に見える人も意外に繊細な一面を持っているものだから、見た目通りに受け取らないほうがいいよ。

類義 豪放磊落《ごうほうらいらく》

らくよう(の)しか

洛陽紙価

●主な用途
●ベストセラーを形容する表現

書籍が世間の評判を呼び、非常に売れ行きがよいこと。

【故事】中国西晋(せいしん)の左思(さし)が、「三都賦(さんとのふ)」を発表したところ大評判となり、洛陽中の人々が争ってこの作品を書写した。そのため、洛陽の紙が不足して値が上がったという故事から。

【表現】洛陽の紙価を高める

用例 ⬇小説や実用書ならわかるが、ベストセラーには縁のありそうにない学術書が、**洛陽の紙価**を高めている。

出典 『晋書《しんじょ》』左思伝《さしでん》

らっかろうぜき
落花狼藉

●主な用途
●足の踏み場もない様子を形容する

花が散って、地に落ちた花びらが散乱しているさま。転じて、花を散らすような乱暴を働くこと。物が乱雑に散らかっていること。女性を花に見立てて、女性に乱暴を働くことにも用いる。「狼藉」は、狼(おおかみ)が草を藉(し=敷)いて寝た跡(あと)が乱れていることから、乱雑なことを表す。

用例 ➡彼女の部屋は**落花狼藉**のあとのようで、泥棒が入ったのかと思う状態だった。

➡反乱軍が**落花狼藉**の限りをつくし、貴重な文化遺産が数多く失われた。

類義 乱暴狼藉《らんぼうろうぜき》

らんしんぞくし
乱臣賊子

●主な用途
●社会の倫理を乱す存在をいう

悪事を働き社会に害なす人間のこと。国を乱す悪臣と親に背いて悪事にはしる子どもの意から。不忠不孝の者。「乱臣」は主君に背く家臣、「賊子」は親不孝な子どもで、ともに道に外れた者のこと。

【注】「乱心―」は誤り。

【表現】乱臣賊子がはびこる

用例 ➡先生には散々お世話になっておきながら、この期に及んで裏切るとは。**乱臣賊子**とは彼らのことだ。

出典 『孟子《もうし》』滕文公《とうぶんこう》・下

類義 逆臣賊子《ぎゃくしんぞくし》／乱臣逆子《らんしんぎゃくし》

利害得失《りがいとくしつ》

●主な用途
●損得を計算することをいう

利益と損失。「利害」と「得失」とは同義で、得と損ということ。

【表現】利害得失にとらわれる／利害得失を考慮する

用例 ⬇目先の**利害得失**にばかりにとらわれている経営陣のもとでは、今後二十年、三十年にわたる発展は望めないだろうね。転職したほうがいいかもしれないよ。
⬇目に見える**利害得失**ばかり考えるのは、文化事業やスポーツチームにお金を出そうという企業の態度ではない。

類義 利害得喪《りがいとくそう》

離合集散《りごうしゅうさん》

●主な用途
●人が集まり離れるさまを形容する

離れたり集まったりすること。手を組んだり離れたりすること。「離合」「集散」と同義語を重ねることで意味を強調している。「集」は「聚」とも書く。

【表現】離合集散を重ねる

用例 ⬇政府与党と野党間では、相も変わらず国民不在、党利党略のための**離合集散**が繰り返されている。
⬇村々は**離合集散**を重ねながら、都市へと成長していった。

類義 雲集霧散《うんしゅうむさん》／集散離合《しゅうさんりごう》／分合集散《ぶんごうしゅうさん》／離散集合《りさんしゅうごう》

りっしんしゅっせ

立身出世

●主な用途

●社会的に高い地位に上ることをいう

社会的に高い地位について世の中で認められること。「立身」は社会的名声を得ること。「出世」は社会に出て、立派な地位につき、名を上げること。

用例 ➡かつて地方の若者は、**立身出世**を夢見て、東京へと向かったものだ。

➡**立身出世**の夢破れ、今じゃ家も会社も追われて昼間から酒浸りの生活だ。

➡彼は社長に真面目な仕事振りを買われて、今では次期社長の最右翼だといわれるほどに**立身出世**をとげたらしい。

類義 立身揚名《りっしんようめい》

りひきょくちょく

理非曲直

●主な用途

●道理のあるなし、正と不正をいう

道理にかなっていることと、道理にかなわないこと。正しいことと間違っていること。正と不正のこと。「理非」は道理にかなうこととそうでないこと。「曲直」は曲がっていることとまっすぐなこと。

【表現】理非曲直を糾(ただ)す

用例 ➡**理非曲直**をわきまえた人間に育てるというのが、本校の教育方針です。

➡社会には守るべき倫理があり、必要とあらば**理非曲直**を糾さねばならないことを子どもに教えるのが大人の責任だ。

類義 是是非非《ぜぜひひ》／是非善悪《ぜひぜんあく》／是非曲直《ぜひきょくちょく》

柳暗花明
りゅうあん　かめい

●主な用途
●春の美しい眺め、また花柳界をいう

春の野の美しい景色のこと。転じて、花柳界をさすこともある。「柳暗」は柳が生い茂ってほの暗いこと。「花明」は花が明るく咲くこと。

用例 ➡そのあたりは**柳暗花明**の地、今が一番美しいころでしょう。いっしょに旅行に行きませんか。
➡今の真面目な姿からは想像もできないが、叔父も昔は**柳暗花明**に通う日々があったのだそうだ。

出典 王維《おうい》「早朝《そうちょう》」詩

類義 鳥語花香《ちょうごかこう》／桃紅柳緑《とうこうりゅうりょく》／柳緑花紅《りゅうりょくかこう》

流言蜚語
りゅうげん　ひご

●主な用途
●根拠のない無責任な噂をいう

自然と広がる、根拠のない噂（うわさ）。いいかげんなデマ。「流言」も「蜚語」も世間に飛び交う噂話。「蜚語」は「飛語」とも書く。

【注】「―非語」「―卑語」は誤り。

用例 ➡それは大災害のあとなどに広まりがちな**流言蜚語**の類（たぐい）だろう。
➡うちの会社がつぶれるなんて、そんな**流言蜚語**に惑わされずに、きみたちは、仕事に全力投球してくれ。

出典 『礼記《らいき》』儒行《じゅこう》（流言）／『史記《しき》』魏其武安侯伝《ぎきぶあんこうでん》（蜚語）

類義 造言蜚語《ぞうげんひご》

りゅうとう　だ　び

竜頭蛇尾

●主な用途
●勢いが最後まで続かないことをいう

最初は勢いがよいが、終わりになるころは衰えてしまうこと。頭は大きく立派な竜であるが、しっぽは細い蛇ということから。頭でっかち尻(しり)すぼみの意で用いる。「竜頭」は「りょうとう」とも読む。

用例 ➡壮大な出だしのマンガだったけど、まとまりがつかず、**竜頭蛇尾**に終わったね。

➡熱しやすく冷めやすい日本人の改革は、**竜頭蛇尾**に終わる傾向があるようだ。

出典 『景徳伝灯録《けいとくでんとうろく》』二一

類義 虎頭蛇尾《ことうだび》

対義 有終完美《ゆうしゅうかんび》

りゅうりゅう　しん　く

粒粒辛苦

●主な用途
●長年の辛い努力を形容していう

努力や苦労をこつこつ積み重ねること。「粒粒」は農民の苦労の結晶である米の一粒一粒。「粒粒皆辛苦」の略で、元来は農民の辛さ、苦しさをいう。

用例 ➡これまでの学会の常識を一変させる今回のグループの研究発表は、彼らの長年の**粒粒辛苦**のたまものです。

➡**粒粒辛苦**を重ねてようやく購入した新築一戸建てが欠陥住宅だったのは、悔やんでも悔やみきれない。

出典 李紳《りしん》「農憫《のうをあわれむ》」詩

類義 艱難辛苦《かんなんしんく》／苦心惨憺《くしんさんたん》／千辛万苦《せんしんばんく》

り

りょうきん たく ぼく

良禽択木

●主な用途
●仕事は熟慮して選べという教え

「良禽は木を択(えら)ぶ」とも読む。賢い鳥は、住みやすいよい木を選んで巣を作るという意から、賢い人は、仕える主人や仕事をよく吟味するものだということ。「良禽」は、賢い鳥、よい鳥のこと。

用例 ⬇**良禽択木**というだろう。一生の問題だから、会社選びは慎重にしろよ。

⬇あの秀才が無名の企業に就職か。**良禽択木**、成長株の企業に違いない。

⬇**良禽は木を択ぶ**と申しますが、良禽ならざる私にはそんな余裕はありません。

出典 『春秋左氏伝《しゅんじゅうさしでん》』哀公《あいこう》一一年

りょうげん の ひ

燎原之火

●主な用途
●勢いがすさまじいことを形容する

物事が勢いよく広がっていくさまの形容。勢いが盛んで、容易に止められないたとえ。野原に火をつけるとあっという間に燃え広がり、止めようがなくなることから。「燎」は焼く意味。

【表現】燎原の火のごとし

用例 ⬇伝染病は**燎原の火**のごとく、国中に広がっていった。

⬇民主化を求める民衆の声は**燎原の火**のように、国全体に広がっていった。

出典 『書経《しょきょう》』盤庚《ばんこう》・上

類義 星火燎原《せいかりょうげん》／燎原烈火《りょうげんれっか》

梁上君子

りょうじょう(の)くんし

● 主な用途

●泥棒やねずみをたとえていう

泥棒・盗賊のこと。また、ねずみの異名。「梁上」は梁（はり）の上。「君子」は徳が高く、立派な人。ここでは皮肉っていったもの。

【故事】後漢（ごかん）の陳寔（ちんしょく）が、梁の上の泥棒に気づき、子どもを起こして「人は努力すべきもの。悪人も生まれつき悪人ではなく、ただ悪い習慣が身についただけである。あの梁の上の君子もそうだ」と戒めたところ、泥棒が改心したという故事から。

用例 ➡**梁上の君子**を捕らえてみればわが子とは、笑えない冗談だ。

出典 『後漢書《ごかんじょ》』陳寔伝《ちんしょくでん》

遼東之豕

りょうとう の いのこ

● 主な用途

●ひとりよがりの自慢をそしっていう

狭い世界しか知らないため、自分がすぐれているとうぬぼれて、得意になっていること。「遼東」は遼河（りょうが＝河の名）の東側、中国遼寧（りょうねい）省南部地方のこと。「豕」は豚の意で、「し」「い」とも読む。

【故事】遼東の人が珍種の白い豚を帝に献上しようと河東まで行ったが、河東の豚はみな白かったため、恥じて帰ったという故事から。

用例 ➡世界の檜（ひのき）舞台に出て、初めて自分が**遼東の豕**だったと気づいた。

出典 『後漢書《ごかんじょ》』朱浮伝《しゅふでん》

類義 井底之蛙《せいていのあ》／尺沢之鯢《せきたくのげい》／夜郎自大《やろうじだい》

りょうばのつるぎ

両刃之剣

●主な用途
●敵味方に痛手を与えるもののたとえ

便利な物でも、使い方によっては自分にも危険が及ぶこともあるということ。また、敵ばかりか味方にも損害、痛手を与える危険があるものをいう。両側に刃のある剣は、剣を操る人間が使い方を誤ると自分自身にも危害を及ぼす可能性があるということから。「両刃」は両側に刃のついた剣のことで、「もろは」とも読み、「諸刃」とも書く。

用例 ➡原子力は人類にとって**両刃の剣**だ。
➡お調子者の南君は**両刃の剣**だね。ムードメーカーとしてはいいんだが…。

類義 諸《もろ》刃《は》之《の》刃《やいば》

りろせいぜん

理路整然

●主な用途
●すっきりわかりやすいさまをいう

話や考えの筋道がよく整っていること。「理路」は論理の筋道。「整然」はすっきりと整っているさま。

用例 ➡彼から出された提案書はすばらしいものであった。難しい問題を**理路整然**と説明する能力には敬服せざるをえない。
➡**理路整然**とつめよる彼女に、兄はたじたじとなっていた。少しくらい逃げ道を残しておいてやればよいのに、と僕は少し同情していた。

類義 順《じゅん》理《り》成《せい》章《しょう》

対義 支《し》離《り》滅《めつ》裂《れつ》／乱《らん》雑《ざつ》無《む》章《しょう》

りん き おう へん

臨機応変

●主な用途 ●柔軟で適切な対処や対応をいう

「機に臨（のぞ）んで変に応ず」とも読む。その場の状況や事態の変化に応じて、適切な処置をすること。「臨機」はその場にいる意。「応変」は変化に応じて適切な処置を講じること。

用例 ⬇資産を有効に運用するためには、株価や為替の相場に応じて**臨機応変**な対策を講じることが必要であろう。

⬇あの店の店員は、まさにマニュアル通りの仕事ぶり。もう少し**臨機応変**な応対ができないものかと思うよ。

出典 『南史《なんし》』梁宗室伝《りょうそうしつでん》

類義 随機応変《ずいきおうへん》／変幻自在《へんげんじざい》／量体裁衣《りょうたいさいい》

りん ね てん しょう

輪廻転生

●主な用途 ●永遠に続く生命の連鎖をいう

生きとし生けるものすべてが、死後、迷いの世界を経て、次の世に生まれ変わること。仏教の基本を成す概念。「輪廻」は何度も生死を繰り返すこと。「転生」は生まれ変わること。

【注】「転生」を「てんせい」と読み誤らない。

用例 ⬇仏教の最終目的とは、解脱することによって永遠の**輪廻転生**から解放され涅槃（ねはん）の境地に至ることです。

⬇われわれの肉体は死んでも精神は滅びず、次の肉体へと**輪廻転生**し、永遠にこの苦界にとどまるのです。

類義 流転輪廻《るてんりんね》

るいらんのき

累卵之危

●主な用途
●何とか均衡を保っている状態をいう

不安定で危なっかしい状況のこと。物事がきわめて危険であることのたとえ。「累卵」は積み上げた卵。「危」は「あやうき」とも読む。

用例⬇度重なる失政で、日本経済は今まさに**累卵の危**の状態にある。まずそれを認識することだ。

⬇部内の状態は今や**累卵の危**である。何か小さなきっかけでもあれば、激しい内部争いが起こるだろう。雨降って地固まるとなるのならいいのだが。

出典 枚乗《ばいじょう》「上書諫呉王《じょうしょしてごおうをいさむる》」

類義 一触即発《いっしょくそくはつ》／一髪千鈞《いっぱつせんきん》／重卵之危《ちょうらんのき》

れいかんさんと

冷汗三斗

●主な用途
●失敗や恐怖を誇張していう

はなはだしく恐ろしい目にあったり、恥ずかしい思いをしたりして、冷や汗が流れること。「一斗」は約十八リットル。「三斗」は量の多いことのたとえ。

【表現】 冷汗三斗の思い

用例⬇若いころの失敗を夢に見て、飛び起きることがときどきある。それほど**冷汗三斗**の思いをしたということだろう。

⬇たかがジェットコースターだと見くびっていたが、今時のは迫力が違うね。**冷汗三斗**の思いをしたよ。

類義 冷水三斗《れいすいさんと》

れいがんぼうかん

冷眼傍観

●主な用途

●無関係を決め込む冷たい態度をいう

目の前の出来事に対して、自分には関係がないという冷淡な態度で、第三者として眺めること。「冷眼」は冷ややかな目の意。

【表現】冷眼傍観を決め込む

用例 ➡酔っぱらいに絡まれてなぐられている人を見ても、だれも警察を呼んであげなかったなんて、都会の人の**冷眼傍観**な態度には怒りを覚えるわ。

➡夫婦げんかをしていたら、知らないうちに娘が横にいて、**冷眼傍観**を決め込んでいた。

類義 隔岸観火《かくがんかんか》／拱手傍観《きょうしゅぼうかん》

れいこんふめつ

霊魂不滅

●主な用途

●魂は消滅しないという考えを表す

人間の魂は永遠で、肉体が死滅しても霊魂は存在し続けるということ。その考え方。

【注】「―不減」は誤り。

用例 ➡世界の多くの宗教は、**霊魂不滅**という観念から出発し、死後の安寧を目的とする。現在のところ、最古とされる宗教は、死者を弔う儀式を行っていたらしいネアンデルタール人に見ることができる。

➡唯物史観は、**霊魂不滅**をまっこうから否定しており、かつての共産諸国では宗教活動は禁止されていた。

類義 霊魂不死《れいこんふし》

ろうしょう ふ じょう

老少不定

●主な用途
●人の命の不確かなことをいう

人の寿命は年老いた者から順につきるというものではなく、予測がつかないということ。老人が先に死に、若者があとから死ぬとは限らないこと。人生の無常をいう仏教語。「不定」は不確かなこと。

【注】「不定」を「ふてい」と読み誤らない。

用例 ➡**老少不定**というが、わが子の最期を見取る悲しさなど、口で表せるものではない。

➡**老少不定**、人の寿命ほど予測がつかないものがあるだろうか。

出典 『観心略要集《かんじんりゃくようしゅう》』

類義 無常迅速《むじょうじんそく》

ろう にゃく なん にょ

老若男女

●主な用途
●年齢、男女の別なくすべての人の意

老いも若きも男も女も。転じて、年齢や性別に関係なく、あらゆる人のことをいう。「ろうじゃくだんじょ」とも読む。

【表現】老若男女を問わない

用例 ➡天候にも恵まれた今日、パレードが通る沿道には、**老若男女**を問わず十万人以上の国民が集まり、国王ご夫妻の銀婚をお祝いしました。

➡今回の大会には参加資格はございません。**老若男女**を問わず、われこそはと思われる方は、ふるってご参加ください。お申し込みは葉書にてお願いします。

ろ

ろぎょ の あやまり

魯魚之誤

●主な用途
●文字の書き間違いをいう

漢字、文字の書き誤り。「魯」と「魚」は、字形が似ていて間違えやすいことからいう。

用例 ⬇山田くんの名前は「崇」ではなくて「宗」だよ。**魯魚の誤り**というように、似ている漢字は確かに間違えやすいけれども、人の名前を間違えるのは失礼きわまりないことだから、気をつけたまえ。

⬇太田君、「魚魯の誤り」じゃなくて「**魯魚の誤り**」だよ。魯魚の誤りを地でいく間違い、まさかわざとじゃないよね。

出典 『抱朴子《ほうぼくし》』遐覧《からん》

類義 焉馬之誤《えんばのあやまり》／魯魚亥豕《ろぎょがいし》／魯魚章草《ろぎょしょうそう》

ろっ こん しょうじょう

六根清浄

●主な用途
●山歩きや寒参りで唱える言葉

欲や迷いから脱却し、心身が清らかになること。「六根」は迷いを引き起こす因となる六識(色・音・香・味・触・法)を分別・認識する目・耳・鼻・舌・身・意の六つの器官のこと。「清浄」は欲や煩悩から身を離し、汚れのない清らかな心の境地。修行者や霊山山行のときに唱える仏教語で、略して「六根浄」ともいう。

用例 ⬇行者たちは、「**六根清浄**」と唱えながら深山奥深くへ入っていった。

⬇霊山の頂で座禅を組んでいたら、**六根清浄**のすがすがしい心境になった。

類義 六根自在《ろっこんじざい》

ろん　こう　こう　しょう

論功行賞

●主な用途
●功績にふさわしい賞を与えること

「功を論じて賞を行う」とも読む。功績の有無や程度に応じて、功績に見合った賞を与えること。「論功」は手柄の程度をよく調べて論じること。「行賞」は手柄の程度によって賞を与えること。

用例 ⬇下半期の契約件数が社内でトップの成績だったから、**論功行賞**で臨時ボーナスが三か月分も出たんだ。やれば認めてくれる会社でうれしいよ。

⬇**論功行賞**を徹底すれば、社員もやる気が出るというものだ。

出典 『三国志《さんごくし》』魏志《ぎし》・明帝記《めいていき》

わ　き　あい　あい

和気藹藹

●主な用途
●仲のよい様子を形容していう

全員がうちとけ合って、和やかな気分が満ちあふれているさま。「和気」は穏やかな気分。「藹藹」は草木がよく茂るさま。転じてよい気分が満ちあふれているさま。「藹藹」は「靄靄」とも書く。

用例 ⬇女性だけの**和気藹藹**とした職場環境は、御社の大きな魅力の一つです。

⬇ラグビー部の合宿の打ち上げでは、先輩後輩の区別なく**和気藹藹**と語り合い、飲み食いするのが慣例となっている。

出典 李邕《りよう》「春賦《しゅんぷ》」

類義 和気藹然《わきあいぜん》／和気洋洋《わきようよう》

わ

わ

和光同塵

わ こう どう じん

●主な用途
●才気を隠し凡庸に暮らすたとえ

「光を和（やわ）らげ、塵（ちり）に同じくす」とも読む。自分の知恵や才能を隠して、俗世間で目立たないように静かに暮らすこと。「和光」は才智（さいち）の光を表に出さないこと。「塵」はちり。俗世間のことをいい、「同塵」は俗世間に合わせること。仏教では、仏や菩薩（ぼさつ）が、本来の姿を隠してこの世に姿を現し、衆生を救うことをいう。

用例⬇君はどうも人のねたみを買いやすいようだな。**和光同塵**を心がけたまえ。

出典『老子《ろうし》』四

類義内清外濁《ないせいがいだく》／和光混俗《わこうこんぞく》／和光垂迹《わこうすいじゃく》

和魂漢才

わ こん かん さい

●主な用途
●中国文化を学ぶさいの心構えをいう

日本固有の精神を失わずに、中国の学問を吸収消化して活用すべきであるということ。「和魂」は日本固有の精神。「漢才」は中国の学問・知識の意。

用例⬇唐の文化を学ぶために送られた遣唐使（けんとうし）は**和魂漢才**の心構えで大陸の先進文化を学んだ。彼らのもち帰った文物や知識と日本の文化が融合して華麗な王朝文化が花開いた。

⬇常に「**和魂漢才**」という言葉を忘れないように中国の古典を勉強しています。

出典菅原道真《すがわらのみちざね》「菅家遺誡《かんけいかい》」

和魂洋才
わ こん よう さい

●主な用途
●西洋文化を学ぶさいの心構えをいう

日本固有の精神を大切にしながら、西洋の学問・知識を学ぶべきであるということ。「和魂」は日本固有の精神。「洋才」は西洋の学問に関する才能や知識。明治以後、「和魂漢才」をもじってできた語。

用例➡留学して西洋のものを学ぶのはいいけれども、日本の精神を失ってはいけません。**和魂洋才**を肝に銘じてください。
➡彼は西洋の知識や技術を貪欲に吸収しながらも、日本独自の精神を失わない、いわば**和魂洋才**の心構えを持ち続けた侍だった。

和洋折衷
わ よう せっ ちゅう

●主な用途
●洋風和風取り混ぜた様式をいう

日本風と西洋風の様式を取り合わせること。「折衷」は二つ以上の事物や考え方などの極端なところを除き、よい所を調和させること。「折衷」は「折中」とも書く。

【表現】和洋折衷様式

用例➡日本の現代の生活は**和洋折衷**だね。食べるものといい、建築といい、着るものといい、西洋のものをうまく取り入れて日本のものとしている。
➡洋風建築と伝統的な和風建築が融合したスタイルは、昭和初期の**和洋折衷**様式の建築に見られる。

わ

主要二字・三字熟語

社会常識として欠かすことのできない二字・三字熟語九九語を掲載しました。故事来歴や語源が明らかな成語を中心にして精選しましたので、読むだけでも日本語の教養が身につきます。

青《あお》二《に》才《さい》

●主な用途 ●未熟な若い男をののしっていう

まだ若く、経験も乏しい男。「青」は未熟の意。「二才」は、出世魚のボラの幼魚(二才という)にたとえたものとする説と、「新背(にいせ=若者)」が変化したものとする説がある。

用例 ➡青二才の分際で結婚はまだ早い。

圧《あっ》巻《かん》

●主な用途 ●抜きん出てすぐれた部分を表す

書物や劇、詩などの中で最もすぐれた部分。昔、中国の科挙[官吏登用試験]で、最も優秀な答案を他の答案の上に乗せたことによる。「圧」は押さえること。「巻」は答案用紙。

用例 ➡この交響曲の圧巻は最終楽章だ。

偉《い》丈《じょう》夫《ふ》

●主な用途 ●立派な体格の男性をさしていう

たくましい男性のこと。転じて、すぐれた大人物。「偉」は普通の人より異常に大きい人。「丈夫」は一人前の男子、また、健康であること、強いこと。「いじょうぶ」とも。

用例 ➡彼は筋骨隆々たる偉丈夫だ。

居丈高《いたけだか》

●主な用途
●人を威圧する態度を評していう

人を威圧するような物言い、態度をとること。いきり立っていること。「居丈」は、座っているときの背の高さのこと。座高。「威丈高」「威猛高」と書くこともある。

用例⬇居丈高な態度が客の反感を買った。

韋駄天《いだてん》

●主な用途
●足の速い人をたとえていう

足の速い人。仏教の守護神の韋駄天が、仏舎利を奪って逃げた捷疾鬼(しょうしつき)に追いついたという俗伝から。速く走ることを「韋駄天走り」という。

用例⬇T選手は韋駄天のごとく走る。

一目散《いちもくさん》

●主な用途
●急いで逃げる様子を表す

脇目(わきめ)もふらず急いで走る様子。逃げるときに使う場合が多い。「一目」はちょっと見ること。「散」は散らばる。「一散(いっさん)」も、脇目もふらず急ぐことをいう。

用例⬇泥棒は一目散に逃げ出した。

一家言《いっかげん》

●主な用途
●独特の意見、見識をさしていう

その人独特の意見や主張。ひとかどの見識。「一家」は、学問や芸術など独自の流派や権威を持つ存在の意。「言」は意見。「一家を立てる」「一家をなす」など。

用例⬇父は古典音楽に一家言持っている。

一辺倒《いっぺんとう》

●主な用途 ●一つのことへの傾倒ぶりをいう

一つのことだけに傾倒、熱中すること。「一辺」は一面。第二次大戦後に中国から入ってきた言葉で、政治・外交などについて多く用いられた。「一片倒」と書くのは誤り。

用例 ➡柔道一辺倒の青春時代を送る。

引導《いんどう》

●主な用途 ●最終的宣言をさしていう

仏道に導くこと。僧が経を唱えて死者を浄土へ導くことを「引導を渡す」という。転じて、最終的な結論、致命的な打撃を与えて、計画や勝負をあきらめさせることに用いる。

用例 ➡早くも引導を渡されて大差となった。

内弁慶《うちべんけい》

●主な用途 ●外で弱く家で強い人をたとえる

外では意気地がないが、家や身内の中では威張っている人のこと。「陰弁慶」とも。「弁慶」は源義経(みなもとのよしつね)に仕えた武蔵坊弁慶のことで、強い男のたとえ。

用例 ➡内弁慶で初対面の人とは話もできない。

有頂天《うちょうてん》

●主な用途 ●得意の絶頂にあることをいう

喜び、得意になって、我を忘れること。仏教語で、三界のうちの一つ、形あるものの世界[色界]の最上の位置。その有頂天に登りつめるという意でいう。「有頂点」と書くのは誤り。

用例 ➡結婚が決まって、姉は有頂天だ。

似而非《えせ》

●主な用途　●中身のない、劣悪な偽物をいう

よく似ているが、実は本物ではないこと。「偽(にせ)」は似せて作ったもの。「似而非」は外見だけ似て中身は違う、劣悪なもの。接頭語として用いられる。「似非」とも書く。

用例⬇寸借詐欺(さぎ)とはとんだ似而非紳士だ。

大御所《おおごしょ》

●主な用途　●影響力の大きい実力者を表す

その分野の第一人者として高い地位を占め、大きな勢力を持つ者。表面には現れないが、大きな影響力を持つ者もいう。もとは、隠居した将軍や親王、その住まいのこと。

用例⬇美術界の大御所が次々と亡くなった。

十八番《おはこ》

●主な用途　●得意な芸をたとえていう

得意な芸。よくする行動、口にする言葉。「じゅうはちばん」とも。市川家が得意とした歌舞伎(かぶき)十八番(種)の台本を箱詰めで保存したことから。「御箱」の当て字。

用例⬇今流れている演歌は母の十八番だ。

改竄《かいざん》

●主な用途　●悪用目的の書き直しをいう

文書などの文字や文章を改め直すこと。多くは、悪用する目的で故意に書き直すこと。「竄」は改める、自分の都合のよいように文章や文字を訂正する意。

用例⬇領収証の改竄は立派な犯罪である。

付　主要二字・三字熟語

傀儡《かいらい》

●主な用途
●人にあやつられる者をたとえる

あやつり人形。そこから、人の手先となって、その人の意のままに動かされる者。「傀儡師」は人形をあやつる人、陰で人をあやつって動かす者のこと。

用例 ⬇社長は会長の傀儡と社内で評判だ。

画餅《がべい》

●主な用途
●実用的でないことをたとえる

実際の役に立たないこと。魏（ぎ）の文帝が「名声は地に描いた餅（もち）のようなものだから、有名でも虚名にすぎない者は官吏に登用するな」と命じたことから。「がへい」とも。

用例 ⬇壮大なプロジェクトは画餅に帰した。

皮算用《かわざんよう》

●主な用途
●手にしてない収入の計算をいう

手に入ることが不確実なのに、あてにして計算したり計画を立てたりすること。「捕らぬ狸（たぬき）の皮算用」の略。狸を捕まえないうちから、皮を売った儲けを計算すること。

用例 ⬇宝クジが当たったらと皮算用する。

閑《かん》古《こ》鳥《どり》

●主な用途
●はやっていない商売をたとえる

郭公（かっこう）（ホトトギス科の鳥）の別名。「閑古鳥が鳴く」などと用い、ひとけがなく、もの寂しい様子をいう。多くは、客が少なく、商売がはやっていない様子を表す。

用例 ⬇この商店街は閑古鳥が鳴いている。

雁書《がんしょ》

●主な用途
●手紙や書簡をたとえていう

手紙、便り。漢（かん）の蘇武（そぶ）が匈奴（きょうど）［モンゴルの牧遊民族］に捕らわれたとき、雁の足に手紙を結び、漢に送ったということからいう。

用例⬇戦地からの夫の雁書が心の支えだ。

肝心《かんじん》

●主な用途
●大切であることをさしていう

大切であること。要所、要点。「肝」は肝臓、「心」は心臓。肝臓と心臓（腎臓）は人体にとって大切な臓器であることからいう。「肝腎」とも書く。

用例⬇彼はいつも肝心なときにいない。

生一本《きいっぽん》

●主な用途
●純粋で真面目な性格をたとえる

純粋で、他のものが混じっていないこと。また、真面目で、思い込んだら一筋に打ち込む性格のこと。

用例⬇灘（なだ）の生一本。
⬇生一本な彼の仕事には定評がある。

杞憂《きゆう》

●主な用途
●無用の心配をたとえていう

余計なことを心配すること。とりこし苦労。中国の杞（き）の国に、天が落ち地が崩れることを憂い、食事もとれず、寝られなくなった者がいたという故事から。

用例⬇心配事が杞憂に終わりほっとした。

牛耳《ぎゅうじ》

●主な用途　●主導権を手にすることをいう

「牛耳を執（と）る」で、団体の主導権を握り支配者となること。「牛耳る」も同義。中国で諸侯が同盟を結ぶさい、盟主が牛の耳を裂き、その血を吸って盟約を誓ったことから。

用例⬇この組織を牛耳るのは某政治家だ。

麒麟児《きりんじ》

●主な用途　●将来期待できるすぐれた若者をいう

才能に満ちあふれ、将来大成が期待される若者のこと。「麒麟」は中国の想像上の動物で、聖人、立派な人物のたとえ。雄が「麒」、雌が「麟」。

用例⬇昔は政界の麒麟児ともてはやされた。

金字塔《きんじとう》

●主な用途　●後世に残るすぐれた業績をいう

永く後世に残る、すぐれた事業、著作、業績のたとえ。また、形が金の字に似ている塔の意で、ピラミッドの異称。「金字塔を打ち立てる」で、すぐれた業績を成しとげるの意。

用例⬇文学界に金字塔を打ち立てた。

逆鱗《げきりん》

●主な用途　●目上の人の激しい怒りを表す

天子の怒り。目上の人の怒り。「鱗」はうろこ。竜のあごの下に逆さに生えた鱗があり、それに触れると怒った竜に殺されるという伝説から。一般に「逆鱗に触れる」の形で用いる。

用例⬇軽率な行動が社長の逆鱗に触れた。

下克上《げこくじょう》

●主な用途　●上位者からの権力の略奪をいう

下位の者が上位の者を打ち破り、威力を振るうこと。中国の春秋・戦国時代、日本の南北朝末期から室町末期の世の風潮。「下剋上」とも書く。「克」「剋」は打ちかつ意。

用例 ⬇年功序列廃止で下克上の気概が満ちた。

月旦評《げったんひょう》

●主な用途　●人物を批評することをいう

人物の批評。人物の品定め。「月旦」ともいう。「月旦」は毎月一日(ついたち)の意。後漢の許劭(きょしょう)らが、毎月一日に故郷の人物を批評していたことからいう。

用例 ⬇女優の月旦評に花を咲かせる。

下馬評《げばひょう》

●主な用途　●当事者以外からの評判をいう

そのことに無関係な人々による批評・批判、世間の評判。「下馬」は「下馬先」の略で、社寺で馬から降りる場所。そこでお供の者が主人を待つ間、あれこれ批評したことから。

用例 ⬇現職候補が下馬評通りトップ当選した。

紅一点《こういってん》

●主な用途　●多数の男の中の唯一の女をさす

多くの男性の中に、ただ一人女性がいること。その女性。また、平凡なものの中で、唯一異彩を放つものの意で、一面の青菜の中に、一輪の赤い花が咲いている様子からいう。

用例 ⬇スタッフの紅一点は賢い女性だ。

膏肓《こうこう》

●主な用途
●何かに夢中になる様子を表す

内臓の奥の部分。「膏」は心臓の下。「肓」は横隔膜の上。「病(やまい)膏肓に入(い)る」は治療が施せないほど病気が重くなること。転じて何かに病(や)みつきになること。

用例⬇切手収集が膏肓に入り散財した。

嚆矢《こうし》

●主な用途
●物事の始まりや起源を表す

物事の始め。最初。「嚆矢」は鳴り響く矢。かぶら矢。「嚆」はひゅうと鳴ること。射ると高い音がするかぶら矢は、昔、中国で、合戦開始の合図として用いられたことから。

用例⬇この優勝を部の発展の嚆矢とする。

好事家《こうずか》

●主な用途
●珍しいもの好きの人をさす

変わったものを好む人。ものずき。また、風流韻事を好む人のこと。「こうじか」と読み誤りやすいので注意。「好事」はよいことの意で「悪事(あくじ)」に対していう。

用例⬇地域の好事家が集って句会を催す。

子煩悩《こぼんのう》

●主な用途
●わが子を溺愛する人をいう

人並み以上に自分の子どもをかわいがること。またその人。「煩悩」は仏教語で、心身を悩ます一切の妄念。愛情が深いために、より子どもへの欲求や執着が増すことから。

用例⬇彼の子煩悩ぶりは近所でも評判だ。

付

金輪際《こんりんざい》

●主な用途
●「絶対に〜ない」ということを表す

断じて。決して。絶対に。下に打ち消しの言葉を伴って用いる。もと仏教語。地下で大地を支えるという金輪（かなわ）の最深部の底の部分。底の底。転じて物事のきわまるところ。

用例⬇金輪際、迷惑をかけないと約束する。

左遷《させん》

●主な用途
●低い役職に落とすことをいう

それまでより低い地位や役職につけること。また役職を低くして、遠地に赴任させること。「左」は低い地位。「遷」はうつす。昔の中国での、右を尊び、左を卑しむ習慣から。

用例⬇クビはまぬかれたが支社に左遷された。

試金石《しきんせき》

●主な用途
●価値判断の元になるものをいう

あるものの価値や人物の力量などを判断する材料となるもの。もとは、金銀などの金属片を磨（す）りつけて、その貴金属の品位・純度を判定するのに用いた石のこと。

用例⬇この仕事は君の力を示す試金石だ。

子細顔《しさいがお》

●主な用途
●事情のありそうな表情をいう

何か事情がありそうな顔つき。「子細」は、くわしい事情。また、さしつかえとなる事柄。「仔細」とも書く。子細顔を非難するときには「子細面（しさいづら）」と使う。

用例⬇彼、子細顔だけど何かあったのかな。

獅《し》子《し》吼《く》

●主な用途 ●熱弁で正論を説くことをいう

大いに雄弁をふるうこと。「吼」はほえるという意。仏教語で釈迦（しゃか）の説法で邪法や悪魔が恐れて退散することを、獅子がほえて百獣を恐れさせる威力にたとえたもの。

用例⬇首相の獅子吼に国民は期待を持つ。

私《し》淑《しゅく》

●主な用途 ●一方的に師と仰ぐことを表す

直接の教えは受けないがその人を尊敬、思慕し、その著作などによって模範として学ぶこと。「私」はひそかに。「淑」はよいとして慕う意。孟子（もうし）の言葉から。

用例⬇私は先生に私淑しておりました。

耳《じ》順《じゅん》

●主な用途 ●六十歳のことをいう

六十歳のこと。素直に理解して聞くことができる境地。『論語』為政篇の「六十にして耳順（みみしたが）う」から。他に「不惑四十歳」「知命五十歳」「従心七十歳」など。

用例⬇耳順を過ぎ、夫も角（かど）がとれた。

弱冠《じゃっかん》

●主な用途 ●二十歳前後の若者をたとえる

男子の二十歳のこと。転じて広く、二十歳前後の若い人のこと。中国では昔、二十歳を「弱」といい、元服して冠をかぶったことから。「若冠」「若干」は書き誤り。

用例⬇彼は弱冠二十五歳で議員になった。

付

守株《しゅしゅ》

主な用途　•古い習慣を固守するさまを表す

昔の習慣にこだわって融通のきかないこと。宋(そう)の農夫が切り株にぶつかって死んだ兎(うさぎ)を見て、仕事をやめ、もう一度兎を得ようと切り株を見守ったことから。

用例⬇先代の教えを守株して経営が傾いた。

正念場《しょうねんば》

主な用途　•ここぞという大事な場面をいう

その人の本領を発揮する大事な局面。ここ一番という、全力を尽くすべき場面。もと歌舞伎・浄瑠璃(じょうるり)の舞台で、主役が、その性根を発揮させる大事な場面のこと。

用例⬇次の試合がわが柔道部の正念場だ。

食指《しょくし》

主な用途　•興味や関心が起こることをいう

「食指が動く」で、食欲が起こる。転じて、してみたい気持ちが生じること。鄭(てい)の公子宋(こうしそう)が人さし指が動くのは珍味にありつける前兆だと言ったことから。

用例⬇立候補の誘いに食指が動く。

助長《じょちょう》

主な用途　•成長・発展のための助力をいう

手助けして成長・発展させること。良い場合にも悪い場合にも用いる。宋(そう)の農民が苗を成長させようと苗先を引っぱり枯らしてしまったことからいう。

用例⬇過保護は子どもの依頼心を助長する。

真骨頂《しんこっちょう》

●主な用途
●実力、真価を表すときにいう

本来の姿。真の価値、実力。真面目（しんめんぼく）。一般に「真骨頂を発揮する」の形で用いる。「骨頂」は最高、一番上の意。「愚の骨頂」は「愚かなきわみ」の意。

用例⬇追いつめられて真骨頂を発揮する。

推敲《すいこう》

●主な用途
●詩や文章を考え練ることをいう

詩文を作るさい、字句や表現を何度も考え練ること。唐の賈島（かとう）が「僧は推す月下の門」か「僧は敲（たた）く…」か迷い、韓愈（かんゆ）の助言で「敲く」に決めた故事から。

用例⬇何度も推敲を重ね、論文を完成した。

杜撰《ずさん》

●主な用途
●不確かでいい加減なさまをいう

不確かなこと。間違いや不備が多いさま。「ずざん」とも読む。北宋（ほくそう）の詩人杜黙（ともく）の詩が、律（漢詩の形式の一つ）に合わないものが多かったという故事から。

用例⬇杜撰な管理体制が事故を招いた。

正鵠《せいこく》

●主な用途
●急所・要点・核心をたとえていう

物事のいちばん大切な点。急所・要点・核心。「正鵠」は弓の的（まと）の中心にある黒い点。「せいこう」は慣用読み。「正鵠を得る」「正鵠を射る」と用いる。

用例⬇彼の意見は正鵠を射ている。

付

清談《せいだん》

●主な用途　•学問、芸術などの高尚な話をいう

世間の名誉や利益のからまない、欲得抜きの高潔な話。高尚な学問や芸術などの話。中国の魏(ぎ)・晋(しん)の時代に流行した議論の風潮。「竹林の七賢」はその代表。

用例⬇久しぶりに清談し、世俗を忘れた。

掣肘《せいちゅう》

●主な用途　•他人の自由への干渉をたとえる

他人に干渉して自由な行動を妨げること。魯(ろ)の子賤(しせん)が任地に赴き役人に記録をさせたとき、子賤が掣肘「ひじを引っ張ること」して邪魔をした故事から。

用例⬇掣肘を加える人が多くて不自由だ。

千秋楽《せんしゅうらく》

●主な用途　•演劇など興行の最終日をいう

演劇や相撲などの興行の最終日。もとは、雅楽の曲名で、寺院の法会(ほうえ)や能で「千秋楽」がいちばん最後に演奏されたことからいう。

用例⬇優勝決定は千秋楽に持ち越された。

素封家《そほうか》

●主な用途　•肩書きのない大金持ちをいう

大金持ち。財産家。「素」は位や肩書きがないこと。官位や領地はないが、領地をもっている諸侯に匹敵する収入や財産、富をもっている財産家。「封」は領土、扶持、給料。

用例⬇高橋家は昔、素封家として盛えた。

太公望《たいこうぼう》

●主な用途　●釣り好きな人をたとえていう

釣り人。釣り好きの人。毎日釣りをして隠棲していた呂尚（りょしょう）が、周の文王に「彼こそが太公［祖父］のころから望んでいた人だ」と師として迎えられた故事から。

用例➡おかずはわが家の太公望が釣ってくる。

大黒柱《だいこくばしら》

●主な用途　●一家の家計を支える人をいう

家の中心部にあり、屋根を支える最も太い柱のこと。転じて、一家の家計を支えている人。国、団体などを中心となって支えている人をいう。「大黒」は大黒天からきている。

用例➡一家の大黒柱を突然の事故で失う。

醍醐味《だいごみ》

●主な用途　●本当の楽しさ、真髄を表す

最高の味わい。本当の楽しさ・面白さ。真髄。「醍醐」は牛乳・羊乳を精製する過程で生じる最高に甘味な食品。この味わいを仏教では最高の教えにたとえた。

用例➡頂上に立って登山の醍醐味を知った。

大団円《だいだんえん》

●主な用途　●うまくおさまる結末の場面をいう

芝居や小説、事件などが、すべてがうまく解決する最後の場面のこと。「団円」は、欠けることなく丸くおさまること、物事が完全に終わること、結末。

用例➡人気テレビドラマが大団円を迎えた。

第六感《だいろっかん》

●主な用途
・直感、勘のことをいう

人間の体に備わっている五感(見る・聞く・味わう・かぐ・触る)を超えて、理屈抜きに鋭く物事の本質を感じとる心の働き。直感、勘。「第六感が鋭い」「第六感が働く」など。

用例 ⬇ 第六感で彼に何かあったと感じた。

高飛車《たかびしゃ》

●主な用途
・高圧的、威圧的な態度をいう

有無を言わせず、頭から相手を押さえつけるような高圧的な態度をとること。将棋で「飛車」を自分の陣の前に高く構え、相手を威圧する戦法から。「高飛車に出る」など。

用例 ⬇ 高飛車な奴だ、何様のつもりかな。

蛇足《だそく》

●主な用途
・余計なつけ足しをたとえていう

余計なもの。無用のつけ足しや行為。楚(そ)の人が酒を賭けて、蛇を描く競争をしたとき、最初に描き上げた人が余計な足まで描いたため、負けたという故事から。

用例 ⬇ 蛇足ですが一言つけ加えます。

短兵急《たんぺいきゅう》

●主な用途
・だしぬけ、急なことを表す

いきなり行動に出ること。だしぬけでせっかちに動き出すこと。急に。「短兵」は短刀、短剣などの短い武器のこと。これを持って急に相手に襲いかかる様子からいう。

用例 ⬇ 君の結論は短兵急にすぎるよ。

断末魔《だんまつま》

●主な用途
●死に際（の苦しみ）をたとえる

死ぬ間際の激しい苦しみ。また、死に際、臨終。「末魔（＝摩）」は仏教語で体の要所にある死穴。死穴に触れると激しく苦しんで死ぬとされる。「断」はそれに触れること。

用例 ⬇ 断末魔の叫びを上げて息絶えた。

知音《ちいん》

●主な用途
●理解し合える親友をたとえていう

自分の心をよく理解してくれる友。親友。琴の名人伯牙（はくが）が自分の琴の音色を理解してくれた鍾子期（しょうしき）の死後、弦を切って二度と弾かなかったという故事から。

用例 ⬇ 知音からうれしい便りが届いた。

知命《ちめい》

●主な用途
●五十歳のことをいう

五十歳のこと。『論語』の「五十にして天命を知る」から出た語。孔子が五十歳になって初めて天命を自覚したことによる。「天命」は、天が自分の人生に与えた使命。

用例 ⬇ 戦後生まれも知命を過ぎた。

突慳貪《つっけんどん》

●主な用途
●無愛想なことを批判していう

言葉、態度に愛想がなくとげとげしいこと。江戸時代、一杯ずつ盛り切りにした酒や飯などを「慳貪」といった。それを売るさい、突き出すように客に渡した態度からいう。

用例 ⬇ 突慳貪な応対では商売はできない。

付

鉄面皮《てつめんぴ》

●主な用途　●恥知らずをたとえていう

恥知らずで、ずうずうしく、非常に厚かましいこと。また、そういう人。顔の皮がまるで鉄でできているように、恥を感じないことから。類義語に「厚顔無恥」がある。

用例⬇しらを切るとは鉄面皮にもほどがある。

天王山《てんのうざん》

●主な用途　●勝敗を左右する決戦をさしていう

勝敗を決する重要な場面。豊臣秀吉と明智光秀が、京都と大阪の境にある天王山のふもと、山崎で戦い、天王山を占拠した秀吉が勝利したことで勝敗が決した故事による。

用例⬇明日からの三連戦が天王山でしょう。

銅臭《どうしゅう》

●主な用途　●金に関することをさげすんでいう

銅貨の悪臭の意。金銭への欲望や、金銭による出世、裏工作など、金にとらわれた人や、金に関する事件などをさげすんでいう言葉。「銅臭に富む」「銅臭ふんぷん」など。

用例⬇銅臭ふんぷんたる保険金殺人事件。

登竜門《とうりゅうもん》

●主な用途　●出世につながる関門をたとえる

立身出世や成功につながる関門、難関。栄達のきっかけとなる厳しい試験や審査をいう。黄河上流にある竜門の急流を登りきった鯉(こい)は竜になるという故事による。

用例⬇直木賞は作家の登竜門といわれる。

二枚舌《にまいじた》

●主な用途
●嘘をつくことをたとえていう

言ったことが前後で違っていても平気なこと。嘘(うそ)をつくこと。仏教語の十悪の一つ「両舌」のことで、二者の間に立って悪口を言って仲たがいさせることから。

用例⬇課長は二枚舌を使って言い逃れた。

捏造《ねつぞう》

●主な用途
●でっちあげることを表す

事実ではないことを、いかにも事実であるかのように偽って作り上げること。目的をもって、でっちあげること。「ねつぞう」は「でつぞう」の慣用読み。

用例⬇これは捏造されたでたらめな記事です。

野放図《のほうず》

●主な用途
●気ままで勝手な様子を表す

しまりがなく、だらしのない様子。気ままで勝手なこと。横柄なこと。また、「野放図に広がる」と用いると、きりがないこと、際限がないことをいう。

用例⬇将来設計もなく野放図に暮らしている。

白寿《はくじゅ》

●主な用途
●九十九歳、またその祝いをいう

九十九歳の祝い。「百」から「一」をとると「白」となることから。賀の祝いには、還暦(六十歳)、喜寿(七十七歳)、傘寿(八十歳)、米寿(八十八歳)、卒寿(九十歳)がある。

用例⬇昨年白寿を祝い、今年百歳になった。

白眉《はくび》

●主な用途
●最も優秀なものをたとえていう

多くの人や物の中でひときわすぐれているものにいう。蜀(しょく)の馬氏(ばし)の五人兄弟の中で白眉(=白いまゆ毛)のまじった長兄の馬良が最も優秀だったという故事から。

用例 ➡彼の作品の中でもこの絵は白眉だ。

裸一貫《はだかいっかん》

●主な用途
●資本は身一つという気概を表す

頼りとなるものは自分のからだだけであるということ。財産・資本はないが、からだには一貫[貨幣の単位で銭一千文(もん)]の価値があるという気概を表す。

用例 ➡伯父は裸一貫から身を起こした。

破天荒《はてんこう》

●主な用途
●前代未聞の快挙についていう

だれもしたことのないことを成しとげること。唐代、科挙合格者がなかった荊州(けいしゅう)で劉蛻(りゅうぜい)が合格し、天荒[文明未開の地]を破った者といわれた故事から。

用例 ➡破天荒な大事業は計画倒れに終わった。

破廉恥《はれんち》

●主な用途
●恥知らずなことをさしていう

恥ずかしい行いをして、平気でいられること。恥知らず。また不正・不徳の行いをすること。「廉恥」は心が清らかで恥を恥と思う気持ちが強いことをいう。

用例 ➡教育者にあるまじき破廉恥な行為だ。

半可通《はんかつう》

●主な用途 ●半端な知識で通人ぶることをいう

中途半端な知識しかないのに通人ぶること。あたかも知っているような振る舞いをすること。またその人。「半可」は中途半端。類義語に「生半可」「一知半解」など。

用例⬇自分の半可通ぶりを大いに恥じた。

鐚一文《びたいちもん》

●主な用途 ●非常にわずかな金のことを表す

ごくわずかなお金のこと。多くは「鐚一文も出さない」「鐚一文も貸さない」のように、否定の語を続けて用いる。鐚銭は材質が悪く粗末な一文銭。

用例⬇あの店は鐚一文まけてくれない。

風馬牛《ふうばぎゅう》

●主な用途 ●無関係、無関心なことをたとえる

「風する馬牛も相及ばず」の略。「風」はさかりがついて呼び合うこと。呼び合って走る牛馬でも会えないほど離れている意から、遠く離れていること。また互いに無関係なこと。

用例⬇政治には風馬牛だという若者が多い。

風来坊《ふうらいぼう》

●主な用途 ●気ままにぶらぶら過ごす人をいう

一定の場所や仕事に落ち着かず、気まぐれにあちこちを渡り歩いて過ごす人。「風来」は風に吹かれて漂っているようにどこからともなくやって来る人のこと。

用例⬇弟は風来坊で今は居場所もわからない。

伏魔殿《ふくまでん》

●主な用途
●悪事をたくらむ者がいる所をいう

悪事や陰謀などをたくらむ者がいる場所。「伏」は隠れること。「魔がひそんでいる御殿」の意。御殿の中に、悪事を働こうとうごめいている魔物たちが隠れている様子から。

用例⬇伏魔殿に官憲の手が入った。

物色《ぶっしょく》

●主な用途
●目的のものを探すことをいう

多くの中から、目的に適った人物や物を探すこと。「物」は見る、見立てる。「色」は顔かたち。もとは人相書きを回して、顔かたちなどから特定の人を探すことをいった。

用例⬇空き巣が室内を物色していった。

辟易《へきえき》

●主な用途
●相手にたじろぐことをいう

相手を避けて道を変えるということから、閉口すること。たじろぐこと。相手の圧倒的な勢いに押され、しりごみすること。「辟」は避ける。「易」は変える。

用例⬇彼女の一方的な言いがかりに辟易した。

木鐸《ぼくたく》

●主な用途
●世間を教え導く者をたとえていう

世の中の人々の自覚を求めて教え導く人のたとえ。「木鐸」は昔、中国で法令を人々に知らせるときに鳴らした金属製の鈴。木製の舌がついていることからいう。

用例⬇新聞は社会の木鐸であったはずだ。

未曾有《みぞう》

●主な用途 ●今までにないということを表す

今まで(歴史始まって以来)一度もなかったこと。非常に珍しいこと。「未だ曾(かつ)て有らず」と訓読する。仏教語では「みぞうう」と読む。類義語に「前代未聞」「稀有」など。

用例⬇人類は未曾有の危機に瀕(ひん)している。

矛盾《むじゅん》

●主な用途 ●つじつまが合わないことをさす

つじつまが合わないこと。楚(そ)の商人が「どんな盾でも突き通す矛」で「どんな矛でも突き通せない盾」を突いてみろと言われ、返事に窮したという故事から。

用例⬇食べてもやせるなんて矛盾している。

無尽蔵《むじんぞう》

●主な用途 ●限りがない豊富な様子を表す

限りなく豊かにあること。いくら取り出しても尽きることがないほど多くの財宝が入った蔵の意。もと仏教語で、仏の教えが無限の功徳を包みもっていることをたとえたもの。

用例⬇アイデアが無尽蔵にわいてくる。

胸算用《むなざんよう》

●主な用途 ●心の中で見積もることをいう

心の中でひそかに見積もりすること。胸中で計算すること。「むねざんよう」の読みが江戸時代に多く、井原西鶴(いはらさいかく)の作は『世間胸算用(せけんむねさんよう)』。

用例⬇全部でいくらかかるか胸算用してみた。

付

門外漢《もんがいかん》

●主な用途
●その分野に関係がない人をいう

その分野について専門ではない者。素人。また、直接そのことに関係がない人についてもいう。昔、中国では先生の家の門のわきに弟子が住んで学んでいたことから。

用例 ➡門外漢には口をはさまれたくない。

八百長《やおちょう》

●主な用途
●いんちき、なれ合いの勝負をいう

真剣勝負をよそおって、実は前もって打ち合わせていた通りの勝敗に導くこと。八百屋の長兵衛(ちょうべい)が相撲会所の年寄と碁を打ち、わざと負けたことから。

用例 ➡八百長まがいの試合に興ざめした。

容喙《ようかい》

●主な用途
●人のことに口出しすることをいう

文章表現で、人のことに横からあれこれと口をはさむこと。「容」は入れる。「喙」はくちばし、転じて言葉の意。話し言葉では「くちばしをはさむ」「くちばしを入れる」という。

用例 ➡他人の問題に容喙はしない主義である。

濫觴《らんしょう》

●主な用途
●物事の始まりをたとえていう

物事の起こり、始まり。起源。揚子江のような大河も、その源は觴(さかずき)を濫(うか)べる程度のほんのわずかな水の流れであるという孔子の言葉から。

用例 ➡紛争の濫觴は両国の覇権主義にある。

理不尽《りふじん》

●主な用途 ●道理に合わないことをいう

道理に合わないこと。また、その道理に合わないことを無理に行うこと。理を尽くさないという意。類義語に「無理無体」「不条理」「不当」など。

用例 ↓ 理不尽な命令には従えない。

領袖《りょうしゅう》

●主な用途 ●代表者やトップ、かしらをたとえる

組織や集団の代表。団体のトップ。「領袖」は領(えり)と袖(そで)。領と袖は人目につく重要な部分であることから。領や袖をつかむと衣類が持ち上がるからという説もある。

用例 ↓ 派閥の領袖が集まり善後策を検討した。

壟断《ろうだん》

●主な用途 ●利益のひとりじめをたとえていう

利益・権利を独占すること。「壟」は丘。中国で、あるいやしい男が、いつも切り立った丘の高みに登り、そこから市場を見渡して、たくみに儲けを独占したという故事から。

用例 ↓ 大型店舗が商店街の利を壟断した。

老婆心《ろうばしん》

●主な用途 ●くどい親切をへりくだっていう

必要以上に世話を焼きたがる心。くどすぎる親切。年寄りが余計な心配をしてあれこれと気を使うところからいう。他人に忠告するときにへりくだって用いることが多い。

用例 ↓ 老婆心ながら一言申し上げます。

主要出典・人名一覧

本書に掲載された主な出典と人名（人）を五十音順に挙げて、解説してあります。

晏子春秋（あんししゅんじゅう）

中国春秋時代の斉の宰相、晏嬰（あんえい）の言行録。編者未詳。

易経（えききょう）

五経の一つ。自然と人生の変化の法則を説く、易学のもととなった周代の占いの書。

淮南子（えなんじ）

老荘思想を中心に、中国戦国時代の様々な説を広く収録した思想書。前漢の淮南王（わいなんおう）劉安（りゅうあん）の著。

往生要集（おうじょうようしゅう）

日本の浄土教の思想的基盤となった、平安時代の仏教書。極楽往生に関する文を集め、念仏の功徳を説く。源信（げんしん）の著。九八五年成立。

管子（かんし）

中国春秋時代の斉の宰相、管仲（かんちゅう）「管子」らの思想と事績の集録。編者未詳。

韓詩外伝（かんしがいでん）

『詩経』の解説書。中国先秦時代の故事、学説などを引き、それを詩経の章句で説明する形をとっている。前漢の韓嬰（かんえい）の著。

漢書(かんじょ)
二十四史の一つ。中国前漢の歴史。『後漢書』に対して『前漢書』ともいう。後漢の班固(はんこ)の撰。班固の死後はその妹、班昭(はんしょう)が補った。八二年頃成立。

韓非子(かんぴし)
中国戦国時代の思想書。法の重視、刑罰と恩賞による富国強兵策が説かれている。韓の韓非(かんぴ)の著。

人 韓愈(かんゆ)七六八〜八二四年
中国中唐の儒者、文人。唐宋八大家の一人。古文の復興、儒学復古を唱え、後代の文芸、学問に多大な影響を与えた。

魏書(ぎしょ)
二十四史の一つ。中国北魏〜東魏の歴史。北斉の魏収(ぎしゅう)の撰。

景徳伝灯録(けいとくでんとうろく)
仏教の伝来、祖師の伝記や問答を集めた禅問答の集成。中国北宋の僧、道原(どうげん)の著。

呉越春秋(ごえつしゅんじゅう)
中国春秋時代の呉と越の歴史。後漢の趙曄(ちょうよう)の撰。

後漢書(ごかんじょ)
二十四史の一つ。中国後漢の歴史。南朝の范曄(はんよう)、晋の司馬彪(しばひょう)の撰。

三国志(さんごくし)
二十四史の一つ。中国の魏・呉・蜀三国の歴史。晋の陳寿(ちんじゅ)の撰。元の末期になり、羅貫中(らかんちゅう)が小説『三国志演義』を著し、人気を博した。

史記(しき)
二十四史の一つ。黄帝(こうてい)から中国前漢の武帝(ぶてい)までの二千数百年の歴史をまとめた書。古来より名文と賞賛され、「鴻門の会」「四面楚歌」など、多くの名場面がある。後世の正史の模範となった。前漢の司馬遷の著。

詩経(しきょう)
五経の一つ。中国最古の詩集。前一一〜六世紀、殷(いん)の時代から春秋時代までの詩を「風」「雅」「頌」の三部門に分けてまとめたもの。孔子の編ともいわれる。

資治通鑑(しじつがん)
中国周末から五代末までの一三六二年の歴史を編年体で記した歴史書。日本では、北畠親房(きたばたけちかふさ)の『神皇正統記(じんのうしょうとうき)』にも影響を与えた。略して『通鑑』ともいう。中国北宋の司馬光(しばこう)の編。一〇八四年に完成。

十八史略(じゅうはっしりゃく)
『史記』以下の十七の正史に中国宋代の資料を加えた十八史を簡略にまとめた書。内容が平易なため、日本で江戸時代に中国史の入門書として流行した。中国元の曾先之(そうせんし)の撰。

朱子語類(しゅしごるい)

朱熹(しゅき)「朱子」とその門人との問答を分類してまとめた言説集。中国南宋の黎靖徳(れいせいとく)の撰。『朱子語録』とも。一二七〇年成立。

荀子(じゅんし)

中国戦国時代の儒学者、荀況(じゅんきょう)「荀子」の思想・学説をまとめた書。性善説を唱えた『孟子』に対し、性悪説の立場で、学問と礼儀の必要性を説いている。

春秋左氏伝(しゅんじゅうさしでん)

五経の一つ『春秋(しゅんじゅう)』の注釈書。詳細な史実、簡潔な文章などで高い評価を受けている。略して『左伝』『左氏伝』ともいう。中国魯の左丘明(さきゅうめい)の作と伝えられる。

小学(しょうがく)

「四書」や『礼記』などから、儒教の初学者向けに徳や作法、格言などを抜粋したもの。中国南宋の劉子澄(りゅうしちょう)の編。一一八七年に成立。

人 諸葛亮(しょかつりょう)一八一～二三四年

字は孔明(こうめい)。中国三国時代、劉備(りゅうび)に仕えた蜀の宰相。すぐれた戦略家として知られる。劉備没後は、その子劉禅(りゅうぜん)を補佐し「出師表(すいしのひょう)」を彼に奉った。

書経(しょきょう)

五経の一つ。中国古代の虞(ぐ)・夏(か)・殷(いん)・周(しゅう)の政道を記した書。孔子の編とも伝えられる。

晋書(しんじょ)
二十四史の一つ。中国唐の太宗(たいそう)の勅命による晋代の歴史。史実を離れた記載もあり、歴史書としての価値は低いとする評もある。唐の房玄齢(ぼうげんれい)・李延寿(りえんじゅ)らの撰。六四八年成立。

水滸伝(すいこでん)
中国元末・明初の口語体の長編小説。四大奇書の一つ。梁山泊(りょうざんぱく)に集まった一〇八人の豪傑が官軍に抵抗し、やがて滅んでいく物語。施耐庵(したいあん)の作。

隋書(ずいしょ)
二十四史の一つ。中国隋の歴史。簡潔で洗練された文章から、「良史」とされる。唐の魏徴(ぎちょう)らの撰。六三六年成立。六五六年に「十志」追加。

世説新語(せせつしんご)
中国後漢から東晋までの貴族、文人の逸話を集めたもの。ユーモアにあふれた記述で、面白さに定評があり、日本でも江戸時代に広く読まれた。略して『世説』ともいう。宋の劉義慶(りゅうぎけい)の編。

戦国策(せんごくさく)
中国戦国時代の遊説家の言動を国別に記した史書。前漢の劉向(りゅうきょう)の編。

宋史(そうし)
二十四史の一つ。宋の正史。中国元の脱脱(たいたい)[托克托(とくと)]らの撰。一三四五年成立。

荘子(そうじ)
中国戦国時代の思想家、荘周(そうしゅう)[荘子]とその門下の学説・言行を記した道家思想の大著。万物の無差別、斉一性を説き、一切をあるがまま受け入れることに自由の境地があるとした。後の中国禅の形成に大きな影響を与えた。

宋書(そうしょ)
二十四史の一つ。中国南宋の正史。梁の沈約(しんやく)の撰。四八七年成立。

楚辞(そじ)
中国戦国時代、楚の重臣、屈原(くつげん)と、その門下や後人の作品を集めた辞賦集。『詩経』とともに中国古代を代表する文学作品。前漢の劉向(りゅうきょう)の編といわれる。

人 蘇軾(そしょく)一〇三六〜一一〇一年
中国北宋の詩人、文学者。散文では唐宋八大家の一人、詩文では宋代の詩人中第一位。王安石(おうあんせき)の新法に反対してしばしば左遷された。黄州に左遷されたさいに詠じた「赤壁賦(せきへきのふ)」が代表作。

孫子(そんし)
中国春秋時代の兵法書。孫武(そんぶ)[孫子]著といわれる。

大学（だいがく）

四書の一つ。もとは『中庸』と同じく『礼記（らいき）』の中の一篇。中国北宋に入り、一書として独立、南宋の朱熹（しゅき）が注釈を施した。大学教育の意義、政治の要諦を説く。

伝習録（でんしゅうろく）

王陽明（おうようめい）の言行、書簡を集録した陽明学の大綱。中国明の徐愛らの編。一五一八年刊。

人 陶淵明（とうえんめい）三六五～四二七年

中国晋末から宋初期の詩人。自然を愛し、酒や琴、書を楽しんだ。代表作に「帰去来辞（ききょらいのじ）」「桃花源記（とうかげんき）」「陶淵明集（とうえんめいしゅう）」がある。

人 杜甫（とほ）七一二～七七〇年

中国盛唐の詩人。人生の大半を放浪のうちに過ごし、「兵車行（へいしゃこう）」「石壕吏（せきごうり）」など、国を憂い、民の苦しみを吟じた詩を作った。後世、「詩聖」とうたわれ、李白とともに中国の代表的な詩人とされる。

人 白居易（はくきょい）七七二～八四六年

中国中唐の詩人。「長恨歌（ちょうごんか）」「琵琶行（びわこう）」など、流麗で平易な詩が民衆に広く愛誦され、日本でも平安朝時代の文学に影響を与えた。代表作に詩文集『白氏文集（はくしもんじゅう）』がある。

孟子（もうし）

四書の一つ。中国戦国時代の孟軻（もうか）「孟子」の言行を弟子が記したもの。性善説に基づき、仁義と王道政治を説く。『論語』に次ぐ儒教の教典。

礼記（らいき）
五経の一つ。中国周末から秦・漢までの儒学者の礼の理論と実際を記録した書。前漢の戴聖（たいせい）が伝えた書で、撰者、成立年代は不明。

人 李白（りはく）七〇一～七六二年
中国盛唐の詩人。酒を愛した超俗の天才的詩人。一説に、酒に酔い水中の月を捕らえようとして溺死したといわれる。「詩仙」とされ、杜甫と並んで中国の代表的な詩人。代表作に詩文集『李太白集』がある。

列子（れっし）
中国古代の寓話集。道家列子とその弟子の撰とされるが、異説も多い。

老子（ろうし）
儒家の人為的な「仁」に対し、虚無自然を説く道家の代表的な教典。『老子道徳経』ともいう。中国春秋時代の思想家老子の著といわれるが、確かな撰者、成立年代は不明。

論語（ろんご）
四書の一つ。中国春秋時代の思想家、孔子（こうし）とその門人たちの言行録。「仁」を中心とする孔子の思想を説く儒家の中心経典。日本で最も親しまれてきた漢籍の一つ。確かな撰者、成立年代は不明。

本書の内容に関するお問い合わせは、**書名、発行年月日、該当ページを明記**の上、書面、FAX、お問い合わせフォームにて、当社編集部宛にお送りください。**電話によるお問い合わせはお受けしておりません。**また、本書の範囲を超えるご質問等にもお答えできませんので、あらかじめご了承ください。

FAX：03-3831-0902

お問い合わせフォーム：http://www.shin-sei.co.jp/np/contact-form3.html

大きい活字の四字熟語辞典

編　集　新星出版社編集部
発行者　富永靖弘
印刷所　誠宏印刷株式会社

発行所　株式会社新星出版社
〒110-0016 東京都台東区台東2丁目24
電話(03)3831-0743

ISBN978-4-405-01098-7